소설 「분지」 필화 사건으로 기소되어 법정에 선 소설가 남정현(1967년 5월).

소설 「분지」 필화 사건 재판을 마치고 한자리에 모인 변호인단과 문인들(1967년 5월). 왼쪽부터 소설가 안수길(특별변호인), 변호인 이항녕, 한승헌, 소설가 남정현(피고인), 소설가 박용숙, 시인 표문태, 소설가 최인훈.

재독 작곡가 윤이상이 동백림 사건으로 법정에서 진술을 하고 있다(1967년 11월).

엉뚱하게도 '공갈' 혐의로 동백림 사건에 연루돼 구속되어 옥고를 치른 천상병 시인이 훗날 부인 목순옥 여사와 함께(1968년).

담시 「오적」 사건의 1심 법정에서 재판을 받고 있는 피고인들(1970년 7월). 왼쪽부터 시인 김지하, 『사상계』 발행인 부완혁, 편집장 김승균, 『민주전선』 주간 김용성.

대통령긴급조치 4호 위반, 민청학련 사건으로 구속된 시인 김지하(1974년 4월).

월간 『다리』 반공법 필화 사건의 피고인들(1971년 9월). 왼쪽부터 발행인 윤재식, 주간 윤형두, 문제된 글 필자 임중빈.

월간 『다리』 사건으로 법정에 증인으로 나온 언론인 송건호(왼쪽)와 시인 구상(오른쪽).

조선대학교 미술대학 학생들이 그린 〈백두의 산자락 아래, 밝아오는 통일의 새날이여〉라는 걸개그림. 이 작품을 그려 전시했다는 이유로 이상호, 전정호 두 학생이 국가보안법 위반으로 처벌받았다(1987년 9월).

일본에서 발행됐던 잡지 『한양』 관련 사건의 문인들이 국가보안법 위반으로 기소되어 법정에 서 있다(1974년 4월). 오른쪽부터 소설가 이호철, 문학평론가 임헌영, 김우종, 장백일, 소설가 정을병.

서울형사지방법원 법정에서 『한양』 사건으로 기소된 문인들을 변호하고 있는 한 승헌 변호사(1974년 4월).

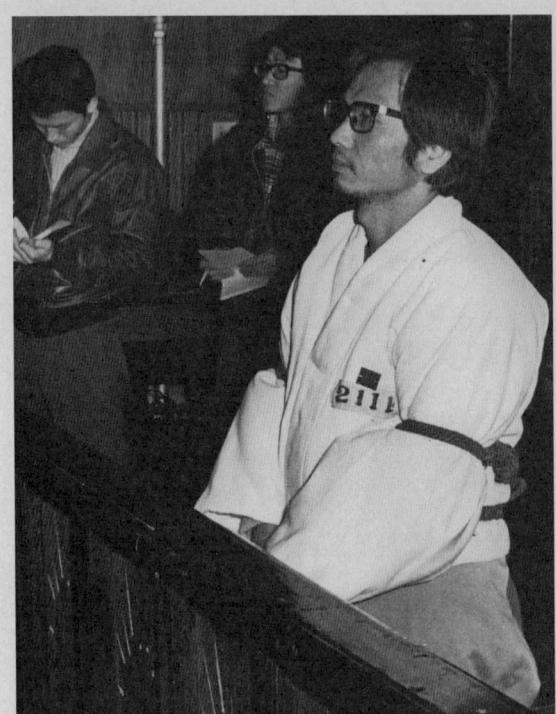

국제앰네스티 네덜란드 지부 회원들이 반공법 위반으로 구속되어 재판을 받고 있는 한승헌 변호사의 석방을 요구하는 시위를 벌이고 있다.

김대중 전 대통령과 김지하 시인 등의 형사 사건을 변호하던 중 반공법 필화 사건으로 구속되어 법정에 선 한승헌 변호사(1975년 5월).

『민중교육』을 발행한 실천문학사 주간 송기원이 국가보안법 위반으로 구속되어 법정으로 들어오고 있다(1986년 2월).

교육 민주화를 주장한 현직 교사들의 글을 문제삼은 『민중교육』 사건의 재판 광경(1985년 10월).

『노동과 노래』 책자를 제작 배포했다는 이유로 저작권법 위반으로 기소된 허병섭 목사(1982년 9월).

전두환 정권 당시 정부의 '보도지침' 폭로 사건으로 구속 기소되어 옥고를 치른 언론인 3인이 국회 '5공 청문회'에 출석해 사건 내용에 관해 증언하고 있다(1992년). 왼쪽부터 김태홍(민주언론운동협의회 공동대표), 신홍범(조선일보 해직기자), 김주언 (한국일보 기자).

남북작가회담 예비회담에 참석하고자 민족문학작가회의 사무실에서 출발, 판문점을 향해 가다가 경찰에 연행, 체포된 남측 대표단 (1989년 3월). 왼쪽부터 시인 고은, 김진경, 문학평론가 백낙청, 소설가 유시춘, 현기영, 윤정모, 박태순, 시인 김규동.

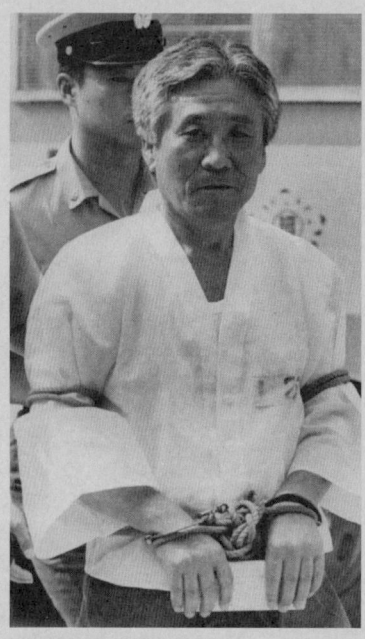

남한의 작가 중 최초로 북한을 방문한 황석영이 미국과 유럽에 체류하다가 귀국한 직후 구속되어 국가보안법 위반으로 재판을 받았다(1993년 4월).

한겨레신문 방북취재기획 사건으로 구속된 리영희 교수가 법정으로 들어오고 있다(1989년 5월).

리영희 교수가 한겨레신문 방북취재기획 사건으로 국가안전기획부에 구속되어 있을 당시, 사복으로 갈아입고 나와 한승헌 변호사와 접견을 하고 있다(1989년 5월).

권력과 필화

권력의 횡포에 맞선
17건의 필화 사건

권력과 필화

한승헌 지음

문학동네

간행사

한승헌 변호사님은 한국이 독재정권 아래서 신음하는 동안 수많은 양심수 변론을 통해 인권과 민주주의 발전에 큰 발자취를 남겼고, 나아가 법률가라는 틀로만 규정할 수 없는 많은 활동을 해왔습니다.

그 스스로 양심수가 되어 시대의 아픔을 같이하였고, 문필가로서 탁월한 감성을 보여주었을 뿐 아니라, 감내하기 어려운 고통의 순간에도 촌철살인의 유머를 통해 사람들의 마음을 따뜻하게 했고, 그것을 묶어 유머집을 내기도 했습니다. 출판인이기도 했으며, 감사원장의 공직을 맡아 국가 공직사회의 부정부패를 척결하고 투명성을 확보하는 데 진력하기도 하였습니다.

이처럼 변호사로서, 문필가로서 그리고 행동하는 지식인으로서의 모습이 어우러져 전인적 인간 한승헌이 드러납니다. 한변호사님의 법률가로서의 활동과 다른 분야의 활동은 전혀 모순되지 않고 오히려 서로를 빛내는 상승작용을 해왔습니다.

한변호사님의 법조생활 55년을 맞이하여 저희 간행위원회는 한변호사님이 지금까지 집필하신 글들을 모아 '한승헌 변호사 법조 55년 기념선집'을 발간하게 되었습니다. 이 선집은 『한일현대사와 평화·민주주의를 생각한다』『피고인이 된 변호사』『권력과 필화』『한국의 법치주의를 검증한다』 등 총 4권의 책으로 이루어져 있습니다.

제목에서 알 수 있듯이 이 선집에는 법률가로서뿐 아니라 인간 한승헌의 여러 면모를 볼 수 있는 글들이 모여 있습니다. 저희 간행위원회는 이런 다양한 글들이 인간 한승헌의 진면목을 오롯이 드러낼 수 있고, 그의 55년에 걸친 법조생활의 가치를 보다 극명하게 밝혀줄 것이라 생각합니다.

더욱 기쁜 일은 이 귀한 글들을 모은 선집이 일본과 한국에서 동시에 출간된다는 것입니다. 한변호사님의 삶과 글이 전해주는 가치는 어느 사회에서나 커다란 울림이 있을 것으로 믿습니다. 한일관계가 여러모로 어려움에 처해 있는 오늘의 이 시점에서 이번 선집 출간이 양 국민 사이에서 소통과 공감의 폭을 넓히는 기회가 될 것으로 기대합니다.

한국은 많은 이들의 피땀 어린 노력으로 민주주의와 경제발전을 동시에 성취해나가는 나라로 평가받아왔습니다. 그러나 애써 얻은 민주주의와 인권의 가치가 끊임없이 흔들리고 있는 것이 가슴 아프지만 분명한 현실이기도 합니다. 이런 어려운 시기에 여러 난관을 극복하기 위하여 한 시대의 사표師表로서 한변호사님의 경험과 지혜가 널리 알려져야 합니다.

이 기념선집이 어려운 상황 속에서 과거를 성찰하며 평화와 인권, 그리고 민주주의를 위해 새로운 길을 모색하는 시대의 양심들에게 하나의 등불이 되기를 염원합니다.

끝으로, 선집의 출판에 성심을 다해주신 범우사와 문학동네, 그리고 일본의 닛폰효론日本評論 사 여러분께 감사의 말씀을 드립니다.

2013년 11월
한승헌 변호사 법조 55년 기념선집 간행위원회
위원장 신 인 령

차례

표현의 자유를 위한 복습과 다짐

　책의 제호를 '권력과 필화'로 정했다. 일반적으로 필화라고 하면 외국에서는 명예훼손이나 프라이버시 등 사권私權 침해의 경우가 대부분이지만, 한국에선 안보 관계법 위반을 이유로 한 시국사범의 성격을 띠기 일쑤였다. 다시 말하면, 글(작품)이나 말(발언) 등 표현에 문제가 없는데도 권력 쪽에서 처벌의 표적으로 삼고 나서는 사례가 빈번했다. 그러하기에 필화는 때로 통제와 탄압의 편법으로 둔갑하여 권력의 횡포를 드러내기도 했다. 따라서 '권력과 필화'라는 이 책의 제호는 평범하면서도 무난한 압축이라고 자평을 해본다.

　내가 필화에 남다른 관심을 갖게 된 것은 지난날 군사독재정권 아래서 이른바 양심수 내지 시국사범 들을 변호하는 가운데, 글이나 말을 주축으로 한 언론의 자유, 표현의 자유, 학문과 예술의 자유 등을 억압하는 사례를 많이 접했기 때문이었다. 거기에는 집권세력이 정치적 의도를 가지고 안보 명분을 남용하는 저의가 역연하여, 권력 스스로가 역사의 피고가 되기도 했다.

필화의 발생에는 집권자의 그런 술수에 악용되는 법률 자체에도 원인이 있었다. 국가보안법은 그 성립 배경이나 개정의 경과나 규정 내용에 있어서 비판의 여지가 많았다. 폐지론도 무성했다. 헌법재판소가 '한정합헌' 결정을 할 만큼 애매하고 잘못 적용될 여지가 많은 것이다. 검찰뿐만 아니라 법원조차도 '묻지 마 유죄'와 엄단에 동조했다가 훗날 재심에서 오판을 자인하고 피고인(재심 청구인)들에게 사죄의 말을 해야 했다. 이러한 정치적 오판 바로잡기는 늦게나마 다행스럽지만, 앞으로 그런 일이 재연되지 않는다는 보장은 아무데도 없다.

그런 법률, 그런 검찰, 그런 사법부의 해독을 깨닫고 바로잡지 못한다면 민주국가의 명맥이라 할 국민의 기본권은 한낱 장식품이 되고 말 것이다. 이런 현실인식과 각성을 되살려주고자 하는 것이 이 책을 펴내는 의도의 한 자락이기도 하다.

이 책은 맨 먼저, 내가 변호를 맡았던 필화 사건 중 17건의 개요를 소개하고, 그중 주요 사건의 변론문을 실어 필화 사건의 법정 논쟁 현장을 '녹화중계'했다. 그리고 필화와 직접·간접으로 관련이 있는 글을 통하여 문학작품과 출판의 법적 책임, 언론통제와 그에 따른 수난, 나아가서 음란 및 저작권에 얽힌 필화의 문제까지 시야를 넓혀보았다.

여기에는 오래된 글들도 적지 않다. 박정희 정권의 극악한 유신통치를 무릅쓰고 쓴 글들은 당시로서는 위험한 저항의 일면이 드러나있다(글을 쓴 시기에 주목하면서 읽어주시면 고맙겠다). 그러나 정작 내가 반공법 필화를 당한 것은 뜻밖에도 사형제도를 비판한 에세이 한편 때문이었다. 글내용에 문제가 있는 것이 아니라 탄압을 위한 트집에 그 글이 이용되었을 뿐이다. 그 시절엔 그런 수법과 수난이 흔하게 되풀이되었다. 아니, 민주정부를 거쳐 다시 수구정권이 들어선 뒤에 예전의 그런 정치적 악습들이 부활하게 된 것은 참으로 개탄할 일이다. 억지 기소에 무죄판결이 나더라도 담당 검사가 영전 승진하는 법조계의 못된 풍속은 결코 용납될 일이 아니다.

나는 1972년 봄에 있었던 한 강연에서 이런 말을 했다. "필화는 있어서 불행한 것도 아니고 없다고 다행한 것도 아니다. 전자가 의당해야 할 비판과 저항의 살아 있음의 증좌일 수도 있고, 반면에 후자는 압제 앞에 항복한 침묵과 굴종의 반사적 현상일 수도 있기 때문이다."

그로부터 몇 십 년이 지난 지금에도 이 말은 유효하다. 더구나 종래에 비하여 미디어의 발달과 다양화에 뒤따른 여러 특별법에서 새로운 형태의 감시, 통제, 금지, 처벌 등에 관한 규정이 신설되면서 권력에 의한 규제 악용의 여지도 커지게 되었다. 반드시 법정이나 감옥에는 가지 않는다 하더라도 부당한 법규와 간섭의 여지 자체만으로도 위협이 되고 정신적 자유를 제약할 수 있다면, 그것은 곧 필화 못지않은 환난이며 넓은 의미에서 필화라고 볼 수 있다.

이 책을 통해 민주사회에서 있을 수 없는 온갖 압제, 그중에서도 표현의 자유를 짓밟는 필화에 대하여 실증적인 '복습'을 함으로써 앞으로 재연될지도 모르는 역사의 역주행에 대비한 '예습'의 효과도 기대할 수 있다면, 참으로 망외望外의 보람이 되고 부가가치가 되겠다.

저자로서는 법조생활 55년을 기념하는 의미로 나오는 이 책이 문학 분야 출판의 명문인 문학동네에서 간행된 것을 기쁘게 생각한다. 강태형 사장님을 비롯하여 염현숙 편집국장님, 박영신 편집부 차장님께 깊은 감사를 드린다. 그리고 귀한 작품을 이 책의 표지에 사용할 수 있도록 허락해주신 유휴열 화백에게 충심으로 사의를 표한다.

2013년 11월
한 승 헌

제1장

필화
사건들

* 1장의 글은 저자가 자신의 변론 사건을 해설한 책 『분단시대의 법정』(범우사, 2006)에서 발췌 · 재수록한 것입니다.

1. 소설「분지」사건
문학작품 반공법 기소 제1호

　　1965년 가을, 검사직을 그만두고 변호사로 전신하여 법률사무소
를 열었을 때, 나는 자유롭고 홀가분한 마음으로 세상을 살게 되리라
는 기대를 했다. 그러나 시대 상황은 그런 내 희망과 욕심을 용납하
지 않았다. 박정희 정권의 독재는 한일 굴욕외교 반대투쟁을 억누르
기 위해 더욱 거세어져갔고, 탄압의 마수는 마침내 문화계에까지 미
쳤다. 그런 과정에서 작가 남정현 선생의 소설「분지糞地」가 용공작품
이라고 하여 반공법 위반으로 수사 대상에 올랐다.

　　나는 그 무렵, 30대 초입의 나이치고는 문단 내지 문화계에 제법
지면이 넓은 편이었는데, 그중 소설가 안동림 형의 요청에 따라「분
지」사건의 변호에 나서게 되었다. 당시 안형은 노먼 메일러의『나자
裸者와 사자死者』등 외국작품을 번역 출간하는 한편, 창작에도 열정을
쏟는 맹렬형 작가로 알려져 있었다.

그의 말인즉, 남선생이 1965년 3월호 『현대문학』에 발표한 「분지」라는 소설이 반미·용공으로 몰려서 오래전부터 수사를 받고 있다는 것이었다.

나는 문제의 소설 「분지」를 읽어본 후, 그것은 결코 용공도 아니고 달리 무슨 범죄가 될 만한 작품이 아니라는 확신을 갖게 되었다. 이렇게 해서 변론에 나서게 된 세칭 「분지」 사건은 나의 변호사 생활 초기의 시국사건 변호 제1호가 되었다.

이 사건의 변호를 계기로 나는 나 자신도 예상치 못했던 정치적 압제 사건 변호의 험난한 길을 걷게 되었다. 독재정권에 의해서 탄압받거나 그에 저항하다가 박해를 당하는 분들의 변호에 작은 힘이나마 보태기로 한 것이다.

남선생은 1965년 7월 7일, '충일기업사'라는 위장 간판이 붙어 있는 중앙정보부 을지로 분실에 끌려가 모진 고문을 당하며 조사를 받고 반공법 위반으로 구속되었다. 그러나 그달 14일 서울지검에 송치된 후 23일에 구속적부심사를 거쳐 석방되었다. 그리고 근 1년 동안 오라 가라 하는 괴롭힘을 당하면서 해를 넘긴 후 1966년 7월 23일에야 불구속 기소가 되었다. 그만큼 검찰이 미루고 미룬 것을 보면 아무래도 자신이 없었던 모양이다.

소설 「분지」는 호풍환우呼風喚雨하는 홍길동의 10대손 홍만수가 주인공이다. 독립투사이던 그의 아버지는 8·15해방이 되었는데도 돌아오지 않았는가 하면, 그의 어머니는 미군에게 강간을 당하고 그 충격으로 세상을 뜬다. 6·25 후 만수는 군에 입대하고, 누이동생 분이는 미군 상사 스미스와 동거생활을 한다. 만수는 군에서 제대한 후

18

분이에게 얹혀살면서 양키 물건 장사를 하는데, 분이가 밤마다 그 미군 병사에게 성적 학대를 당하는 데 분노를 참지 못한다. 그러다가 마침 한국을 찾아온 스미스 상사의 아내를 겁탈하고, 향미산으로 들어가 숨는다. 이에 펜타곤 당국은 핵미사일까지 동원해 향미산을 포위해 들어가지만, 만수는 홍길동의 후예답게 구름을 타고 바다를 건너간다. 말하자면, 미군 병사의 만행을 소재로 삼은 단편소설이었다.

　이 한 편의 소설이 어찌하여 반공법에 위반된다는 것인가. 공소장 (판결문도 같음)에 의하면 이러하다.

　소설 「분지」는 "대한민국이 마치 미국의 식민지 통치에 예속되어 주둔 미군들은 갖은 야만적인 학살과 난행 등을 자행하고 우리 국민의 생명 재산을 무한히 위협하여 몇몇 고관, 예속자본가 등과 결탁하여 국민 대중을 착취하여 비천한 피해대중들은 참담한 기아선상에서 연명만을 하고 있으면서도 이런 극심한 것을 말할 자유도 없는 이 나라에서는 이런 민중을 버리고 오로지 자본가, 정치자금 제공자들의 이익을 위하여 입법, 행정을 하고 있으며, 국민 대중들은 물론 국회의원마저 미국에 아부 예속되고 약탈의 수단인 원조로서 경제의 명맥을 틀어쥐고 미국의 예속 식민지, 군사기지로서 약탈과 착취, 부정과 불의에 항거하는 자들은 미국의 강압과 보복을 받으면서도 굴복과 사멸함이 없이 최후의 승리를 쟁취한다는 양 남한의 현실을 왜곡 허위선전하여 빈민대중에게 계급의식 및 반정부의식을 부식 조장하고 반미감정을 조성 격화시켜 반미사상을 고취할 요소 있는 (…) 작품"이며, 이를 문학지에 게재함으로써 "북괴의 대남적화전략의 상투적 활동에 동조했다"는 것이다.

요컨대 계급의식, 반정부의식, 반미감정, 반미사상을 고취할 요소가 있는 소설을 발표하면 용공범죄가 된다는 것이니, 공소장 자체에 이미 억지가 드러나 있다.

이 작품이 당초 『현대문학』에 발표되었을 때는 아무 말이 없다가 나중에 북한의 기관지 『조국통일』에 전재되자 당국에서 문제를 삼았다는 점도 유의할 만하다.

내가 남선생을 처음 만났을 때의 인상은 번득이는 안경 너머의 눈매가 날카로우면서도 아주 소박한 인품이었다. 우리의 첫 대면을 주선했던 안동림씨의 성품이 남성적인 데 비하면, 남선생은 차라리 '여성적'에 가까웠다. 그후 우리는 「분지」 사건 말고도 문학과 문단 그리고 세상사라든지 인간에 대한 이야기를 많이 나누는 가운데 친숙한 사이가 되었다.

내가 남선생과 절친하게 지내면서 그 무렵에 알게 된 문인들로는 최인훈, 박용숙, 김국태, 표문태, 김종삼, 신동엽, 이호철 씨 등이 생각난다. 문단의 원로급인 안수길 선생과 시인 김광섭, 평론가 이헌구 선생을 뵙게 된 것도 같은 시기였다.

남선생에 대한 사건은 1966년 9월 6일 첫 공판이 열렸다. 서울형사지방법원 박두환 판사의 주심으로, 검찰에서는 김태현 검사—후에 박종연 검사로 바뀜—가 나와서 공소유지를 맡았다. 변호인석에는 법철학자인 이항녕 변호사, 남선생과 동향인 김두현 변호사, 그리고 필자가 버티고 있었다. 또한 소설가 안수길 선생이 변호사는 아니지만 법원의 허가를 얻어 특별변호인으로 나와 시선을 모았다.

공판은 초반부터 만만치 않은 공방으로 열기를 더해갔다. 검찰은

「분지」 말고도 다른 작품까지 들고 나와, 남선생의 사상적 색깔을 문제삼고 나섰다. 인간이 잘살기 위해서는 산아제한보다 사회제도의 개선이 더 필요하다고 한 「부주전상서」를 비롯해, 작업복 입은 노동자의 계급의식이 너무 과격하게 드러나 있다며 「너는 뭐냐」를 내리 트집잡았다.

남선생은 물론 검찰측의 '덮어씌우기'에 강하게 맞섰다. 나는 판사에게 문학의 본질, 기법, 사명 등을 제대로 이해시켜보려고 애썼다. 소설은 현실 그 자체가 아니라 있을 수 있는 가능성의 세계를 가상적으로 그릴 수 있으며, 상징적·우화적 수법으로 묘사할 수도 있는 것이라고 역설했다.

검찰측이 내세운 증인은 아주 특수한 신분을 가진 사람들이었다. 월남 후 '반공 제일선'에서 이름을 날린 공산권문제연구소장 한재덕, 함흥공산대학 출신이자 현직 군속인 이영명, 대남간첩으로 구속 중인 최남섭과 오경무 등이 검찰측 증인으로 법정에 나와 검찰측 주장에 맞장구를 치거나 한술 더 뜨는 말을 했다. 심지어 아무리 철저한 공산주의 작가라도 「분지」 같은 용공작품을 쓸 수는 없을 것이라는 말까지 했다. 그네들의 특수한 신분에 비추어볼 때 애당초 자유롭고 공정한 진술을 할 수가 없는 사람들이었다.

검찰측 증인 중 조선중앙통신 주필을 하다가 월남한 한재덕씨의 말을 옮겨보자. (제4회 공판에서) 그는 검사의 질문에 이렇게 답변했다. "이 소설의 제목 '분지'는 똥의 땅이란 뜻이니, 한국을 부정하는 인간이 가질 수 있는 발상에서 나온 제목이라고 본다. 이 소설은 누가 읽어봐도 반미적이며 계급의식을 고취하고 북괴와 똑같은 주장을 하고 있는 데 놀랐다."

이번에는 내가 물었다.

변호인: 「분지」의 주인공인 홍만수의 선조 홍길동은 북한 집단의
사상에 부합되는 인물이라고 했는데?

증인(한재덕): 북괴가 대남방송에 홍길동을 내세우고 있는데, 이
작품이 그것과 우연의 일치인지 아닌지는 모르겠다. 그러나 이 작품
은 북괴의 홍길동에 동조하는 내용이다.

변호인: 지금 남한에서 〈홍길동〉이라는 영화가 상영되고 있는 사
실을 아는가?

증인: 알고 있다.

재판장도 몇 마디 물었다.

재판장: 증인의 감정서에 「분지」는 북괴의 주장에 동조하는 내용
이라고 하였는데, 여기서 '동조'란 말의 뜻은 무엇인가?

증인: 북괴가 대남전략에 쓰는 주장과 같은 것을 의미한다.

재판장: 지난번 한일회담에 대해서는 북괴도 반대하고 한국 내에
서도 반대운동이 있었는데, 그것도 '동조'인가 아닌가?

증인: 아니다. '공산주의적 의사로 북괴와 동일한 주장을 할 때'로
수정한다.

변호인측 증인으로 출정한 이어령 교수의 증언은 그야말로 압권이

었다. 그는 누구나 꺼리는 반공법 사건의 피고인측 증인으로 나오는 걸 쾌히 승낙함으로써 아무나 할 수 없는 결단을 보였다. 증언대에 오른 이교수는 변호인의 질문에 간결하고도 명쾌한 답변을 했다.

변호인: 「분지」는 반미적인 소설인가?

증인(이어령): 이 소설은 우화적 수법으로 쓴 것이므로 친미도 반미도 아니다.

변호인: 현실 그 자체를 그린 것이 아니란 말인가?

증인: 그렇다. 이 작품에서 한국 여성과 미군의 관계는 미국문화가 한국문화에 접촉하는 과정을 비유한 것이다. 계급의식이란 것도, 빈부의 차가 어떻게 이루어졌는가에 관해서도 작품 안에 언급이 없으므로 단순히 약자에 대한 동정으로 해석된다. 약자에 대한 동정은 계급의식의 고취라고 볼 수 없다.

변호인: 저항문학이란 무엇인가?

증인: 문학에는 본질적으로 저항의 일면이 있다. 문학의 창조성과 저항성은 동전의 안팎과 같은 관계를 이루고 있다.

변호인: 이 작품에서 작가는 어떤 지향성을 보이고 있는가?

증인: 남씨는 흔들리는 민족문화의 주체성을 지키겠다는 생각인 것 같다. 작품 곳곳에서 비서구적인 한국문화에 대한 향수가 나타나 있다.

변호인: 이 작품이 북한 공산집단의 주장에 동조했다는 공격을 받고 있는데.

증인: 달을 가리키는데 보라는 달은 보지 않고 손가락만 보는 격

이다. 남씨가 가리키는 달은 주체적인 한국의 문화이며, '어머니'로 상징되는 조국이다. 장미의 뿌리는 장미꽃을 피우기 위해서 있는 것이므로, 설령 어느 신사가 애용하는 파이프를 만드는 데 그것이 쓰였다고 해서 장미 뿌리는 파이프를 위해서 자란다고 말할 수는 없지 않은가.

법정 안의 많은 사람들은 이어령 증인의 이 통쾌한 비유에 쾌재를 불렀다. 오직 한 사람, 못마땅한 표정을 짓고 있는 이는 검사뿐이었다. 다음은 검사의 반격 차례였다.

검사: 작가의 내심까지 알 수는 없지 않은가?

증인: 작품이 일반에게 발표된 뒤에는 작가만의 것이 아니며, 그렇다고 독자가 멋대로 해석해서도 안 된다. 작품 속의 상징성은 그대로 존중되어야 한다.

검사: 나는 이 소설을 읽고 놀랐는데, 증인은 용공적이라고 보지 않았는가?

증인: 나는 놀라지 않았다. 병풍 속의 호랑이를 진짜 호랑이로 아는 사람은 놀라겠지만, 그것을 그림으로 아는 사람은 놀라지 않는다. 「분지」는 신문기사가 아니다.

검사: 증인은 반공의식이 약해서 이처럼 증언하는 것이 아닌가?

증인: 나의 저술과 나를 비평하는 글들이 그 점에 대한 증거가 되리라고 믿는다.

이쯤 되면 판정은 이미 난 것이나 다름이 없었다. 아주 시원한 대답이었다. 1967년 2월 8일에 열린 제4회 공판이 하나의 클라이맥스였다면, 5월 24일에 있었던 변론공판은 그 대단원이었다.

박종연 검사는 논고를 통해서, 「분지」는 대남적화를 노리는 '북괴'의 주장에 동조하는 용공성과 이적성을 내포한 소설임을 재차 강조한 후 피고인에게 반공법 제4조의 법정 최고형인 징역 7년, 자격정지 7년을 구형했다.

이어서 변호인단의 변론이 시작되었다.

나는 먼저 남한의 반공정책이 매사를 용공으로 몰려고 하는 위험을 안고 있음을 지적했다. 그리고 반공의 이름 아래 국민기본권이 유린된다면 그야말로 본말전도이며, 이 사건에서 문학의 본질과 기법에 대한 이해 없이 간첩 등 특수신분에 묶여 있는 사람들의 몇 마디 말에 따라 유죄로 인정하는 것은 위험천만이라고 역설했다.

그리고 이 소설에 한국사회의 어두운 면이 묘사되어 있다고 해서 반국가단체의 주장에 동조했다고 보아서는 안 되며, 특히 반공법 제4조의 모호한 규정을 확대 적용한다면 국민의 기본권을 본질적으로 침해할 염려가 있기 때문에, 결국 한 작가의 '분지憤志'를 곡해한 '분지焚紙'의 위험이 있다고 매듭을 지었다.

특별변호인 안수길 선생의 변론은 반공 매카시즘으로부터 문학을 지키고 문학인을 지키려는 열정과 사랑에 넘쳐 있었다. 그는 이렇게 변호했다.

이 작품에 미군의 비행을 쓴 대목은 민족의 주체성을 강조하기 위한 구성상의 대조법으로 쓴 것이다. 이 작품이 북괴의 잡지에 전재되었다고 해서 문제삼는 것도 부당하다. 미국의 존 스타인벡은 『분노의 포도』를 써서 나치 독일의 반미선전에 크게 이용당했지만, 이 작가는 법정에 선 일이 없었다. 당국은 문학의 저항성을 오해하고 있는 것 같다. 작품 때문에 작가가 형을 받는 일은 일제시대에도 없었는데, 해방 20년이 지난 오늘에 그런 일이 있다면, 이는 역사의 수레바퀴를 뒤로 돌리는 일이 아닐 수 없다.

1967년 6월 28일 오전 10시에 판결이 선고되었다. 판결 주문主文은 '형의 선고유예'였다. 반공법에 위반은 되지만 정상을 참작했다는 것이었다. 이 판결을 두고 반공법 사건에서 선고유예는 '무죄'나 마찬가지라고 평한 사람도 있었다.

그런데 묘한 것은 판시 이유 가운데 다음과 같은 구절이었다.

이 작품은 우리 민족주체성의 확립이라는 피고인의 염원을 소설로써 표현한 것이라고 인정할 수 있으므로 피고인이 위 작품을 집필함에 있어서 반국가단체의 활동에 호응 가세할 적극적인 의사 또는 목적이 있었다고 볼 수 없다 할 것이니 (…)

그렇다면 왜 유죄인가? 판결은 이렇게 말한다.

그러나 그러한 의욕 내지 목적이 없다고 할지라도 범의를 인정할 수는 있다.

논리적으로는 수긍하기 어렵지만, 재판장이 얼마나 고민했는지 짐작게 하는 흔적이기도 하다.

1심 판결이 나오자 도하郡下 신문과 문학인단체에서는 비판의 목소리가 쏟아져나왔다. "형벌의 경중 문제를 떠나서 유죄판결 자체가 잘못이다.""아무런 정치적 의도나 불온한 동기 없이 오직 작가적인 감동과 감각에 의해 쓰인 작품도 경우에 따라서는 반공법에 저촉된다고 하여 처벌 대상이 된다는 판결인즉, 이거 걸리지 않을까 하고 쓰는 글이라면 좋은 작품을 기대할 수 없다."

1심 판결에 대해서 피고인은 물론 항소했다. 그런데 검사 역시 항소를 했으니, 이유인즉 형이 너무 가볍다는 것이었다.

나는 항소이유서에 "이 작품 내용에 반미·반정부적 요소가 있다할지라도 그것이 어찌하여 반국가적 행위로 비약하여 범죄를 구성하는 것인지 묻고 싶다"고 문제를 제기했다. 그러나 항소심은 간단히 항소기각 판결이 났다.

나는 남선생과 상의한 끝에 상고를 하지 않기로 했다. 1, 2심의 유죄야 도저히 승복할 수 없지만, 그렇다고 대법원이 원판결을 뒤집고 공정한 재판을 해주리라는 보장도 없었다. 승복할 수 없는 판결에 상고를 하지 않고 확정시켜버리는 것은 논리상으로는 모순이지만, 그만큼 당시 대법원에 대한 불신도 컸던 것이다.

지금 나에게는 「분지」 사건 때의 사진 두 장이 소중하게 보관되어 있다. 그중 한 장은 1심 재판 때 법정을 나오면서 담소하는 장면인데, 남선생과 나 외에 안수길 선생과 김종삼 시인의 밝은 표정이 눈에 들어온다. 또 한 장은 구형 및 변론공판이 끝난 뒤 법원 구내의 변호사회관으로 자리를 옮겨서 찍은 사진으로, 안수길, 이항녕, 박용숙, 표문태, 최인훈 제씨가 남선생과 나를 둘러싸고 좌우에 앉아 있는 장면이다.

그런데, 법정 출입문 앞에서 찍은 첫번째 사진을 놓고 훗날 어이없는 일이 생겼다. 중앙일보사가 발행하는 월간 『윈WIN』 1996년 11월호에 "한국문학 속의 섹스—고전에서 현대까지—원색·음습·해학 거쳐 외설 노골화"라는 제목의 문학평론가 J씨의 글이 실려 있었다. 그런데 그 속에 앞서의 사진이 박혀 있고, 그 밑에 엉뚱하게도 「굴뚝 밑의 유산」으로 음란성 시비를 불러일으켰던 남정현이 법원에서 선고유예를 받은 뒤 법정을 나오는 모습"이라는 사진설명이 붙어 있었다. 어이없는 '오발'이었다. 남선생은 「굴뚝 밑의 유산」뿐만 아니라 그 밖의 어떤 작품으로도 음란성 시비를 일으킨 사실이 없으며, 거기에 실린 사진은 앞서 말한 대로 「분지」 사건 재판 때의 사진이었다.

평소 웬만한 일에는 화를 내지 않는 남선생이 이 '오발'에는 노기를 감추지 못했다. 그도 그럴 것이, 그 글 속에는 조선시대의 노골적인 춘화가 함께 실려 있는데다가 남선생이 마치 음란소설을 썼다가 재판까지 받은 것처럼 되어 있어서 작가로서의 명예를 훼손당한 것이 분명했기 때문이었다. 그리하여 나는 남선생의 요청대로 신문사를 상대로 한 정정보도청구서를 작성해주었다. 그후 잡지사 쪽에서 잘못된 사진설명을 바로잡아 사과하여 오보 사건은 일단락된 것으로 안다. 이는 비록 어려운 역경 속에 살아갈망정 작가로서의 명예를 소중히 여기는 남선생의 선비다운 풍모를 엿볼 수 있는 삽화의 하나라 할 것이다.

35년 전에 피고인과 변호인 사이로 맺어진 남선생과 나의 관계는 그후 친구이자 동지로서 얽혀 살아오면서 세월이 흘렀다. 자유실천문인협의회 같은 널리 알려진 문인단체에도 같이 참여했는가 하면, '라운드 클럽'이라는 문인들의 친목모임에도 함께 나갔다. 라운드 클럽은 문단의 노소가 함께 어울려 문학과 인생에 관한 담론을 나누는 모임으로서, 회원은 한 20명쯤 되었다. 그런데 박정권 유신치하에 시국관의 차이가 생기면서 이 모임은 흐지부지되었다.

남선생은 더러 신동엽 시인과 함께 내 사무실에 놀러오기도 했다. 그때 신동엽 시인은 명성여고 야간부에서 교편을 잡고 있을 때여서, 낮에는 시간 여유가 있는 듯 내가 없는 시간에도 사무실에 들러 책을 읽거나 휴식을 취하기도 했다. 우리는 문인시찰단에 끼어서 전방에도 가보고 하면서 어울렸다. 그 무렵 신동엽 시인은 서사시 「금강」이 수록된 을유문화사의 신간 『현대한국신작전집』 제5권을 나에게 갖다주기도 했다. 그러던 그가 젊은 나이에 홀연히 세상을 뜨자 얼마나 애석하고 슬펐는지 모른다. 그의 1주기를 맞아 부여에 그의 시비詩碑가 세워졌고, 남선생과 나는 여러 문인들과 함께 비를 맞으며 시비 제막식에 참석, 그를 추모했다.

우리는 때로는 군사독재의 철권에 서로 상처를 입기도 했고, 앞서거니 뒤서거니 감옥에도 드나들었다. 시국성명에 함께 서명도 하고, 이런저런 집회 등 행사장에서도 자주 만났다.

1975년 봄에는 내가 반공법 위반으로 구속되는 사태가 벌어졌다. 그때 남선생은 공판 때마다 거의 개근을 하다시피 법정에 방청을 와주었다. 실인즉 그 전해인 1974년, 세칭 '민청학련 사건'으로 많은 청년학생과 민주화세력들이 검거되었을 때, 남선생 자신도 붙들려가서 한참 고생을 하고 나온 일이 있었다.

그는 정말로 충청도의 '양반' 기질을 증명이라도 하듯이 예의염치가 아주 분명하고 다정다감한 인품을 지녔다. 글줄이나 쓰는 사람들에게서 더러 볼 수 있는 돌출행동, 탈선, 괴벽, 몰염치, 주벽 따위를 그에게서 한 번도 본 적이 없다. 그가 작품으로서뿐 아니라 현실생활에서도 저항의 몸짓을 거두지 않고 살아온 점 역시 선비답다. 경제적으로 어려운데다가 가뜩이나 몸이 쇠약하시어 병원과 약국을 찾는 발걸음이 잦고 수술과 투약이 되풀이되다시피 했다. 남선생은 그처럼 와병과 요양에 시달리면서도 부도옹不倒翁처럼 다시 일어나 홀연히 여러 사람 앞에 나타나곤 했고, 그런 몸으로 불의한 독재와 싸우는 대열에 끝까지 참여했다.

「분지」사건에서 받은 충격인지는 몰라도, 그 필화를 겪은 뒤로는 그의 창작활동이 예전 같지가 못해서 문단이나 주위 사람들을 아쉽고 안타깝게 만들었다. 물론 「허허 선생」 등 몇 편의 소설이 발표되기는 했으나, 만일 그런 불행이 없었더라면 한 시대의 촉망을 받던 '남정현 문학'의 완성에 이를 만한 값진 후속작품이 나오지 않았을까 하는 아쉬움이 남는다.

선생에게서 아직 고희의 노색은 거의 찾아볼 수 없다. 부디 청솔같이 사철 푸른 기상으로 건강하신 가운데 다시 좋은 글 많이 쓰시며 문학인의 깨끗한 본으로서 살아가주시기를 간절히 기원한다.

2. 동백림 간첩단 연루 문인 사건

동백림 사건의 파편에 다친 시인

그의 이름 때문에 생전에도 '천상天上의 시인'으로 불렸던 천상병 시인. 순박하면서도 짓궂은 기인행각으로 많은 일화를 남긴 그는 「귀천」이란 명시를 이 세상에 남기고 하늘나라로 떠나서 더욱 유명해졌다.

거무스레한 얼굴에 자주 껌벅이는 눈, 더듬거리는 말, 줄담배와 폭음, 애교 섞인 용돈 수금(?) 등으로도 고은, 김관식과 함께 가위 한국 문단 3대 기인으로 불릴 만했다.

1967년 7월 중앙정보부가 발표한 소위 '동백림 거점 북괴대남적화 공작단 사건'의 피의자 명단에 바로 그 '천상병'이란 이름 석 자가 끼어 있어서 세상 사람들을 놀라게 했다. 천시인에게 용공 사건에 연루될 만한 무슨 사정이 있을 리 없었기 때문이다.

'동백림 사건'이란 유럽에 살고 있는 남한의 문화예술인, 학자, 유학생, 지식인 들이 (당시 분단 독일의) 동백림(동베를린)에 가서 북한 공관원들과 접촉, 반국가적 행위를 하였다는 것으로, 구속기소된 피고인만 34명이나 되는 큰 규모의 사건이었다. 그중에서 작곡가 윤이상, 서베를린대학 박사과정생 임석훈, 화가 이응노, 농업문제 전문가 주석균 등의 이름이 한층 주목을 받았다.

나는 그중 이응노 화백의 변호를 맡아서 서울구치소 접견을 다니고 있었는데, 천시인만 변호인이 없던데다 밖에서 누구 하나 접견 올 사람도 없는 듯해서 내가 변호를 자청했다. 문단 행사나 문인들의 이런저런 모임에서 그와 나는 서로 잘 아는 처지가 되었으므로 조금도 생소할 것이 없었다.

나는 그가 서울상대商人를 다녔다는 사실을 그때 처음 알았다. 아마 나뿐만 아니라 대부분의 사람들이 그에게 어울리지 않는(?) 그런 학벌을 짐작하지 못했을 것이다. 바로 그 서울상대 친구의 한 사람인 강빈구씨(당시 서울대 조교수) 역시 동백림 사건으로 구속되어 있었는데, 그와의 관계가 혐의사실의 단서를 이루고 있었다.

공소장대로라면, 사건이 터지기 4년 전인 1963년 10월 초순 어느 날 저녁, 그는 서울 명동 유네스코 회관 뒷골목에 있는 대폿집에서 강빈구씨와 술을 마시고 있었다. 그때 강씨가 자신이 동독과 동백림 등 적성국을 왕래했다는 말을 하면서 난수표와 출판사 이야기를 하던 끝에, 여의치 않으면 한국에서 고생하지 말고 동독에 갈 생각이 없느냐는 권유를 하더라는 것이다.

그것이 무슨 범죄라고 공소장에 들어가 있는가 하고 생각할 사람이 많을 것이다. 그러나 공소장에 의하면, 그것은 "동인(강빈구)이 반국가단체인 북괴의 구성원으로 그 목적수행을 위하여 암약중인 간첩이라는 정(정황)을 인지하였음에도 불구하고 이를 수사정보기관에 고지치 아니하고 (…)"라고 해서, 말하자면 반공법상의 불고지죄를 범했다는 것이다. 참 무서운 법이다.

그뿐인가. 반공법 말고 형법상의 공갈죄가 얹혀 있어서 더욱이나 뜻밖이었다. 그것도 친구인 강빈구씨를 상대로 협박을 하고 갈취를 했다니 파렴치범처럼 되어버렸다.

공소사실은 이러했다. 1965년 10월 중순 어느 날 낮, 강씨 집에 찾아가서 중앙정보부에서 자기더러 동독 갔다 온 사람을 대라고 해서 난처하다는 취지로 강씨를 협박했다는 것. 그리하여 "동인으로 하여금 공포감을 갖게 하여 동인에게 금 2만 원만 주면 무마시켜주겠다고 금품을 요구, 동인으로부터 금 6,500원을 교부받아 이를 갈취하고 (…)"라고 적혀 있었다.

공소사실 제3항은 또 이러했다. "그 시경부터 1967년 6월 25일까지 사이에 같은 방법으로 동인을 협박, 동인으로부터 일주일에 1, 2회씩 서울 명동 소재 금문다방, 송원기원 등지에서 주대 100원 내지 500원씩 도합 금 30,000원가량을 교부받아 이를 갈취하고 (…)"

절친한 대학친구를 간첩으로 신고하겠다고 협박해 2년 동안 매주 1, 2회씩 처음엔 6,500원을, 그다음엔 100원 내지 500원씩 갈취했다는 것이다. 2년도 채 안 되는 동안 매주 한두 번씩 상습적으로 뜯어낸 돈의 합계가 36,500원이라? 간첩신고 협박에 100원씩, 많아야 500원을 갈취했다? 이것은 코미디였다.

나는 천시인이 강교수로부터 그만한 액수의 돈을 받았으리라는 점을 직감으로 알 수 있었다. 천시인은 누구에게나 악의 없이 손을 내밀고 "천 원만"을 버릇처럼 되뇌곤 했으니까. 학벌이 좋고 문재文才가 뛰어났음에도 그는 가진 것 없이 살아가면서 아는 사람을 만나면 으레 손을 내밀곤 했던 것이다. 시인 이근배씨의 회고담에 의하면 "한참 후배인 나도 그의 수금처가 되어 거의 정기적인 내방을 받고 있었다. 어느 날 찾아왔다가 내가 자리에 없으니까 책상 위에 놓인 김소운 수필집 『하늘 끝에 살아도』를 들고 갔더란다. 헌책방에 넘길 양으로 들고 갔던 것을 첫 장부터 읽다가 그만 오전 2시까지 독파했노라고 털어놓기도 했다"는 것.

또다른 문인 한 사람도, 천시인은 일생 동안 악한 일 한 번 못하고 코흘리개 아이들과 같은 천진스런 행동으로 고작 한다는 짓이 손 내밀고 "나 천 원" "괜찮아, 다 괜찮아"란 말뿐이었다고 회고했다.

바로 이런 그의 언행 기벽을 아는 사람은 그가 강빈구씨한테 100원, 500원을 거푸 얻어 쓴 것을 금방 이해하고 "또 수금을 했구나" 하고 웃어넘겼을 것이다. 그러나 1960년대 후반 대한민국의 법정은 그런 것조차도 모두 공갈죄로 처벌했다. 징역 1년에 집행유예 3년. 그런 식의 재판에 더 기대할 가치가 없다고 보고 천시인은 항소도 하지 않았다.

'남산'에 끌려갔을 때 받은 전기고문의 후유증에다 영양실조까지 겹친 가운데 그는 길거리를 헤매야 했고, 한때 소재불명이 되기도 했다. 그가 서울 응암동에 있는 한 시립병원에 행려병자로 강제입원되어 있을 때, 그런 사실을 모르는 밖의 문우들이 '새'라는 제호가 붙은 그의 '유고시집'을 낸 비화도 있다.

아주 고생스러울 때 만난 아내 목순옥 여사의 극진한 사랑과 보살핌 속에 술을 주식처럼 즐기며 살아가던 그는 1993년 4월 28일 홀연히 하늘나라로 돌아갔다. 그리고 영원한 그의 아내인 목여사는 지금도 인사동 골목에 '귀천'이란 찻집을 차려놓고, 남편의 체취가 묻어 있는 작품과 유품 들과 더불어 의연하게 살아가고 있다.*

* 천상병 시인의 아내 목순옥 여사는 2010년 8월 지병으로 별세했다.

3. 담시 「오적」 사건

부정부패 풍자시를 반공법으로

"시를 쓰되 좀스럽게 쓰지 말고 똑 이렇게 쓰렷다"로 시작되는 담시 「오적五賊」은 3백 행이 넘는 장시이기도 하다.

우리 사회의 부패타락상을 신랄하게 풍자·비판한 이 「오적」 시에 대해서 검찰은 "계급의식을 고취한 용공작품"이라는 공격을 서슴지 않았다.

1970년은 전해부터 계속된 삼선개헌 반대투쟁의 열기와 함께 막이 올랐다. 당시는 집권층 사람들과의 스캔들로 화제를 불러일으킨 정인숙 여인 피살 사건(3월 17일), 와우아파트 붕괴 사건(4월 8일) 등이 잇따라 터져나왔으며, 동빙고동의 세칭 '도둑촌'을 비롯한 호화 주택 문제 등으로 국민과 야당의 비판 수위가 높아가던 때였다.

민심이 흉흉해진 가운데 박정희 정권은 저항세력에 대한 탄압에 나섰다.

그 첫번째 일격이 당시「오적」을 쓴 시인 김지하의 구속이었다. 집권층이 자신들의 부정부패를 은폐하기 위해 꾸며낸 언론탄압이었다. 국내뿐 아니라 해외 여러 나라에서도 언론과 문학의 자유에 대한 탄압이라는 거센 항의가 빗발쳤고, 이런 가운데 김지하 시인은 세계적으로 그 이름이 널리 알려졌다.

'오적'이란 재벌, 국회의원, 고급공무원, 장성, 장·차관 등을 꼬집은 것으로 짐승 이름을 뜻하는 희한한 한자로 음을 맞춰 표기했기 때문에 옥편을 찾아도 쉽게 눈에 띄지 않는 벽자僻字투성이었다.

「오적」이 당초『사상계』(1970년 5월호)에 실렸을 때는 '판매금지' 정도로 넘어갔다. 그러나 그해 6월 1일자『민주전선』(당시 야당인 신민당 기관지)에서 이를 전재하자 작가를 반공법 위반으로 구속하는 사태로 번진 것이다.

이 사건으로 작가인 김지하씨 말고도『사상계』발행인 부완혁, 편집장 김승균,『민주전선』주간 김용성, 편집위원 손주항씨 등이 구속됐다.

검찰은 국제문제연구소 연구원 염희춘이라는 사람을 증인으로 내세웠다. 물론 그는「오적」의 용공성을 강변했다.

이에 변호인측은 당시 고려대 교수인 이항녕, 작가 김승옥씨의 증언을 통해「오적」이 공산주의적 계급사상을 고취한 것이 아니라 우리 사회의 부정부패를 고발한 작품임을 강조했다. 또한 변호인측의 신청에 따라 언론계에서 선우휘 조선일보 편집국장, 문단에서 박두진 시인, 학계에서 안병욱 숭전대 교수가「오적」시에 대한 감정서를 법원에 제출했다.

감정서에서 박두진씨는 "시「오적」정도의 풍자와 고발은 조금도 부당하거나 공공질서를 해치거나 국민의 기본권 행사의 범위를 벗어난 것이 아니다. 작가적 책임과 사명을 자각하는 문학자라면 시「오적」정도의 표현은 당연한 것으로 봐야 한다"고 하여 검찰의 용공론을 반박하였다.

선우휘씨는 "일부 특수층의 부정부패는 작가가 발상하기 전에 이미 신문과 국회의 원내 발언을 통해 밝혀진 것이며 사회의 부정부패에 대한 공분을 표현한 것으로 본다"는 의견을 밝혔다.

『민주전선』관계자들과 함께 법정에 선 김시인은 「오적」시를 통한 남한의 극심한 부패상 폭로가 '북괴 주장에의 동조'에 해당된다는 검찰의 주장을 비웃었다.

나는 고 이병린 변호사와 함께 이 사건의 변론을 맡았다. 변호인 반대신문에서 김시인은 "내 시를 자꾸 용공이라고 하는데 참다운 반공은 강한 국방력도 문제이지만 우선 내적인 부정부패를 뿌리 뽑음으로써 국민을 단결시키는 데 있고, 따라서 부정부패 그 자체가 이적이 될지는 몰라도 그것을 비판하는 소리가 이적이 될 수는 없다"고 맞받아쳤다.

그는 또 "우리 사회에 실제로 오적이 있으니까「오적」을 썼을 뿐"이라고 말했다.

법정 논쟁에서 김시인은 넓은 식견을 바탕으로 유창한 언변을 구사해 누가 피고인지 알 수 없는 분위기를 연출했다.

김시인은 1994년에 간행된 나의 회갑기념문집『한 변호사의 초상』에 실린 글에서 "재판이 열리고 변호인 반대신문이 진행되자 선생의 그 간결하고 세련된, 그러나 군더더기 하나 없는 유명한 꼭지따기(반대신문)가 시작되었다"고 얼마쯤 필자를 '예우'한 뒤, 다음과 같은 문답을 떠올렸다.

피고인은 공산주의자입니까.
"아닙니다."
그럼 왜 이 재판을 받게 됐습니까.
"나도 모르겠습니다."

그의 회상은 이렇게 이어져나갔다.

강타였다. 사건의 실체를 한두 마디 물음으로 요약해 간단히 드러내버리는 거였다.

그가 스물아홉 살 때의 일이었다.

한편 서울형사지방법원 목요상 판사는 재판 진행중에 구속 피고인들을 모두 보석으로 석방했다. 그 뒤 김지하씨는 지방에 있는 요양소에 가 있게 되어 1심 판결은 나머지 3명에 대해서만 선고됐다.

"각 징역 1년, 자격정지 1년에 처할 것이로되 정상을 참작하여 그형의 선고를 유예한다"는 판결이었다(1972년 12월 20일).

「오적」을 실었던 『사상계』는 1970년 9월 29일자로 신문·통신 등의 등록에 관한 법률 위반으로 등록이 취소됐으나, 사상계사에서 제기한 등록취소무효확인 청구소송에서 연승해 대법원 확정판결까지 받았다. 그때만 해도 우리 사법부가 제 소임을 다하려고 애썼기 때문이다.

그리고 김지하 시인에 대한 사건은 미결로 남아 있다가 뒷날(1974년) 민청학련 사건의 군법회의에서 병합심리 끝에 유죄판결을 받게 된다.

나는 민청학련 사건에서도 김시인의 변호를 맡게 됐는데, 그가 1975년 2월에 형집행정지로 풀려났다가 27일 만에 '인혁당 사건 날조' 폭로로 재구속됐을 때 또다시 변호인 선임계를 냈다.

그러자 중앙정보부는 나까지 반공법 위반으로 구속하였고, 그로 인해 피고인과 변호인이 서울구치소 안에서 극적으로 만나게 되는 진풍경도 경험했다.

4. 월간 『다리』 사건
무죄판결로 일관한 반공법 필화

내가 변호한 정치적 사건은 거의 '좌우간 유죄'로 판결이 났다. 그래서 어떤 험구險口는 "한변호사가 변호만 하면 모두 징역 갔다"고 말했다. 그러면 나도 이렇게 응수한다. "무슨 말씀을……『다리』사건을 보더라도 죄 없는 사람은 무죄가 납디다……"

1970년 들어서도 박정희 대통령을 괴롭히는 악재는 한두 가지가 아니었다. 그해 9월 29일에 열린 신민당 전당대회에서 40대 기수 중 한 사람인 김대중씨가 예상을 깨고 대통령 후보 지명전에서 승리했다. 정책공약과 지방유세를 통한 그의 인기 상승은 그야말로 폭발적이었다.

집권세력은 김대중씨에 대한 압박작전이 불가피했다. 마침 '김대중 회고록'을 집필중이던 문학평론가 임중빈씨가 다음해 2월에 구속된 것도 그런 맥락에서 보는 사람이 많았다.

그 전해『다리』11월호에 실린 그의 논문「사회참여를 통한 학생운동」이 용공이라는 혐의였다.『다리』는 김대중계 국회의원 김상현 씨가 운영하던 비판적 월간지여서 거기에 관여하던 윤재식, 윤형두 씨도 잡혀갔다.

검찰의 구속·기소 조치에는 정치적 속셈이 깔려 있었다. 앞서 본 대로 임씨는 야당 대통령 후보의 전기를 집필중이었고, 윤형두씨가 운영하는 범우사에서는 김대중씨의 선거용 책자를 간행하고 있었는가 하면,『다리』의 발행인 윤재식씨는 김대중씨의 공보비서라는 사실 등이 이 사건의 정치적 배경을 잘 말해주고 있었다.

『다리』에 발표된 지 넉 달이 지난 임씨의 논문을 뒤늦게 문제삼은 점도 의혹을 샀다.『다리』고문이자 자금지원자인 김상현 의원이 김대중씨의 핵심참모라는 점도 주목을 끌었다. 세 사람 다 구속된 지 한 달이 넘도록 외부인(심지어 변호인도)과의 접견이 허용되지 않았는가 하면, 무죄판결이 난 뒤에도 범우사와『다리』는 큰 후유증을 겪었다. 심지어 인쇄소에서『다리』의 인쇄를 기피하는 통에 제때 제작을 못하는 애로까지 겹쳤다.

검찰측은 대략 다음과 같은 논지로 임씨의 글이 용공적이라고 주장했다. ① "문화혁명은 정치혁명에 선행함은 물론 (…) 문화의식의 성城을 쌓을 것을 제안한다"라고 하여 현정권 타도의 방법으로서 방향 제시를 하였다. ② "젊은이들이라면 기성 권위와 가치에 대하여 마땅히 도전해야 한다. (…) 그러기에 젊은이들의 반항은 전 세계적인 현상으로 나타난다"라고 하면서 프랑스 학생들의 5월혁명과 미국의 뉴레프트 활동의 정당성을 강조하였다. ③ "5월혁명은 철저한 저항정신 바로 그 행동아다운 품격을 신봉하는 현상으로 해석된다. (…) 학생운동의 진폭을 넓힌 것이었고 끝내 드골 정권을 위기로 이끌었다"고 평가함으로써 정권 타도를 위한 학생운동을 부추겼다. ④ "미국의 뉴레프트는 이념의 카오스 상태에서 (…) 정치적 도전에는 무의미하지만 문화형성에는 영향력을 미치고 있기 때문이다"라고 하여 뉴레프트의 저항적 행동력이 한국 학생의 정권 타도 운동에 하나의 방법이 될 수 있음을 인정하였다.

물론 나는 검사의 그런 견해를 하나하나 반박하고 정치권력의 입장에만 치우친 안목에서 현실에 대한 고발이나 비판 또는 개혁의지를 모두 반정부적인 것 내지는 이단적인 것으로 보고 반공법을 발동하는 것은 커다란 오류라고 역설했다.

이 사건 재판에서는 구상, 김상현, 남재희, 송건호 씨와 다리사 실무자들이 반공법 사건 특유의 위협적 분위기를 무릅쓰고 소신껏 증언을 했다.

또하나의 쾌재는 재판을 맡은 목요상 판사가 윤형두, 윤재식 두 사람을 직권 보석으로 풀어준 일이었다. 반공법 사건치고는 매우 이례적인 결단이어서 크게 환영을 받았다.

반면 검찰측은 몹시 당황하고 불만스러워했다. 무죄 쪽으로 기우는 목판사의 심증을 알아차렸는지 검찰측은 심리종결 뒤에도 변론재개 신청과 판결선고 연기를 집요하게 요구했다. 그 때문에 선고기일이 두 번이나 연기되었는데, 세번째로 지정된 선고기일에는 목판사가 판결문을 읽으려는 순간에 검사가 나타나 이의신청을 하면서 다시금 선고 연기를 요구했다. 그러나 재판부는 이를 받아들이지 않고 기어이 판결을 선고했다. '전원 무죄'였다.

재판부는 "임피고인이 논문에서 프랑스의 5월혁명, 미국의 뉴레프트 등 서구 학생운동을 인용한 것은 사실이지만 이들의 활동·주의·사상을 찬양·고무·동조했다고 볼 수 없으며, 독자적인 청년문화운동으로 역사적인 난관을 타개해보자는 일종의 청년문화론을 시도한 것이지, 현정권 타도를 위한 문화혁명을 일으키는 방향으로 이끌어야 한다는 주장을 했다고는 볼 수 없다"고 무죄 이유를 밝혔다.

당시의 한 신문은 "목판사가 문제의 논문 필자 등 3명에게 무죄를 선고함으로써 반공법 대 언론자유의 싸움은 일단 언론자유의 승리로 끝맺게 되었다"고 논평하기도 했다.

항소심에서도 이례적인 일이 벌어졌다. 재판부가 검사의 항소이유에 대해 아무런 변론도 거치지 않고 이른바 '무변론 기각'을 한 것이다. 1심 무죄도 놀라운데 항소심은 아예 법정 심리도 더 해볼 필요가 없다고 그냥 '들었다 놓기만' 했으니 놀라웠다.

항소심 첫 기일에 법정에 들어갔더니 이미 항소기각 판결이 선고된 뒤여서 나는 변호인석에 앉아보지도 못하고 나왔다. 유별난 '부전승'이었다. 그러나 소신과 용기를 갖고 1심에서 무죄판결을 한 목판사는 훗날 사법파동 때 예금 추적을 당하는 등 검찰 내사의 표적이 되었다가 마침내 법복을 벗고 만다.

목판사는 판결을 선고하러 법정에 들어갈 때에도 판결문(초고)을 결재판이 아닌 양복 안주머니 속에 접어넣어가지고 입정했다고 한다.

목판사가 현직을 떠난 뒤, 언제부터인지 우리는 1년에 한 번씩(『다

44

리』피고인들이 구속된 날인 2월 12일) 모여서 저녁식사를 함께 하곤
한다. 이처럼 피고인, 증인, 변호인에 담당 판사까지 한자리에 어울
리는 모임이 사건 후 30여 년이 지난 지금까지도 이어져온 것은 『다
리』사건 무죄 못지않게 기분 좋은 기록이라 하겠다.

5. 남북한 유엔 동시가입론 탄압 사건
단계적 통일방안을 '반국가행위'로

　김준희 교수는 1959년 프랑스에 유학, 소르본 대학에서 11년 동안 정치학을 전공하고 돌아온 뒤 건국대학교에서 교수로 재임중이었다.

　그는 '한반도에 있어서 재통일 문제와 그 기원'이란 주제의 논문으로 박사학위를 받았다. 학자로서 김교수만큼 집요하게 남북통일 문제를 연구하고 선구적인 주장을 편 사람도 별로 없을 것이다. 그는 논문과 강연 등을 통해 당시로서는 위험시될 만큼 앞서가는 지론을 폈고 그것이 마침내 고난을 불러들인 원인이 되었다.

　박정권 치하에서 통일논의를 펴는 것은 위험한 일이었다. 1961년 5·16쿠데타 직후 국제신보 편집국장 이병주씨는 「통일에 민족역량을 총집결하라」는 자신의 글이 문제되어 '이적죄'로 구속되었고, 뒤이어 민족일보 필화 사건(1961년 7월), 조선일보 리영희 기자의 이른바 '남북한 동시 유엔 가입' 필화 사건(1964년 11월), MBC 황용주 사장의 「강력한 통일정부에의 의지」 필화 사건(1964년 11월) 등이 잇따랐다. 이에 지식인들은 아예 통일문제에 관해 언급하지 않는 편이 '개인 안보'에 이롭다고 판단한 나머지 침묵을 지켰다.

바로 그런 시기에 낯선 해외파 학자 한 사람이 서울에 나타나 한국적 금기에 도전했던 것이다. 파리에서 분단국 문제를 10년 넘게 연구하고 귀국한 김준희 교수가 바로 그 주인공이었다.

1972년 10월, 월간 『다리』 창간 2주년 기념 강연회가 명동 대성빌딩 강당에서 열렸을 때, 그는 당시로서는 파격적이라 할 발언을 서슴지 않았다. 우선 그는 북한에서 나온 각종 간행물과 전단 등을 들고 나와 "여러분은 이런 것을 가지고 있기만 해도 처벌받지만 나는 정부의 허가를 얻었기 때문에 문제가 없다"면서 그것들을 들어 보이며 강연을 했다.

그 무렵만 해도 북한(당국)을 '북괴'라고만 부르던(불러야 했던) 시절인데, 김교수는 꼬박꼬박 '조선민주주의인민공화국'이라고 불러서 남다른 학자구나 하는 인상을 주었다. 북한을 일방적으로 매도만 하던 원색 반공시대에 그는 남북한의 통일정책을 등거리에서 고찰한 다음 평화적 통일방안을 구체적으로 제시하기도 했다.

김교수는 남북한의 정치적 현실을 대등하게 있는 그대로 인정해야 한다는 것과 휴전협정 안에서 분단국가의 근원과 해결책을 찾아야 한다는 것 그리고 한반도 문제의 해결방식은 독자적인 것이어야 한다는 것 등을 주장했다.

얼마 후, 그가 반공법 위반 혐의로 구속되었다는 보도가 나왔다.

어쩐지 위험스럽다는 걱정을 했는데 유감스럽게도 그 같은 우려가 현실화된 것이었다. 대성빌딩 강연과 아울러, 대중당 당수인 서민호 씨가 운영하던 한 간행물에 기고한 통일방안에 관한 논문의 내용이 용공이라는 것이었다.

김교수에 대한 반공법 위반 혐의의 요지는 이러했다. ① 통일연구협회가 발행하는 『통일연구』 창간호에 「삼중 쇄국성과 우리 민족의 재통일 문제」라는 논문을 발표하여 북한 공산집단을 대한민국과 동등한 합법정부로 보고 남북한이 유엔에 동시가입해야 한다는 주장을 폈다. ② 월간 『다리』 주최 강연회에서 '연방제 통일론의 문제점' 이라는 제목으로 강연을 하는 가운데, 한반도 안에 두 개의 정부가 있다는 현실을 인정하고 긴장완화와 재통일을 위해서는 남북이 유엔에 동시가입해야 한다는 발언을 했다. 이상과 같은 남북 유엔 동시가입론은 북한 공산집단의 선전활동에 동조함으로써 반국가단체를 이롭게 한 범죄라는 것이었다.

당시로서는 그 정도의 단계적 통일방안도 '폭탄선언'에 가까웠다.

1심에서 실형이 선고되었고, 나는 항소심에서 그의 변호를 맡았다. 2심 판결 역시 '유죄'였으나, 다만 집행유예로 몸은 풀려났다. 그의 논문을 보면 이승만 전 대통령 이름 밑에는 아무 호칭도 없이 그냥 '이승만'인데, '김일성' 밑에는 '주석'이라는 직명을 꼬박꼬박 붙여 놓고 있어, 이것이 마치 친북처럼 비쳤는지 모른다.

1973년 6월 23일 아침, 나는 전주의 한 다방에서 박대통령의 '6·23외교선언' 특별방송을 듣고 있었다. 박대통령은 "남북한 유엔 동시가입을 반대하지 않는다"고 힘주어 말했다. 마침 나는 김교수 사건의 상고이유서를 쓰고 있던 참이라 '김교수는 박대통령이 천명한 유엔 동시가입론의 선구자인데 상은 못 줄망정 형벌이 웬 말인가'라는 식으로 무죄 주장의 논리를 폈다.

그러나 몇 달 뒤에 나온 대법원 판결은 나의 장문의 상고이유서에 대해 "논지는 독단적 견해에 불과하다"는 단 한마디를 던지고 상고를 기각했다. 똑같이 '남북한 유엔 동시가입'을 주장했는데, 한 사람은 죄인이 되고 다른 한 사람은 '영단英斷'을 내린 것으로 상반되는 평가가 나왔다.

그로부터 20년이 지난 1991년, 남북한 유엔 동시가입을 오히려 남한측이 북한측에 재촉하고 북한이 이에 끌려가는 형국을 보이다가 결국 유엔 동시가입이 이루어진다.

김교수를 심문하던 서울지검 이창우 검사는 당시에 이런 말을 했다. "당신의 주장은 20년 후에나 실현될 것이오." 과연 그의 말대로 되었다. 그럼 예언자는 김교수가 아닌 공안검사였단 말인가.

6. 『한양』 관련 문인 사건
문인 개헌지지 성명 후에 나온 '간첩단' 발표

긴급조치 1호가 불쑥 터져나오기 하루 전날(1974년 1월 7일) 문학인 61명의 이름으로 개헌지지 성명이 나왔다. 그로부터 20일 만인 1월 26일, 이호철, 임헌영, 김우종, 정을병, 장백일 씨 등 5명의 문인이 구속되어 세상 사람들을 놀라게 했다.

피고인들에 대한 공소사실의 줄거리는, 피고인들이 국제회의나 세미나 등에 참석하기 위해 일본에 갔을 때 한양사의 김기심씨나 김인재씨를 만나 그들로부터 향응과 돈을 받고 그때를 전후하여 『한양』에 기고를 함으로써 반국가단체를 이롭게 했다는 것이었다.

그러나 위의 두 김씨가 일본에서 발행하는 『한양』이라는 월간지는 국문(한글) 종합지로서 피고인들뿐 아니라 국내의 이름난 문인 논객들이 전부터 많이 기고를 해온 터였다.

그 잡지는 조국의 당면문제를 민족주의적 관점에서 다루어왔는가

하면 창간 기념호마다 국내의 이름난 학자·문인들이 대거 축사를 보내기도 했다.

1972년 3월 창간 10주년 기념호에는 국내 학계·문화계의 내로라 하는 명사들의 축사가 실려 있었다. 박종화, 백낙준, 백철, 황수영, 모 윤숙, 조연현, 정비석, 안수길, 유주현…… 그야말로 일일이 열거하 기 힘들 정도로 많은 사람들이 거기에 참여했다. 그간 여러 국내 인 사들이 일본을 왕래하면서『한양』측으로부터 접대도 받고 고료도 받았건만 아무런 일도 없었다.

『한양』은 1973년까지도 주일한국공보관에 전시되어 있었는가 하 면 국내에도 정식으로 수입·배포되어왔다. 그럼에도 정부기관이나 민단측에서 한 번도 '불온'으로 문제삼은 일이 없었다.

검찰은 자금의 출처가 조총련 쪽이라고 주장했지만 그렇게 볼 만 한 증거는 없었다. 오히려 김기심씨가 경영하는 '한양원'이라는 음식 점에서 나오는 수익과 민단계의 협찬광고 수입 등이 그 재원이었다.

『한양』은 남한의 사회상과 정부시책을 비판적으로 보는 일면이 있기는 했으나 그것이 곧 반국가단체의 위장 출판물이라고 단정할 근거가 될 수는 없었다.

그런데도 당국이 이처럼 무리한 기소를 감행한 이유는 피고인들 이 문인 61명의 연명으로 된 개헌지지 성명에 참여했기 때문이며 문 단 내지 지식인 사회에 그런 개헌운동이 확산되는 것을 저지할 필요 가 절실했기 때문이었다. 또한 이들 다섯 사람만 문제삼은 것은 그들 중 이호철, 임헌영 씨가 반유신 문학인 선언에 서명했기 때문이라고 보았다.

검찰수사 결과, 당초 보안사의 어마어마한 발표 내용과는 달리 간첩죄 항목은 빠지고 국가보안법과 반공법상의 금품수수, 찬양·고무, 회합·통신 등으로만 기소되어 '문인간첩단'이라는 당국의 호칭 자체의 허구를 드러내기도 했다.

구속자 중 어떤 이는 검찰조사 과정에서 혐의사실을 부인했다고 해서 서너 차례나 서빙고(보안사 분실)로 되실려가서 곤욕을 치르기도 했다.

나는 구속된 문인들과 문단 교우를 통해서 잘 아는 사이여서 그중 세 분의 변호를 맡았다.

법정에는 시인 구상·양명문, 평론가 백철·조연현, 소설가 손소희, 정치인 김상현, 영화감독 문여송 등 문화예술계의 쟁쟁한 인물들이 증인으로 나와 『한양』이 용공적이 아니며 그 발행인 등이 결코 공산주의자가 아님을 역설했다.

이쯤 되자 검찰은 "어느 간첩이 '내가 간첩이다'라고 정체를 드러내겠느냐"는 논법을 내세웠다. 이에 대해서 나는 "그렇다고 해서 '나는 간첩이 아니다'라고 하는 사람은 모두 간첩이라는 논법이 성립될 수는 없지 않은가"라고 맞받았다.

이 사건에 대해서는 국내와 일본에서뿐만 아니라 영국 런던에 본부를 둔 국제앰네스티에서 구원 캠페인을 벌였는가 하면 일본, 서독, 노르웨이, 미국 등 해외에서 석방운동이 전개되었다.

국내에서는 서정주, 최정희, 김소운, 황순원, 여석기 씨를 비롯한 많은 문인들이 법원에 진정서를 내는 등 구명운동이 확산되었다.

그때는 피고인측에서 원하는 증인이 법정에 나오는 데도 상당한 용기가 필요했다. 당국의 제지나 위협도 드문 일이 아니었다.

구상 선생은 법원으로부터 증인 출석 요구를 받고도 나가지 않겠다는 뜻을 밝혀 한때 섭섭하다는 반응이 나오기도 했다. 그분은 공교롭게도 박정희 대통령과 절친한 사이로 알려져 있었기에 '역시⋯⋯그렇구나'라고 생각해버리는 사람도 있었다.

그런데 공판날 한창 재판이 진행중일 때 아무 예고도 없이 그분이 나타났다. 그러고는 바쁜 일이 있으니 지금 곧 증언하게 해달라고 재판부에 요청해서 무사히 증언을 마쳤다. 만일 증언하러 가겠다는 말을 미리 했더라면 여기저기서 만류와 제지가 있을 것 같아서 그처럼 이중 플레이(?)를 했다는 것이다.

창간호에 '5·16혁명공약'을 실었고 국내에 수입·배포가 허용되었던 월간지 『한양』에 원고를 쓰고 고료를 받은 것을 국가보안법, 반공법으로 다스릴 정도로 당시 정권은 미쳐 있었다. 그 난리 속에서도 작가 정을병씨만은 용하게도 무죄판결을 받았다.

7.「어떤 조사」반공법 사건

변호사의 사형제 비판을 반공법으로

1975년 1월, 민주회복국민회의 대표위원 이병린 변호사 구속 사건과 관련하여 나는 뜻밖의 파편을 맞았다.

서울구치소 접견 때 이변호사로부터 들은 바에 의하면, 그는 구속되기 전날 중앙정보부 요원으로부터 민주회복국민회의 대표위원을 사퇴하지 않으면 간통죄로 구속될 것이라는 협박을 받았다고 한다. 그는 이 요구를 거절했다. 그리고 그다음날 전격 구속되었다.

이 내막이 신문에 기사화되자 나는 그 발설자로 지목되어 중앙정보부의 조사를 받게 됐고, 1월 21일 밤 남산 지하실로 끌려갔다.

그들은 2년 반 전에 쓴 「어떤 조사弔辭」라는 내 수필이 용공이라면서 나를 반공법 피의자로 몰았다.

조사 분위기는 험악하다 못해 야만적이었다. 밤새 잠 안 재우기는 듣던 대로였고 심지어 몽둥이까지 등장했다. 물론 나는 혐의를 단호히 부인했다. 온갖 곤욕을 치른 끝에 사흘 만에 풀려났다.

유신반대운동에 밀리다 못해 박정권은 1975년 2월 유신헌법 찬반 국민투표를 강행했다. 박정권은 투표 결과 절대다수(유효투표의 73%)의 찬성으로 유신헌법의 역사적 당위성이 확인되었다면서 국민총화를 위해 긴급조치 위반 구속자들을 석방한다고 발표했다.

그리고 이어 2월 15일과 17일 긴급조치 등 위반자 거의 전원을 석방했다. 유신헌법을 반대했다고 구속한 사람을 유신헌법에 대한 국민적 지지를 확인했다는 이유로 풀어주었으니 무슨 논리인지 도무지 알 수가 없는 일이었다.

시인 김지하씨도 그때 풀려났다. 그는 그 직후, 동아일보에 「고행—1974」라는 글을 기고했다. 당국은 이 글을 문제삼아 인혁당 사건 조작설을 퍼뜨렸다는 이유로 김시인을 3월 13일 재구속했다. 역시 반공법 위반이었다.

변호사 몇 분의 동의를 얻어 변호인단을 구성한 나는 이들의 변호인 선임계를 일괄해서 서울지검에 직접 제출했다. 괜히 사무장까지 괴로움을 당할 우려가 있어서였다.

아니나 다를까, 그날로 중앙정보부에서 변호인 사임 요구가 들어왔다. 나는 안 된다는 것이었다. 이미 입건·조사된 나 자신에 대한 반공법 위반 사건을 기억하고 있느냐고도 했다. 나는 두 번에 걸친 그들의 협박성 요구를 거절했다.

그러고는 마침내 반공법 위반으로 구속되어 서대문구치소에 수감되는 신세가 되고 말았다. 표면상으로는 앞서 입건해둔 필화 사건을 문제삼았다.

한때 검찰총장의 석방 약속이 있었다는 전갈을 감방 안에서 받기도 했으나 결국 재판까지 가게 되었다.

워낙 재판을 서두르는데다 심상치 않은 징후가 있어 변호인단은 판사에 대한 기피신청을 냈다.

그런데도 재판부(단독판사)는 계속 재판을 강행했으므로 그것을 또하나의 기피사유로 추가했다. 상례대로 기각결정이 난 것까지는 그렇다 치고 그 결정이유가 걸작이었다. "모든 국민은 헌법에 의해 신속한 재판을 받을 권리가 있으므로" 재판 강행은 피고인에게 이롭다는 것이었다.

나를 잡아넣은 서울지검 공안부 부장검사와 나를 재판한 항소심 재판장이 모두 나와 고시 동기생이었다.

변호인단에도 물론 동기생이 여러 명 있었다.

공소장에 기재된 혐의인즉 「어떤 조사」라는 글이 간첩으로 사형당한 김규남을 애도함으로써 반국가단체를 이롭게 했다는 것이었다.

그러나 그 글에는 김규남의 '김' 자도, 간첩의 '간' 자도 없었고 다만 사형제도에 대한 비판을 수필체의 문장으로 풀어써본 것이었다. 그러다보니 '당신'이라는 2인칭 호칭도 쓰게 되었던 것인데 그 '당신'이 하필이면 '북괴의 간첩'이라는 것이었다.

사상 초유라는 129명의 변호인단의 노력과 국내외 각계의 진정·항의에도 불구하고 유죄판결이 났다. 웬만하면 붙여주던 집행유예 단서 한 줄조차 없는 실형이었다.

판결은 "국가보안법 철폐를 주장함으로써 반국가단체를 이롭게 했다"고 공소장에도 없는 사실을 편리하게 갖다붙여 유죄를 선고했다.

대법원도 마찬가지였다. 결국 '반공법 전문 변호사'가 반공법에 걸려 변호사 자격을 박탈당하고 말았다.

이때부터 1983년 8월 15일 복권될 때까지 나는 변호사가 아닌 '전前 변호사'였다.

그 사이에 있었던 긴급조치 9호 사건(1975년), 3·1민주구국선언 사건(1976년), 크리스천 아카데미 사건(1979년), 남민전 사건(1979년) 등에서는 변호인이 아닌 방청객으로 법정을 드나들 수밖에 없었다.

10·26사건(1979년)에 뒤이은 '서울의 봄'은 '함정'의 계절이었다. 불길한 예측이 적중하여 5·17사태가 터지자 이른바 '김대중 내란음모 사건'의 '조연급'으로 다시 잡혀들어가 일주일 모자라는 1년 동안 의식주를 국비로 보장받으며 저작권 공부를 하다가 풀려나왔다.

1983년 9월 다시 법률사무소를 열었다.

그 기념으로 내가 몇 해 동안 위원으로 있었던 한국기독교교회협의회(KNCC) 인권위원회에서 앞으로는 돈 좀 많이 벌라고 하면서 전자계산기를 선물로 주었다.

8. 『노동과 노래』 책 저작권법 사건

저작권법 사건을 공안부 검사가

작가 최일남 선생은 지난 19일자 한겨레신문의 바로 이 난에서 운동권 노래에 관한 일가견을 밝히는 가운데 '노가바(노래가사 바꾸어 부르기)' 사건에 대한 법원의 (항소심) 무죄판결을 상기시켰다.

그 노가바 사건의 피고인은 이동철씨의 소설 『꼬방동네 사람들』의 주인공이기도 한 허병섭 목사였다. 그는 노동현장에서 불려지고 있는 '노가바'의 가사와 곡을 모아 『노동과 노래』라는 책자를 만들어 노래연구모임 회원들에게 비매품으로 배포했다. 여기서 '노가바'의 실례를 하나 소개하면 이러하다.

예컨대 이미자씨가 부른 〈울어라 열풍아〉라는 노래의 곡에다 〈돌아라 미싱아〉란 노래의 가사를 만들어 붙인다.

"못 견디게 잠이 와도 자지 못하고/오는 잠을 깨워가며 일하는 신세/사장님이 알아주랴, 사모님이 알아주랴/돌아라 미싱아. 밤이 새도록." 이런 식이다.

이것이 〈울어라 열풍아〉의 작곡자와 작사자의 저작권을 침해한 '범죄'라고 해서 기소가 되었고, 1심에서 징역 8월(집행유예 2년)의 실형이 선고되었다.

항소심에서는 신경림 시인까지 증언대에 나와서 변호를 맡은 나와 우문현답을 벌였다.

변호인: 방송에서도 지정곡에다 노래가사만 바꿔서 부르는 프로그램이 있는 것을 아십니까?

증인(신경림): 예. 텔레비전에서 본 일이 있습니다.

변호인: 그런 경우에 가사 바꾸어 부르기를 잘한 사람에게는 상품을 주던가요, 벌을 주던가요?

증인: 푸짐한 상품을 주는 것으로 압니다. 벌받았다는 말은 듣지 못했습니다.

변호인: 그런데 이 사건에서는 왜 이렇게 재판까지 받게 되었는지, 그 이유를 무엇이라고 보십니까?

증인: 노동자들이 즐겨 부르는 노래들이 현실을 비판하는 가사들이어서 정부가 탄압하는 것으로 압니다.

어쨌든 이 사건은 항소심에서 1심의 유죄판결을 뒤집고 무죄가 선고되었으니 우선 다행한 일이었다. 그러나 그러한 '다행'에 가려지기 쉬운 문제점을 놓쳐서는 안 된다.

첫째로, 이 사건은 정치적 탄압을 위한 흉계로 꾸며졌다는 사실이다. 그것은 허목사가 벌여온 빈민운동, 민중선교 교육활동, 나아가서 민주화운동에 대한 보복조치이며 노동운동*권에 대한 위협을 노린 것이었다.

둘째로, 문제의 본질을 흐려놓기 위해서 엉뚱한 죄명을 씌웠다는 점이다. 처음에 경찰에서 '노가바'가 노동자들의 불만을 고조시키고 계층 간 위화감을 조성할 우려가 있다고 해서 허목사를 연행·조사했으나, 그것만으로는 도저히 죄를 얽을 수 없었던지 훈방을 했었다. 그러나 누구의 충성스런 지혜(?)에서 나왔는지 뒤늦게 한국음악저작권협회의 고소를 유도하여 저작자들과의 사적인 분쟁처럼 만들어버렸다. 지난날의 정치적 탄압에서는 국가보안법부터 간통죄까지 동원되더니 마침내 저작권법 위반이라는 새로운 죄명 개발에 성공한 셈이다.

끝으로, 무죄판결이 선고된 시기에 대해서 아쉬움이 남는다. 이 사건은 1982년에 입건되고 나서 무려 6년 만에야 항소심 판결(1988년 10월 14일)이 나온데다가 결국은 87년의 '6월항쟁'과 여소야대 정국으로 민주화 바람이 불어닥친 뒤에야 무죄판결이 나왔기 때문이다. 군사독재의 서슬이 퍼렇던 암울한 시절에 그처럼 통쾌한 무죄판결이 나왔다면 얼마나 좋았을까.

요즈음에는 법원에서 더러 법률의 위헌심사제청도 하고 무죄판결도 선고해 주목을 받곤 하지만, 혹시 앞으로 또 무슨 역풍이라도 불어닥치면 다시 어제의 추종성 체질로 되돌아가는 일이 있지 않을까 걱정이다.

이런저런 관점에서 '노가바' 사건의 판결*은 그저 지난날의 이야기로만 넘겨버릴 수 없는 몇 가지의 가르침을 우리에게 남겨준 셈이다.

---

* '노가바' 사건은 1991년 8월 27일 대법원에서 거의 3년이나 사건을 묵혀두었다가 파기환송을 하는 바람에 결국 '유죄'로 끝이 났다.

9. 『민중교육』 사건

교육민주화 염원과 '용공·반미' 사이

80년대 군사정권 시대를 되짚어보면서 『민중교육』 사건을 빼놓을 수가 없다. 사건의 내용은 실천문학사가 1985년 5월에 발행한 부정기간행물(세칭 무크지) 『민중교육』에 실린 현직교사의 글 두 편이 용공이라는 이유로 필자인 김진경, 윤재철 두 사람과 주간 송기원씨를 국가보안법 위반으로 구속기소한 것이다.

김진경씨의 「해방 후 지배집단의 성격과 학교교육」이란 글과 윤재철씨의 「교육현장, 그 민주적 행방」이란 글이 반국가단체인 북한 공산집단의 선전·선동활동에 동조함으로써 북한을 이롭게 하였다는 것이었다.

이에 앞서 문교부는 『민중교육』의 내용이 용공·반미를 선동하고 계급의식을 고취하는 불온 출판물에 해당된다는 요지의 보도자료를 언론에 배포했다. 이에 잡지사측은 분단의 극복과 교육의 민주화를 염원하는 글일 뿐이라고 반박했다.

공소장은 첫머리부터 가공할 편견으로 가득차 있었다. 두 피고인 모두 가정형편이 어려워 현실에 대한 불만이 컸다면서 '가난-불만-현실비판-용공'이라는 어이없는 도식을 내밀고 있었다.

재판이 열리자 검사는 한 피고인에게 이런 질문을 던졌다.

"피고인은 북한 공산집단이 대남적화통일을 목표로 하는 반국가 단체라는 사실을 알고 있지요?"

공소사실을 강력히 부인하는 피고인들도 이런 질문에 대해서는 거의 "예"라고 대답하는데, 이 피고인은 뜻밖에도 "모릅니다"라고 잘라버리는 것이 아닌가.

검사는 좀 당황스러운 표정으로 "아니, 북괴의 대남적화전략도 모른단 말이오?" 하면서 언성을 높였다.

피고인도 물러서지 않았다.

"북한의 신문을 볼 수도 없고 방송도 못 듣게 하는데 어떻게 북한의 대남전략을 알 수가 있단 말입니까."

"구체적인 것까지는 모른다 하더라도 대략적인 것은 알고 있을 것 아니오?"

검사의 집요한 반복 질문에 귀찮아졌는지 피고인은 "대략적인 것은 좀 압니다"라고 응수했다.

검사는 드디어 말꼬리를 잡았다는 듯이 "방금 전에는 아무것도 모른다고 하더니 대략적인 대남전략은 어떻게 알게 되었지요?"라고 다시 물었다.

피고인은 잠시 머뭇거리다가 입을 열었다.

"예비군훈련 가서 들었습니다."

이 사건 재판에서는 이와 비슷한 문답이 연달아 나왔다.

　　검사: 피고는 북괴가 정부를 참칭하고 국가를 변란할 목적으로
조직된 반국가단체라는 사실을 알지요?

　　피고인: 모릅니다.

　　검사: 아니, 정말로 몰라요?

　　피고인: 예, 언젠가 텔레비전 뉴스에 전두환 대통령이 나와서 검
사님께서 반국가단체라고 하는 곳의 우두머리를 가리켜 '조선민주
주의인민공화국 김일성 주석 각하'라고 말하는 것을 분명히 듣고 보
았습니다. 그때 문득, 아하, 대통령도 저렇게 주석 각하 어쩌고 하는
데 어떻게 반국가단체가 되겠느냐, 이젠 틀림없이 반국가단체는 아
니다, 이런 생각이 들더라구요. 만일 반국가단체라면 대통령부터 국
가보안법 딱지를 붙여야 될 것 아니겠어요?

　　가난한 사람은 용공이 되기 쉽다는 공소장의 억지 부분은 다행히
도 판결문에서는 찾아볼 수 없었다. 법원과 검찰은 그 정도나마 양식
의 차이가 있었던가.

　　피고인들은 1심에서 세 사람 모두 1년에서 1년 6개월의 실형을 선
고받았고, 항소심에서는 윤재철씨만 겨우 집행유예로 풀려났다.

10. 정부 '보도지침' 폭로 사건

정부 '보도지침' 폭로를 '기밀누설·국가모독'으로

5공 전두환 정권 치하의 한국 언론은 '보도지침'에 의해 조종당하는 '관제언론'으로 정평이 나 있었다. 보도지침이란 전두환 정권의 문공부 홍보정책실에서 날마다 언론사 편집국(또는 보도국)에 은밀하게 시달하는 보도통제의 지침이었다.

1986년 9월, 당시 민주언론운동협의회(민언협) 기관지였던 『말』에 바로 이 보도지침의 구체적인 내용이 폭로되어 세상을 들끓게 했다. 그 사건으로 한국일보 김주언 기자, 민언협 사무국장 김태홍, 실행위원 신홍범 등 세 사람이 구속되었다.

『말』에는 1985년 10월 19일부터 1986년 8월 8일까지 약 10개월 동안의 보도지침 내용이 날짜별로 자세히 수록되어 있어 정부로서도 달리 발뺌할 여지가 없었다. 그런데도 전두환 정권은 도리어 그 폭로자를 구속했으니, 완전히 적반하장 격이었다. 죄명도 걸작이었다. 국가보안법·집시법(집회 및 시위에 관한 법률) 위반에다 외교상 기밀누설죄와 국가모독죄까지 첨가되었다.

공소사실인즉 ① F-16기 도입 등의 외교상 기밀누설 ② 국가기관인 정부 비방(국가모독) ③『역사와 계급의식』등 이적표현물의 소지 ④ 광주민중항쟁 5돌 기념식을 허가 없이 거행한 집시법 위반 등 여러 가지였다.

그 보도지침의 내용을 보면, 예컨대 부천서 성고문 사건에 관해서는 "기사를 사회면에 싣되 기자들의 독자적인 취재 내용은 싣지 말고 검찰이 발표한 내용만 보도하며, 사건의 명칭을 '성추행'이라 하지 말고 '성모욕 행위'로 표현하라"고 되어 있다. 나아가 "공안당국이 배포한 분석자료 중 '사건의 성격' 부분에서 제목('혁명 위해 성까지 도구화')을 뽑아주고 검찰 발표 내용은 반드시 전문을 그대로 싣되 시중에 나도는 반체제측의 고소장(변호인단의 고발장) 내용이나 한국기독교교회협의회(KNCC), 여성단체 등의 사건 관련 성명은 일절 보도하지 말 것" 따위로 가득차 있다.

검찰은 그것이 보도지침이 아니라 단순한 보도협조요청이라고 우겼다. 그러나 거기에는 보도 '가' '불가' '절대불가'라는 지시가 명시되어 있고, '1단으로 써라' '1면 톱으로 써라' '사진 쓰지 말 것' 등의 세부적 명령까지 나와 있다.

보도지침 중에는 '김대중씨에 관한 기사에서 사진을 쓰지 말 것'도 들어 있었다. 그래서 나는 변론 때 한마디했다. "그렇다면 김대중씨의 얼굴도 국가기밀이란 말인가."

외교상 기밀누설죄의 적용은 더욱 희극적이었다. 변호인단에서는

"보도통제 대상이 된 내용이 외교상 기밀인지, 아니면 그러한 내용에 대한 통제가 있었다는 사실이 기밀이란 말인지 밝히라"고 요구하기도 했다.

재판 초기 변호인단에서 문공부 홍보정책실장과 재경 유력 일간지 편집국장 및 부장급 그리고 외신기자 등 24명을 증인으로 신청하였던바, 재판부가 놀랍게도(?) 그 전원을 증인으로 채택하였으므로 우리는 무척 고무되었다. 그러나 얼마 후, 재판부는 이미 채택한 증인 전원에 대한 결정을 취소해버렸다. 변호인단에서는 그 이유를 밝히라고 대들었으나 판사는 함구로 일관했다.

그런데 뜻밖에도 재판부의 증인취소 사유를 검사가 설명(?)해서 모두를 놀라게 했다. 재판장이 사건기록을 검토하기 전에 증인을 채택했는데, 사건기록을 검토한 결과 증인신문이 불필요함을 알게 되어 취소한 것으로 안다는 것이었다. 재판장도 말 못하는 증인취소 사유를 검사가 말할 수 있을 만큼 재판은 흔들렸다.

1심에서는 전원 유죄가 선고되었고, 항소심은 지루하리만큼 미루고 또 미루다가 1994년 7월 5일 마침내 피고인 전원에 대해 무죄판결을 선고했다. 정권이 두 차례나 바뀐 뒤의 역전극이었다.

서울형사지방법원(재판장 성기창 부장판사, 주심 윤성원 판사)이 내린 이 무죄판결을 놓고 일부 언론은 세상의 변화와 연관지어 논평하기도 했다. 즉 "이번 판결은 8년여 세월에 씻겨 3천여 쪽의 공판기록이 모가 닳고 빛이 바래는 사이에 엄혹했던 군사정권이 문민정부로 바뀌는 시대 상황 변화에 힘입은 바 크다"라고 논평한 것이다.

그 8년 동안에는 법률의 변화도 있었다. 즉 피고인들이 외신기자들에게 보도지침에 관한 기자회견을 했다고 적용된 '국가모독죄'는 (1975년에 제정되었다가) 1988년에 폐지되었다.

또한 김주언씨 등이 가진 광주민중항쟁 5돌 기념식에 대해 적용된 집회 및 시위에 관한 법률상의 옥내집회 처벌규정도 1989년에 폐지되었다.

재판부는 신씨가 가지고 있던 『역사와 계급』 등 서적은 '이적표현물'이 아니며 외교상 기밀누설 혐의에 대해서도 "이미 외국에 알려져 있는 사항은 기밀에 해당되지 않는다"고 판시했다.

하지만 8년 만의 무죄판결인데도 기쁨은 금방 서글픔으로 바뀌었다. '문민정부'의 검사가 이 무죄판결에 불복하여 상고를 했기 때문이다. 그후 거의 1년 반이 지난 1995년 12월 5일에야 대법원이 검사의 상고를 기각함으로써, 석 달 모자라는 10년 만에야 이 사건의 무죄가 겨우 확정되었다.

11. 민중미술 ─ '진달래' 걸개그림 사건

권력자의 눈에 거슬린 민중미술

우리나라의 민중미술은 80년대 들어 반독재 · 민족자주화 및 통일을 추구하는 열기가 한층 높아졌다. 이러한 미술운동은 권력자의 눈에 거슬릴 수밖에 없었다. 미대 학생 이상호, 전정호 두 사람의 '용공' 수난도 그런 맥락에서 비롯되었다.

위 두 사람은 1987년 8 · 15해방 대동제를 위한 걸개그림을 그렸다. 가로 6미터, 세로 3미터의 작품에 '백두의 산자락 아래, 밝아오는 통일의 새날이여'라는 제목을 붙였다. 그리고 광복절날 광주YMCA 대강당에 이 그림을 전시했다.

이어 민족미술협의회가 주최한 통일전에 출품했다. 서울 전시를 끝내고 전국 순회전시의 첫번째로 제주에서 전시하던 중, 9월 2일 오후 6시쯤 경찰이 들이닥쳐 작품을 탈취하다시피 가져가버렸다.

9월 10일 밤 위 두 사람은 광주에서 연행당한 뒤 서울로 압송되어

종로경찰서로 넘겨졌고, 검찰은 두 젊은 화가를 국가보안법으로 구속기소했다.

문제된 그림에는 농민과 노동자의 주체적인 모습이 부각되어 있는 한편, 군사독재정권과 유착된 미국이 반민중적 존재로 그려져 있었다. 백두산이 그림의 중심배경을 이루고 진달래꽃이 그 외곽을 둘러싸고 있었다.

검찰은 이 그림을 "북괴의 활동에 동조하여 반국가단체를 이롭게 할 목적으로 제작한 표현물"이라고 했다.

필화 사건은 당해보기도 하고 변호도 해보았지만 그림을 문제삼아 국가보안법으로 재판한 예는 아주 드물다.

문제의 걸개그림을 조금 더 설명하자면, 그 좌우편에 노동자가 횃불을 들고 성조기를 불태우는 모습과 이한열군의 장례행렬 장면, 농민들이 낫과 삽을 들고 시위를 하는 모습, '아메리칸 파워American Power'라고 쓴 핵무기 옆에서 해골이 고민하는 모습 등이 그려져 있었다. 또한 그림 중앙에는 미륵동자가 두 발 밑에 우리나라 국화인 무궁화와 '북괴의 상징'이라는 진달래를 밟고 오른손으로는 진달래를 받쳐들고 서서 미국 대통령의 머리 위에 방뇨하고 있으며 그 '액체'가 시민의 목을 조르고 있는 전경의 머리를 쓰다듬고 있는 전두환씨의 머리에 단선 폭포처럼 떨어지고 있었다.

검찰은 이 그림이 "노동자와 농민이 연합세력을 구축해 미 제국주의를 축출하고 독재정권을 타도한 후 민중민주주의 사회를 건설하고 적화통일을 이룩해야 한다는 내용 (…) 북괴의 활동에 동조하여 반국가단체를 이롭게 했다"면서 그림 상단에 백두산 천지를 얹히고 그림 전체를 진달래꽃으로 장식하고 있는 점을 주로 문제삼았다. '북괴의 상징'(경찰 의견서에는 '북괴의 국화'로 되어 있다)인 진달래 일색으로 그려놓은 것은 "적화통일을 이룩해야 한다는 내용"이라는 것이었다.

1988년 1월 14일의 첫 공판에 이어 같은 달 28일의 2회 공판에서는 미술평론가 성완경 교수가 증인으로 나와 검찰 주장의 허구성을 낱낱이 밝혔다.

나는 "그림 속의 진달래를 그처럼 문제삼는다면 소월의 시 「진달래꽃」을 애송하는 사람은 모두 용공이 되느냐"고 반문하고, "진달래꽃은 우리나라 어디에나 피어나는 친근감을 주는 꽃으로서 한국인의 정서를 상징하면 했지, 하필이면 북괴의 상징이냐"고도 했다.

그런데 심리종결 직전에 입수한 한 과학잡지에서 북한의 국화는 목란이라는 기사를 읽었다. 서울대학교 명예교수의 글이니 더욱 신빙성이 있었다. 나는 그 잡지를 증거로 제출하고 의기양양하게 변론에 나섰다. 진달래는 북한의 국화도 상징도 아니라는 점이 전 서울대 교수의 글로써 밝혀졌으니 이 사건은 자동적으로 무죄라고 주장했다.

피고인은 최후진술에서 독재자가 작품과 육체는 탄압할 수 있지만 예술과 심령은 억누를 수 없다고 항변했다. 그러나 2월 11일에 선고된 1심 판결은 징역 1년에 2년간 집행유예, 결국 유죄였다.

두 젊은이는 항소하지 않았다. 그들은 그 까닭을 이렇게 써서 남겼다.

"당연히 항소해야 하나 사법부 또한 부정한 권력의 하수인임이 확실하므로 우리는 이 땅에 진정한 민주주의가 올 때까지 항소를 포기하기로 했다."

　진달래꽃과 국가보안법, 아무리 광적인 반공이라 한들 이것은 매우 희한하고도 희극적인 유죄판결이었다.

12. 『한국근현대 민족해방운동사』 사건

항일무장투쟁사의 금기를 넘다가

1988년 12월에 발간된 『한국근현대 민족해방운동사』의 저자 이승환(필명 이재화)은 국가보안법 위반(이적표현물 제작·배포)으로 구속되었다.

그 무렵엔 북한의 김일성 주석 사망 후의 '신공안정국'이 세상을 긴장시키고 용공 과민이 공안 파문을 부추기고 있었다.

그해 가을 이승환은 서울대학교 대학신문에 「1930년대 민족해방운동의 올바른 이해를 위한 시론」이라는 글을 기고했다. 일부 언론은 그 글이 용공이라고 공박했다. 다음해 12월 국가안전기획부(안기부, 현 국정원의 전신)는 이씨를 뒤늦게 구속하기에 이르렀다.

문제된 『한국근현대 민족해방운동사』는 종전의 역사서에서는 엄두조차 낼 수 없었던 금기를 무너뜨린 저술이었다. 그때까지는 항일무장투쟁사를 정면으로 다루지 못하는 정치상황의 제약으로 사실의 규명 또는 역사의 해석에 한계가 있었다. 특히 1930년대 이후 민족 해방운동에 대한 해석이 하나의 사상투쟁의 내용으로 화한 것이 장애요인이었다. 그런데 이씨는 대담하게도 이 금지선을 넘어섰던 것이다.

이 책에 대해 동아일보(1988년 9월 8일자)는 "북한 편향적 시각"이니 "항일독립운동의 주류를 30년대 만주의 게릴라 전투에 귀결시키려는 억지"니 하며 공격했다.

이씨는 그 책 서문에서 위와 같은 비난에 답할 겸 이 책을 썼다고 하면서 자신의 기본 입장을 다음과 같이 밝혀놓았다.

"어용 역사관 대신 3·1운동, 노동자·농민운동, 항일무장투쟁을 민족해방운동의 주류로서 정당히 복원시키는 한편, 남한 매판세력의 역사적 뿌리가 김구·장준하와 같은 애국세력과는 전혀 관계가 없다는 것을 (…) 객관적으로 논증하고 학문적으로 검증하려 하였다." 이어서 그는 일부 역사연구자들의 잘못된 서술에 대한 입장도 밝혔다. "공산주의운동사 연구라는 미명하에 민족해방운동 세력을 공비로 매도하고 김일성이 가짜라는 등 일제 식민지 사관을 답습하는 일부 관변사가들과 (…) 반일 민족해방운동을 축소·왜곡하고 타율적 해방론을 정당화시키고 있는 부분에 대한 내적 비판도 포함하고 있다."

마침내 그는 묶인 몸으로 법정에 서게 되었고, 박원순 변호사와 나는 변호인석에서 그의 '무죄'를 강력히 주장했다. 검사와 피고인 간의 논전은 북한에 대한 '반국가단체론'에서부터 각이 맞섰다. 물론 검사는 "북한 공산집단은 정부를 참칭하고 국가를 변란할 목적으로 불법조직된 반국가단체가 아니냐"고 전단戰端을 열었다. 이승환씨는 검사의 이런 주장에 동의하지 않았다. 그는 "북한은 한반도에 존재하는 우리 민족의 이천만을 구성원으로 하는 또하나의 주권정부로서, 이를 반국가단체라고 규정하는 것은 현실에서뿐만 아니라 시대의 변화에도 맞지 않는 70년대의 냉전논리적 북한관"이라고 맞섰다.

다음으로는, 피고인 저술의 '이적 목적'에 대한 공방이 벌어졌다. 이씨는 자신의 연구·저술 활동이 북한의 활동에 동조하거나 이롭게 하기 위한 것이 아니라 기존 역사관의 오류를 극복하고 민족독립운동사를 재정립하려는 목적에서 이루어진 것이라고 항변했다. 사망한 김일성 주석의 항일무장투쟁이 사실이어서 결과적으로 북한에 이로울 수 있다고 해도, 그것은 진실을 밝히는 과정에서 알려진 부수적 현상일 뿐이라고 했다.

이 단계에서 나는 검사에게 석명釋明을 구했다. "필자의 주장이 사실이기 때문에 이적이 되는가, 아니면 사실이 아닌 것을 이롭게 할 목적으로 날조했기 때문에 이적이라는 것인가." 검사는 잠시 머뭇거리다가 "사실이든 아니든 상관이 없다"는 묘한 답변을 했다.

셋째는 김일성의 정체 논쟁, 즉 가짜 김일성 시비였다. 변호인들은 이 문제를 객관성 있게 밝혀내고자 한국역사연구회에 사실조회를 해달라고 재판부에 신청을 해놓았던바, 그 연구회에서는 피고인의 역사서술(주장)을 모두 긍정하는 회답을 보내왔다. 김일성이 가짜가 아니며 따라서 그의 항일무장투쟁도 사실이라는 견해였다.

이씨는 "북한을 이롭게 할 수 있다는 이유로 역사적 사실을 삭제, 변조하는 것은 곧 우리 스스로 우리 민족의 자랑스러운 항일투쟁의

한 장을 말살하여 그 진상을 흐리게 하는 일이다"라고 강조했다.

그러나 서울지검 공안1부 이귀남 검사는 1990년 4월 23일에 열린 결심공판에서 이승환씨에게 징역 3년, 자격정지 3년을 구형했다. 이씨는 최후진술에서 "책의 내용이 북한 역사학계의 주장과 다른 부분이 많고 일제 관헌 및 중국 쪽 자료를 중시하여 객관적 입장에서 1930년대의 항일무장투쟁사를 평가했는데도, 냉전시대의 산물인 국가보안법으로 처벌하려는 것은 정권의 무분별한 탄압"이라고 항변했다.

재판부는 피고인에게 징역 1년을 선고했다. 그러면서도 "피고인의 학문적 열의를 인정하며 피고인의 저술에 나타난 역사적 사실관계가 상당 부분 사실로 인정된다"는 말을 덧붙였다.

이 사건은 종래 한국근현대사 연구 저술에 도사리고 있던 금기를 타파했다는 평가를 받았다. 그 결과, 김일성 사망 후의 언론보도에서도 김일성의 약력과 생애를 소개할 때 그가 만주에서 벌인 항일무장투쟁을 사실대로 언급할 만큼 커다란 변화를 보였다.

이씨는 고려대 경제학과 재학중 유신반대 시위로 구속된 적이 있으며, 지금은 민화협(민족화해협력범국민협의회) 핵심 임원으로 일하고 있다.

13. 한겨레신문 방북취재기획 사건

방북취재 추진을 '탈출예비죄'로

리영희 교수, 하면 그의 명저 『전환시대의 논리』가 먼저 떠오른다. 박정희 유신통치가 대통령 긴급조치 발동으로 극에 달하던 1974년 6월에 나온 이 책은 80년대 중반까지 대학가를 중심으로 청년·학생·지식인 들에게 널리 읽힌 '고전'이었다. 이 책을 통해 리교수는 베트남전쟁, 중국문제, 한일·한미관계, 한국 언론의 현실문제 등에 관해서 냉전·독재 논리에 의한 왜곡을 걷어내줌으로써 우리 시대의 지배적 통념의 오류를 바로잡아주었다.

그는 또 3년 후인 1977년 10월에 『8억 인과의 대화』를 세상에 내놓았다가 "중공의 경제활동을 찬양하는 등 중공을 이롭게 하였다"는 이유로 판금販禁 당했고, 그로부터 두 달 만인 1977년 11월에 낸 『우상과 이성』은 "반국가단체인 북한 공산집단 및 국외 공산계열인 중공의 활동을 찬양·고무·동조하였다"는 이유로 구속되어 반공법 사건의 피고인이 되기도 했다. 이 사건으로 그는 2년을 복역하고 1980년 1월에 만기 출소했다.

1977년 연말에 구속·기소된 그 사건을 나는 변호할 수 없었다. 나 자신이 1975년에 반공법 위반 필화 사건으로 묶여들어간 뒤 변호사 자격을 박탈당했기 때문이었다. 그래서 변호인석 아닌 방청석에서 그 재판을 지켜봐야 했다.

리교수는 이미 1967년 조선일보 외신부장 재직시에 '한국의 월남 파병이 결코 반공의 성스러운 전쟁일 수 없다'는 기사를 썼다가 사내 간부들과 충돌한 일이 있었다.

1980년대 중반 들어 국제적으로는 냉전질서가 해체되고 신데탕트 시대로 접어들었으며, 국내적으로는 1987년 6월항쟁 이후 민주화 열기와 통일논의가 활성화되었다. 그런가 하면 노태우 대통령은 이른바 7·7선언을 통해 남북대결을 지양하고 상호교류·왕래를 함으로써 통일여건을 조성해나갈 것을 공언했다. 이런 흐름 속에서 리교수는 자신이 논설위원으로 있는 한겨레신문사 쪽과 방북취재를 협의 추진하였는데, 이것이 뜻밖에도 반공법 위반이라는 화_禍를 불러들였다.

1988년 8월 어느 날, 리교수는 한겨레신문사 문학진 기자로부터 북한을 직접 방문하여 취재할 수 있도록 아는 사람을 통해 일본 쪽에 주선해달라는 부탁을 받는다. 그래서 일본 도쿄 대학의 와다 하루키_{和田春樹} 교수에게 소개장을 써주었으나 결과는 여의치가 않았다.

한겨레신문사는 다음해(1989년) 1월에 다시 방북취재계획을 세운다. 창간 1주년 기념 특집을 위한 취재계획의 일환으로 북한에 가서 북의 고위 당국자를 인터뷰하는 등의 구상이었다.

리교수는 정태기 이사와 장윤환 편집위원장의 부탁을 받고 일본에 건너가 이와나미서점 편집장 야스에 료스케安江良介 씨를 만난다. 그 자리에서 리교수는 김일성 주석과 만날 수 있다면 자신이 기자단을 이끌고 방북하겠다며 도움을 청했다. 그리고 야스에 씨의 요청에 따라 방북취재를 위한 입북의사를 밝히고 그 주선을 의뢰하는 내용의 서신을 작성, 야스에 씨에게 전달토록 한다.

그후 서울에 온 야스에 씨측 인사와 만나 방북시기, 체류기간, 취재단의 구성을 알려주는 한편, 캐나다를 통한 단독 입북의사도 있음을 전해달라고 했다.

이것이 공소사실의 전부(요약)다. 그렇다면 방북취재를 구상·추진하는 단계에서 문제를 삼았으니, 이것이 무슨 범죄가 된다는 말인가. 검찰측의 '해답'은 "반국가단체의 지배하에 있는 지역으로 탈출할 것을 예비하였다"는 것이다. 대한민국 검사들의 명석함과 지능수준이 참으로 놀라울 뿐이다.

한겨레신문의 방북추진은 그 자체로는 법적으로 사건화할 여지가 없는 것이었다. 노태우 대통령의 7·7선언 이후 정부는 대북 비난방송을 중단하였고, 이산가족 서신교환, 남북 고향방문단의 연내 교류, 남북 대학생 조국순례대행진 등 남북 간의 해빙 방침이 정부 각부 장관의 입에서 연일 쏟아져나오고 있었다. 뿐만 아니라 방송·신문·잡지에 북한이 대대적으로 소개되는가 하면, 북한 간행물의 원전이 남한에서 버젓이 출판되고 있었다. 이처럼 엄청나게 변화된 상황 속에서 한겨레신문사가 방북취재계획을 세우는 일쯤은 별로 이상할 것이 없었다.

그런데도 검찰은 이 문제를 왜 법정에까지 끌고 갔을까. 리교수에 대한 조사에서도 취재계획에 대해서보다는 리교수의 유신반대 논조에 대한 추궁이 많았다는 데서 어떤 짐작을 할 수 있다. 이미 중앙일보와 한국일보, 조선일보가 평양을 방문하여 취재한 바 있건만, 위 3사의 누구도 입건조차 한 일이 없는 터에 유독 한겨레신문만 문제삼아 리교수를 국가보안법으로 구속한 저의는 무엇이었을까. 그것은 리교수와 반유신·반독재·반외세 언론을 침묵시키고자 한 보복이었다.

리교수는 자신의 행위가 실정법에 위반되거나 북한을 이롭게 하는 것이라고는 생각지 않았으며, 그러기에 야스에 씨에게 보낸 서신의 사본도 어디에다 깊이 감추어두지 않고 서재에다 두고 다녔다고 주장했다. 리교수에 의하면, 수사 담당자는 방북취재계획과는 무관한 말을 많이 했다고 한다. 즉 정부에 협조하는 논문도 좀 써라, 그도 아니면 정부 입장도 잘 생각할 용의가 있다고라도 해라 하면서 '이제 그만 좀 하라'는 암시를 주려고 애쓰더라는 것이었다.

변호인들은 "이는 비판적인 지식인으로서 군부독재와 천민자본주의로 얼룩진 이 사회에 양심의 발언을 통해 끊임없이 경종을 울리고 민중을 각성시킴으로써 독재정권과 독재재벌의 위협이 되어온 피고인에 대한 탄압에 다름이 아니다"라고 변론했다. 변호인단의 면면을 보면, 당시 정치범이나 양심수 들에 대한 변호에 심혈을 기울이던 변호사들이 리교수를 존경한다는 또하나의 공통분모를 함께하면서 필자와 더불어 변호인석을 지켰다. 조준희, 홍성우, 황인철, 김창

국, 조영래, 박인재, 박원순, 천정배, 이석태, 김형태 변호사 등이 그
들이었다.

　굳이 변호인들의 이름을 열거한 까닭인즉, 리교수야말로 우리 시
대의 가장 '존경받는 피고인'의 반열에 자리하고 있다는 징표의 하
나가 변호인들의 면면에서도 드러나 있기 때문이다.

14. 북한판 『조선전사』 출판 사건

북한 역사서 출판, 반국가행위로 몰려

강병선, 원광대학교 독문학과를 나오고 자유실천문인협의회(민족문학작가회의의 전신) 편집간사와 실천문학사 편집장을 역임, 1988년 9월 '푸른숲'이라는 출판사를 아내 명의로 등록, 실질적 대표자로서 출판업을 시작했다.

신생 출판사로서 종래의 출판도서와 다른 성격의 책을 내고자 고심한 끝에 북한에서 나온 역사서를 원전으로 출판하기로 했다. 마침 실천문학사에 근무할 때 우연히 입수하게 된 『조선전사』 복사본이 있어서 이것을 출판했다. 『조선전사』는 북한 역사학계가 총력을 기울여 저술·완간한 총 33권의 방대한 역사서였다. 강씨는 그중 제11권에서 제15권까지 5권을 중세 1·2·3, 근대 1·2로 하여 간행하였다(1988년 12월).

학계와 언론에서는 북한 학술서의 원전 출판을 반기는 분위기였으며, 전향적인 변화로 받아들였다. 그 무렵 노태우 정부도 북한서적 내지 '금서'에 대한 통제를 완화하는 듯한 기미를 보인 바 있었다. 1987년 6월항쟁 후의 사회분위기도 작용했다.

1988년 7월, 정부는 납북·월북 작가의 해방 전 문학작품의 출판을 허용하였고, 이어서 10월에는 1948년 정부수립 이전에 공표된 납북·월북 작가들의 순수한 음악·미술 작품의 공개·공연을 허용한다고 발표하였다. 뿐만 아니라, 북한 및 공산권 자료를 전국의 특수자료 취급인가 기관(1백여 곳)에서 일반인도 열람할 수 있게 했다.

출판계에서는 북한 원전 간행이 새로운 흐름을 이루어 『조선통사』 『조선문화사』 『근대조선역사』 같은 책을 서점에서도 볼 수 있게 되었다.

학문의 자유, 출판의 자유, 북한 바로 알기 등의 관점에서 획기적인 해금解禁이 온 듯싶었다.

그러나 경칩이 온 줄 알고 지상으로 튀어나온 개구리는 엄동한파에 부딪혀야 했다. 강병선씨는 다음해(1989년) 3월 28일 서울시경 대공분실로 연행된 후 국가보안법 위반으로 구속되고 말았다. 그리고 그해 5월 11일 서울지검 이춘성 검사는 강씨를 구속기소한다.

공소장에 따르면, 위의 『조선전사』는 "마르크스-레닌주의 유물사관에 준거한 소위 김일성의 주체사관에 입각하여 계급투쟁의 관점에서 우리나라 근대사를 서술한 북한의 선전책자"이며, 미국을 조선에 대한 일본의 식민지 통치를 지지한 민족의 원수라고 규정하여 왜곡된 반미 시각을 갖게 하는가 하면, 서재필·이승만을 매국노, 친미분자로 매도하고 각종 역사적 사실을 과격한 반미 시각으로 표출하는 한편 근대조선의 결혼예식, 탈놀이 등의 문화, 풍습조차 주체사관에 입각하여 왜곡 평가하는 내용이라서 용공서적이라는 것이었다.

이런 공소사실에 대해서 강씨는 법정에서 완강하게 맞섰다. 그때의 변론기록에 의하면, 그는 다음과 같은 요지로 항변했다.

우리나라 역사는 남북의 민족이 공유해야 할 역사이기 때문에 북한에서의 역사서술이 어떠한지를 알고 연구하는 것이 통일을 위해서나 학문의 연구·발전을 위해서 매우 중요하다. 노대통령이 '7·7선언'에서 북한이 민족공동체의 일원임을 강조한 이상 북한 원전의 출판은 더욱이나 필요하며 또 허용되어야 한다. 『조선전사』의 원전은 통일원 열람실에 가서 신청하면 일반 시민도 열람할 수가 있다. 강씨 자신도 그곳에 가서 『조선전사』제1권을 열람한 적이 있다. 만일 그 책을 읽게 하거나 소개하는 것 자체가 범죄라면 정부가 그렇게 열람을 허용할 리가 없다.

일본의 한국에 대한 식민지 지배를 미국이 양해한 것은 남한의 역사서에도 언급되어 있는 사실이다. 서재필·이승만에 대해서는 심지어 민족진영 내부에서도 매도하는 견해가 있다. 「『조선전사』를 펴내면서」에서 "6·29 항복선언은 그 문맥에 맞는 실질적인 자유와 권리를 현실화시키는 것이 뒤따라야만 6월 민주투쟁도 값있는 것으로 안다"고 쓴 것은 너무도 당연한 말이 아닌가.

이 같은 강씨의 주장은 역사학계의 공론에 의해서도 뒷받침되었다. 앞서도 말했듯이 이 서적의 출판 후에 학계, 언론계, 출판계에서는 북한 역사서의 원전 개방은 바람직한 일이라며 높이 평가하는 반응이 나왔고, 남한 사학계의 일반적 견해와 비교하면서 활발한 논의가 전개되었다. 그 실례로서, 동국대 사학과 이기동 교수의 「북한 역사학의 특성과 고대사 서술」, 서울대 국사학과 박찬승씨의 「북한 역사학계의 근대사 연구」, 고려대 사학과 강만길 교수의 「남북한 역사인식의 같은 점과 다른 점」 등의 논문이 발표되기도 했다. 뿐만 아니라, 역사학 전문지 『역사비평』(1988년 겨울호)에는 바로 이 『조선전사』 33권의 총목차가 실렸으니, 그만큼 학문연구의 자료적 가치가 있기 때문이었을 것이다. 심지어 국사편찬위원회는 강씨가 구속중이던 1989년 1월 18일부터 이틀 동안 한국사 학술회의를 열고 『조선전사』 33권을 중심으로 '북한의 한국사 서술동향과 분석'이라는 주제로 대토론을 벌인 일까지 있었다. 만일 『조선전사』의 출판이 국가보안법 위반이라면 사학계의 그와 같은 공개적이고 진지한 반응은 생각할 수도 없는 일이었다.

강씨로서도 그런 책의 출판이 반국가적이라는 인식을 조금도 하지 않았으며, 다만 혹시라도 있을 과민반응을 생각해서 원전에 있는 김일성의 교시 인용 부분을 삭제하는 신중함을 보이기까지 했다. 『조선전사』의 서술방법이나 서술내용을 긍정해서가 아니라, 어디까지나 그것을 소개하는 뜻에서 출판을 했을 뿐이었다.

강씨가 구속된 채로 1심 재판이 시작되자 사회 각계에서는 비판의 목소리가 높아졌다. '정부, 북한자료 개방의지 의문' '정치선전물과 동일시 말아라' '북한 원전 압수 찬바람' 등의 기사제목이 그런 중론을 대변하고 있었다.

고려대 강만길 교수는 당시 담당 재판부에 낸 소견서에서 "북한측의 역사해석 및 서술이 일정한 역사관에 너무 편중된 점이 있다 하더라도 이제 출판을 금지하는 방법으로 대응하는 단계는 넘었다고 생각되며, 어디까지나 학문적 차원의 고증과 해석을 통해 해결하는 것이 순리요, 효과적이라 생각된다"라고 견해를 밝혔다.

강씨는 그해 6월 29일 선고된 1심 판결에서 징역 1년, 자격정지 1년, 집행유예 2년이란 형을 받아 그대로 확정되었다.

15. 남북작가회담 추진 사건
'분단극복의 문학적 상징' 위한 고행

　고은 시인, 그는 문학을 향한 정열만큼이나 민주화를 위한 싸움에도 화끈하게 나섰다. 동시에 감옥도 정열적이고 화끈하게 네 번이나 드나들었다.

　바람 잘 날 없이 살아온 그가 외국 여행길에 내게 엽서를 보내왔다. 거기에는 "평화란 이렇게 심심한 것인가"라고 적혀 있었다. 평화에 낯선 그는 저항이나 싸움에서 신들린 사람처럼 용맹스럽고 남이 미치지 못하는 발상으로 몇 걸음씩 앞서가곤 했다.

　1985년 여름, 그가 자유실천문인협의회 주최 강연에서 남북작가회담을 제의한 일도 그런 보기의 하나였다. 5공의 핍박이 여기에도 미쳤음은 물론이다.

　그러나 고은의 생각은 '분단은 너무 길고 통일은 더 멀었기 때문에 가장 비정치적인 작가들이 한번 만나보는 데서 분단극복의 문학적 상징이 있어 마땅한 것'이었다.

1987년 6월 민주항쟁에 참여한 자유실천문인협의회는 민족문학작가회의로 발전적 탈바꿈을 하면서 남북한 및 해외동포의 문학을 함께 아우르는 것을 민족문학의 나아갈 길로 판단하고 남북작가회담을 추진하기로 했다. 그리하여 그 첫 단계로 1988년 7월 2일 북한 측에 남북작가회의 개최를 제의했다.

국내 신문에 난 기사를 저쪽에서 보고 무슨 응답을 보내주겠지 하고 기다려보자는 심산의 간접제의였는데, 북쪽에서 수락했다는 연락이 왔다. 그것도 통일원 사람이 와서 알려줬다.

작가회의측은 준비위원회를 구성하고 통일원장관과 관련 기관에 합법적인 절차에 따라 회담을 추진하겠다는 뜻을 설명하고 긍정적인 반응을 얻어냈다.

고은은 민족문학작가회의 남북작가회담 준비위원회 위원장으로서 큰 짐을 지게 되었다.

다음해인 1989년 3월 16일, 조선작가동맹 중앙위원회로부터 그해 3월 27일 상오 10시 판문점 중립국감독위원회 회의실에서 예비회담을 갖자는 통보가 북의 방송으로 알려졌고, 이에 작가회의에서도 예비회담 대표단을 구성했다. 그러던 어느 날 문공부로부터 '남북작가회담 불가' 통고가 왔다.

하지만 북측이 예비회담 날짜로 제의한 3월 27일, 작가회의측 대표단과 회원 등 26명을 태운 관광버스는 마포 사무실 앞에서 출발해 판문점을 향해 달렸다.

그러나 파주군 여우고개라는 곳에서 대표단은 버스에 탄 채 서울

마포경찰서로 연행되었다. 국가보안법상의 반국가단체 구성원과의 통신 및 회합 미수죄가 그들에게 적용되었다.

그 사건의 법리논쟁은 피고인측의 극명한 승리를 예고하고 있었다. 먼저 북의 조선작가동맹측과 5차례에 걸쳐 통신 및 기타의 방법으로 연락을 했다는 게 검찰측 주장인데, 작가회의측은 북측과 직접 통신할 수 없었고 실제로 통신한 적도 없었다. 북측은 평양 중앙방송을 통해서 남측에 응답을 했던 모양인데, 그 사실을 알려준 것은 다른 데도 아닌 통일원 관계자들이었다. 따라서 북과의 간접연락이 유죄라면 통일원 당국자가 먼저 공범으로 처벌되어야 한다.

다음으로, 반국가단체 구성원과의 회합 미수라고 하나 작가회의측 대표단이 판문점에 가는 것은 정부의 허가가 없는 한 애당초 불가능한 일이었다. 실현 가능성이 없었다. 국군과 경찰의 철통같은 경비를 뚫고 판문점에 가서 북측 대표를 만날 수 있다고 믿은 사람은 한 명도 없었다.

따라서 공소사실의 그 부분은 '불능범'일 수밖에 없다. 만일 군경이 판문점행 길을 터주었다면 정부의 허가를 받은 것이나 마찬가지이기 때문에 위법책임을 물을 수 없다.

작가회의측도 판문점까지 갈 수 있다고 믿은 것은 아니었다. 말하자면 남북작가회의 예비회담이 저지당한 데 대한 항의시위를 하려 했던 것이다. 판문점까지는 못 가더라도 한국 사람이면 누구나 갈 수 있는 임진각까지라도 가서 '만세'나 한번 부르고 오자는 생각에서 임진각으로 향했다고 한다.

사실 임진각까지 가는 길은 누구나 통행이 가능하기 때문에 경찰도 남측 예비회담 대표들의 출발 자체를 막지는 못했고 도중에서 제지·연행한 처사도 합법성을 내세우기가 궁색한 일이었다.

그럼에도 불구하고 재판부는 나의 그런 변론을 철저히 묵살한 채 '제지당한 불능범'을 유죄로 판결해* 또 한번의 실망을 더해주었다.

* 작가회의측 대표단과 회원들은 연행 이틀 뒤인 3월 29일에 훈방조치되었으나, 4월 1일 추가 조사를 이유로 고은·이재오 등이 재연행, 구속되었고, 나머지 대표단은 출국정지당했다.

16. 『즐거운 사라』 사건
'즐거운 사라'의 즐겁지 않은 수난

1992년 10월 29일, 소설 『즐거운 사라』의 작자 마광수 교수(연세대)가 검찰에 연행된 다음 서울구치소에 수감되었다. 『즐거운 사라』가 형법 제244조의 음란물에 해당된다는 혐의였다. 그동안 사문화되었거나 깊은 잠에 빠져 있던 그 조문이 난데없이 두 눈을 부릅뜨고 일어나 철퇴를 휘두른 것이다.

작품의 음란 시비 때문에 작가가 구속까지 된 예는 거의 없었다. 형벌(법정형)도 1년 이하의 징역으로 가벼운 편이어서 모두가 불구속이었다. 그런데 『즐거운 사라』의 경우는 달랐다. 그 소설책을 펴낸 청하출판사 장석주 사장까지도 구속했다.

『즐거운 사라』는 남녀 사이에 벌어지는 변태적 성행위를 묘사해 놓은 퇴폐적인 소설이라며, 스스로 문학이기를 포기한 도색작품이라고 몰았다. 법적으로 보자면, 『즐거운 사라』는 "성욕을 자극·흥분시키고 사회 일반인의 정상적인 성적 수치심과 선량한 성적 도의관념을 해치는" 음란소설이라는 것이었다.

그러나 남녀 사이의 정사 장면을 묘사한 소설이라고 해서 이를 곧 반사회적 범죄로 단정할 수는 없다는 반론도 강했다. 음란 내지 음란문서의 개념도 시대의 변천에 따라 그 내용이 달라질 수밖에 없으며, 오늘날 급변하는 개방사회의 성윤리에 비추어보더라도 성적 묘사를 곧 성풍속에 반한 범죄로 볼 수는 없는 일이었다.

나는 곧바로 법원에 구속적부심사를 청구하고, 성문제를 픽션으로 다룬 작품을 윤리·도덕에 어긋난다고 해서 형사법 차원에서 단죄하는 것은 헌법이 보장하는 기본권, 특히 표현의 자유를 침해할 위험이 크다고 주장했다. 그러나 결과는 '기각'이었다. 기소된 후에 낸 보석청구도 역시 기각되었다.

그리고 마침내 1심 재판이 시작되었다. 현직 대학교수를 구속까지 해놓고 재판하는 데 대한 학교 안팎의 비난은 묵살되었다.

마교수는 법정에서 문학을 법의 잣대로 재는 일 자체의 부당함과 구속수사라는 극한적 방식이 표현의 자유에 위협이 된다는 점을 역설했다. 그는 또 문제된 작품은 무분별한 성의 탈선을 용인하는 것이 아니라 문학을 통한 카타르시스 내지 대리배설을 생각했던 것이라고 항변했다.

언론을 중심으로 한 사회 각계의 공론은 찬반양론으로 갈리어 논란이 벌어졌지만, 그해 12월 28일 재판부는 두 피고인에게 각각 징역 8월에 집행유예 2년의 형을 선고했다.

1심에서는 시일이 많이 걸리는 감정을 나중으로 미루고 우선 구속

상태에서 벗어나야겠다는 전략 아래 간략하게 심리를 끝내기로 했던 터였다. 그러므로 항소심에서는 당연히 작품에 대한 감정을 신청하는 등 본격적인 논쟁을 벌이게 되었다.

법원은 민용태(고려대 교수), 하일지(작가) 두 사람에게 감정을 시켰는데, 『즐거운 사라』에는 음란성이 없다는 취지의 공동의견이 나왔다. 법정에서는 검찰측 신청의 감정인 민용태 교수와 담당 검사가 언성을 높이며 설전을 벌이는 진풍경도 벌어졌다. 검찰이 신청한 감정인조차도 피고인에게 유리한 감정의견을 냈기 때문에 항소심에서는 무죄판결이 나리라는 전망이 유력해졌다. 그러자 재판부는 이상하게도 검사의 요구를 받아들이는 형식으로 서울법대의 안경환 교수를 새로운 감정인으로 선정했고, 안교수는 『즐거운 사라』가 문학작품의 수준에 이르지 못하는 '단순한 음란물'이라는 감정의견을 내놓았다. 천만뜻밖이었다.

결국 2심 재판부는 피고인들의 항소를 기각하면서 "이 사건의 소설은 앞서 살핀 음란성의 요건을 모두 충족하는 것으로서 형법에서 보호하고자 하는 건전한 성풍속이나 선량한 성적 도의관념에 반하는 음란물이라 아니할 수 없다"고 그 이유를 밝혔다.

나는 최종변론 때에 좀 감성적인 공세를 시도했다. "무릇 음란물이 되자면 우선 사람의 성욕을 자극·흥분시키는 것이 첫째 요건인데, 단상의 재판관 중에 이 소설을 읽고 성적으로 흥분하실 분은 한 분도 안 계시리라고 확신합니다. 고로 무죄판결을 내려주실 줄 믿습니다"라고……

그런데 기대와는 달리 유죄가 선고되자 주변에서 누군가 말했다.

"요즘 판사들이 너무 젊어서 그 정도에도 흥분을 하신 모양이다."

나는 상고할 생각이 없었다. 이런 사건은 하급심에서 무죄가 났더라도 대법원에 가면 그 보수성 때문에 유죄로 뒤집힐 위험이 있는데, 하물며 1, 2심 모두 유죄가 난 마당에 대법원에서 무죄가 될 가망은 없다고 보았다.

그때 누군가가 대법원은 기대해볼 만하니 상고하자는 의견을 내놓았다. 그 이유인즉 이러했다.

"그래도 대법관들은 나이가 좀 많으니, 그리 쉽게 흥분하지는 않을 것이니까……"

물론 그건 웃자는 이야기였고, 나는 최종심의 올바른 판결을 염원하면서 상고이유서를 정성껏 써냈다. 마교수 자신도 장문의 상고이유보충서를 통해 항소심 유죄판결의 오류를 조리 있게 해부·논증했다.

음란물 반포죄로 작가와 함께 재판을 받은 장석주씨도 시인이자 평론가답게 검찰과 치열하게 논전을 벌였고 강력한 자기방어 역량을 과시했다.

'혹시나' 했던 상고심 판결은 '역시나'로 끝났다.

소설에 대한 문학논쟁이나 윤리적 평가야 자유이겠으나, "성묘사는 퇴폐 음란이요, 반윤리요, 그러니까 범죄다"라는 식의 유죄론은 참으로 위험하다.

더구나 국가가 하루아침에 윤리 도덕의 수호신이 되어, 음란한 성묘사는 예술이 아니니까 법의 보호 대상이 아닌 범죄라고 한다면, 결국 작품의 예술성 유무를 국가권력인 검찰과 법원의 판단에 의존해야 한다는 말이 된다.

우리나라 사법부가 애지중지하는 '음란' 개념은 1951년의 일본 판례를 복사한 것이고, 그 판례는 1918년 다이쇼_{大正} 시대의 판결에 뿌리를 둔 것인즉,『즐거운 사라』에 대한 유죄는 대법원 확정판결 당시(1995년) 78세 된 노인이 태어나던 때, 그리고 1백 세가 넘은 초장수 노인이 사춘기였을 때의 성풍속을 다스리던 판례를 78년 후, 1백여 년 후의 한국사회에 들이댄 것이었다.

『즐거운 사라』의 일어판이 바로 그런 판례의 원산지인 일본에서 아무런 법적 제재 없이 10만 부나 팔렸다니, 참으로 이상하지 않은가.

---

* 마교수는 김대중 정부에 의해 1998년 3월 사면되었으나『즐거운 사라』는 현재까지도 판매 금지 상태다.

17. 작가 황석영 방북 사건

담대하게 방북한 작가의 시련

『장길산』의 작가 황석영. 나는 1975년에 그의 단편집 『객지』를 감옥에서 읽었다. 박정희 유신을 반대하는 문학인 선언이며 자유실천문인협의회 발기에 함께 참여하기도 했다.

황씨는 1980년 5월 전두환 군부세력이 광주에서 저지른 시민학살의 진상을 맨 처음 단행본으로 써내어 폭로하기도 했다. 『죽음을 넘어 시대의 어둠을 넘어』라는 그 책 때문에 황씨는 국가모독죄, 국가원수모독죄, 유언비어 유포죄, 이적표현물 제작·배포죄 등의 혐의로 조사를 받았다. 그러나 태산명동에 쥐 한 마리 격으로 그는 경범죄로 다스려졌을 뿐이다.

그런데 그 책을 출판한 풀빛사 대표 나병식씨가 뒤늦게 피고인으로서 공판정에 세워지고, 작자인 황씨는 증인으로 나오는 진풍경이 있었다. 일사부재리의 원칙 때문에 황씨를 다시 기소할 수 없었기 때문인 것으로 기억된다.

그런 그가 북한에 갔던 일로 재판을 받게 되었을 때, 공소장과 판결문에 우리의 이름이 나란히 얹히게 되었다.

그는 1989년 3월 20일 북행을 단행함으로써 남북분단이 고착화된 뒤 처음으로 북한에 들어간 남한 작가가 되었다. 그는 전후 다섯 차례나 북한을 방문했고 김일성 주석과도 일곱 번 만났다.

황씨는 1심 재판의 모두진술에서 다음과 같이 말했다.

"국가보안법은 비극적인 민족분단을 법제화하고 통일을 저해하는 냉전시대의 낡은 유물이므로 철폐되어야 합니다. (…) 문목사님의 유명한 말처럼 스스로 몸을 던져 위반함으로써 국가보안법 철폐라는 길로 나아갈 수밖에 없습니다."

또한 그는 "나의 북한방문과 해외에서의 범민련 활동은 분단시대 작가로서 분단모순을 극복하고 통일을 앞당기기 위한 것이며 북한쪽의 지령에 의한 것이 아닙니다"라고 밝혔다.

이어서 그는 자신의 방북을 '자주교류 투쟁'이었다고 하면서 다음과 같이 말했다.

"1989년의 재야의 방북열기는 6공 정권의 형식적인 부추김에 고무된 바도 있었고 혹시나 함정일 수도 있다는 여론이 있었지만, 비록 함정에 빠져 정권에 역이용당하는 시행착오를 겪게 되더라도 자주교류 투쟁은 한번쯤 거쳐야 한다는 것이 중론이었습니다. 그래서 이후 문목사님이나 저나 재야의 일부로부터 공안정국을 초래했다는 비난을 받게 되는데, 여러 고비를 넘어서다보니 역시 방북투쟁은 유효했다고 생각합니다."

북한측으로부터 미화 25만 달러를 받은 점도 논쟁거리가 되었다. 그것이 공작금이라는 검찰 주장과 소설 『장길산』의 영화화 계약에 따른 원작료라는 황씨의 주장이 서로 엇갈렸지만 명목이 무엇이든 금품수수가 있었던 이상 유죄라는 것이 법원의 판단이었다.

황씨 사건을 두고 국내 문단이나 지식인 사회는 편을 가르듯이 둘로 나뉘었다. 민족문학작가회의를 중심으로 한 문인들과 진보적 지식인들이 석방대책위원회를 구성하고 다각적인 활동을 벌였는가 하면, 국제펜클럽 한국본부의 일부 임원들은 용공 규탄의 입장을 드러내기도 했다. 국제펜클럽 본부의 의뢰를 받고 서울에 온 일본 펜 (PEN)의 조사단에 대해서도 양측은 매우 대조적인 반응을 보임으로써 당혹감을 주었다.

나는 1993년 10월 일본 펜의 초청으로 '고난받는 작가를 위한 심포지엄'에 참가해 황씨 사건의 의미와 진상 그리고 법적 평가에 관해서 발표를 했다. 외국 지식인들의 석방운동과 국내 일부 문인들의 황씨에 대한 매도를 서로 견주어보면 무엇인가 크게 전도되어 있다는 느낌이었다.

무기징역 구형에 1심은 징역 8년, 2심은 일부 무죄에 징역 6년, 대법원은 파기환송, 재항소심은 징역 7년. 남쪽 재야인사들의 근황을 북측에 이야기한 것까지도 국가기밀 누설, 즉 간첩죄에 해당한다는 것이 법원의 판단이었다.

뿐만이 아니다. 북한에 사는 황씨의 이모 장례 때 연형묵 당시 북한 총리가 조문을 와서 황씨와 인사를 나누었는데, 판결에서는 그 대목까지도 '반국가단체 구성원과의 회합죄'로 판시했다.

북한을 다녀온 그는 독일과 미국에서 머무르다가 1993년 4월 27일 귀국했다. 김영삼 '문민정부'를 믿고(?) 들어왔는데도 그는 쉽게 풀려나지 못하다가 김대중 정부가 들어선 1998년 5월에야 석방되었다.

제2장

그
사건의
변론

1. 소설「분지」사건 변론문

'분지憤志'를 곡해한 '분지焚紙'의 위험

새삼스런 전제

전체주의적 전제국가가 아닌 한국에서 문학작품이 형사재판의 대상으로서, 그것도 명예훼손이나 음란의 시비가 아니라 정치적 현실에 투영된 불온(용공)의 논란점으로 등장한 것은 매우 중요한 문제라고 생각된다.

이와 같은 파문은 재판을 받는 개인이나 그를 포용하고 있는 사회를 위해서 유감스러운 일임에 분명하지만 어느 의미에서는 차라리 다행스러운 일일지도 모른다.

먼저 유감스럽다는 뜻은 언필칭 자유민주사회를 표방하는 우리나라에서 문화 · 예술활동에 대한 간섭 내지 탄압이 기도되는 듯한 인상을 주기 때문이요, 다음으로 차라리 다행스럽다는 뜻은 어차피 언젠가는 한번 문제되어야 할 실정규범과 창작활동의 상충, 정치적 현실과 문화적 사명의 갈등을 판가름하여 문화·예술 창작의 자유의 영역을 분명하게 재정裁定함으로써 권력의 간섭 없는 표현의 자유가 보장될 수 있지 않느냐 하는 점을 두고 하는 말이다.

이렇게 볼 때 피고인 남정현에 대한 본건 필화 사건의 공판결과는 비단 피고인 한 사람에 대한 형사책임의 여부를 따지는 데에 그치는 것이 아니라 우리의 정치적 현실과 현행법 체제하에서 보장받을 수 있는 표현의 자유의 범위 및 한계를 정립하는 시금석이 되는 것이라 하겠다.

그런데 위에 말한 표현의 자유는 두말할 나위도 없이 국민의 기본적 권리의 하나이기 때문에 어떤 문화·예술작품이 실정법 질서에 저촉되느냐의 여부는 본건의 경우로 말하면 기소 죄목인 반공법의 차원에 국한될 문제가 아니라 실로 헌법상의 문제요, 나아가서 민주주의의 기본원리에까지 파고들어 생각할 문제라고 본다. 다시 말해서 단순한 특별형사법적 차원에서가 아니라 헌법적 사고와 감각으로 풀어나가야 할 과제인 것이다.

물론 우리나라가 처해 있는 현실적인 특수사정 때문에 반공법과 같은 실정법이 존재하는 이상 실정법규를 온전히 외면한 자유를 강변할 수 없음을 긍정한다 하더라도 사물에 대한 과도한 편견으로 인하여 수상한 매사를 용공으로 착색하고 또 용공이라고 해야만 반공이요, 그런 반공이 애국행위인 것처럼 왜곡하거나 착각하는 일은 용납될 바가 아니다. 마치 덮어놓고 무죄라는 주장을 해야만 인권옹호의 기수인 듯 망상하는 것이 오류이듯이 용공에의 색맹 내지 근시는 지극히 경계해야 될 독소가 아닐 수 없다.

더욱이 반공법의 보호법익이 다름 아닌 국가의 존립과 안전이요, 우리가 목숨과 피를 바쳐가며 이 국가의 존립을 사수하는 것은 오로지 자유민주주의체제를 보전하려는 데 있는 만큼 반공법의 근본이념은 기본권의 제약 자체에 있는 것이 아니라 그 침해로부터 국민을 보호하려는 데 궁극적인 의의가 있다 할 것인즉, 반공의 명분 아래 국민의 기본권이 부당하게 침해당하는 일이 있다면 이야말로 본말전도의 역설이 되지 않을 수 없다.

문학작품의 규범적 평가에 있어서의 관점

어느 한 작품의 실정법규 위반 여부를 따지는 일은 일반 범죄 사건에서의 사실인정과는 성격이 다르다. 단순한 사실인정 그것이 아니라, 이미 객관화된 사실(작품)에 대한 규범적 평가가 중요한 작업이기 때문이다. 뿐더러 그 평가의 대상이 우리의 일상 현상이 아니라 문화적 · 정신적 · 관념적 창작의 소산이기 때문에 여러 가지 어려움이 끼어들게 된다. 그렇다고 해서 문학이론상의 비평에만 시종始終할 수는 없고, 반면에 시사적인 성토의 안목으로 보아서도 안 된다. 더욱이 관헌 당국이 편법으로 쓰듯이 문학의 본질, 방법 따위에 관한 최소한의 이해마저 배척하고 국어독본식의 평면적인 이야기와 해석으로 임하는 것은 너무나 위험스럽다.

문학의 본질은 여러 가지로 운위云謂할 수 있지만 투르게네프의 말을 빌리자면 그것은 하나의 개조요, 저항이요, 고발이요, 갈망이며, 연소작용이라고 말할 수 있다.

또다른 말로 하자면 문학의 본질은 결국 인간의 존재와 정신의 탐구에 있고 진선미를 추구하는 정신작업을 내용으로 삼고 있다 할 것인데, 아직도 문학을 우리 고대소설에서처럼 권선징악, 파사현정의 잠언이나 미화·예찬만을 적재해야 되는 것으로 이해한다는 것은 상식 이전의 오류이다.

그렇다면 하나의 문학작품을 놓고 무슨 선악이나 현실적 당위를 평가기준으로 해서 논란하려는 그 자체가 아주 무의미한 일임을 알 수 있다. 그리고 간과할 수 없는 바는 소설은 상상과 허구의 미학을 기둥으로 삼고 있다는 점이다.

다시 말해서 작품을 말할 때, 현실을 렌즈에 담아 그대로 촬영한 것인 양 오해하지 말아야 한다. 작품 속의 상황이나 인물은 어디까지나 상정想定의 세계, 가능성의 관념작용에 불과한 것인데 이것을 현실의 토양 위로 격추시켜 당위성을 감별하려고 리트머스 시험지를 담가보는 태도는 무모하고 위험스럽고 더러는 난센스라고 할 수밖에 없다. 그리고 작품에 있어서 스토리라는 것은 어디까지나 창작상의 기호요, 전개방법이므로 작품이 무엇을 말하고자 하느냐 하는 것은 그 작품이 내포하는 문학성, 사상성 그리고 문학정신을 총체적으로 파악하고 독후의 여과·침전 단계를 거쳐서만 평가될 문제다. 무릇 문학작품을 실정규범의 안목으로 평가함에 있어서는 다음과 같은 다섯 가지 방법을 생각할 수 있다.

① 작자의 의도와 작품의 의미를 이해한다(intention or motive).
② 전체를 읽고 판독한다(read the book as a whole or domination

effect).

③ 부분만을 읽고 평가한다(isolated passages).

④ 예단에 따라 재단한다(prejudication).

⑤ 전혀 이해되지 않기 때문에 부화뇌동한다(to follow another blindly).

이 가운데 ① ②는 정당한 평가·판단의 기준으로 볼 수 있으나, ③은 수사기관의 통상적인 방법이기 쉽고, ④ ⑤는 검찰측 증언이 빠지기 쉬운 습벽智癖이라고 볼 수 있다. 어쨌든 부분적인 표현을 들어서 작품 전체의 규범적 평가를 시도함은 있을 수 없다. 또한 문학의 장르에 있어서는 비유 또는 상징적 수법이 널리 쓰이고 있음을 이해해야 할 것이다. 만약 문학에서 그런 상징성을 고려에 넣지 않는다면, 창작도 감상도 존재할 여지가 없게 된다.

동물을 의인화시킨다든지 인간을 어느 사상의 가시적 형체로 설정한다든지 하는 따위는 너무도 흔한 예이다. 은유metaphor나 우화적 수법allegory을 도입한 작품을 이해함에 있어서는 자칫하면 장님이 코끼리 만지는 엉뚱한 독단을 범하기 쉽다.

그리고 객관화된 문학작품의 해석 또는 이해, 나아가서 그 영향을 살펴보는 데 있어서도 발표의 수단, 즉 매개체mediator의 성격에 상응하는 평균적 수준의 독자를 기준으로 삼아야 할 것이지, 그와 동떨어진 예외적인 계층의 단견이나 곡해를 가지고 운위해서는 안 된다.

「분지」에 대한 사실점事實點의 분석

검찰측 공소장을 보면, 피고인의 작품 「분지」는 주한미군의 만행과 피해대중의 참상을 묘사하는 등 현실을 왜곡 선전하여 반미감정과 반정부의식을 고취함으로써 북괴의 대남적화전략의 상투적 활동에 동조하였다는 것이다.

그러나 우선 소설의 스토리를 평면적으로 받아들인다 하더라도 위와 같은 주장은 성립될 수 없다. 과연 미군이 한국의 여자와 강요된 성관계를 맺는다는 이야기가 나온다고 해서 그것이 곧 만행의 조작 폭로이며 한미 유대를 이간시켰다고 볼 수 있을 것인가?

또 일부 가난한 사람들의 참상을 이야기의 소재로 삼았다고 해서 계급의식을 조장했다고 한다면, 바로 그런 사고와 판단이야말로 또 하나의 잠재적인 계급의식의 소산이 아닐 수 없다.

군에서 제대한 주인공 '만수'가 실업 상태에 허덕이는 대목이 있다 해서 군복무를 모독한 것으로 보거나, 6·25를 '돌연한 충돌'이라고 썼다고 해서 공산군의 남침을 은폐하여 반공의식을 해이시켰다는 따위의 견해는 실로 상식을 일탈한 억설이 아닐 수 없다.

일부 미군의 비행, 우리의 가난과 고민, 실업자의 방황 등 어두운 상황은 이 소설이 나오기 전에 이미 유감스럽게도 현실로서 존재했거나 지금도 상존하는 실정인 이상, 또 그런 것을 시정 타개하기 위한 보도와 논평, 고발과 성토가 자연스럽게 용인되는 마당에 소설의 테마로서 그런 어두운 면이 다루어졌다는 일사一事를 가지고 현실의 왜곡 전달이니 반미, 용공이니 하는 무서운 독시毒矢를 퍼붓는 것은, 적어도 자유와 양식을 존중하는 민주사회에서는 있을 수 없는 일이다. 더구나 앞서 본 바와 같이 문학에 있어서의 상징성이나 우화적 수법을 이해한다면 더욱 문제가 되지 않을 것이다.

증인 이어령의 진술에 의하면 미군과 한국 부녀와의 성관계는 동서문명의 접촉 과정을, 그리고 '어머니'의 강조는 민족문화의 주체성을 표현하는 상징으로 보여지기 때문에「분지」는 친미도 반미도 아니라는 것이다. 독자는 손가락으로 가리키는 달을 바라보아야지 달을 가리키는 손가락만 보고 이렇다저렇다 할 것이 아니라고 한다. 그렇다면 강간이니 실업이니 하는 소재의 한 장면만을 놓고 이 작품이 곧 반미니 현실 왜곡이니 하면서 용공작품으로 규정하려는 것은 오판이다.

설령, 전체란 것이 결국 부분의 총화이니까 부분을 문제시함도 당연한 관찰이라고 한다면「분지」에서도 애국적이며 민족주체성을 고취하는 대목을 얼마든지 볼 수 있다.

해방될 때 어머니가 고이 간직한 태극기를 갖고 거리로 나오는 데서부터 아들인 만수가 미군의 아내를 강간하면서 환상적으로 배꼽에 태극기를 꽂겠다는 것으로 끝맺은 것만 보아도 이 소설은 분명히 태극기로 상징되는 대한민국을 의식하고 있는 것이며, 그런 뜻에서도 반국가적인 소설이라 말할 수는 없다.

"이제 곧 태극의 무늬로 아롱진 이 러닝셔츠를 찢어 한 폭의 찬란한 깃발을 만들 것입니다." 이 한 구절만 인용해보더라도 어느 편이 곡해인가 곧 밝혀질 일이라 믿는다.

다음, 미군 엑스사단이 향미산을 포위하고 미사일까지 동원하여 만수를 해치려 한다는 대목은 이야기 자체로서는 허무맹랑한 것으로 철저한 우화적 수법을 구사한 것인데, 그것이 미군의 잔인한 침략성을 묘사한 것이라고 보는 것은 너무도 문학을 몰이해한 말이다. 그리고 주인공인 만수를 홍길동의 후손이라고 한 것을 꼬집어 홍길동의 계급투쟁사상을 암시하였다고 주장하지만, 홍길동의 불만은 당시의 적서嫡庶관계에 그 요인이 있었으며 호풍환우呼風喚雨하는 동양적 풍류와 기행奇行의 인물로 볼 것인데 계급투쟁의 우상으로 견강부회하는 것부터가 정확지 못하며, 설령 이북에서 『홍길동전』을 일방적으로 악용한다 해서 우리가 홍길동이라는 고전적 인간상마저 숙청할 이유는 조금도 없는 것이다.

가난한 사람들의 어려움, 빈부·강약의 대조, 사회의 병폐 등 현실의 암류와 치부를 그렸다고 해서 이를 곧 반정부적이라고 보는 것은 더욱이나 알 수 없는 말이다. 사회의 모순이나 인간의 불완전성을 파헤치는 일이야말로 문학이 짊어진 과제의 첫 장이며 종장이거늘 현실폭로 혹은 고발성을 띤 문학작품을 단순한 불평불만에 넘치는 선동으로만 보아 반정부적이라는 낙인을 찍는 것은 건전한 양식과 이해력을 가진 한 상상할 수도 없는 일이라 생각된다.

독소조항과 의율擬律 문제

피고인에 대한 적용법조는 반공법 제4조 제1항, 즉 북괴의 활동을 찬양 동조하여 반국가단체를 이롭게 했다는 것이다. 그러한 주장은 소설 「분지」가 반미·반정부적이라는 데 이유를 두고 있다.

그러나 위에서 살핀 바와 같이 소설 「분지」는 반미적인 것도, 반정부적인 것도 아니다. 불온하다는 견해는 차원과 관점의 상이에서 오는 착각일 뿐이다.

또 백 보 물러서서 설령 반미·반정부적이라 하더라도 이것은 표현의 자유가 헌법상 보장된 한국에 있어서 당연히 인정되는 기본권 행사의 범위를 벗어나지 않은 것이고, 만약 이와 상반된 견해를 취한다면 한국엔 친미, 친정부 그리고 현실 찬양의 표현만이 허용되는 자유가 있을 뿐 자유민주체제의 본질인 비판의 자유마저 부정한다는 도착倒錯을 범하게 되고 말 것이다.

더욱이 남한의 사회상의 어두운 면을 그렸다고 해서 그것이 곧 북한의 주장에 동조한 것이라고는 볼 수 없다. 하나의 사실이나 주장 또는 어떤 현상에 대한 평가가 외형상 북한과 일치 혹은 유사하다고 해서 그것이 곧 동조라고 보는 것은 일체의 비판과 이론을 용납하지 않는 전제적 압제를 연상케 하는 우거愚擧에 불과하다.

그러므로 적어도 '동조'라고 하려면 단순히 표현사실의 외형상 합치만을 가지고 말할 것이 아니라, 형사법상의 대원칙인 목적의식 내지 고의가 수반되어야 할 것이다. 혹자는 반공법 제4조가 고의를 필요로 하지 않는 결과범인 듯 오해하고 있으나 이 점에 관하여는, 반드시 범의犯意가 있어야 한다는 법원의 판결이 되풀이되었으며, 심지어 검찰 자체로도 1966년 12월 8일 전국검사장회의를 통해 위 법조 역시 형사법의 대원칙에 따라 고의가 없으면 범죄는 성립되지 않는다는 법무부의 유권해석을 시달한 바도 있다.

그렇다면 피고인이 과연 북괴의 주장에 동조하여 반국가단체를 이롭게 한다는 인식이 있었느냐를 살펴야 할 것인데, 그러기 위해서는 먼저 이 작품에 대한 피고인의 의도를 분석할 필요에 직면하게 된다.

피고인은 자신의 창작의도에 관해 말하기를, 민족의 주체성을 살리고 윤리와 힘의 균형된 상태를 희구하여 역사에 참여하여 살아보려는 인간의 위치와 상황을 표현하고자 했으며 이북 집단을 이롭게 한다는 생각은 전혀 가져본 일이 없었다고 진술하고 있다. 또 증인 이어령은 객관적인 평자의 입장에서, 그 작품이 동서문화의 상관관계를 표현하여 흔들리는 민족의 얼과 문화의 주체성을 지켜야겠다는 생각에서 쓴 것 같다고 말하고, 만약 다른 의도로 썼다면 문맥부터가 달라졌을 것이라고 증언했다. 일견 현실 부정적인 듯한 대목의 표현은 창작과정에서 설정된 지엽적인 상황이거나 상징 혹은 은유라 할 것이며 그 이상의 타의가 개입되었다고 볼 수도 없다. 따라서 피고인에게는 반국가단체의 이익을 위한다는 인식과 자기의 작품 내용이 반국가단체의 주장에 합치된다는 인식이 없었다.

생각건대 반공법 제4조는 헌법상의 기본권 행사에 관한 제한규정이거늘, 그 표현과 내용이 너무 추상적이고 모호하여 금지나 제한의 범위 및 한계가 명확하지 못하다. 여기서 죄형법정주의에 위배되는 위헌조항이라는 논란이 대두된 바도 있거니와 최소한 악용의 우려가 많은 독소조항임은 아무도 다툴 수 없는 지배적 견해이다.

이 점에 관해서는 검찰의 일반적 지휘자인 법무장관 자신이 1966년 6월 7일 국회 본의회에서 반공법 제4조의 규정은 그 내용이 너무 애매하여 악용의 여지가 많음을 시인하나 정부가 법운용을 공정히 하겠으니 믿어달라고 답변한 사실까지 있다.

그렇다면 그 해석·운용에 있어 더욱 엄정을 기하여 입법의 잘못

112

을 보완해야 옳은 것이고, 그러기 위해서는 무엇보다도 '동조'의 내용을 엄격하게 제한적으로 해석해야 할 것이며, 그 행위의 동기가 반국가단체의 이익을 위함인지 아니면 민주국가의 국민으로서 기본권의 발현 작용인지를 가려내야 할 것이다.

한편으로 작품의 내용이 불온하냐의 여부는 엄정한 국가적 이익과 헌법정신에 따라 판단해야 하며, 당대의 권력자나 특정 기관의 관점에 좌우되어서는 안 될 것이다. 더욱이 이 작품을 누가 이용했느냐에 따라 소장消長을 두어서는 안 될 것이며, 어디까지나 작품 그 자체를 객관성 있게 평가하되 막연한 과민에 사로잡히지 말고, 미국 연방대법원의 홈스 판사가 말한 이른바 "명백하고 현존하는 위험"의 유무를 기준 삼아야 할 것이다.

그리고 출판물에 의한 영향을 이유로 범의를 추정하는 것도 있을 수 없는 일이다. 피고인의 작품이 출판물에 의해 공표되었으니만큼 설령 작자의 의도와는 별개로 일반 독자가 받는 영향을 무시할 수 없다 하더라도 본건 「분지」를 게재한 『현대문학』은 만인공지萬人共知의 순문학지로서 그 독자는 문학에 대한 상당 정도의 이해와 소양을 가진 계층으로 형성되어 있기 때문에 이 소설에 나오는 어두운 상황들을 오해하고 반미감정이나 계급의식을 품게 될 여지는 거의 없다. 설령 이 작품으로 인해서 그와 같은 감정이나 의식을 갖게 된 자가 있다면 그것은 어디까지나 예외적인 현상일 것이며 그런 희유한 곡해를 이유 삼아 작자의 의도를 왜곡해 범의를 인정할 수는 없는 것이다.

요컨대 피고인에게는 반국가단체의 주장에 동조하거나 적을 이롭게 한다는 인식이 조금도 없었다.

사실판단에 고려되어야 할 정황들

피고인의 「분지」가 과연 용공이적 작품이냐를 판가름하기 위해서는 작가의 환경, 성장과정, 작풍, 문단에서의 평가, 그리고 문제화된 계기 등도 아울러 고찰함이 마땅하다고 본다.

피고인의 환경을 보면, 그의 아버지는 지방에서 교육감을 역임할 만큼 사상과 행적이 확실한 인사이고, 피고인에게 다소라도 불온사상을 감염시킬 요소가 주위에 없었다.

그리고 피고인은 26세 때 문단에 데뷔한 이후 건실하게 역작을 계속 발표해 1961년도 동인문학상까지 수상하는 등 문제의 작가로서 촉망을 받기에 이르렀다. 그의 작풍은 문학평론가 백철씨의 말로 대신한다면 "현대의 속성을 풍자하고 일관하여 과장의 수사법을 효용하면서 어떤 한국적인 유머를 특질로 내놓고 있는 점이 주목되는 바"라고 하였다.

작가 안수길씨는 평하되, "남씨의 풍자는 고골리나 채만식의 것과는 달리 웃음 속의 눈물이나 착 가라앉아서 비꼬는 태도가 아니라 몸으로 부딪쳐 노호怒號하면서 하는 풍자인 것이다. 물론 과장되고 우화적인 요소도 있어 사실적인 견지로서는 지나치다고 느껴지는 점도 있다"고 하였다.

요컨대 피고인의 작품은 현실에 대한 풍자와 과장과 우화적인 수법을 특징 삼고 있다 할 것이며, 이러한 그의 경향은 「분지」의 이해에 있어서 예비되어야 할 인식이라고 믿는다.

그의 이러한 수법을 오해한 사람들이 말하듯 정말 그가 용공적인 작가였다면, 한국 문단의 쟁쟁한 대가들로 구성된 동인문학상 선고

위원들이 그의 작품이 용공임을 모르거나 혹은 은폐하고서 수상작가로 뽑았을 리가 없는 것이다.

다음으로「분지」라는 작품이 문제화된 경위와 관련하여 한마디하지 않을 수 없다. 작품은 1965년 3월호『현대문학』에 발표되었는데 그해 7월경 북괴 산하의 기관지라는『조국통일』에 무단전재된 것이 발단되어 비로소 수사가 시작되었다고 한다. 작품 발표 후 약 4개월 동안 아무 말이 없다가 위 북괴지에 난 것을 안 뒤에 문제를 삼았다면, 우리의 수사기관이 오히려 저들의 술책에 과도한 반응을 보이는 듯한 인상을 주는 것이요, 피고인이 예기치 않은 전재, 그나마 이번의 경우처럼 아전인수 격으로 첨삭까지 한 작란作亂을 가지고 새삼스럽게 그 작품을 용공이라고 규정하여 작자를 입건 구속까지 했음은 실로 이해하기 어려운 처사였다 할 것이다.

악마도 성경을 인용하는 법이다. 그렇다고 해서 성경이 악마의 주문으로 격하되는 것은 아니며, 성경은 여전히 성경으로서의 가치를 지니는 것이 아닌가?

「분지」와 같은 작품이 발표되었다는 것은 한국의 작가들이 아무런 간섭도 받지 않고 현실을 적나라하게 다루고 비판할 수 있는 자유를 향유하고 있음을 과시하여 민주한국의 면목을 높였다고 볼 것이요, 바로 이러한 점이 어용문학만이 숨을 쉬는 북괴 치하와 판이한 우리의 강점이라 할 것이다. 사리가 그러하거늘 위정 당국의 입장에서 조금 이상하다는 주견만으로 경솔히 적발, 처벌을 자행하는 것은 다름 아닌 북괴에 선전자료를 제공하는 구실이 되어 반공 아닌 이적의 결과를 초래할 우려마저 크다 할 것이다. 소설은 반드시 친미적이

며 현실 긍정적이어야 할 것인가? 미군 병사의 적나라한 인간 묘사
는 반미가 되며, 반미는 곧 용공으로 비약되는 것인가?

작가가 민족문화의 퇴화를 경계하고 가난과 불평등으로 얽힌 현
실 및 인간의 추악을 고발하는 것이 반정부, 반국가라는 논리를 받아
들인다면 이 나라 어디에서 예술의 자유, 비판의 자유를 찾아볼 수
있을 것인가?

결론

본건 공소사실에서 문제된 피고인의 작품 「분지」는 결코 반미·
반정부적인 소설이 아니며, 거기에 부각된 현실과 인간의 미추美醜·
명암은 창작과정에서 설정된 허구이지, 현실적인 당위문제에 그대
로 결부시킬 성질이 아니다.

이 작품의 스토리에 한국사회의 어두운 면이 강조되었다 하더라
도 그러한 외형상의 이유만으로 반국가단체의 주장에 동조한 것이
라 볼 수는 없는 것이며, 모호하기 짝이 없는 반공법 제4조의 규정을
그렇게 확대해석한다면 국민의 기본적 자유를 본질적으로 침해함은
물론 죄형법정주의에도 어긋나는 일이 아닐 수 없다.

더구나 피고인으로서는 반국가단체의 주장에 동조하여 적을 이롭
게 한다는 인식이 전혀 없었으니 결국 범의 없음에 귀착되며, 북괴
의 출판물에 전재되었다는 한 가지 사실을 들어 피고인의 작품을 용
공으로 보거나 적을 이롭게 하려는 범의가 있었다고 추정할 수는 없
는 것이다. 그렇다면 피고인의 소위所爲는 한국의 헌법과 법률이 허용

하는 범위 안에서 작가로서의 창작활동 및 그 발표의 자유를 행사했을 뿐이고, 공소장에 기재된 범죄사실을 달리 인정할 증거가 없으므로 피고인은 '무죄'라고 확신하는 바이다. 한 작가의 '분지憤志'를 곡해함은 '분지焚紙'의 위험을 초래할 뿐이다. 아무쪼록 민주한국의 면목을 제대로 살릴 수 있는 현명한 판결이 있기를 기대한다.

『동아춘추』, 1967. 5.

* 이 사건은 1970년 4월 7일 서울형사지방법원 항소부(제2심)에서 항소가 기각되어 유죄판결(선고유예)이 확정되었다.

2. 월간 『다리』 사건 변론문

정론正論–권력–사시斜視

피고인 임중빈 , 윤형두 , 윤재식

사건 반공법 위반

서론

우리 헌법은 분명히 언론의 자유를 보장하고 있다. 의사발표의 자유야말로 기본권 중의 기본권이며 자유민주체제의 이념적 근간을 형성하는 요소가 되고 있다. 국민의 자유는 오직 "공중도덕이나 사회윤리를 침해"해서는 아니 되고(헌법 제18조 5항 후단, 현 제21조 4항) "질서유지 또는 공공복리"를 위해 필요한 경우에 한해 법률로써 제한할 수 있을 뿐이다(헌법 제32조 전단, 현 제37조 2항).

자유권에 있어서의 이와 같은 '법률의 유보'는 그 발생적 의미로 보나 본질적 이념에 비추어볼 때 국가권력에 의한 침해로부터 개인의 자유를 보장하려는 데 그 목적이 있는 것이다. 다시 말하면 국민의 자유를 제약할 수 있는 사유와 근거를 엄격히 제한함으로써 권력의 방자한 압제를 방지하자는 데 본래의 뜻이 있다.

그러나 '질서유지와 공공복리를 위한 필요'란 매우 애매할 경우가 많을뿐더러 논자의 입장에 따라서 다양한 이견이 대두될 수 있는 문제점을 안고 있음도 사실이다. 하나의 기준을 해석하기 위해 또다른 기준이 필요하고 보면 '기준의 기준' '해석의 해석' '기준의 해석' '해석의 기준'이 무한히 되풀이되며, 때로는 논리의 모순이나 순환론에 빠지고 말게 된다.

이런 현상은 입법상의 혼미를 자아내는 데 그치지 않고 실정법규의 해석과 적용에까지 커다란 위험을 파생한다.

정치권력의 입장에 치우친 안목에서 현실에 대한 고발이나 비판 또는 개혁에의 의지를 모두 반정부적인 것 내지는 이단적인 것으로 보고 이들에 대한 규제사유로서 질서유지나 공공의 복리(또는 그것을 이유로 한 법률조항)를 내세우기 쉽다.

특히 우리 한국에서는 반공관계 법률이 위정자의 자기방어적 편법으로 남용되어 국민의 비판적 언론을 봉쇄하는 데 작용하는 악례가 있다.

그러한 법의 오용은 '현실비판→반정부→반국가→용공'이라는 색맹적 독단의 소치 내지는 전단傳斷 교조주의적 사고의 해독이라고 지탄되어 마땅한 것이다.

본건 재판의 대상이 된 임중빈 피고인의 논문 「사회참여를 통한 학생운동」(『다리』, 1970년 11월호)이 적을 이롭게 하는 글이라고 주장하면서 반공법 위반으로 구속기소한 처사도 그러한 일례가 될 만하다.

우리나라의 특이한 긴박상황을 이유 삼아 그만한 내용의 글마저도 용공시하는 것은 언론자유 그 자체의 부정인 동시에 "자유와 권리의 본질적인 내용을 침해할 수 없다"(헌법 제32조 2항 후단, 현 제37조 2항)는 헌법상의 기본적 데드라인을 파괴하는 '위험스런 애국'이라고 보지 않을 수 없다.

무서운 오해(사실점)

무릇 한 편의 글을 평가함에 있어서는 글 자체에 나타난 그대로를 선입견 없이 그리고 전체적 대의로 파악해야 함이 우리의 건전한 상식이다.

형사책임을 가리는 마당에서는 더욱 그러하며 특히 '평균적 독자'의 입장을 벗어나서는 안 된다. 만일 위에 적은 세 개의 초보적 룰조차 무시한 나머지 편견에 사로잡혀 부분만을 꼬집어 정보사찰적 검열자의 의식으로 표현물을 탓잡는다면 참으로 위험천만한 오해를 빚어내게 된다.

임피고인의 본건 논문에 대해서도, 앞서 내세운 초보적 룰을 도외시한 데서 오는 오해가 용공혐의로까지 번진 것으로 생각된다.

우선 공소장 첫머리의 장황한 모두사실冒頭事實 기재에서 본건 논문을 겨냥한 편견과 예단의 흔적이 역연하다. 다음으로 본건 논문의 주제적 흐름이라고 볼 수 없는 지엽적인 부분만을 단편화하여 공소사실의 문맥으로 삼고, 정작 필자의 판단과 주장이라고 볼 수 있는 대목은 전혀 묵살한 데서 제2, 제3의 룰이 유린되었음을 느낀다.

어쨌든 본건 논문 중 공소사실에서 문제삼은 몇 개의 단편적 기술이 과연 어떠한 본의를 지니고 있는가 하는 점은 (이왕 부분을 들추어 소추가 되었으니) 밝혀볼 필요가 있다.

① 공소장에 보면, "한국 학생운동은 정권을 타도하는 데 절대적인 위치에 있다고 전제한 후 (…)" 운운하였으나 문제의 글 어디에도 그런 뜻, 그런 표현으로 기술된 바가 없고,

② 또한 "문화혁명은 정치혁명에 선행함은 물론 (…) 문화의식의 성城을 쌓을 것을 제안한다"는 대목을 현정권 타도의 방법으로서 방향 제시를 한 것이라 보고 있다(공소사실 제3면 위에서 6행째 이하). 그러나 필자가 여기서 쓴 '혁명'이란 말은 정치학적 용어로서가 아니라 일반적으로 말하는 변혁의 뜻을 나타내는 것이다.

지적된 대목 바로 다음에(『다리』 제66면 좌단 아래에서 9행째 이하) "문화란 인간의 존재양식이며 생활양식"이라 전제하고 "현단계에서 우리에겐 문화를 통한 경건한 변혁이 필수의 것으로 요청되고 있는 성싶다"고 한 것만 보아도 필자가 앞서 쓴 '혁명'이란 용어는 오직 '변혁'의 뜻임이 명백하며, 문화혁명이란 결국 "역사의 방향을 바로잡아 이를 선도하고 계발하는 진정한 문화의 형성"(전시前示 동면同面 좌단 아래쪽부터 우단 첫 줄까지)이라고 스스로 부연하고 있다.

그렇다면 여기서 말하는 '문화혁명'을 마치 중공의 난동적인 그것과 유사시하는 듯한 견해는 성립될 수 없을 뿐 아니라, "미래가 있는 거시적인 청년문화"와 외국 같은 "비트나 히피의 아류 문화가 아닌

건전한 문화형성"(동면 우단 위에서 2행째 이하)을 주장한 점에서 차라리 '건전한 청년문화론'이라고 보아야 옳다. 그리고 여기서 정치적 도전이란 현재의 집권정부에 대한 타도행위가 아니라 "반세기 학생운동이 준 민족·민주투쟁"(동지 제67면 우단 1행째 이하)임은 기술의 문맥상 의심의 여지가 없다.

비합헌적 방법에 의한 쿠데타라는 의미로서 '혁명'을 공공연히 주장할 사람이 어디에 있으며, '혁명'이란 두 글자를 피해망상 일변도로 곡해할 때 그 해독은 어떠하겠는가?

③ "젊은이들이라면 기성 권위와 가치에 대하여 마땅히 도전해야 한다. (…) 그러기에 젊은이들의 반항은 전 세계적인 현상으로 나타난다"는 설명 아래 프랑스 학생들의 5월혁명과 미국의 뉴레프트 활동에 대한 타당성을 대상으로 하여 운운하였으나(공소사실 제3면 아래에서 3행째 이하) 기성 권위와 가치에 대한 젊은이들의 도전·반항은 이미 통속화되다시피 한 사회풍조이면서 세대간의 불협화를 나타내는 것일 뿐 좌파학생들의 활동과는 엄격히 구별되어야 할 문제이다.

필자가 프랑스의 5월혁명이나 미국의 뉴레프트 활동을 거론한 것은 한국의 학생운동과 외국의 그것을 비교하기 위하여 예증 비판을 하는 방법의 하나였음이 문맥상 뚜렷하며, 한국의 경우와 결부시켜 그들의 타당성을 수긍한 일은 전혀 없다. 파리의 학생 데모가 실은 기숙사 운영에 관한 불만에서 발단된 소승적小乘的인 것임을 힐난하고 이에 반하여 한국의 학생운동은 거국적이고도 범국민적인 문제, 민주주의의 수호를 위한 투쟁 등의 차원 높은 성격을 지녔음을 강조했는가 하면(동지 제63면 끝부터 제64면 우상단) "미국의 뉴레프트라는 것도 이렇다 할 체계도 없고 뚜렷한 방향도 서 있지 않다"(동지 제 65면 좌우단)고 비판하고 있다.

④ "5월혁명은 철저한 저항정신 바로 그 행동아다운 품격을 신봉 하는 현상으로 해석된다. (…) 학생운동의 진폭을 넓힌 것이었고 끝 내 드골 정권을 위기로 이끌었다"고 적시하여 한국 학생운동의 정권 타도를 위한 방법으로 학생과 노동자의 통일전선 실현이 필요하며, "한국과 같은 나라에서는 아나키즘이나 붉은 혁명으로써 정권을 타 도할 수 있는 일말의 가능성이 있음을 암시하였다"고 하나(공소사실 제4면 위에서 5행째부터 제5면 위에서 2행째까지) 이런 검찰의 해석은 너무도 엄청난 왜곡이다. 어디까지나 프랑스라는 사회와 그 나라의 정치적 풍랑 속에서 학생운동이 어떠한 영향을 빚어냈느냐 하는 점 을 고찰한 것인데, 이것을 가지고 곧 한국에서 학생·노동자의 정치 적 통일전선의 가능성을 암시했다니 몇 번 비약해도 미칠 수 없는 억 지의 강변이라 하겠다.

필자의 의도인즉 바로 그다음 부분에서 자세한 예시로 밝혔듯이 프랑스 학생의 거센 운동이 그 동기와 발단에 있어서 주로 기숙사 운 영 문제나 개인의 해방을 요구하는 데 있었으니 신변적 성격이 농후 하여 한국의 광주학생사건, 3·1운동 등과 같은 집단적 갈망을 대변 하는 학생운동의 성격과 다름을 뚜렷이 하는 데 있었다.

⑤ "미국의 뉴레프트는 이념의 카오스 상태에서 (…) 정치적 도전 에는 무의미하지만 문화형성에는 영향력을 미치고 있기 때문이다" 라고 한 대목을 꼬집어 뉴레프트의 저항적 행동력이 한국 학생의 정 권 타도 운동에 하나의 방법이 될 수 있다는 것을 인정하였다고 공격

한다(공소사실 제5면 위에서 2행째부터 밑에서 6행째까지).

그러나 여기에 인용된 부분의 중간에는 검찰이 일부러 빼놓은 대목이 있다. 즉 "뉴레프트라는 것도 마찬가지다"라고 했는데, 여기서 마찬가지라 함은 그 앞대목에서 "그들(다니엘 콘벤디트와 루디 두치케)은 유물론자라기보다 무정부주의자이며 격렬한 행동파에 지나지 않는다"와 연관된다.

요컨대 뉴레프트는 무모한 행동파일 뿐 체계도 방향도 없는 무리라는 혹평을 한 것이다. 뿐만 아니라 필자는 "이러한 기성체제에 전적으로 도전하는 풍속적 현상이 반드시 바람직한 일일 수는 없다"(동지 65면 좌중단부)고 못박았으니 도무지 한국의 정권 타도에 써먹을 방법으로 그것들을 인정했다는 주장은 추호도 나올 근거가 없다. 오히려 필자는 "은연중 새로이 대두되는 아나키즘을 경계하지 않으면 안 된다"(동지 제67면 좌중단부)고 명쾌하게 경각심까지 제고하고 있는 것이다.

언뜻 보기에는 뉴레프트파가 현체제를 비판하고 젊음의 행동력을 과시하는 그 자체는 우리에게 일말의 가능성을 안겨준다 했으니 '일말의 가능성'이 무슨 수상쩍은 암시를 내포하는 말로 들린 모양이다.

하지만 여기서는 종잡을 수 없는 그들의 이념이나 방향, 그리고 거부의 대상, 비판의 각도…… 이런 것을 두고 말함이 아니라 '젊음의 행동력'만이 '그 자체'와 동격으로 나타나 있으며, 우리 젊은이들의 허약성을 일깨우는 의미로 해석되는 것이다.

더욱이 필자는 "사실 고도성장에 대한 혐오 내지는 발작에 가까운 인간 괴물들의 전시장인 아메리카의 문화혁명이 단순한 광기의 발산에 지나지 않는다는 사실을 우리는 내다본다"(동지 제65면 우하단부)고 하였는데 이것은 오히려 뉴레프트를 모멸하고 규탄하는 견해라 하겠다.

증거에 의한 평가

원래 작품이나 논문이 재판의 대상이 되었을 때에는 통상의 형사사건과 사실인정의 과정이 같을 수가 없다. 게재·발표된 글이 현존하는 이상 재판의 중핵적 작업은 '인정된 사실(피고인이 쓴 글의 내용)에 대한 규범적 평가'에 귀착된다(범의의 유무는 글 자체가 처벌법규에 저촉되는 내용이라고 판단된 다음에야 따질 문제다).

글이란 같은 표현, 같은 내용이라도 읽는 사람의 입장, 세계관, 이해도에 따라서 상이한 견해를 자아낼 수가 있다.

앞서 평균적 독자의 입장을 강조한 것은 사찰적 직무에 있는 사람의 편향성을 배제하고 객관적이면서도 중립적인 견해를 집약하는 것이 가장 타당하기 때문이었다.

특히 본건 심리과정에서처럼 검사와 피고인 측의 견해가 시종 상반한 경우엔 중립적 제3자의 진술이 판단의 자료로서 큰 의미를 갖는다고 할 것이다.

① 먼저 당심當審의 증인 남재희는, 학생운동의 성격과 방향에 관해 우선 문화적 작업이 저변의 기초를 이루고 다음에 사회적 참여와 정치적 참여가 따르는 피라미드 현상이 바람직하다고 말하고, 그러

나 한국의 학생운동은 정치적 참여가 과잉되는 반면 문화적 측면이 소홀히 되는 이른바 '역피라미드 현상'을 빚어내고 있다고 지적하면서, 우리의 학생운동은 정치적인 면보다는 문화의 형성에 주력하는 방향으로 나가야 한다는 의미에서 피고인의 청년문화론은 오히려 당연한 주장이라고 증언했다. 그리고 피고인의 글 끝머리에 보면 자유화와 근대화를 강조하고 있을 뿐 국체의 변질 또는 정권의 타도와는 무관할 뿐 아니라 필자가 외국의 예를 든 것은 비교·비판을 위한 예증으로 본다고 진술했다. 또한 소위 '좌파'라는 것은 공산주의자와 동일하지 않으며 반드시 비합법적인 것은 아니라고 하고, 그 예로서 우리나라의 통일사회당은 분명히 좌파적이지만 합법정당으로 존립하고 있다고 증언했다.

② 증인 구상은, 피고인이 독실한 천주교 신자로서 장면, 노기남 등의 회고록과 그 밖의 반공물을 집필하는 가운데 주인공들의 반공투쟁 및 공산도당에 의한 박해를 충실히 묘사하고 있는 점만 보아도 그의 신념이 결코 용공적인 것이 아니라고 증언했다. 또한 문제의 글에서 뉴레프트나 프랑스 5월혁명, 콘벤디트 등을 예증한 것은 한국의 학생운동의 방향을 선명히 밝히기 위한 서술기법상의 이른바 '반유법'이며, 오히려 외국의 경우를 비판한 것으로는 볼망정 그들을 찬양할 의도는 조금도 없었던 것으로 본다고 말했다.

③ 증인 송건호는, 프랑스 5월혁명이나 뉴레프트는 공산주의운동과는 성격이 판이하며 동서 양대 국가가 모두 고도로 발달된 메커니즘 속에 휘말려 있기 때문에 그런 상황 속에서의 인간의 회복을 시도하는 움직임이며 반드시 정치적인 면에서의 친공세력이라고 볼 수

는 없다고 하면서, 임피고인의 본 논문은 우리나라에서 허용되는 비판과 언론의 범위를 조금도 벗어나지 않은 것이라고 증언했다.

그는 루디 두치케가 반서방적이면서 반공산주의적인 사람인데 굳이 규정을 한다면 반소적인 면이 훨씬 강하다고 하면서, 우리가 매사를 용공이냐 반공이냐 하는 두 판으로만 생각하다보면 어떤 인물이나 사조를 곡해하기 쉬운 결과를 가져온다고 진술했다.

④ 증인 김상현은, 월간 『다리』가 중류中流 이상의 지식인을 독자층으로 예정하고 간행되었으며 본건 임피고인의 글을 문제시하는 태도는 동 피고인이 야당인사인 김대중의 전기를 집필중이었기 때문에 당하는 탄압으로 본다고 진술했다.

⑤ 그 밖에 증인 박창근, 윤길한, 최의선 등 또한 증언을 통해 자기들의 검찰조사 때에 본건 논문이 정치혁명을 이룩하자는 불온한 내용의 글이라고 진술한 사실이 없음을 밝히고 자술서의 작성이 자의에 의한 것이 아니라고 진술했다.

이상에서 살펴본 여러 증언을 종합하건대, 본건 임피고인의 글이 국외 공산계열의 활동을 찬양함으로써 반국가단체를 이롭게 했다는 검사의 공소사실은 전혀 인정될 여지가 없는 반면, 자유민주국가에서 당연히 허용되는 문필활동의 일환으로서 차라리 우리나라를 위하여 이익되는 내용임을 확인할 수 있는 것이다.

반공법 제4조의 의율

본건 공소의 적용법조는 반공법 제4조 제1항인데, 공소사실 말미

부분에 보면 "국외 공산계열인 전시前示 콘벤디트 등 극좌파를 비롯한 미국의 뉴레프트주의자들의 활동을 찬양·고무·동조함으로써 동국외 공산계열 및 반국가단체인 북괴를 이롭게" 한 것이라고 했다.

따라서 본건 공소는, ① '반국가단체나 그 구성원'의 활동에 대한 찬양 등이 아니라 ② 국외 공산계열의 활동에 대한 찬양 등으로 지적되었으며, ③ 그러한 ②의 소행이 반국가단체인 북괴를 이롭게 했다는 취의로 보인다. 그렇다면 여기서 문제될 점은,

(1) '콘벤디트 등 극좌파나 미국의 뉴레프트주의자'들이 반공법상의 '국외 공산계열'인가?

(2) 본건 논문은 그들의 활동을 찬양·고무·동조한 것으로 볼 수 있는가?

(3) 만일 (2)항에 해당된다면 그것이 과연 '국외의 공산계열 및 반국가단체인 북한을 이롭게 한 것으로 볼 수 있는가?'라는 세 가지 요건이 모두 충족되느냐에 집약된다.

첫째, 콘벤디트나 뉴레프트는 좌파적인 일면은 있지만 그렇다고 곧 공산주의자라고 볼 수 없음은 전술한 바와 같으며, 가사假使 그들의 사상이나 행태에 공산주의적인 일면이 있다고 해도 그것만 가지고 바로 공산'계열'이라고 속단할 수는 없다.

공산계열이라 함은 적어도 공산'국가'이거나 우리나라와의 관계에 있어서 적성적인 공산세력 중 사실상의 정치집단, 교전단체, 반란단체의 형태를 갖춘 정도에 이른 것을 지칭하는 것으로 해석함이 타당하며 그들과 이념의 일부가 공통되는 어느 개인이나 군중까지 '계열'시할 수는 없다고 본다.

둘째, (설령 콘벤디트나 뉴레프트를 공산계열이라고 본다 치더라도) 본건 논문에서 필자는 그들을 찬양·고무 또는 동조한 바가 없다. 앞서 누술履述한 대로 한국의 학생운동과 비교하기 위해 예증, 비판을 했을 뿐이다. 더욱이 본건 논문의 결론인즉 "우리의 학생운동은 새로운 문화운동으로 차원을 달리해야 하는바, 부패하는 세대를 이해는 할망정 용납해서는 안 되며 전근대적인 낡은 요소의 완전한 청산과 민족복지사회의 이념을 확립하는 방향으로 학생운동의 진로를 스스로 개척하는 십자군이 될 수 있어야 한다"(동지 제69면 우중단부)고 제시하였고, 마지막 대목에서는 정치만능 풍조로 학생운동을 해나가기를 고집하지 말고 문화활동을 통한 정신활동을 강조하였으니 공산계열의 찬양 등과는 전혀 관계없는 순수한 방향 제시임이 명백하다.

셋째, (설령 앞의 (2)항에 해당된다 하더라도) 국외 공산계열이나 북한에 이롭다고 단정할 수 없다. 우리나라와 같은 자유민주체제하에서는 이질적인 것을 연구하고 발표할 자유가 있으며, 오직 그것을 비난할 자유만 있는 것이 아니다. 이런 점이 전체주의나 독재체제와 구별되는 민주국가의 참다운 강점이요 자랑이다. 또 국가적인 견지에서 위험스런 풍조라 하더라도 이를 거론하고 검토하고 경우에 따라서는 취사지피取捨知彼하여 방어하는 실익은 우리에게 보탬이 되는 것이요, 맹목적인 매도·공격보다 훨씬 차원 높은 자세가 되는 것이다. 다시 말해서 이 정도의 글마저 발표할 수 없다면 바로 그것은 자유민주의 근간을 뒤엎는 것으로서 마치 우리나라에서 자유가 말살되는 듯한 인상을 줌으로써 오히려 반국가단체를 반사적으로 이롭게 할 위험이 크다.

그리고 우리나라의 한 문필인이 국외의 좌파를 설령 긍정적으로 보았다 치더라도 그것이 어떻게 해서 콘벤디트나 뉴레프트에게 이로운 것이며 반국가단체를 어떻게 이롭게 하는 것인지 분명하지 않을 뿐 아니라 만약 저들의 역선전에 이용될 우려만을 상정하여, 거기에 이용되어 선전 구실화하는 것이 곧 이적이라고 논리를 비약시킨다면 이것이야말로 일체의 고발과 비판을 억누르는 독선적 사고라 아니할 수 없다.

이른바 '명백하고 현존하는 위험'이 없는 한, 지나친 가상하의 위험에 집착한 명분 없는 이적시利敵視는 마땅히 배제되어야 하며 민주적이고 건전한 사고에 입각하여 판단한다면, 본건 논문은 조금도 반국가단체에게 이로운 것이 아님을 깨닫게 될 것이다.

결론

결국, ① 피고인 임중빈의 소위所爲는 국외 공산계열을 찬양·고무·동조한 것이 아니며, 따라서 반국가단체를 이롭게 한 것이라 볼 수 없으니 무죄라 할 것이고, ② 동 윤형두에 대해서는 앞의 임중빈의 유죄를 전제로 하여 논란할 수 있는바, 동인에 대한 형사책임이 없다고 보는 이상 아울러 무죄가 되어야 마땅하다.

월간 『다리』, 1971. 7.

* 이 사건은 1971년 7월 16일 서울형사지방법원(목요상 판사)에서 무죄가 선고되었고, 2심과 최종심(대법원)에서도 검사의 상고가 기각되어 무죄가 확정되었다.

3.『한양』관련 문인 사건 변론요지서

피고인 이호철, 임헌영, 정을병

위 사람들에 대한 반공법 위반 등 피고사건에 관하여 다음과 같이 변론합
니다.

1974.6.

위 피고인들의 변호인

변호사 한승헌

서울형사지방법원 귀중

서언

1. 피고인들에 대한 공소사실의 줄거리인즉, 피고인들이 국제회의나 세미나 참석차 방일하였을 때에 한양사의 김기심 및 김인재를 만나 그들로부터 향응과 돈을 받고 그때를 전후하여 원고를 써 보낸 행위가 반국가단체 구성원과의 회합, 금품수수, 편의제공 등에 해당된다는 점에 있다.

2. 그러므로 이 사건에서의 쟁점은,

(1) 김기심, 김인재 등이 반국가단체의 구성원인가

(2) 그들이 발행하는 잡지 『한양』이 반국가단체의 위장 출판물인가

(3) 피고인들은 위 김기심, 김인재 등이 반국가단체의 구성원이며 『한양』이 그들의 위장 출판물이라는 점을 알면서 본건 소위所爲를 행하였는가

(4) 피고인들은 자기들의 본건 소위가 반국가단체에 이익이 된다는 것을 인식하였으며, 그들의 행위가 객관적으로 보아 반국가단체를 이롭게 한 것으로 볼 수 있는가 등으로 요약될 수 있겠다.

3. 위와 같은 법률상의 쟁점을 심리상에 나타난 사실과 증거에 비추어 구체적으로 검토하면 다음과 같다.

一. 김기심, 김인재 등을 반국가단체의 구성원이라고 볼 근거는 없다.

1. 공소사실에 따르더라도 김기심이 재일조선통일민주전선에서 활약하다가 민단으로 위장 전향을 하였다고만 하였을 뿐, 김인재를

포함한 양인이 재일한국거류민단에 가입된 사람임을 부정하지는 않았고, 전향 후에도 의연히 그들이 반국가단체인 조총련이나 노동당의 구성원이라고는 주장조차 한 일이 없다. 위장 전향이라고 하지만 그들이 아직도 반국가단체의 구성원이라고 볼 증거는 없다.

2. 그들이 피고인들과 만났을 때에 한국정부의 시책이나 한국사회의 현실에 대한 비판적 언동을 취한 일이 있다 하더라도, 일본과 같은 자유사회에서 그 정도의 비판적 발언을 하였다는 점을 이유로 그들을 곧 반국가단체의 구성원이라고 추단할 수는 없는 일이다.

3. 한양사의 운영자금과 『한양』의 논조에 불온성이 있다고 하나,

① 동지同誌는 일본 도쿄에서 민단계의 국문종합지로서 창간된 이래 한국 내의 많은 지식인과 문인 들의 글을 위주로 실어왔고,

② 창간호에 '5·16혁명공약'을 실은 점과 창간사에서 천명한 동지의 성격, 민족주의적 관점에서 조국의 당면문제를 다룬 논조, 국내의 학자 문인 등이 창간 기념 때마다 대거 축사를 보낸 점, 그리고 민단계의 여러 단체와 기업의 광고가 게재되어온 점 등을 종합하여 생각하는 한편,

③ 동지가 작년까지도 주일한국공보관에 전시되어 있었고, 근년까지도 국내에 반포된 바 있으며, 본건 이전에 우리의 정부기관이나 민단계열에서 한 번도 불온으로 문제삼은 일이 없음을 아울러 생각한다면,

동지는 어디까지나 민단계의 민족지라고는 할지언정 반국가단체의 위장 출판물로 볼 증거는 조금도 없다.

④ 검찰이 지적하는 자금의 출처는 김기심이 경영하는 한양원漢陽

苑의 수익과 민단계의 협찬, 광고 수입 등으로 밝혀져 있으며, 조총련계의 공작금으로 운영되고 있다고 볼 증거는 찾아볼 수 없다.

⑤ 또한 검찰은 『한양』의 논조가 의아스럽다고 주장하나, 그 가운데 한국의 사회상과 정부시책에 비판적인 경향이 엿보인다고 해도 그것은 우리 국내법의 차원에서도 보장된 언론·출판의 자유의 범위를 벗어나지 않는 터이고 비판적 경향, 그것을 곧 반국가적인 논조로 보는 것은 논리의 비약에 빠진 견해라 할 것이며,

⑥ 동지가 반공법 폐지를 주장하는 글을 실었다고 하지만, 남북대화가 열리던 초기에는 한국 내에서도 그와 같은 주장이 신문·잡지 등 출판물을 통해 대두된 바 있고, 동지에 실린 글 가운데 유엔군을 '외세'로 보는 부분이 있어서 부당하다고 하나 '외세'에 관한 견해차는 국내외를 막론하고 얼마든지 논란될 수 있는 것임에 비추어 조금도 불온시할 구실이 되지 못한다.

결국 어느 점으로 보나 동지는 반국가단체의 위장 출판물로 볼 수는 없다.

4. 전기한 양인은 본건 피고인들에 대한 형사사건이 알려진 뒤 일본에서 기자회견과 성명을 통해 자기들이 결코 조총련의 공작원이 아님을 단호하게 밝혔으며, 현지의 민단 쪽에서도 그들을 조총련계라고 규탄하거나 제명한 사실이 아직 없다.

5. 그런데도 검찰은 구체성 없는 논리로서 새삼스럽게 이제 와서 그들이 위장 전향자인 양 주장하고 있으나 그를 뒷받침할 만한 자료(적법한 증거)는 하나도 현출顯出되어 있지 않다.

그렇다면 위 양인을 반국가단체의 구성원으로 보거나 『한양』을 그 위장 출판물로 전제 삼고 있는 본건 공소는 출발부터 허구성을 내포하고 있는 것으로 볼 수밖에 없다.

二. 피고인들은 위 김기심이나 김인재가 반국가단체의 구성원이라는 정(정황)을 알지 못하였다.

1. 전항(一)에서 열거한 여러 사실에 비추어 피고인들로서는 동인들이 반국가단체 구성원이라고 의심해볼 여지가 없었고,

2. 피고인들이 일본에 가기 전에도 여러 해 동안 수많은 문인, 학자, 지식인 들이 일본에서 김인재 등을 만나 호의적인 대접을 받고 돌아와 원고를 보내는 등 친면을 두터이 해왔고, 그러는 과정에서 하등의 문제도 야기된 바 없으며,

3. 『한양』의 국내 배포가 근년에 중단되었다고 하나, 피고인들로서는 그 이유가 반국가단체의 위장출판물이었기 때문이라고 들은 일이 없고, 단지 현정부에 비판적이기 때문으로 알고 있었을 뿐이며,

4. 국내의 이름 있는 문학지에 한양사의 광고가 수차 실렸으므로 그것만으로도 '반국가' 운운은 생각할 수도 없었고,

5. 피고인 이호철, 정을병 등이 도일 전에 받은 해외여행자 보안교육에서도 『한양』 관계자들에 대한 경고나 주의를 환기받은 바가 없고,

6. 동 이호철이 김기심을 만나겠다는 예정을 주일대사관 김모 공

사에게 말했을 적에도 아무런 제지나 금지를 받은 바가 없으며, 오히려 주일한국공보관에『한양』이 전시·진열되어 있는 것을 보고 동지가 민단계의 잡지라는 데 의심할 여지가 없었고,

7. 피고인 임헌영이 현지에서 김상현으로부터 김인재 등이 조총련계 불온 인물이라는 경고를 받았다고 하나, 김상현이 임헌영에게 그렇게 말한 일이 없음은 동인의 법정 증언에서 밝혀졌으며, 오히려 『한양』 창간 10주년 기념호의 축사를 대필하도록 부탁한 일이 있음을 알 수 있고,

8. 피고인들이 김기심이나 김인재와 만났을 때 오고간 대화 중에 '북괴'의 우위성을 찬양하는 이야기는 나온 바가 없고, 오직 한국의 국내 사정에 관한 이야기가 다소 비판적으로 나왔을 뿐인데, 그 정도의 이야기는 국내에서도 흔히 거론되어온 내용인지라 조금도 수상쩍게 생각할 만한 것이 못 되고,

9. 피고인들은 일본에서 김인재 등을 만나 주식酒食을 함께하고 고료조條의 돈을 받은 사실을 귀국 후 공개적으로 여러 사람에게 말하고 다녔으며(만일 그들이 조총련계 공작원인 줄 알면서도 만났다면 결코 그렇게 하지 못했을 것이다),

10. 일본에 가는 한국 문인들에 대한 김인재 등의 후대厚待는 이미 그전에도 많은 일본 왕래자들로부터 들은 바 있었으므로 초면의 호의에 대해 조금도 불순하게 볼 이유가 없었던 것이다.

이상의 여러 점을 살펴본다면, 피고인들은 김인재 등이 반국가단체의 구성원이라는 의심조차 갖지 않았으며, 오직 민단계의 출판물을 간행하는 지식인이라고 믿고 접촉했음을 알기에 족하다.

三. 따라서 김인재 등이 반국가단체의 구성원이란 사실을 알았다는 것을 전제로 한 나머지 행위에 대해서는 새삼스럽게 언급할 필요도 없다고 본다.

四. 본건 심리에 나타난 증거에 대하여 고찰하건대

1. 수사기관에서 작성한 참고인 진술서나 진술조서 중,

가. 박상용, 박창근, 이봉래, 김세현, 성기두, 김영호, 김봉열, 유근주, 박신옥 등의 진술조서는 변호인측에서 증거로 함에 동의하지 않았고, 원진술자에 의해 그 성립과 내용의 진정이 법정에서 확인된 바도 없으므로 당연히 증거능력이 없는 것이며,

나. 문여송, 손소희, 김상현, 조연현, 양명문 등에 대한 수사기관에서의 진술서나 진술조서에 대해서는, 그들의 법정 증언과 배치되는 내용은 본건의 증거로 삼을 수 없다 할 것이며, 증인 구상, 백철을 비롯한 전시前示 증인들의 법정 진술은 모두 피고인들의 무죄의 변소辯疏에 부합하는 것이고,

다. 그 밖의 참고인의 진술과 문서 등은 그 진술자나 작성자들의 특수한 입장에 비추어 증명력이 약하다 할 것이고, 설령 그렇지 않다 하더라도 본건 공소에 관한 유죄의 자료가 될 만한 내용은 되지 못한다고 할 것이다.

2. 피고인들에 대한 사법경찰 단계에서의 피의자 신문조서는 그 임의성과 내용의 진정을 부인하였으므로 증거능력이 없음이 명백하고, 검사 작성의 피의자 신문조서는 그 내용 중 당심當審 법정에서의

진술과 어긋나는 부분은 증명력의 제한을 받는 것으로 보아야 할 것이다.

이렇게 본다면 피고인들에 대한 본건 공소사실은 이를 인정할 적법한 증거가 없음에 귀착되는 것이라 아니할 수 없다.

五. 본건을 둘러싼 정황에 대하여

1. 검찰은 위『한양』이나 김기심 등이 불온한 듯이 기재된 정보관계자의 문서 사본을 기록에 편철해놓고 있으나, 그것들은 결코 증거능력이 없는 자료일 뿐 아니라,

2. 설령 그 내용에 따른다 하더라도, 한국의 정보수사기관에서도 1974년 1월 말경에 (사실조사 보고에 의해) 비로소『한양』이나 김기심 등의 불온성을 확인했다고 볼 것인즉, 하물며 그보다 훨씬 전에 처음 도일한 피고인들이 동인의 정체에 의심을 갖지 않았다고 하는 것은 오히려 당연하다 볼 것이며,

3. 검찰은 어느 간첩이 "내가 간첩이다"라고 정체를 드러내겠느냐는 논법을 내세우고 있으나, 그렇다고 하여 수사기관에 의해 혐의를 받고 있는 사람 중 "나는 간첩이 아니다"라고 하는 모든 사람이 곧 간첩이라고 볼 수는 없는 것이며, 만일 김기심 등이 위장 공작원이었다고 하면(10여 년 동안 친면을 가진 교포 인사나 국내 인사들도 의심을 갖지 않을 만큼) 처음 인사 대면을 한 데 불과한 피고인들에게 그 '위

장'이 간파될 리도 없는 것이다.

　4. 나아가 피고인들의 신상을 보더라도 그들은 우리나라의 중견작가 또는 평론가로서 문학활동을 통해 대한민국을 사랑해온 사람들이며 작품이나 행적 등으로 보아 결코 용공혐의를 받을 만한 면이 호무毫無한 것이다.

4.『민중교육』사건을 변호한다

김진경, 윤재철, 송기원에 대한 국가보안법 위반 사건의 항소이유서

피고인 김진경, 윤재철, 송기원

변호인 변호사 이돈명, 한승헌, 홍성우, 김동현

1. 원판결은, 피고인 김진경은 「분단상황과 교육의 비인간화」란 제하의 좌담회 기사와 「해방 후 지배집단의 성격과 학교교육」이란 제목의 글을 쓰고, 동 윤재철은 「교육현장, 그 민주적 행방」이란 제목의 글을 써서 실천문학사의 부정기간행물인 『민중교육』에 수록하도록 넘겨주고, 동 송기원은 위 『민중교육』에 그 두 사람의 글을 게재·간행함으로써 반국가단체인 북한 공산집단의 선전·선동활동에 동조함으로써 이를 이롭게 하였다는 공소사실을 모두 유죄로 인정하고 세 사람에게 각 징역형의 실형을 선고하였다.

그러나 그와 같은 원판결은 '사실오인'이라는 소송법적인 표현만

으로는 미흡할 만큼 심각하고 중대한 오류를 범했다고 본다.

  2. 세칭 '『민중교육』 사건'으로 불리는 이 사건은 수사의 발단에서
부터 검사의 공소제기에 이르기까지의 과정에서 커다란 편견과 의
혹을 드러냈는바, 원심은 그런 오류를 간과한 채 그야말로 검찰의
'독단적 견해'에 손을 들어주고 말았다.
  우선 공소사실 첫머리의 '모두사실'만 보더라도 소추자의 견강부
회적 견해가 역연히 드러나고 있다.

  가. 즉 김진경은 "가정형편이 여의치 않아 학비가 면제되는 사대
에 진학한 자신의 처지를 생각하면서 (…) 망부가 말년에 고난과 불
행을 겪게 된 것은 우리 사회 제도나 구조의 모순 때문"이라는 등,
  윤재철은 "부가 병석에서 고생하게 되자 장남으로서 가족부양 책
임을 지게 되어 경제적인 어려움을 겪게 되면서 현실에 대한 불만이
싹트게 되고 (…) 불만을 해소하기 위한 방편으로 시작詩作 활동을 해
오던 자"라는 등으로 왜곡 또는 과장함으로써 피고인들의 교육자적
또는 지식인다운 결단을 신변적인 불만에서 발단된 것인 양 매도하
였다.
  이것은 마치 가난-불만-현실비판-용공이라는 가공할 도식을 연
상케 하는 서곡과도 같다.
  이와 같은 어투와 논리일탈은 소추자의 공명정대함이나 도덕성을
오히려 깎아내리는 바로서 공소장 내 그런 유의 피고인 비방문구가
원심의 판결문에는 빠져 있는 것만 보아도 그 부당성을 짐작하기에

족하다.

나. 그러나 원판결은 정작 공소사실 중 이른바 '죄 되는 사실'의 인정에 있어서는 유감스럽게도 검찰의 주장을 고스란히 받아들이고 말았다. 그 결과로서, 이 나라의 교육제도나 실상에 관해서 자신의 실증적인 체험을 통해 치열한 반성과 개혁을 호소하던 젊은 교사와 문학인들이 "북괴에 동조했다"는 국사범으로 낙인찍히고 말았다.

이것은 비극이다. 역사의 비극이다. 아니 이 나라의 부끄러움이요, 권력자의 수치다. 그리고 사법부의 권위와 신뢰를 깎아내리는 지극히 유감스러운 오판이다.

다. 그러므로 피고인들 개개인의 유무죄의 차원이 아니라 우리 사랑하는 조국의 명예와 이 땅의 올바른 교육현실과 민주언론의 제 모습을 위해서 원심과 같은 판결은 마땅히 뒤집어져야 한다.

심진경 피고인의 원심 최후신술 가운데 "교육도 반공도 나원화된 입장에서 생각해볼 필요가 있다"는 피고인의 생각과 주장을 용공으로 몰아 무자비하게 탄압하는 일은 되풀이되지 말아야 한다. "이 재판은 저 개인뿐만 아니라 30만 교사의 관심사입니다"라고 한 말은 이 사건 재판의 중대성을 잘 집약해주고 있다.

윤재철 피고인도 "교육에 대한 애정과 미래에 대한 희망이 이 글을 쓰게 했고, 지금도 30만 교직자들이 가르치면서 비판하고 있다"고 하면서, 또 "그런 정당한 비판이 왜곡되고 탄압받는 사회라면 무엇을 더 기대할 수 있겠습니까"라고 최후진술에서 말했다.

142

송기원 피고인은 "지식인으로서의 비판은 떳떳했고 『민중교육』을 펴냈다는 자부심을 지금 이 자리에서도 가지고 있습니다"라고 말하면서 공산주의자 아닌 반정부적인 지식인들을 공산주의로 본 것이 장개석 정부의 패망 원인이었음을 상기시켰다.

'자유대한'의 이름을 위해서도 자유에 대한 어떤 형태의 탄압도 사라져야 한다. 적어도 사법의 권능에 의해서 그런 비민주적 요소는 배제되어야 한다. 비판의 자유가 용공으로 몰리는 일이 사법판결의 이름으로 긍정되어서는 안 된다.

라. '북한 공산집단의 획책과 선동' 내용을 판결문 모두冒頭에 열거한 것 또한 항용 쓰는 관용적인 문장이기는 하나 매우 위험한 용공논리가 담겨 있음을 지적하지 않을 수 없다.

즉, 북한측이 한국을 비방할 때 파쇼독재정권, 신식민주의 예속화, 매판관료, 권력독점체제 유지를 위한 억압 착취, 지도층 비방, 한미이간, 자본주의 비판, 반공교육 비방…… 따위의 용어 또는 표현을 쓴다는 점을 내세워(일반 국민들은 그러한 선동이나 비방의 내용에 직접 접할 기회조차 없고, 오직 특정 부류의 사람들만이 정보를 독점하고 있는 실정인데도) 그러한 용어를 쓰거나 비판을 하는 것 자체가 마치 무슨 용공행위인 듯이 미리 단정을 해두는 식이다.

마. 이북에서 이렇게 말하니까 여기선 그 반대로 말해야만 옳다든지, 북에서 독재정권이라고 하니 여기서 같은 말 쓰면 용공이라는 식의 독소적 논리는 제거되어야 한다. 누가 뭐라고 말하느냐가 문제가

아니라 우리의 현실, 이 나라의 실상이 과연 어떠한가가 중요하고, 정부의 체면과 비위에 맞느냐의 여부가 아니라 정의와 진리에 맞느냐의 여부가 규범적 평가의 기준이 되어야 한다.

송기원 피고인이 원심 재판장에게 "이 사건을 상식적으로 생각해달라"고 간곡히 당부한 바 있듯이 건전한 사회통념과 평균적인 사고력만 뒷받침된다면 이 사건의 결론은 너무도 자명한 것이다.

3. 검찰이 주장했고 원심이 받아들인 피고인들의 '범죄사실'은 국가보안법 제7조 제1항의 "반국가단체나 그 구성원 또는 그 지령을 받은 자의 활동을 찬양·고무·선전 또는 이에 동조하거나 국가변란을 선전·선동"하고 그런 표현물을 제작하였다(동조 제5항)는 것이다. 말하자면 피고인들이 썼거나 간행한 글이 ① 계급주의 관념 고취 ② 반미 선전·선동 ③ 자본주의체제 비방 ④ 반공이데올로기 교육 비방 등의 내용을 담고 있다고 보아서 이 점에서 반국가단체를 이롭게 했다는 것이다.

그런데 문제된 글들은 ① 빈부격차와 사회적 불평등의 문제 ② 미국의 정책에 대한 비판 ③ 자본주의 및 우리 경제현실에 대한 비판 ④ 진정한 반공교육의 강조 등으로 요약될 수는 있어도 용공과는 거리가 멀다.

피고인들이 다룬 정도의 논제나 서술이라면 언필칭 민주국가에서 조금도 범죄시될 이유가 없다. 지금부터 그 점을 구체적으로 살펴보고자 한다.

가. 김진경 피고인에 대하여

(1) 판시사실 1의 가항

(가) 검찰과 원심은 '분단상황과 교육의 비인간화'라는 좌담회에서의 발언 내용 중 제도교육이 중산층·상류층의 학생들에게 유리하게 되어 있다, 그리하여 교육의 기회균등이 이루어지지 않고 있다, 통일의 역방향으로 나아가는 것은 비인간화 교육이라는 등의 내용을 들어서 계급주의 논리를 전개했다고 보았다.

(나) 그러나 그것은 잘못된 판단이다. 원래 교육이 귀족에게만 주어졌던 봉건사회와는 달리 근대사회에서는 교육의 대상과 기회가 일반 국민들에게 확대된 것은 사실이다(의무교육의 실시가 그 예다). 이에 따라 학교교육은 많은 국민의 지위상승을 위한 수단이 되었고 능력과 실력만 있으면 학교교육을 받을 수 있는 것으로 생각되었다.

(다) 그러나 교육 기회의 관념상 평등의 그늘에는 현실적인 불평등이 도사리고 있었고 따라서 교육의 모순점도 거기서 생겨났다. 특히 고등교육일수록 사회·경제적인 배경의 유무에 따라 교육수준에 차이가 생기고 그에 상응하여 사회적 지위가 달라진다. 가난한 집안의 아이들은 고등교육을 받지 못하고 일찍이 직업전선에 투신하여 낮은 사회적 지위에 머문다.

이러한 사리에 견주어볼 때 동 피고인의 글은 사회의 현실을 있는 그대로 관찰한 것뿐이요, 그렇기에 '북괴의 선전·선동'과는 아무런 관계도 없는 터이다.

(라) 이러한 견해는 동 피고인 혼자만의 독창적인 견해가 아니라 이미 오래전부터 국내외의 여러 사람이 주장해온 내용이기도 한 것

이다.

일찍이 학교교육의 평등을 긍정하는 기능주의의 반대쪽에는 그 불평등을 내세우는 갈등주의 이론이 있었던 것이다.

후자 즉 교육의 갈등주의 이론은 1950년대와 60년대에 미국에서 크게 부상되었고, 우리나라에도 그 바람이 미쳐서, 1980년대 초반에 김신일 교수(서울대)의 「교육연구를 위한 모형으로서의 기능이론과 갈등이론」(『한국교육학연구』18권 1호 수록, 1980. 6), 한준상 교수(연세대)의 『새로운 교육학』(한길사, 1988)이 발표되어 많은 공감을 얻었다.

1983년에는 김영화 교수(서울대)의 「개인의 지위 획득 및 지위 변화 과정에 작용하는 학교교육의 영향」과 차윤경 교수(서울대)의 「고등교육 기회 획득의 결정요인 탐색」이라는 논문이 잇달아 발표되었는데, 어느 것이나 우리나라 학교교육이 상류층과 도시지방에 유리하게 나타난다는 내용을 포함하고 있다.

그러한 주장이 공감과 설득력을 갖게 되자 미국 등지에서 기능주의 교육이론(또는 발전교육론)을 배워가지고 귀국하여 대학 강단에 서게 된 교수들도 차츰 갈등이론에 대한 관심을 높이게 되었으며, 그런 이론은 교사들이나 대학생들 사이에 이미 널리 알려진 바 되었다.

(마) 그런데 이제 와서 이러한 갈등주의적 교육관을 새삼스럽게 계급주의나 용공으로 규정하려 함은 도저히 납득할 수가 없다.

여기서 중앙대학교 김영모 교수가 그의 『현대사회계층론』(1982)에서 다음과 같이 지적한 바를 상기시키고자 한다.

"오늘날 우리나라의 학풍과 이데올로기는 지나치게 기능주의, 개량주의, 보수주의의 관점이 지배적이기 때문에 사회계층 이론에 있어서 가장 중요시되는 불평등, 대립, 갈등(변동)의 개념을 의도적으로 기피하면서 사회현실을 호도하려는 경향이 있다. 그렇게 한다고 갈등이론에서 중요시되는 계급, 갈등이라는 개념이 사라지는 것은 아니다. 오히려 이러한 것을 올바르게 인식하고 예방·해결하려는 노력이 우리의 학문적·정책적 과제다."

(바) 어느 모로 보나 갈등주의적 시각을 계급주의 또는 용공론이라고 매도함은 역사와 학문의 흐름을 다 같이 짓밟는 반공 매카시즘적 사고이며 자유민주주의의 본질을 파괴하는 위험한 독단이 아닐 수 없다.

정치권력이 기능주의 이론과 같이, 체제지향적·현상유지적인 보수주의 사회이론을 보호해주는 반면, 갈등주의 이론과 같은 현실개혁 지향의 진보주의 사상을 이단시하는 것은 정당하지도 못하고 현명하지도 못한 일이요, 나라와 국민을 위해서도 불행한 처사다.

(사) '불평등'이란 말을 문제삼지 말고 불평등한 현실 자체를 문제삼아야 하는 것이다. 없어져야 할 것은 '불평등'이란 용어가 아니라 불평등의 실체, 즉 현실적 불평등 자체라는 말이다. 아무쪼록 국가는 국민의 비판주의적 견해를 도량 있게 경청·수렴하여 국가시책의 정립·개선의 지침으로 삼아야 하거늘 오히려 그 반대로 사법의 이름에 가탁하여 이를 탄압한다는 것은 큰 과오가 아닐 수 없다.

(2) 공소사실 1의 나항

(가) 동 피고인은 「해방 후 지배집단의 성격과 학교교육」이란 글에서 "미군정의 교육정책은 민중의 민주·민중교육에 대한 열망을

배반했고, 미군은 해방군의 성격보다는 새로운 지배자의 성격이 강했다. 미군정청은 냉전체제의 정착에 가장 유리한 집단이라 할 친미적 성향의 토착지주계층 내지 친일파를 정책 수행의 반려자로 택하였으며, 미국이 지배방식으로 내세운 보편주의는 겉으로는 문화주의, 인도주의를 표방하고 있으나 그 뒤에는 정치·군사적 지배가 숨어 있다"는 요지의 견해를 폈다고 해서 이것을 반미 선전·선동으로 보고 한 걸음 더 나아가서 반국가단체의 주장에 동조하였다고 판시했다.

(나) 그러나 천하 없는 우방이나 강대국이라 할지라도 우리가 비판할 것은 비판하고 반대할 것은 반대함이 한 나라, 한 민족의 주체성을 살리는 길이다. 미국의 정책에 대한 반대를 반미로만 볼 수도 없거니와 설령 그것이 반미 선전이 된다 한들 어찌하여 용공범죄로까지 비약되어야 하는지 알 수가 없다.

(다) 실인즉 김진경 피고인이 쓴 앞서와 같은 요지의 글은 이왕에 시판되고 있는 여러 출판물을 통해 뜻있는 식자들이 누누이 주장해 온 논지와 공통된다.

즉, 민정당 국회의원인 김학준 교수의 「분단의 배경과 고정화 과정」, 진덕규 교수의 「미군정의 정치사적 인식」, 유인호 교수의 「해방후 농지개혁의 전개과정과 성격」, 임종국씨의 「일제말 친일군상의 실태」(이상 한길사 간행 『해방전후사의 인식』에 수록됨, 1979) 등의 논문과 『변혁시대의 한국사』(동평사, 1979), 『한국현대사의 재조명』(돌베개, 1982) 등의 서적에 학문적 연구의 성과로 그런 내용이 언급되어 있는 것이다.

(라) 그 밖에도 이화여대 대학원 석사논문인 이숙경씨의 「미군정기 민주화의 성격과 민주주의 교육이념의 한계」(1983)를 보면, 미군정의 교육정책은 민주주의적인 교육이념이나 사회의 보편적인 요구를 반영한 것이 아니고 미국적 가치와 한국의 토착지주계층의 가치를 반영한 것이라고 적혀 있다. 당시의 교육주도세력이 주장하는 사회개혁은 기존의 사회체제를 본질적으로 변화시키지 않는 개량적 차원에서의 변화를 의미했다고 본 그는 이것이 일제하에서 독립보다는 실력양성이나 민족성 개조만을 부르짖던 친일파의 문화주의와 그 맥을 같이한다고 평가하였다.

(마) 동 피고인은 이처럼 이왕에 공표된 저술과 문헌에 거듭거듭 나와 있는 견해를 원용 내지 인용했을 뿐인데, 새삼스레 그것을 범죄로 본다면 누구도 납득하기 어려운 일이다.

다시 말해서 대학교수나 대학원의 연구학도가 쓴 글은 괜찮은데 유독 중·고등학교의 교사가 쓴 논문은 용공이 되어야 한다는 차별은 납득할 수가 없다. 뿐만 아니라, 해방 후 미군정이 남한에서 실시한 교육정책을 우리가 비판했다고 해서 미국과의 우방관계가 깨지는 것도 아니며 진정한 선린관계를 정립하기 위해서는 그처럼 과거지사에 대한 재조명이 반드시 필요하기도 한 것이다.

(바) 원판결은 동 피고인의 글 중에서 "자본가의 입장에서 볼 때 학교는 인간상품을 생산해내는 공장이며, 생산자인 학부형과 원료인 학생과 기계인 교사를 자신이 원하는 방향으로 변화시키는 교육제도와 정책을 수립하려 할 것이다. 문제의 근원은 교육제도의 수정이나 정책의 변화에 의해서 해결되는 것도 아니며 매판자본가, 매판

권력과 스스로 해방하려는 민중의 인간적 욕구와의 갈등에 있기 때문에 자본가의 관점 안에서 이루어지는 정책이나 제도의 변화로는 문제가 해결될 수 없다. 완전고용을 목적으로 하지 않는 실업자군의 존재는 고용인구의 임금을 낮추는 압력이 되어 저렴한 가격으로 숙련된 노동력을 공급받을 수 있기 때문에 자본가에게는 유리하다"는 요지의 대목을 계급투쟁론에 입각해 자본주의 자체를 비방했다고 판시하였다.

(사) 그러나 위의 견해는 우리나라를 방문한 바 있는 미국의 교육경제학자인 슐츠의 '인간자본이론human capital theory'을 비판한 것이지 계급투쟁론을 거론한 것이 아니다. 인간을 인간성 계발이나 회복보다는 경제개발을 위한 투자의 대상으로만 보려는 도구주의적 개발이데올로기 교육이론에 대해 반론을 했을 뿐이다. 슐츠의 '인간자본이론'은 기존 사회를 영속화시키는 기능주의 이론이라고 하여 이미 1950~60년대 미국사회에서 크게 비판을 받았다. 학생 내지 인간을 단순히 부르주아 계층을 위한 부자의 도구로 보려는 입장에 대해서는 이미 미국의 수정주의 교육 시각과 인간주의 교육학에서 많은 반론이 제기된 문제다. 거기서는 근로자 중심보다는 기업주 중심으로 교육정책이 이루어지고 있음을 개탄하고 있는 것이다.

(아) 그런 비판적 견해는 이미 국내 학계에서도 상당히 긍정적으로 받아들여지고 있는 실정이다. 또 동 피고인의 위와 같은 주장 중 완전고용을 목적으로 하지 않는 실업자군의 존재는 학교교육이 과잉교육에 빠져 있는 현실을 비판한 것이다. 즉 이것은 교육받은 교육인구는 증가하는 반면 이에 상응하는 취업이 이루어지지 않아 사회

문제가 발생되고 있다는 것이다. 이렇게 고등교육을 받은 사람이 높은 실업률을 보이는 것은 교육투자의 낭비며, 고등실업자의 증가는 결국 종속적 산업화가 빚어낸 교육적 귀결로서 산업자본가에게 값싼 고급노동력을 제공해주는 결과를 빚어낸다.

이러한 주장은 교육경제학자인 라파엘 이리자리Rafael Irrizary가 「제3세계의 과잉교육과 실업」(*Comparative Education Review*, 1980. 10)이라는 글에서 밝힌 것인데 특히 인도, 이란, 아르헨티나, 말레이시아, 시리아, 베네수엘라, 한국 등에서 이런 현상이 일어나고 있다는 것이다. 그는 이 주장이 이미 국제노동기구와 세계은행에서 연구된 바 있다고 논술하고 있다.

(자) 보다 높은 고등교육을 받지 않고는 출세를 할 수 없다는 생각이 우리의 교육문화를 지배하고 있는 현실에서 교육받은 인력이 고등실업자로 화한다는 비판의 논리는 남의 얘기가 아니다. 교대나 사대를 졸업한 고등인력이 취업을 하지 못하는 현상이나 대학졸업자들의 취업의 문이 좁아지고 이전보다 낮은 수준의 직업을 선택하는 현상이 눈앞에 나타나고 있는 것이다.

이러한 주장은 이화여대 이규환·강순원 두 교수가 펴낸 『자본주의사회의 교육』(창작과비평사, 1984)에도 소상히 밝혀져 있다. 그런데도 검찰측은 동 피고인의 주장만을 문제삼아 노동자 계급은 생산수단이나 도구에 지나지 않기에 필연적으로 자본가와 갈등을 빚어 투쟁할 수밖에 없다는 계급투쟁론으로 발전시켜 자본주의체제 자체를 비방한 듯이 주장했다.

(차) 그러나 김진경 피고인의 견해는 남아돌아가는 교육인력의 낭

비를 초래하는 교육정책과 고용정책을 비판하고, 여기에서 가장 이득을 보는 계층은 자본가 계층이라는 자본주의적 교육체제의 일반적 모순을 비판한 것이지 계급투쟁론을 전개한 것은 결코 아니다.

그는 우리가 처한 교육현실의 모순을 은폐하기보다는 그 모순을 정면으로 간파하고 규명하여 바람직한 방향으로 변혁해나가야 함을 역설하였다. 그는 집권정부가 자본주의적 교육체제를 보다 민중적인 교육체제로 전환시킬 의무를 다해야 한다는 충고를 한 것인데, 이것을 가지고 자본주의 자체의 부정으로 보려 함은 논리의 비약치고는 너무 심한 데가 있다. 또한 자본주의 자체가 수많은 비판을 통해서 모순을 극복하고 수정·발전되어온 것인 만큼, 그것은 고정된 체제도 아니며 비판불가의 성역은 더구나 아니다. 그런데 그것을 마치 '국시'라도 되는 듯이 신성시함은 인식의 착오일 뿐이다.

(카) 동 피고인이 "국민교육헌장이 공포된 1968년과 1972년의 10월유신을 전후로 하여 교육에 대한 통제가 더욱 강화되어 사회교육 분야까지 군사조직화되는 사태를 빚었고, 학교에서의 군사교육, 학도호국단, 윤리·반공 교과의 강화, 향토예비군 및 민방위교육 등으로 나타났다"고 기술한 대목을 지적하여 검찰과 원심은 다 같이 독재체제를 유지하는 방편으로 반공 및 교련교육 등을 실시하고 있다는 등 우리나라의 반공이데올로기 교육 등을 비방한 것이라고 하였다.

(타) 그러나 그 대목은 강권지배를 위해서 냉전논리를 강화하는 10월유신의 안보교육을 비판하고 있을 뿐이다. 자기의 집권유지를 위해 자유민주주의체제를 거부하려는 군사독재체제와 그것을 뒷받침하는 개발이데올로기, 복고적 민족주의 등이 안보논리와 결합되

는 것을 지탄한 것이다.

다시 말해서 안보교육의 허실과 역기능을 상기시키고 참다운 교육의 내실화를 강조한 것으로서 조금도 용공적이 아니다. 글 전체의 흐름으로 보더라도 분단을 고착화하면서 증오심을 유발하는 식의 반공교육을 지양하고 분단극복을 위한 통일지향교육이 시급히 요구된다는 점을 역설하였음이 분명하다.

나. 피고인 윤재철이 쓴 「교육현장, 그 민주적 행방」에 대하여

(1) 위 글의 필자인 윤재철 피고인은 우리나라 교육의 부재현상과 파행성을 걱정하면서 국가독점 이데올로기와 자본주의 수권이데올로기는 교육이 지향해야 할 민주·민중·민족교육에 역행하는 장애요인이라고 지적했다.

또한 그는 우리나라가 종속적이고 파행적인 경제개발의 도정을 걸으면서 파행적인 자본주의 경쟁원리가 교육 전반을 마비시켰으며 다수의 서민대중을 외면한 채 상류층 내지는 신중산층에 안주하는 교육의 파탄을 초래했다는 요지의 의견을 제시하였다.

(2) 검찰은 이것을 가지고 "우리를 미국 등 선진 제국주의에 종속된 신식민주의 국가로 규정짓고, 현행 교육의 문제점은 자본주의체제 자체의 구조적 모순으로 지배계급의 교육독점 현상에서 비롯된다고 주장한 것"으로 보고, "계층 간의 알력과 불화를 조장하는 계급주의에 입각해 우리나라의 사회구조 및 자본주의체제를 비방하고" "일부 소수 집권층이 통치 편의를 위해 교육을 독점하고, 반공이데올로기 교육 역시 독재체제의 수단이나 방편으로 이용되고 있으며,

반공교육은 통일지향 내지 분단 해소에 장애요소가 된다는 등 반공교육을 비방"했다는 것이다. 요컨대 첫째는 계급주의에 입각한 사회구조 및 자본주의체제의 비방, 둘째는 반공교육의 비방에 해당된다는 취지 같다.

(3) 그러나 동 피고인의 글에는 검찰이 주장하거나 원심 법원이 판시한 것과 같은 그러한 내용은 전혀 발견되지 않았다.

첫째로 자본주의는 그 사상이건 체제건 또는 제도적 현실이건 간에 당연히 비판의 대상이 될 수 있으며, 특히 그것은 자유주의 사상과 떼어서 생각할 수 없는 제도인 이상, 개혁을 위한 비판과 논쟁을 통해서 모순의 극복과 발전을 기할 수 있는 것이다.

자신이 처해 있는 사회구조에 대해 자유로이 비판할 수 있음은 더구나 말할 필요가 없다. 계급주의에 입각했다고 공격했으나, 빈부격차나 계층 간의 갈등 문제를 거론했다고 해서 그처럼 무모하게도 계급주의라고 규정해버린다면, 경제적·사회적 평등은 주장조차도 할수 없다는 논리 아닌 논리에 빠지게 된다.

(4) 아마도 검찰이나 원심은 동 피고인의 글에 나오는 몇 개의 단어나 구절에 너무도 과민하였거나 편견을 가졌던 것 같다. 교육의 파행성, 국가독점 이데올로기, 종속성, 신식민주의, 체제이데올로기 따위의 말을 지나치게 위험시하는 당국의 타성을 이 사건에서도 확인할 수 있다. 동 피고인은 자기가 '교육의 파행성'이라고 한 것은 우리나라의 교육제도가 정치체제나 정권의 체질에 따라 자주 바뀌고 변질됨으로써 백년지대계 아닌 '정권지소계'로 화한 현상을 의미한다고 원심에서 밝혔다.

(5) '신식민주의'도 2차대전 전의 직접식민지 상태와는 달리 한 나라가 강대국의 강력한 경제적 영향과 아울러 그것을 뒷받침하는 정치·군사적인 영향력 아래 들어가 있는 상태를 가리키는 것으로 그는 이해하였다. 종속성 문제에 관해서는 이미 여러 형태의 논쟁이 반복되어왔으나 분명한 것은 거기에다 도식적인 용공논리를 들이대거나 형사상의 제재 대상으로 끌어올 수 있는 이론은 아니라는 점이다. 다시 말해서 종속이론 내지 우리 현실의 종속성 여부는 진지한 논쟁의 대상은 될 수 있어도 처벌의 대상은 될 수 없는 것이다. 이유인즉 헌법상 학문의 자유, 언론의 자유, 표현의 자유가 그런 처벌과 양립할 수 없기 때문이다.

(6) 동 피고인은 교육의 독점현상을 제거해야 된다는 일념에서, 현실적으로 사유화되고 불평등한 교육을 공개념화하고 평등한 교육으로 전환시켜야 함을 교육현장의 구체적 체험을 토대로 하여 역설했던 것이다.

따라서 거기에는 자본주의체제나 반공교육을 비방할 의향도 없고 비방에 해당될 만한 내용도 없다. 또한 설령 그런 의문이 갈 만한 대목이 있다고 하더라도 그것이 반국가단체의 이익을 위한 것이거나 또는 이익이 된다는 것을 인식하지 않은 피고인의 본건 소위所爲는 아무런 죄가 될 수 없다. 왜냐하면 자유민주국가에서는 비판의 권외圈外에 있는 신성불가침의 권위나 제도 영역은 결코 존재할 수 없기 때문이다.

다. 피고인 송기원의 『민중교육』 편집·간행 행위에 대하여

(1) 검찰과 원심은 판단하기를, 송기원 피고인은 앞서 말한 두 피고인의 글이 반국가단체의 선전·선동활동에 동조하는 내용이라는 것을 알면서도 그 원고에 소제목을 붙이고 가필과 정정을 한 후『민중교육』에 수록·제작하였으니 죄가 된다고 하였다.

(2) 그러나 앞에서도 보았듯이 이 사건에서 문제된 김진경, 윤재철 두 사람의 글은 우선 그 내용에 있어서 반국가단체의 주장에 동조하거나 그 밖의 방법으로라도 이롭게 하는 것이 결코 아니다. 필자들은 이 나라의 교육현실에 남다른 애정과 걱정을 아울러 지니고 현장의 차원에서 제도의 차원에 이르기까지 성실하고 예리하게 문제점을 파헤침으로써 올바른 교육입국의 길을 제시하고자 힘썼던 것이다.

송기원 피고인은 그들의 글 속에 담겨 있는 민족의 역사적 현실에 입각한 민주·민중교육에의 염원에 감동하고, 결국은 자신도 갈망하는 교육의 민주화를 그들이 정면으로 주장한 데 경의를 품고서 편집자의 일을 했던 것이다. 따라서 그 글들이 반국가단체의 주장에 동조한 것으로는 보지 않았을뿐더러 더구나 반국가단체를 이롭게 하기 위한 목적은 추호도 없었다. 자유민주주의에 합당한 교육을 추구하고자 뜨거운 애정을 가지고 자기반성과 현실비판을 서슴지 않는 그 교사들의 자세에는 티끌만큼의 용공성도 의심할 여지가 없었던 것이다.

(3) 송기원 피고인은, 자기가 편집인으로 있으면서 용공적인 서적을, (또는) 용공적인 줄 알면서 책으로 제작·간행할 만큼 어리석거나 무모한 사람이 아니다. 아니 법의 요건대로 '반국가단체를 이롭게 할 목적'을 가진 사람이라고 볼 근거는 더더구나 없다.

1980년 소위 5·17사태로 그가 투옥되어 비상계엄군법회의에 기소되었을 때, 그에게는 심지어 '내란음모'라는 혐의까지 씌우면서도 용공혐의는 건 적이 없다. 반정부적이기는 해도 용공성은 없었던 사람이 감옥에서 풀려나온 후 무슨 특별한 '감염'의 계기도 없었는데 '반국가단체를 이롭게 할 목적'이 생겨났다는 말인지 도무지 납득이 가지 않는다.

(4) 그가 다른 피고인으로부터 받은 원고에 소제목을 붙이거나 표기, 맞춤법, 철자 등에 손질을 한 것은 편집 담당자가 으레 하는 작업일 뿐 글의 내용을 검토하거나 변경시키는 일은 아니다. 그러므로 쟁점 부분마다 소제목을 붙였다든지 원고에 가필과 정정을 했다는 공소장의 표현은 정확하지가 않다.

만일 글의 내용에 대한 형식상의 책임을 출판사측에도 묻고자 한다면 그럴 만한 특단의 사정이 입증되어야 할 것이다.

특히 실천문학사와 같이 재정난 내지 경영난에 허덕이는 출판사에 몸담고 있는 사람이 당국의 사후 검열에 따른 엄중한 조치를 뻔히 알면서 반국가단체를 이롭게 할 목적으로 많은 비용을 들여 책을 만들 까닭이 어디 있으며, 필자는 물론이고 출판사와 자기 자신까지도 망할 것이 확실한 짓을 할 리가 없는 것이다. 어느 모로 보나 동 피고인에게는 반국가단체를 이롭게 한다는 목적은커녕 그런 인식조차도 없었던 것이다.

4. 원판결은 자유심증을 남용하여 증거판단을 잘못함으로써 마땅히 무죄가 되어야 할 사건을 유죄로 판시했다.

(1) 도시 이 사건의 기록이나 증거를 아무리 살펴보아도 검사가 청구한 적용법조의 구성요건을 충족시킬 만한 증거가 전혀 없다. 증거능력이 있고 증명력이 충분한 유죄의 증거를 찾아볼 수 없음에도 불구하고 유죄의 판시가 나온 데에는 증인 홍성문의 진술이 크게 공헌을 한 것으로 보인다.

(2) 그러나 홍성문은 우선 법정 증인이 되기에는 합당치 못한 사람이다.

일건—件 기록에 의하더라도 그는 ① 몇 개의 별명과 가명을 가지고 있으며 ② 그가 다녔다는 학교가 실인즉 일본 육군의 정보원 양성기관이었고 ③ 대학교수라고 자처하면서도 자기가 나가는 대학의 이름조차 대지 못하고 있으며 ④ 이상과 같은 미심쩍은 처신을 대공관계의 증언이나 연구를 하는 입장 때문이라고 하나, 다른 대공업무 종사자들이 그런 여러 가지의 불필요한 복면을 쓰지 않는 것과 대비할 때 정상적이라고 볼 수 없다. ⑤ 특히 이 사건에 있어서는 수사 개시 단계에서 안기부의 의뢰에 따라 문제의 글들을 감정하고 그 내용이 용공이라는 의견을 제공한 장본인이기 때문에 실질적으로는 고발인이나 마찬가지여서 도저히 공정한 의견을 진술할 입장이 되지 못한다. ⑥ 그는 국가안보정책에 관한 정부의 위촉사무를 맡는 외에 정부의 안보정책 자문, 정부기관의 의뢰에 의한 책자·유인물 등의 감정업무를 맡고 있으므로 정부기관인 검찰측의 주장과 어긋나는 증언은 애초부터 할 수 없는 신분을 가졌다. ⑦ 그는 이규호씨가 문교부장관으로 재직할 당시에 한 공산주의 비판 특강조차도 용공으로 몰았고, 통일원장관을 역임한 신도성씨조차도 그를 "반공을 직업

158

으로 하는 광적인 사람"이라고 말했을 정도다. 그런데도 그의 증언을 유죄의 증거로 삼았으니 증명력의 판단을 잘못한 것이다.

(3) 반면에 증인 정태운 교수는 오랫동안 대학에서 연구생활을 해온 교육학자로서 이 사건처럼 교육의 제도나 현장에 관해서 쓴 논문을 문제삼는 재판에서 증언하기에 가장 적합한 인물이다. 또한 실제로 그가 증언한 내용을 보더라도 시종 편견 없는 논리로서 신빙성이 강한 점을 수긍할 수 있다. 그럼에도 불구하고 그의 증언을 채용하지 않았으니 이것은 분명히 자유심증의 남용이라 아니할 수 없다.

(4) 이 사건에서는 정부 스스로가 『민중교육』에 실린 본건의 글들이 법에 저촉되지 않는다고 판정해준 근거가 있다. 즉 이 사건에서 문제삼고 있는 『민중교육』 창간호는 실천문학사가 문공부에 소정의 납본을 한 후 정식으로 납본필증까지 발급받은 바 있다.

우리의 현실에서는 납본필증은 단순한 납본 사실의 증명이 아니라 납본된 도서의 내용을 검토한 정부당국이 배포를 해도 무방하다는 뜻으로 발급해주는 '심사필증'인 이상 본건에서 문제삼는 글은 정부측에서 이미 '합격' 판정을 한 것으로 보아야 한다.

이미 정부가 별말 없이 배포·판매를 허용해놓고 나서 그 글내용의 용공성을 탓하려 함은 어처구니없는 이율배반이다. 기록에 매여져 있는 문공부 발행의 '납본필증'이 바로 '무죄의 증거'다.

5. 원판결에는 국가보안법 제7조 제1항 및 제5항의 해석을 잘못하였거나 그 법리를 오해한 잘못이 있다.

(1) 무릇 반국가단체의 주장을 찬양·고무·동조했다는 책임을 묻

자면 먼저 반국가단체의 주장이 무엇인지를 행위자가 구체적으로 알고 있어야 하고, 다음에 자기의 언동이 그런 주장과 일치된다는 점을 알아야 할 뿐 아니라 그렇게 하여 반국가단체를 이롭게 한다는 고의(인식)가 있어야 한다. 따라서 양자의 주장이 겉보기에 공통된다는 이유만으로 위의 법조의 구성요건을 충족시킨다고 볼 수는 없다.

(2) 특히 반국가단체를 이롭게 하는 표현물을 제작한 송기원씨의 경우에는 '반국가단체를 이롭게 할 목적'까지도 있어야 하는데, 전혀 그것을 인정할 자료가 없다.

요컨대, 이 사건의 피고인 누구에게도 위에서 본 갖가지 구성요건에 해당될 만한 행위는 없었고, 다만 교육의 현실과 정치권력을 통렬히 비판한 것뿐이다. 그렇다면 필시 원심은 위 법조의 법리를 오해했거나 해석을 그르친 잘못이 있다고 볼 수밖에 없다.

6. 생각건대 우리나라의 교육을 제도 면에서나 현실 면에서 그르친 책임은 일차적으로 정부에 있다 할 것인데, 그러한 현상을 바로잡기 위한 일선 교사들의 충정에 대해 오히려 정부가 구속기소로 응대한 것은 매우 역설적이다.

(1) 헌법 제29조(현 제31조)는 "모든 국민이 능력에 따라 균등하게 교육을 받을 권리"와 "교육의 자주성, 전문성 및 정치적 중립성"의 보장을 명시하고 있다.

또한 교육법 제5조에는 "교육은 교육 본래의 목적에 기하여 운영·실시되어야 하며 어떠한 정치적·파당적 기타 개인적 선전을 위한 방편으로 이용되어서는 안 된다"는 명문明文도 있다.

(2) 오늘날의 교육현실을 보건대 위에서 말하는 교육의 자주성이나 정치적 중립성은 여지없이 무너지고 말았다. 헌법과 법률에 밝혀져 있는 대원칙을 누가 무슨 이유로 짓밟았는가 하는 것은 긴말을 필요로 하지 않는다. 이 땅의 역대 정권 내지 정치권력이 그 장본인임을 누구도 부정할 수 없을진대, 이제라도 정부는 잘못을 바로잡는 노력을 서슴지 말 것이요, 국민의 충고를 겸허하게 받아들여야 할 것이다.

(3) 따지고 보면 이 사건 피고인들의 주장은 바로 헌법과 교육법에 정해진 교육의 자주성과 정치적 중립성을 확립하자는 뜻이므로 그런 대원칙을 파괴한 정부나 정권이 논고를 받아야 마땅하다.

그럼에도 불구하고 사리와 입장이 거꾸로 되어 피고인들이 용공사범으로 묶이어 실형선고까지 받았음은 도저히 납득할 수가 없다. 그들 개인의 수난도 수난이지만 이 나라의 오늘과 내일을 위해서 실로 통탄을 금할 수가 없다.

이상과 같은 사유를 깊이깊이 통찰하시어 역사와 양심 앞에 부끄러움이 없는 올바른 판결을 내려주시기를 바라는 마음 간절합니다.

1986. 4. 12.

5. '보도지침' 폭로 사건 변론문*

피고인 김주언, 김태홍, 신홍범
변호인 변호사 고영구, 김상철, 박원순, 신기하, 이상수, 조영래,
　　　　조준희, 한승헌, 홍성우, 황인철

본건 기소는 '적반하장'이다

이 사건에 대한 재판은 시작도 하기 전에 이미 결론이 나 있었다
고 본다. 오늘의 '보도지침' 사건 심판의 대상은 '보도지침'을 폭로
한 세 분의 행동이 아니라 '보도지침' 그 자체며, 그것을 고안·활용

---

* 이 글은 세칭 보도지침 사건으로 구속기소된 김태홍, 신홍범 및 김주언 3인에 대한 외교상
기밀누설, 국가모독, 집회 및 시위에 관한 법률 위반 및 국가보안법 위반 등 피고사건에 대한
변호인단의 변론문으로, 민주언론운동협의회 편,『보도지침』(두레, 1988)에 수록되어 있다.

해온 압제자들이기 때문이다.

아직도 남은 일이 있다면 집권세력이 국민 앞에 사죄하고 당장 그런 괴물을 없애는 결단을 내림으로써 '개전의 정'을 보여야 한다는 것이다. 그러나 자리는 뒤집혀서 이 사건 재판의 보도 자체가 여전히 '보도지침'에 걸려서 1단으로 깔리는 상황 속에서 이 공판이 진행되어왔다.

돌이켜보건대 이 나라의 언론 상황은 정치권력의 부도덕하고 위법한 통제, 조작, 위협 그리고 박해에 의해 이미 입헌민주국가로서의 국시와 체통까지도 말살시켜버린 지 오래다. 언론자유를 비롯한 국민의 헌법상 기본권은 한낱 허울 좋은 인쇄문자로 화했으며 국민의 알권리는 강학상講學上의 장식에 불과한 실정이다.

이와 같은 비극적 현실은 역대 정권의 비민주적 내지 반민주적 성격에서 유래된 것이지만 1970년대 중반의 소위 유신정권 이후에 노골화된 언론탄압에서 그 심도가 깊어졌고, 5·17 이후에 권좌를 차지한 현정권에 이르러서는 참으로 말로 다 못할 침해행위가 공공연한 비밀로 자행되었다.

소위 언론사 통폐합 조치와 언론기본법 제정에 의한 구조적 유린에서부터 기자들에 대한 집단해고, 연행, 위협, 박해에 이르기까지 그 양상은 반민주 독재정권의 면모를 너무도 대담하게 드러내기에 유감이 없었다.

집권세력이 왜 이런 짓을 계속적으로 감행해야 하는지, 그 구체적 수법이 어느 정도인지는 이제 국민들이 더 잘 알고 있다. 언론통제의 실상에 대해서는 정부측의 판에 박힌 부인에도 불구하고 신문의 지면과 방송의 화면이 스스로 편향과 은폐를 자백하고 있으며, 권력은 이에 대한 비판·규탄을 수용하는 대신 온갖 법조문을 동원해 가위 희극적인 탄압을 가해온 것도 천하가 다 아는 사실이다.

다만 권력과 제도언론 간의 공생적 유착으로 말미암아 구체적 통제에 관한 구체적 증거 포착이 쉽지 않았고, 바로 이런 난점을 기화로 언론자유에 대한 구조적인 침해는 일상화되었던 것이다. 그러나 부정한 음모와 비밀은 언젠가 드러나게 마련이어서 마침내 이 사건에서 다루는 바와 같은 '보도지침'이 의롭고 용감한 전·현직 언론인에 의해 국민 앞에 폭로되기에 이르렀다.

우리 국민은 민주언론운동협의회가 발행한 『말』 특집호를 통해 누구도 잡아뗄 수 없는 구체적인 실상을 알고 나서 놀라움과 통분을 가눌 길이 없었다.

그러나 정부당국은 그처럼 엄청난 죄악상이 백일하에 드러났음에도 불구하고 국민 앞에 단 한마디의 사죄도 하지 않았을 뿐 아니라 적반하장이란 말 그대로 양심과 용기를 다하여 그 죄상을 폭로한 의로운 언론인들을 구속기소하는 파렴치성을 보였다.

이것은 '보도지침'을 통한 언론통제 그 자체에 못지않은 죄악상이다. 비유컨대 이것은 마치 불낸 자는 그냥 두고서 119에 신고한 사람을 잡아간 격이다. 아니 불을 낸 자가 화재신고자를 잡아다가 신문한 셈이 되었다. 방화와 소방의 업무를 맡은 자라면 화재신고를 한 사람에게 감사하고 뒤늦게나마 진화작업을 하고 화인을 규명해 범인을 처벌했어야 한다. 그런데도 이 경우에는 외친 자를 구속하는 데에만 급급했지 민주언론과 나라의 근본 기틀을 불태우고 있는 악의 불길은 그대로 방치하고 있으니 개탄을 금할 수가 없다.

이 사건으로 구속된 사람들에 대한 법률 적용에서 권력의 파렴치성은 더욱 적나라하게 실증되었다. 엄연한 진실 폭로인지라 전가의 보도처럼 흔히 내밀던 허위사실 유포죄는 꺼내지 못한 대신 난데없는 외교상 기밀누설죄와 국가모독죄 따위를 견강부회식으로 갖다붙였다.

법률적으로는 말할 나위도 없고 민주주의의 '민' 자만 알고 있는 사람이라면 그 기발한 반논리反論理에 실소를 금치 못할 것이다.

『춘향전』에 보면, 변사또의 수청 강요를 거부하면서 관가 비판을 하는 춘향에게 모반대역죄와 관장조롱죄를 둘러씌워서 태형을 가하는 대목이 나온다. 라퐁텐의 우화에도 괜한 트집으로 식욕을 채우려던 늑대가 사리분별의 논쟁에서 말문이 막히자 "좌우간 너는 잡아먹어야겠다"면서 어린양을 잡아먹는 이야기가 있다.

21세기를 바라보는 오늘의 이 시점에서 이른바 '세계 속의 한국'을 내세우는 바로 이 땅에서, 위와 같은 희극적 비극은 결코 용납되어서는 안 된다. 심판받아야 할 쪽은 춘향이나 어린 양이 아니라 변학도와 늑대이듯이 이 사건 재판에서도 심판받아야 할 대상은 '보도지침' 그 자체와 그런 망국적 수법을 개발·존속시켜온 정치권력이지 결코 여기 묶여 나와 있는 언론인들이 아니다.

우리는 이 사건의 공소제기를 통해서 정부 스스로가 이중삼중의 망신을 자초한 데 대해 무한한 연민을 품지 않을 수 없다. 또한 나라의 체통을 생각하면 착잡한 심경을 가눌 길이 없다.

그러나 이왕에 공판에 회부된 이상은 '보도지침'으로 실증된 언론

탄압의 죄상을 만천하에 밝히고, 진정 벌을 받아야 될 사람들이 누구인가를 가려낼 좋은 기회라고 믿고 우리는 법정에 나오게 되었던 것이다.

그리고 정부의 '보도지침'과 언론통제의 위법 부당함이 법의 이름으로 선언됨으로써 이 나라 언론자유와 민주주의가 되살아날 수 있는 계기가 마련되었으면 하는 일말의 기대를 갖고 재판에 임했던 것이다.

기대와 반전 속의 의문들

그러나 우리 변호인단의 한 가닥 기대는 바로 이 법정에서 피어나는 듯하다 어느 날 갑자기 거품이 되어버렸다. 아니, 허위의 성城을 격파하기 위해서 피고의 몸이 되면서까지 불굴의 의지로 싸워온 세 분의 언론인들, 그리고 이 사건의 재판 추이를 지켜보고 있는 국민들에게도 새로운 충격을 안겨주었다.

사실, 이 사건의 재판을 앞두고 세인들은 반드시 밝은 예측만을 품었던 것은 아니다. 사법재판에 거는 소망보다는 재판의 독립성에 대한 의문과 불안을 버릴 수가 없었다. 이것은 괜한 억측이 아니라 지금까지의 소위 시국사건 재판에서 우리 사법부가 보여준 일련의 판결이 심어준 실망에 근거하는 것이었다.

이 사건 재판의 초반에 재판부가 보여준 진지하고 공정한 노력에 대해 많은 사람들이 경의를 표했다. 바람직한 사법의 명맥이 되살아나서 좌절의 어둠에 둘러싸여 있는 국민들의 마음에 반가운 등불이

되어주기를 바랐던 것이다. 그러면서 한편으로 우리는 재판부의 전례없이 의연한 심리자세에 혹시라도 어떤 검은 그림자가 드리워지는 일이 있을까 염려했던 것도 사실이다.

과연 불길한 예감은 너무도 정직한 모습으로 우리 앞에 현실화되었고, 그것은 '보도지침' 논란 이상의 격분을 안겨주었다. 재판부가 이미 채택한 24명의 증인을 하룻밤 사이에 취소해버린 것은 충격 바로 그것이었고, 의구심과 비난으로 끝날 수 없는 흑막을 실감케 했다.

지난 5월 13일에서 15일까지 3일 동안에 있었던 일련의 변화, 그 불가사의한 증거취소 결정의 부당성과 그에 이르기까지의 의문점에 관해서는 지난번 공판 때에 변호인단에서 언급한 바를 원용하겠다.

다만 우리가 참으로 답답하게 여기는 바는 재판부가 끝내 증거취소 결정의 이유를 밝히지 않고 있다는 점이며, 이것은 그동안 의연하게 공판 진행을 해오던 재판부가 갑자기 침울하고 고민스러운 표정을 감추지 못하는 점과 아울러서 우리에게 여러 가지 추론의 여지를 남겨주고 있다.

재판부의 돌변한 결정에는 필시 검찰이나 그 밖의 국가권력의 입김이 작용했을 것이라는 심증을 우리 변호인단은 지울 수가 없다.

그 이유는 첫째로, 1971년에 있었던 사법파동 당시 재경 법관 일동이 낸 성명서를 기억하고 있기 때문이다. 거기에는 특정 사건의 영장 발부나 재판에 관해 행정부측의 간섭이 자행되어왔음을 규탄하는 대목이 있었다. 그로부터 10년이 훨씬 넘은 오늘에 있어서 유신치하 당시보다 사법의 현실이 얼마나 나아졌는지에 대해서 우리는 아무런 긍정도 할 수가 없다.

두번째로, 검찰과 변호인 측 쌍방이 신청한 증거방법을 모조리 취소 또는 기각한 결정에 대해서 검찰측이 놀라거나 불만을 갖거나 하는 대신 오히려 그 취소의 정당함을 재판장보다도 더 자세하게 설명했다는 사실이다. 쌍방 신청의 증인신문을 취소하게 되면 실인즉 변호인측보다도 검찰측이 당황해야 마땅하다. 검찰관은 형사소추의 원고관인 이상 공소사실에 대한 입증책임을 지는 터이므로, 그 입증의 길을 막아버리는 증거취소 결정은 검찰에 불리할 수밖에 없고, 따라서 변호인측보다 검찰측이 더 강한 이의를 제기했어야 논리에 맞는다.

그런데 지난번 공판에서 검찰측이 보인 언동은 그와 정반대였다. 검찰측은 재판장에 대한 이의 대신 그를 위한 변명을 서슴지 않았다. 이것은 재판부의 증거취소 결정이 검찰측에서 바라는 대로 되었다는 저간의 사정을 실증해준 것이다.

그전까지 검찰은 재판부의 증거채택 결정에 대해 되풀이해서 불만을 표시해왔고, 일단 채택되어 환문喚問 절차만 남아 있는 증인에 대해서까지도 강경하게 취소를 요구해왔다. 그와 같은 강한 반발이 거듭된 끝에 증거취소 결정이 나오고 보니, 지난번 공판에서 지적한 대로 '공판정 아닌 곳에서 보이지 않는 손에 의한 압력'이 작용했으리라는 의구심을 갖기에 충분하다.

검찰측이 재판장보다 더 자세히 증거취소 결정의 타당성을 역설하는 것을—가령 재판장이 사건기록을 검토하기 전에 채택한 증인이라 사건기록 검토 후에 신문이 불필요함을 알고 취소했다는 말을—들으면서 우리 변호인단은 며칠 사이에 급변할 수밖에 없었던 사정 아닌 사정을 실감할 수가 있었다. 검찰측은 공판정에서 자기측 주장을 입증할 아무런 증거조사(증인신문)를 할 수 없게 되었는데도 안심하고 유죄판결을 확신하는 것 같으니 참으로 역설적이라 하겠다.

이제 이 재판은 '중간이 온통 잘려나간 필름'처럼 맥락을 잃고 말았다

그리고 더이상 진행할 것도 없게 되었다. 우리 변호인단은 오늘 이 공판에 다시 나오는 것이 과연 무슨 의미가 있을까 하는 의문에 젖어 있었다. 검찰을 앞세운 익명의 손에 지배당하는 듯한 이 법정, 이 재판을 개탄하며 여기서 우리 변호인들이 벌이는 변호활동이 장식적인 요식행위 이상의 무슨 실효가 있을까 하는 자괴감도 느꼈다.

그럼에도 불구하고 우리는 오늘 이 자리에 다시 나와서 검찰관측의 의견진술까지도 인내심을 갖고 들어가며 변호인석을 지키려고 하였다.

저기 피고인의 몸이 되어 끌려나와 있는 김태홍, 신홍범 그리고 김주언, 이 세 사람들 곁에 잠시라도 더 함께 앉아 있기로 했다. 그들만을 위해서가 아니라 이 나라의 관제언론을 개탄하고 민주언론의 소생을 바라는 많은 국민들을 위해서 한마디의 말이라도 해야겠기 때문이다. 아니 그보다도 이 사건의 법정은 앞서 말한 대로 바로 '보도지침'을 통해서 민주주의를 짓밟는 반민주적 정치권력이 피고가 된 자리라고 믿는 이상, 실질적으로는 오히려 우리가 원고관이라는 확신 때문에 이 자리를 떠날 수가 없는 것이다.

이 재판의 소송적인 결론은 이제 우리의 관심 속에서 그리 큰 비중을 차지하지는 않는다. 그러나 지난번 재판에서도 촉구했듯이 재판장께서 다시 용기를 내시어 이 나라의 언론과 사법의 붕괴를 떠받쳐주시기를 간절히 소망한다. 만일 우리의 기대가 무너지더라도 우리는 낙심하지 않고 언제까지고 이 나라의 법정에 민주사법의 파종播種을 계속해나갈 것이다.

우리는 오늘날 비록 판결문상으로는 연패를 당하는 것 같지만 역사의 이정표상으로는 분명히 진리 편에 선 승자의 길을 가고 있다고 믿는다. 우리 변호인단은 이 사건의 재판을 차라리 거부하는 것이 논리에 맞는 귀결이라는 데 다수의견이 모아졌음에도 불구하고 끝내 이 법정을 지키는 인내심 쪽을 택한 것도 그 때문이다. 저 자리에 앉아 있는 세 분의 언론인이 몸소 겪는 고통의 백의 하나, 만의 하나라도 함께 겪는 심정으로 이 숨막히는 공간에서 잠시나마 함께 숨쉬기로 하였다.

우리들 각자의 이 작은 마음들이 대한민국 사법부의 흐린 유리창을 한 장씩이라도 닦아나간다면 분명코 이 법정에서 민주사법의 이름에 값하는 정의로운 판결이 나오는 날이 올 것이라고 확신한다.

'보도협조사항'과 '보도지침' 사이

공소장에 보면, 문화공보부 홍보정책실에서 본건과 같은 '보도지침'을 각 언론사에 시달한 사실은 자인하고 있다. 그러면서도 그것은 '보도지침'이 아니라 '보도협조사항'이라고 강변한다. 그렇게 정부가 정당하게 내보낼 수 있는 보도협조사항이었다면 그것을 세상에 좀 알렸다고 해서 그토록 공권력이 깜짝 놀라서 그 간행물을 압수하고 관련된 사람을 구속기소까지 할 이유는 없었을 것이다.

이제 공소장에서 문공부의 시달이 끝내 '보도협조사항'이라고 내세운 이유를 검토해보겠다.

(1) '통상 국가적 기밀사항에 해당하는 내용이라고 판단'되는 것이 보도협조사항으로 나간다고 주장한다.

그러나 문공부장관의 지방연극제 치사는 무슨 종류의 국가기밀이며, 그것이 기밀사항이라면 왜 1면에 실으라고까지 요청했는지 알 수 없다(1986. 5. 24). 김대중씨의 사진을 싣지 말라고 시달했는데(1986. 5. 27), 그렇다면 김대중씨의 얼굴이 국가기밀이란 말인가?

그리고 국가기밀을 홍보정책실이 마음대로 판단, 분류할 수 있는 근거는 무엇인지 알 수 없고, 만일 공소장대로 하면 문공부는 국가기밀사항을 매일같이 언론사에 알려준 셈이 되는데, 그렇다면 이것이야말로 '기밀누설'이 아닌지 묻고 싶다.

언론사에서 시달을 받는 사람이 법에 의한 비밀취급인가를 받았는지도 알고 싶다. 뒤에서도 말하겠지만 보도금지 일색의 지시를 해서 기밀사항의 누설을 막자는 것이 아니라 각 언론사의 '독자적 판단에 맡기는 참고사항'이었다니, 그렇다면 더구나 문공부는 매일같이 상습적으로 기밀누설을 해온 것이 아닌가. 흔히 들어온 말 그대로 미필적 고의만은 분명하기 때문이다.

(2) '언론보도에 신중을 기해줄 것을 언론사에 협조요청할 경우'에 소위 협조사항이 시달된다고 하였다.

국가기밀로 판단되는 사항이면 보도금지를 시키지 않고 왜 보도에 신중만 기하라고 했는가. 협조요청만 했다가 불응하면 국가기밀은 국내외 온 천하의 독자에게 알려지는 것이 아닌가.

'신중을 기해줄 것을 요청'했다면서, 노태우 대표 회견 관계를 ① 꼭 1면 톱기사로 쓸 것, ② 컷에는 '88년 후까지 경쟁 지양' 등으로 크게 뽑을 것이라고 시달한 것(1985. 1. 22)은 또 무엇인가?

'협조요청'이라고 했지만 그에 불응한 경우에 아무런 불이익도 준 일이 없는가. 언론기본법을 위시한 여러 규제, 처벌법규가 구비되어 있고 언론사에 대한 기관원 출입, 언론인의 연행, 폭행 등의 구체적 사례가 일반인에게도 알려지고 있는 판국에 홍보정책실의 요청이 순전한 협조요구일 수는 없다. 이 점은 당심當審의 송건호 증인의 증언으로 그 실상이 밝혀진 바와 같다.

협조사항이라면 어떻게 보도의 가, 불가, 절대(일체)불가라는 전단적 지시용어를 쓸 수 있으며 보도의 방향, 내용, 형식은 물론이고 1단으로 써라, 1면 톱으로 써라, 사진 쓰지 말 것 등으로 세부적인 명령을 할 수 있는가. '한국은 필리핀과 다르다'는 기사는 1면에 4단 이상으로 쓸 것(1986. 3. 6)까지 일러놓았으니 각 언론사의 편집국장이나 편집부장은 실직의 위기에 놓이는 것이 아닌가.

(3) '그 요청을 받은 언론사는 독자적으로 판단, 사실보도에 참고' 하게 되어 있다고 한다.

앞서 본 대로 정부의 협조요청이 실질적인 명령으로 받아들여질 수밖에 없는 상황에서 언론사의 '독자적 판단'은 가능할 수가 없다. 설령 언론사측에서 문책이나 불이익을 각오하고 일부 복종하지 않은 사항이 간혹 있다고 해도 그로써 '보도지침'을 협조요청사항이라고 우길 근거는 되지 못한다.

국가기밀사항만 시달한다면서 '독자적 판단'과 '참고사항'으로 맡겼다는 말 자체가 어불성설이듯이 '독자적 판단'과 '참고사항'으로 시달한다면서 굳이 그것을 '국가기밀사항'이라고 내세우는 것 또한 엄청난 모순이다.

요컨대 '독자적 판단'과 '참고사항'이라는 말은 그동안에 속출된 신문사나 언론인에 대한 각양각색의 탄압에 비추어보더라도 거짓말일 수밖에 없다.

본건 '보도지침'과 같은 시달이 마치 국내외의 관행인 듯이 주장하고 있는 것은 놀랍기 짝이 없다. 과연 외국에도 한국정부의 '보도지침'과 같은 것이 관행으로 존재하는지에 관해서는 당심의 박권상 증인께서 확실하게 증언한 바 있으므로 재론하지 않겠다. 한마디로 프랑코 치하의 스페인에서나 있었다는 것이고, 공산국가에서나 그런 유례를 찾아볼 수 있을지 모르겠다.

이러한 '보도지침'이 외국에서도 관행으로 되어 있는 보도협조요청이라면 정부는 그동안 왜 그런 관행적인 요청, 다시 말해서 '보도지침'의 존재마저 극구 부인하면서 '있어서도 안 되고 있을 수도 없는 일'이라고 은폐하기에 급급했는지를 설명해주어야 한다. 특히 '관행'이라는 말에서 정부의 일상적인 언론간섭의 고백을 듣는 것 같아 개탄스럽다.

이 사건 '보도지침'에는 1985년 10월 19일부터 1986년 8월 8일까지의 시달사항이 584개로 나타나 있다. 그런데 검찰이 무슨 국가기

밀이 된다고 기소한 것은 그중 11개 항에 불과하고 공판 도중 공소
장 변경에 의해 철회된 4건을 빼면 7개 항목만이 '국가기밀'이라는
결론이 나온다. 그렇다면 이 7개 항목을 제외한 577개 항은 기밀사항
이 아님을 자인한 셈인데, 이 숫자풀이로만 보더라도 본건 '보도지침'
이 국가기밀사항의 보도협조요청이라는 공소장의 기재는 거짓말임
이 드러나 있다. 요컨대 '보도지침'은 진실을 은폐하고 국민을 속이기
위해서 고안된 이 정권의 독재장치의 중요 부분에 다름 아니다.

'외교상 기밀누설'이 되는가

'보도지침'의 공표·폭로 행위가 형법 제113조에서 말하는 외교상
기밀누설죄를 구성한다는 검찰의 주장은 다음과 같은 이유에 비추
어 허구라고 본다.

(1) '외교·군사상의 기밀사항'으로 열거한 각 '보도지침' 항목은
군사상의 기밀과 외교상의 기밀이 구분되어 있지 않아서 결국 공소
사실이 특정되지 않은 것이다.

(2) 국가안보에 관한 사항, 남북대화 관련사항, 북괴 등 대공산권
관련사항 등은 외교상 기밀누설죄로써 보호할 법익이 아니다. 국가
기밀 또는 군사상의 기밀은 형법 제98조나 국가보안법으로 그 누설
행위를 처벌할 수 있을지언정 외교상의 기밀과는 그 보호법익부터
다르기 때문이다.

(3) 남북대화 등 북한과의 관계는 더욱이나 외교상 기밀의 차원에
서 다룰 수 없다. 아직도 한국정부는 북한당국을 반국가단체로 규정

하고 있고 그들 구성원과의 회합·통신을 범죄로 보는 이상, 외교상 운운은 앞뒤가 맞지 않는다. 소위 통치행위에 속하는 남북대화 관계라고 할지라도 그것을 국가와 국가의 관계를 전제로 한 외교상 기밀 문제라고 들이대는 것은—특히 국민을 처벌하기 위해서 그처럼 자기모순의 법적용을 감행하는 것은—용납될 수 없다. 민족통일의 지상과업을 국민적 합의기반 위에서 달성해야 할 이 마당에 남북관계에 관한 정보와 논의를 정부만이 독점하고 국민들의 입과 귀를 막기 위해서 심지어 외교상 기밀누설죄까지 발동하는 것은 수치스러운 일이다.

(4) 공소사실에 열거한 각 사항은 그나마 무슨 '기밀'이라고 볼 수가 없다.

'외교상 기밀'이라 함은 '대한민국이 외국과 비밀조약을 체결한 사실 혹은 체결하려는 사실 등을 대한민국과 외국과의 관계에 있어서 국가가 보지保持하여야 할 외교상의 기밀'을 말하는데, 공소사실에 열거된 보도지침 항목은 아무리 보아도 외국과의 비밀조약 체결과는 무관한 사항이다.

또한 '기밀'이라 함은 '외국에 알리지 아니하거나 확인되지 아니함을 대한민국의 외교상 이익으로 하는 사항'이기 때문에 국내에서는 알려지지 않았더라도 외국에는 알려져 있으면(알려질 가능성 포함) 이미 기밀은 아니다.

(5) 공소사실에 나타난 '외교·군사상의 기밀사항'을 개별적으로 분석해보면,

① 'F-16기 인수식, 국방부 발표시까지 보도 보류'—그런 항공기

의 도입에 관한 밀약, 기종에 따른 성능, 배치상황 등이 기밀이라면 몰라도 외지外紙에 이미 보도된 F-16기 도입을 가지고 '인수식'이라는 행사만을 기밀이라고 볼 수는 없다.

② '미 국방성 핵전투기 배치에서 한국은 빼고 보도할 것'―이미 외국의 언론·통신을 통해 한국에 핵전투기가 배치되어 있다는 것은 온 세계가 다 알고 있다. 그런데 그 핵전투기 배치로 인해 가장 큰 이익 또는 위험을 입게 될 한국 국민에게만 사실을 숨기는 것은 기밀보호의 입법취지를 거꾸로 왜곡시킨 것이며 그렇게 국민을 속이는 것은 민족적 이익에도 반하는 것이다.

③ '한·베트남 무역거래 활발은 보도 불가'―양국 간의 무역관계 기사는 일본의 산케이신문에 보도된 바 있으므로 우리 국민에게만 비밀로 할 정보는 되지 못한다.

④ '한중 합작회사 설립은 기사화하지 말 것'―한국정부는 이데올로기를 달리하는 공산국가에 대해서도 실리를 추구하기 위한 외교를 벌이고 통상을 확대해나가겠다고 누누이 밝혀왔다. 그러므로 한중 양국 간의 무역증진도 정부가 공언하였고 온 세계가 이를 알고 있는 터에 합작회사의 설립을 국민들만 몰라야 될 이유가 없다.

(6) 다시 말해서 여기 열거된 항목은 이미 외국에 널리 알려진 정보이므로 기밀 운운할 여지가 없다. 설령 '보도지침'을 시달한 시점에서는 그것들이 기밀사항이었다고 할지라도 한시적인 보도 보류 요청이 붙었던 것이거나 정보의 성질에 따라서는 시간의 경과에 의해 기밀성이 상실된다. 그리고 본건에서 '누설행위'를 따지려면, 『말』특집호가 발행된 1986년 9월 6일 현재로 위의 열거사항이 여전

히 기밀성을 유지하고 있어야 하며 그 점에 관해 검찰측의 입증이 있어야 하는데 그것이 전혀 없다.

뿐만 아니라 실정법으로 보호할 만한 기밀이라면 그것이 무슨 법률에 의해 누가 어떤 절차를 거쳐서 기밀로 판정, 분류되었는지를 구체적으로 밝혀야 하며 단순히 홍보정책실에서 '보도지침'에 포함시켰다는 이유로 '기밀'이 될 수는 없다.

만일 '보도지침'에 포함시켜 '언론사에 시달한 사실' 자체를 기밀이라고 우긴다면 이것은 난센스일 뿐이고, 공권력의 언론침해 행위는 혹시 '정부의 비밀'이 될지는 모르나 국가기밀, 그중에도 외교상 기밀이 된다고 우긴다면 그것은 망발이라 할 수밖에 없다.

국가모독죄 적용의 국가모독성

공소장에는 민주언론운동협의회가 본건 '보도지침'을 『말』 특집호에 수록, 발행하면서 기자회견을 한 것이 국가모독죄에 해당된다고 적시했다.

그러나 위의 기자회견에서 '보도지침' 내용으로 확인된 현정부의 반민주적 언론압제를 폭로, 규탄하는 발표문이나 회견문을 낭독한 것은 국민의 당연한 비판권 행사이므로 국가모독 운운할 여지가 없다.

(1) 실인즉 소추訴追측이 발동한 국가모독죄는 그것을 규정하고 있는 형법 제104조의2 자체가 탄생 과정에서부터 날치기 변칙의 산물이었다.

즉, 위의 법조는 1975년 3월 19일 당시의 여당인 공화당 의원에 의해 발의된 지 단 하루 만에, 법사위원회는 국회도서관에서 단 1분 만에, 본회의는 의원휴게실에서 역시 단 1분 만에 야당의원의 눈을 피해 여당의원만으로 날치기 처리되었던 것이다. 따라서 법으로서의 정당성을 부여하기 어려운 조항이다.

(2) 그리고 위와 같은 조항을 변칙으로 만든 정치적 저의가 당시 유신정권의 반민주적 탄압·학정을 세상에 알리고자 한 재야단체의 성명발표 및 기자회견 등을 봉쇄하려는 데 있었기 때문에 결국 언론의 자유를 침해하는 불순한 계산에서 생겨난 규정이었다.

(3) 그렇기 때문에 그 법조의 규정 내용 또한 반민주적이고 위헌적이다. 즉 국가기관의 모욕, 비방, 대한민국의 이익, 위신 등 막연하기 짝이 없는 용어를 사용함으로써 국민의 의사발표의 자유를 본질적으로 침해하고 있다.

(4) 그러한 법조를 이 사건의 '보도지침' 폭로 기자회견에 적용하여 처벌을 요구하는 것은 그 자체로서 '국가의 이익과 위신과 체면'을 손상시키는 행위다.

(5) 본건 공소장에는 헌법에 의해 설치된 국가기관이 과연 어느 기관인지 특정되어 있지 않아서 부적법하다. 변호인측의 석명 요구에 대한 답변만으로는 공소사실 특정의 효력이 없다고 보기 때문이다.

결국 이러한 공소제기는 '보도지침'을 관행적으로 시달하여 국가를 모독한 정치권력이, 민주국가의 위신을 해치는 방식으로 만든 국가모독죄를 정치적 비판세력을 탄압하기 위해서 발동시킨 것으로서 어느 모로 보나 부당천만이라 할 것이다.

사회적 불안의 요인은 누가 조성했는가

재야 문화 3단체가 개최한 광주민중항쟁 5주년 기념행사는 결코 '현저히 사회불안을 조성할 우려가 있는 집회시위'가 아니었다. 근년에 이 나라에서 만연되고 있는 사회적 불안은 집권측의 반민주적 학정에 그 원인이 있을지언정 그것을 비판하고 시정을 요구하는 국민적 비판권의 행사에서 연유하는 것이 아니다.

그리고 사회불안을 야기시킬 '우려'만 있으면 처벌하는 법조항의 위헌성도 재론의 여지가 없다. 여기서 '우려'는 법의 집행자이며 치안당국자인 경찰이나 검찰이 갖는 심리적 반응일 수밖에 없고 보면, 국민의 정당한 행위가 법의 명문이 아닌 당국자의 '우려' 유무에 의해 적법성이 좌우되는 기막힌 결과를 낳게 된다. 따라서 죄형법정주의 아닌 '죄형우려입각주의'에는 승복할 수가 없다.

국가보안법은 악용되지 말아야 한다

신홍범씨가 『혁명영화의 창조』라는 책의 복사판을 집에 두고 있었던 것을 이적표현물 소지죄로 기소한 것도 잘못된 조치다.

(1) 우선 그 책을 이적표현물로 단정할 근거가 없다.

(2) 그 책은 우리나라의 국회도서관에서 일반인에게 대출·열람 및 복사까지도 허용하는 책이고, 실제로 신홍범씨도 국회도서관에서 정상적인 절차를 거쳐 그 책을 복사했다는 점을 보더라도 그 내용의 이적성은 운위할 여지가 없다. 적어도 신홍범씨로서는 그렇게 믿을 만한 충분한 이유가 있었다.

(3) 이적표현물 소지죄는 목적죄인데 신홍범씨에게는 반국가단체를 이롭게 하려는 목적이 없었다.

(4) 정부가 미워하는 사람을 벌주기 위해서 이번처럼 일부러 가택수색을 하고 책 몇 권을 뒤져내어 이적표현물이라는 이유를 붙여 기소하는 것은 그 저의나 방법에 있어서는 물론이고 법적으로도 국민의 기본권을 봉쇄하는 침해행위다.

설령 그런 책이 좌경적인 내용을 담고 있다고 한들 그것을 갖고 있거나 읽어보는 것이 어찌하여 범죄를 구성한단 말인가?

미국의 정치학자 조지 케넌은 만일 소련의 공산주의를 동경하는 미국인이 있다면 그들에게 프라우다나 이즈베스티야를 한 달 동안 계속 읽게 하면 문제가 해결된다고 했다.

김지하 시인도 일찍이 "다락방에서 먼지를 뒤집어쓰고 있는 낡은 책들이 어떻게 북괴를 이롭게 하는가"라고 개탄한 적이 있다. 어느 모로 보나 이적표현물 소지죄는 본건과 같은 경우에까지 악용되지 말아야 하며, 만일 그렇지 않으면 오히려 이적선전의 구실만 제공하게 되지 않을까 두렵다.

불행한 재판을 위대한 계기로

지금까지 공소사실에 대해서 간략한 검토·비판을 가했지만 이러한 실정법 차원의 원론적인 반박이 어느 면에서 보면 무위에 그치고 도로에 그칠지도 모른다.

그럼에도 불구하고 우리 변호인들은 바른 것을 바르다고 말하는 것 못지않게 잘못을 잘못이라고 지탄해야 할 책무를 버릴 수가 없다. 만일 이 시대의 법정에서 우리의 주장이 판결로 수용되지 않는 한이 있어도, 아니 그러면 그럴수록 우리의 목소리는 더 크고 분명해야 된다고 믿는다.

지금 이 나라에는 정치권력의 행악(行惡)이 걷잡을 수 없이 드러나고 있다. 박종철군에 대한 고문치사 사건에서 보듯이 정부는 온갖 만행과 조작, 은폐, 국민기만을 서슴지 않고 있다. 이러한 권력악을 바로잡기 위해서는 무엇보다 먼저 언론의 자유가 되살아나야 한다. 제도언론은 제도언론대로, 제도권 밖의 민중언론은 민중언론대로 이 정권을 감시하고 비판할 사명이 있다. 이런 책무의 수행을 범죄로 몰아치는 사람은 그야말로 국시 위반이 아닐 수 없다.

그렇다면 어떻게 여기 나온 세 분의 언론인에게 수갑을 채우고 형사처벌을 가할 수 있단 말인가. 그러므로 우리 변호인단은 검찰관에게 본건 공소를 이제라도 취소하도록 권고한다. 설혹 검찰이 당장은 그런 힘이 없다면 재판부에 요망한다. 재판부는 오늘날 사법부를 둘러싸고 있는 이 억압된 분위기를 이겨내고 정의와 양심 그리고 이 나라의 헌법이념에 합치되는 판단을 판결로까지 관철해주시기 바란다. 재판부의 고뇌와 아픔을 우리 모두가 함께 나누고 싶을 만큼 잘 이해하면서도 재판관의 책임은 어떤 이유로도 경감되거나 면제될 수 없다는 점을 재삼 유의해주시기 바란다.

어제 동아일보사 기자 124명은 민주화를 위한 자기들의 주장을 발표했다. 그 발표문의 마지막은 이렇게 매듭지어져 있다.

『말』지 '보도지침' 보도와 관련, 재판 계류중인 한국일보 김주언 기자 등 전·현직 언론인 3명의 구속 및 소추는 이 시대를 사는 언론인 전체에 대한 사법적 제재나 다름이 없다. 분명히 현존하는 '보도지침'을 세상에 드러낸 것은 용기 있는 행동일지언정 이에 대한 사법적 소추는 원인 무효라고 우리는 믿으며, 따라서 이들을 즉각 석방할 것을 요청한다.

아무쪼록 이 사건의 재판을 통해서 이 땅의 정치권력은 국민을 압제하기 위해 언론을 탄압하는 식의 폭정을 반성해야 한다. 그리고 우리 국민은 정치적 억압을 이겨내는 민주시민으로서의 자각을 높여야 한다. 그러한 책무를 용감한 결단으로 수행한 세 분 언론인에게 온 국민이 드리는 경의를 전하면서, 이 불행한 재판이 이 나라 민주회복의 장정에 종착을 앞당기는 역사적인 계기가 될 것으로 확신한다.

1987. 5. 27.

6.『즐거운 사라』사건 상고이유서

피고인 마광수

위 사람에 대한 음란문서 제작 등 피고사건에 관하여 다음과 같이
상고이유를 밝히고자 합니다.

1994.10.1.

위 피고인의 변호인
변호사 한승헌

대법원 귀중

원판결은 피고인 마광수가 창작하고 도서출판 청하에서 간행한 소설 『즐거운 사라』가 형법 제243조가 정하는 음란문서라고 판시한 제1심 판결을 전폭 지지하는 한편, 피고인의 변호인이 적시한 여러 항소이유는 모두 배척하면서 항소기각 판결을 내렸습니다.

그러나 그와 같은 원판결에는 다음과 같은 허물이 있어 판결에 영향을 미쳤습니다.

1. 법리오해의 위법

가. 원판결은 헌법상 표현의 자유의 법리를 오해하였습니다.

1) 원판결은 '문학작품은 도덕적 윤리에 얽매이는 권선징악적인 교과서가 아니며 문학작품에 있어서 변태적인 성행위 등을 포함한 자유로운 성행위의 표현이 있다 하여 이를 형법상의 음란문서 제조·판매죄의 대상으로 삼아서는 아니 된다'는 요지의 항소이유에 대하여 다음과 같이 판시하였습니다.

"우리 헌법에는 (…) 문학에 있어서의 표현의 자유를 국민기본권으로 보고 있으나 (이러한 표현의 자유도) 공중도덕이나 사회윤리를 침해하는 경우에는 이를 제한할 수 있도록 하였으며, 이에 따라 우리 형법에 음란문서를 제조 또는 판매한 자를 처벌할 수 있도록 한 것이므로 문학작품이라고 하여 무한정의 표현의 자유를 누려 어떠한 정도의 성적인 표현도 가능하다고는 할 수 없고, 그것이 건전한 성적 풍속이나 성도덕을 침해하는 경우에는 앞서의 형법 규정으로 처벌할 수밖에 없다 할 것이니 위 항소 논지는 이유 없다."

2) 그러나 위와 같은 원판결의 기본권 한계론은 다소 논리의 혼선이 있기는 하나 추상적인 '일괄합헌론'에 속한다 할 것인데, '건전한 성적 풍속이나 성도덕' 유지라는 추상적 개념을 남용하여 그처럼 안이하게 '공공복리'의 내용을 넓게 잡는다면 결과적으로 헌법상 표현의 자유는 유명무실해질 수밖에 없습니다. 국민기본권의 하나인 표현의 자유가 무제한일 수가 없듯이 그 자유에 대한 제한에도 엄연한 한계가 있는 것이며, 따라서 '건전한 성적 풍속이나 성도덕'과 같이 개념과 실체가 막연한 풍속론, 도덕론을 가지고 본건 피고인(의 소설)을 처벌하는 이유로 삼는다면 이것은 결국 헌법상 보장된 언론·출판의 자유(헌법 제21조 제1항), 학문과 예술의 자유(헌법 제22조 제1항), 국민의 자유와 권리는 (…) 법률로써 제한될 수 있으나 자유와 권리의 본질적인 내용을 침해할 수 없다는 원칙(헌법 제37조 제2항), 언론·출판은 (…) 공중도덕이나 사회윤리를 침해하여서는 아니 된다는 한계조항(헌법 제21조 제4항)의 법리를 잘못 이해한 탓이라고 아니할 수 없습니다.

나. 원판결은 형법 제243조 및 제244조가 죄형법정주의에 어긋난다는 점을 간과하였습니다.

1) 원판결은 음란의 개념이나 정의에 관하여는 형법상 이에 관한 명시적인 규정이 없을 뿐 아니라 원심과 같이 음란의 개념에 대해 그 시대의 건전한 사회통념에 비추어 그것이 공연히 성욕을 흥분 또는 자극시키고 또한 보통인의 성적 수치심을 해하는 것이어서 건전

한 성풍속이나 선량한 성적 도의관념에 반하는 것이라고 정의하는 경우에는 그 내용이 애매모호하고 추상적이어서 명확성을 결여하고 있으므로 이는 죄형법정주의 원칙에 반한다'는 요지의 항소이유에 대해 이렇게 설시설示하였습니다.

"일반적으로 법규는 그 규정의 문언文言에 표현력의 한계가 있을 뿐 아니라 그 성질상 어느 정도의 추상성을 가지는 것은 불가피하고, 형법 제243조와 제244조에서 규정하는 '음란'은 평가적·정서적 판단을 요하는 규범적인 구성요건 요소이므로 통상의 기술적 구성요건 요소와 비교하여 그 명확성이 뒤떨어지는 것은 부득이한 것이나, 그렇다고 하여 죄형법정주의에서 요구되는 형벌법규의 명확성의 원칙에 반하는 것이라고는 할 수 없고 (…) 원심이 음란성에 대하여 그 개념을 정의하면서 추상적인 용어를 사용하였다 하여 원심 판단이 죄형법정주의에 반하는 것이라고는 볼 수 없다."

2) 그러나 법규의 표현력의 한계나 어느 정도의 추상성이라는 일반론을 이유로 범죄 구성요건의 불명확성이 용인될 수는 없습니다. 다시 말해서 허용과 금지의 한계가 분명치 않은 형벌법규는 죄형법정주의에 입각한 기본권의 보장을 무의미하게 만들기 때문에 위헌성을 면치 못하게 됩니다. 생각건대 형법 제243조와 제244조에 쓰인 '음란'이란 용어는 범죄 구성요건으로서의 명확성이나 구체성을 띠고 있지 않아서 규정 자체로서 죄형법정주의에 반합니다.

다. 원판결은 형법 제243조와 제244조의 '음란문서'의 해석을 잘못하여 죄형법정주의에 어긋나는 '기준'을 가지고 판단한 잘못을 저질렀습니다.

1) 또한 원판결이 말하는 '법규의 추상성'을 법관이나 학자의 '해석'으로 보완한다고 할지라도 원심이 지지한 제1심(아니, 그 1심이 의존한 대법원 판결 그리고 그 대법원 판결이 모방한 일본 최고재판소의 판결)의 음란문서에 대한 해석 또는 요건풀이는 여전히 모호하여 죄형법정주의에 어긋나기는 마찬가지입니다. 즉 원심은 '음란성'을 "그 시대의 건전한 사회통념에 비추어 그것이 공연히 성욕을 흥분 또는 자극시키고 또한 보통인의 성적 수치심을 해하는 것이어서 건전한 성풍속이나 선량한 성적 도의관념에 반하는 것"이라고 정의하였습니다. 이에 그런 정의의 옳고 그름을 순차 검토해보고자 합니다.

2) 먼저 '건전한 사회통념'은 그 실체를 알 수 없는 '기준'입니다. 물론 법의 해석에 있어서 '사회통념'이 원용되고 있기는 하나, 형법 제243조와 제244조의 경우에는 사회통념의 내용이 더욱 명확지 못하고, 개인에 따라 견해차의 폭이 크며, 시대의 흐름에 따른 변화의 정도가 심하기 때문에 그 뜻조차도 객관적으로 파악하기가 어렵습니다. 결국 법관의 주관적 견해에 따라 음란성 여부가 판가름난다는 위험을 안게 됩니다. 특히 '그 시대의 건전한 사회통념'이라고 한다면 적어도 1950년대 초반의 (일본에서의) 사회통념을 기준으로 생겨난 일본 최고재판소의 판결(음란성의 해석)은 반세기가 지난 오늘의 한국에 통용될 '이 시대의 건전한 사회통념'으로 재탕될 수는 없을 것입니다.

3) 그리고 음란성을 규정하는 세 가지 요건 중의 첫번째로 내세운 '성욕의 흥분 또는 자극'이 왜 반사회적이며 범죄요건의 하나가 되

는지에 대해서 원판결은 아무런 이유도 밝혀놓지 않았습니다. 사실 성욕을 흥분 또는 자극시키는 것은 그 자체로서 나쁘다고만 할 수가 없는 일이며, 그것은 인간의 본능이자 생명의 근원 및 본질과 맞닿아 있는 현상이기 때문에 오히려 소중한 것이기도 합니다. 내심으로나 자기 체험으로는 그 점을 긍정하면서 겉으로는 성충동을 죄악시하는 것은 성에 대한 이중성에서 나온 위선적 가면이거나 결벽증의 소치일 뿐입니다. 국가는 대중문화, 향락산업, 관능문란의 기풍 등을 허가 내지 묵인함으로써 사회 전반에 걸친 성의 문란을 조성 또는 방임해왔으면서 유독 본건과 같은 소설을 성적인 흥분이나 자극의 요인이라고 문제삼는 것은 희극에 가깝습니다. 성적 흥분이 안 되는 사람을 치료하는 행위가 적법한 면허와 영업으로 공인되어 있고, 최음제와 같이 성적 흥분을 야기·지속시키는 의약품의 제조판매를 국가가 허가하고 있음에 비추어보더라도 성욕의 흥분·자극은 결코 범죄요건이 될 수 없습니다.

4) 시대와 풍속의 변천에 따라서 사람의 동작, 모습, 시청각물을 통한 성의 대담한 표현이 우리 주변에 범람하고 있는 오늘날, 굳이 책방까지 가서 돈 주고 사서 읽어야만 하는 활자매체인 소설(책)만을 국가형벌권의 대상으로 삼아 음란성의 3요소를 들이대는 것은 어느 모로 보나 가당치가 않습니다. 다시 말해서 사회통념은 시대와 함께 변천하기 때문에 오늘날 성표현의 정도는 매우 대담해졌을 뿐 아니라, 보다 솔직·대담한 성표현을 긍정·수용할 정도로 의식이 변화되었고, 특히 다양한 성표현물이 방임되어온 현실 속에서 보통인이 수용하는 성표현의 정도 역시 크게 달라졌습니다. 그렇게 본다면 본

건 소설은 이 시대의 건전한 사회통념에 비추어보더라도 음란문서가 아닙니다.

5) '보통인의 성적 수치심'이란 것도 지극히 애매한 말이어서 범죄요건의 기준이 되기에는 너무도 위험합니다. '보통인'은 누가 무슨 기준으로 정하며, '성적 수치심'은 또 무슨 척도로 규정할 수 있는가에 관해서는 누구도 명확한 대답을 할 수가 없을 것입니다. 그러므로 그것은 결국 사건을 다루는 법관의 머릿속에서 가설이나 '희망사항'으로 떠오르는 측정기준, 즉 법관 개인의 주관적 사유작용에 전적으로 좌우될 수밖에 없는 '기준 아닌 기준'입니다. 법관이 '이 소설은 보통인의 성적 수치심을 해친다'라고 하면 그뿐이고, 그런 판단에 대한 아무런 논리적 설명이나 검증이 생략되거나 불가능한 마당에는 재판받는 측의 방어권 행사도 불가능하거나 무의미하게 됩니다. 따라서 '보통인의 성적 수치심을 해친다'는 것은 범죄성립의 요건 또는 음란성 해석의 척도가 될 수 없습니다.

사실 "성적 수치심을 해친다"는 말은 일본의 판례에 나오는 문구를 무비판적으로 옮겨다 쓰고 있을 뿐, 그 자체로서 어법에도 맞지 않거니와 뜻도 분명치 못한 말입니다. "건전한 성풍속과 선량한 성적 도의관념에 반한다"는 말도 안개처럼 실체를 파악할 수 없거나 고무줄마냥 신축자재하여 누구도 그 판단에서 일정한 척도를 가늠하기가 불가능합니다. 또한 풍속이나 도의관념에 반하는 것을 곧 범죄요건으로 삼는다는 것도 납득하기 어렵습니다. 이처럼 형법 제243조와 제244조가 범죄 구성요건으로서 명확성이 떨어지는 것은 법원 판결도 인정하고 있는데, 그렇다면 죄형법정주의가 요구하는 형벌법규의 명확성의 원칙에 어긋나는 것이 분명합니다. 이 점만 보더라도 형법 제243조 및 제244조는 물론이고, 그 조문 중 '음란성'에 대한 법원의 해석은 모두 죄형법정주의에 위반되는 위헌적 견해임을 쉽게 알 수 있습니다.

음란죄에 관한 우리나라의 대법원 판례는 말이 '대법원 판례'이지 1951년에 나온 일본 최고재판소 판례를 그대로 베껴놓은 것입니다. 그런데 일본의 그 판례는 1918년 다이쇼大正 시대의 판결과 근본을 같이하는 것이고 보면, 우리 대법원의 음란죄 판례는 지금 80세가 되는 할머니가 태어나던 때의 성풍속에 적용하던 박물관용 판례의 복사판이라 할 수 있습니다. 세상풍조는 엄청나게 변했는데 규범은 머리 위의 상투를 잘라내지 못하고 있어서 어이없는 난센스를 빚어내고 있는 것입니다.

음란성 여부는 한 시대의 정상적인 평균인의 수준과 의식을 기준으로 사회통념에 따라 판단되어야 하는바, 성에 대한 표현과 논의의 폐쇄성이 급격히 무너지고, 영상·출판 등의 대중매체를 통한 성표현 내지 성문제의 논의가 솔직·대담하게 이루어져, 정상적인 평균인의 사고 역시 이를 수용 내지 묵인하는 단계에 와 있습니다. 그러므로 성에 대한 금기의 타파와 성논의의 해방을 위해 작품 중의 성행위 묘사는 결코 금기의 대상일 수가 없습니다.

『즐거운 사라』 사건에서 대법원은, 주인공이 여러 사람을 상대로 변태적인 성행위를 하는 것을 탓하지만, 그렇다면 오직 한 사람을 상대로 정상위의 성교를 하지 않은 것이 잘못이라는 뜻인지, 그러한 행위를 한 것은 피고인이 아닌 작중인물인데, '작중인물이 살인행위를 했다고 해서 그 작가를 살인죄로 처벌할 수 있단 말인가'라는 의문만으로도 원판결의 편견과 허구는 금방 무너질 수밖에 없습니다. 이 재판은 작중인물의 행위를 단죄하고 있는 것인가, 현실에서 사라와 같은 성의 행각(작품 속의 사라는 성범죄를 범한 일이 없다)을 하는 사람이 있더라도 처벌할 수가 없는데 '작중인물의 행위에 대해서는 작가를 처벌할 수 있단 말인가'라는 의문도 제기될 수 있습니다.

'현실적으로 있을 수 있는 다양한 장면의 성행위' 자체가 죄 될 것이 없는데 그런 장면의 노골적·지속적 '묘사'가 죄가 되는가. 그나마 이 사건 작품 속의 성행위 묘사는 실인즉 '노골적이지도 지속적이지도 못하다고 하는 감정의견까지 나와 있지 않은가'라는 반론과 함께 심지어 옛날의 고전소설인『춘향전』만큼도 성의 묘사가 노골적이지 못하다고 한 감정증인의 견해가 수긍되기도 합니다.

그야말로 사법(법적 판단)의 영역 밖의 일을 법관이 월권을 했습니다. 성행위에 대한 묘사가 통속적으로 형상화되었는가, 한 작품이 인간의 성적 욕구의 본질이나 삶에 대한 새로운 통찰이나 비전을 제시하였는가의 여부는 문학평론에서 따질 일이지 사법판단의 대상이 될 수가 없습니다. 만일 형사재판이 문학적 가치에 대한 심판까지 겸하게 된다면, 더구나 그것이 유무죄를 가름하는 판시이유의 하나로 작용한다면 문학·예술의 자유는 존립할 수가 없습니다. 원심의 그와 같은 영역 일탈은 혹시 '예술성이 음란성을 완화 내지 해소시킬 정도인가'를 살펴서 양자를 견주어보는 이른바 법익교량설法益較量說의 입장에서 비롯된 것인가 하고 선의의 짐작을 해보려고 했으나 원판결 어디에도 그런 흔적은 나타나 있지 않습니다.

또한 원판결은 이 작품이 독자를 "호색적인 흥미 속으로 몰아넣음과 아울러 인간의 성행위 그 자체에 대하여 혐오감·불쾌감을 불러일으킨다"고 하였는데 '아울러'라는 접속사의 앞뒤 말은 과연 그처럼 양립 공존이 가능한지 의문스럽습니다. 다시 말해서, 독자를 호색적인 흥미 속으로 몰아넣은 작품이 성행위 자체에 대한 혐오감·불쾌감을 불러일으킨다는 것은 이만저만한 모순이 아닙니다. 성행위에 대한 혐오감·불쾌감을 불러일으키는 것은 음란죄의 요건이 아니라면, 그리고 피고인의 이 사건 소설이 성행위에 대한 혐오감·불쾌감을 불러일으키는 작품이라면, 성적 흥분이나 자극을 오히려 감쇄 또는 소멸시켰을 것이니 원판결의 음란죄 해석에 따르더라도 피고인은 무죄가 되었어야 마땅합니다. 일본에는 "성적 자극과 같은 것은 불쾌감 앞에 소멸되거나 거의 위축되는 성질이 있다"라고 하여 무죄를 선고한 하급심 판결도 있었습니다(도쿄지방재판소 1962년 10월 16일 판결).

이 점에서 원판결은 적어도 이유모순 내지 이유불비의 위법까지도 범하고 있습니다.

라. 그런데도 원심이 본건 소설을 "형법에서 보호하고자 하는 건전한 성풍속이나 선량한 성적 도의관념에 반하는 음란물이라고 아니할 수 없다"고 그릇된 판단을 한 것은 채증법칙을 위배한 잘못에서 비롯된 결과입니다.

즉, 원심은 '시대에 따라 변천하는 성에 대한 사회통념'을 염두에 두지 않고 오로지 검열관적인 관점에서 이 사건 작품을 잘못 읽고 잘못 이해하였으며, 거기에다 원심이 유죄인정의 자료로 열거한 증거 중에는 그 내용이 유죄의 증거가 될 수 없는 것이 있으니, '피고인들의 원심 및 당심 법정에서의 각 일부 진술, 검사 작성의 피고인들에 대한 각 피의자 신문조서의 각 일부 기재'에는 피고인이 이 사건 소설을 창작했다는 사실 외에 이 소설은 음란문서로 볼 수 없다는 진술 내용이 있을 뿐이고, 검사 작성의 신태웅, 김남규에 대한 각 진술조서는 그것을 증거로 하는 데 피고인측이 동의한 일도 없고 그 원진술자가 법정에 나와서 그 성립의 진정을 밝힌 일도 없어서 증거능력 자체가 의문스러운데다가 그 내용 또한 원판결이 유죄의 자료로 삼을 만한 대목이 없습니다.

마. '감정인 안경환, 이태동 작성의 각 감정서 기재'에 관해서 살펴건대, 실인즉 위 사람들에 대한 감정명령의 과정부터가 원심 재판부의 이해하기 어려운 입장 변화에 따라 부자연스럽게 이루어졌습니다. 즉 원심에서는 당초 검찰측과 피고인측이 각기 추천한 감정인 두 사람(하일지, 민용태)에 대해 재판부가 공동감정을 명하여 감정서를 제출케 하였던바, 그 감정의견이 이 사건 소설의 음란성을 부정하고 피고인에게 매우 유리한 내용으로 되어 있음을 알고 나서 재판부는 돌연 다른 사람에게 재감정을 시키자고 이례적인 자세를 보였고, 변호인이 이를 반대하는 서면까지 제출했음에도 불구하고 굳이 그렇게 할 사유도 없는데 끝내 재감정을 명하여 위 두 사람과 신승철이 감정을 하게 되었던 것입니다. 결국 이렇게 해서 원심 재판부는 새로운 감정에서 유죄의 자료를 기대하는 듯한 오해를 무릅쓰고 납득할

수 없는 재감정을 강행하였고, 그런 결과로 위 두 사람의 감정의견이 나왔던 것이니, 원심 재판부가 그것을 반갑게(?) 유죄의 증거로 열거한 것은 그리 떳떳할 수 없는 노릇이었습니다.

바. 그러나 감정인 안경환의 감정서에도 "이 작품은 독자에게 성적·충동적 모방심을 자극시키고 성범죄를 유발하는 등 사회적 현실로서 위험을 가져올 우려가 있는가"라는 물음(감정사항)에 대하여 "그러한 위험은 없다. 보편적인 윤리의식과 충동적인 행동의 자제력을 보유한 독자라면, 이 작품을 읽고 성범죄에의 충동을 느끼고 이를 실행에 옮길 위험은 전혀 없다고 생각됩니다"라고 답변했습니다. 그렇다면 위 감정인은 (음란문서 제조·판매죄를 이른바 추상적 위험범으로 보는 종래의 통설에 의하더라도) 본건 소설은 음란문서가 될 수 없음을 확실히 밝혀주었다고 할 것입니다.

사. 한편 감정인 이태동은 실질적으로 이 사건의 고발 역할을 한 간행물윤리위원회의 위원으로서 처음부터 편향된 입장과 견해를 가지고 있었으며 감정서 기재내용을 보더라도 매우 감정적이고 독단적인 의견표출이 많아서 도저히 공정성을 인정하기가 어렵습니다.

이렇게 볼 때에 원심은 유죄인정의 자료가 될 수 없는 증거 및 신빙성과 증명력이 희박한 증거를 기초로 사실인정을 함으로써 채증법칙을 위반하였을뿐더러 마땅히 믿었어야 할 '증인 이윤석, 김형진, 민용태의 진술과 감정인 하일지 및 민용태, 신승철의 감정서'는 오히려 배척하였으니(위 증인들의 진술 및 감정서들을 믿지 않은 잘못에 관해서는 항소이유보충서로 따로 밝히고자 함) 이는 원심이 자유심증을 남용하고 채증법칙을 위반한 것으로 보지 않을 수 없습니다.

2. 심리미진의 위법

가. 또한 원심은 "이 시대를 사는 우리나라의 정상적인 성인들이 위와 같은 성적인 표현에 노출되어 그에 익숙해져 있다고는 아직 보이지 아니하며, 일부 위와 같은 성적인 표현과 동일 또는 유사한 성표현물이 일부 제작 유통된다 할지라도 이들은 어디까지나 일부 사람을 상대로 한 비공식적·음성적인 유통경로를 통해 이루어지는 범죄적인 현상에 불과하고"라고 판시하고 나서 "이 시대 사람들이 간직하고 있는 건전한 사회통념에 비추어볼 때 위와 같은 성표현물이 오늘 우리 앞에 노출됨을 허용하여 이를 형법상의 음란물에서 제외시키기에는 아직 그 때가 이르다고 할 것이니 위 주장은 이를 받아들일 수 없다"고 결론지었습니다.

나. 그러나 원심은 누구를 정상적인 성인으로 보아야 하는지 그 기준을 명확히 하지 않았고 정상적인 성인이 성표현에 익숙해 있는지의 여부를 조사·심리한 적이 없으며, 음란한 성표현물이 음성적 유통경로로만 유통되고 있는지 정상적인 유통경로나 노출된 유통경로를 통해 유통되고 있는지에 대해서도 전혀 조사·심리한 바 없습니

다. 그리고 성표현물을 음란물에서 제외시키기에는 '아직 그 때가 이르다'고 한 시기상조론도 그것을 뒷받침할 아무런 심리·조사가 이루어지지 않은 상태에선 오직 법관의 주관에 의해서 추측·평가한 데 지나지 않습니다.

다. 원심이 좀더 자세한 심리를 하여 지금 우리 사회의 성풍조 및 성표현의 놀라운 개방추세와 성문제를 대담 솔직하게 다룬 영상물 및 도서 등의 유통·보급 현상, 그리고 그에 따라 달라진 성에 관한 사회통념 등을 제대로 파악했더라면 원판결의 주문과 이유는 전혀 달라졌을 것입니다. 결국 원심은 마땅히 했어야 할 심리를 제대로 하지 않음으로써 심리미진의 위법을 저질렀다고 하겠습니다.

라. 일본에서는 "저작 자체가 형법 제175조의 외설문서에 해당되는지 여부의 판단은 당해 저작에 대하여 행하여지는 사실인정의 문제가 아니라 법해석의 문제이다"라고 판시한 판결이 있었습니다. 이처럼 '음란성의 판단은 사실인정의 문제가 아니라 법해석의 문제'라는 판례의 입장을 우리도 답습한다면, 사실문제를 매개시키지 않은 채 법률판단을 할 수가 있느냐는 의문과 함께 이른바 '규범적 구성요건'이라고 해서 사실인식의 근거 또는 증거를 소홀히 한 채 법관 개인의 규범적 평가만 제시해놓을 경우의 위험성을 이 사건에서 실감하게 됩니다.

3. 맺는말

이상 살펴본 바와 같이 원판결은 ① 형법 제243조 및 제244조의 조문에 관한 해석의 위헌성을 그냥 보아넘겼고, ② 표현의 자유를 포함한 국민의 기본권 제한과 죄형법정주의 및 음란문서 제조·판매죄의 법리를 오해하였으며, ③ 채증법칙을 위배하였을 뿐만 아니라 ④ 심리미진의 위법까지 범하여 판결에 영향을 미쳤습니다.

생각건대 성에 관한 자유로운 논의와 표현이 바람직스러운가에 대한 견해차는 사회 각 분야의 논쟁의 대상이어야지 사법판단의 도마 위에 올려놓을 일이 아닙니다. 증명 불가능한 '사회통념'이나 '성적 수치심'이 판단의 기준 또는 처벌의 기준이 된다면 권력이 마음먹기에 따라서는 누구나 '범인'이 될 위험이 있습니다.

실재하는 인간이 행동으로서 성적 문란을 저질러도 (그것이 성범죄가 아닌 한) 처벌되지 않는데, 하물며 소설 속의 가공인물의 그런 행위(에 대한 묘사)를 작가 처벌의 이유로 삼을 수는 없습니다.

성은 그 본질이나 속성이 법적 개념 아닌 통상적 용어로 말해서 음란한 면을 배제하기가 어렵습니다. 그것은 속박과 자유의 갈등을 불러일으키는 인자가 되기도 하고, 쾌락만큼의 위험과 추악도 걱정할 만합니다. 그러나 현실적으로 존재하는 그런 성의 세계를 그냥 둔 채, 그것을 다룬 픽션을 범죄시하려고 하는 식의 법적용은 올바르지가 못합니다. 더구나 하나의 픽션 속에서 전개되는 성의 세계를 피해망상적인 가상 아래 규탄하고 저주하다보면 자칫 표현의 자유가 짓밟히거나 무의미해질 위험이 있습니다. 기본권의 헌법상 보장은 소수의견 내지 이단 그리고 지배세력이 꺼려하는 사상까지도 아울러 포용하고 존중하는 것입니다. 법의 질서유지 기능이 지나치게 강조된 나머지 우리 시대의 문화와 자유와 진실을 국가권력의 자의恣意로부터 지켜야 할 헌법의 보장 기능이 경시되어서는 안 될 것입니다.

아무쪼록 대법원에서만은 지금까지 반복된 하급심의 과오를 제대로 밝혀주시고 다시 올바른 판결을 내려주실 것을 확신합니다.

7. 작가 황석영 방북 사건 변론요지서

피고인 황수영(필명 황석영)

위 사람에 대한 국가보안법 위반 피고사건에 관하여 다음과 같이 변론합
니다.

1993.10.11.

위 피고인의 변호인

변호사 한승헌

서울형사지방법원(합의 제25부) 귀중

1. 피고인 황석영은 북한 '조선문학예술총동맹'의 초청으로 1989년 3월 20일 북한을 방문한 이후 네 번에 걸쳐 방북하였으며, 독일과 미국 등지에서 조국의 평화적 통일을 위해 활동하다가 해외체류 4년 만에 귀국하자마자 국가보안법 위반으로 구속되어 안기부·검찰의 조사를 거쳐 이 법정에 기소되기에 이르렀습니다.

황씨의 방북은 분단고착 후 남한의 작가로서는 최초의 결단이었으며 그후 4년 동안 해외에서 그가 겪어야 했던 망명생활은 널리 알려진 바와 같습니다. 그는 분단극복을 위한 작가적 소명의 실천자였건만 김포공항에 귀국의 첫발을 디딘 그에게 정부는 차가운 수갑을 채웠습니다. 북한을 민족공동체의 일원으로 알고 평화통일을 하겠다는 정부가 그에게 내민 것은 오직 국가보안법뿐이었습니다.

2. 작가 황석영은 북한을 이롭게 하거나 대한민국을 해치려고 방북한 것이 아닙니다. 문학인들도 각자의 성향과 계파를 초월하여 한결같이 황씨를 옹호하고 나섰습니다.

"분단체제하에 살고 있는 작가의 역할은 분단의 제반 모순에 대해 쓰고, 또 그것을 뛰어넘는 것이라 할 때, 정치가나 관료가 아닌 반세기 가까이 고향을 가보지 못한 작가로서 1천만 이산가족의 한을 짊어지고 방북한 그의 행위는 우리의 통일운동사와 민족문학사에 있어 온당하게 평가받아야 할 일이라고 봅니다."(작가 황석영 석방대책위원회 결성취지문의 한 구절)

"분단된 나라에서의 문학예술인들은 다름 아닌 '분단시대의 작가'이자 '분단시대를 극복하고 조국의 자주적이고도 평화적인 통일을 지향하는 작가'인 것입니다. 그래서 우리 문학의 최고이념은 '통일'일 수밖에 없습니다. 황석영의 방북은 바로 '통일민족문학'을 지향하는 작가로서 시대적 소명을 다하고자 온몸을 걸고 결행했던 용기 있는 결단이었습니다."(위의 결성취지문에서)

반면 안기부 쪽에서는 민족문학진영의 위와 같은 평가와는 정반대로 황씨를 이렇게 매도했습니다.

"황씨는 북한의 대남공작기구인 통일전선부의 활동지침에 따라 '범민련' 결성을 주도하고 범민련이 북한의 대남공작을 위한 전위조직으로 활동하는 데 주도적 역할을 해왔다."(수사결과 발표문의 한 구절)

이와 같은 상반된 견해는 황씨의 일련의 행동을 분단극복과 통일지향을 위한 역사적 결단으로 보는가, 아니면 남북대결의 반공구도를 무시한 탈선행위로 보는가 하는 두 입장으로 요약될 수 있습니다. 본건 형사피고 사건은 바로 후자의 관점에 뿌리를 둔 것으로서 검찰은 황씨의 행동을 국가보안법상의 여러 조항에 위반되는 범죄라고 주장합니다. 그리하여 1950년대의 냉전체제와 매카시즘적 사고에서 한 치도 벗어나지 못한 정부 일각의 적대적 북한관이나 분단고착적 이중성을 드러내고 있습니다.

3. 본건 공소사실의 요지는, 작가인 황씨가 ① 1989년 3월부터 1991년 5월까지 다섯 차례 밀입북, 일곱 차례에 걸쳐 김일성을 만났고, ② 북한당국으로부터 25만 달러의 공작금을 받았으며, ③ 김일성의 회고록 원고의 가필에 참여하였고, ④ 북한의 지령을 받고 독일,

일본 등지에서 활동하였으며, ⑤ 북한에서 열린 범민련 발족식에 참가하여 북한 통일전선 전위조직인 이 조직의 남측 대변인을 맡아 북한의 입장을 대변하였을 뿐 아니라, ⑥ 남한의 재야단체와 재야인사들의 근황을 알리는 등의 행위를 함으로써 구 국가보안법 중 7개 조항, 현행 국가보안법 중 4개 조항을 어겼다는 것입니다.

분단된 조국의 북쪽을 다녀온 것이 이처럼 10개가 넘는 처벌조항에 걸린다면, 행위자에게 탓을 돌리기보다는 법률에 문제가 있다고 볼 수밖에 없습니다. 통일지향적인 사람을 범죄인으로 처단하는 법률은 반통일적이자 반역사적이라는 비난을 면할 수가 없습니다.

국가보안법은 과연 합헌인가. 북한당국은 과연 국가보안법상의 '반국가단체'인가. 그리고 국가보안법 각 조항에 대한 대법원의 재래식 해석은 무작정 신주처럼 받들어야 할 만큼 정당한가. 나아가서 설령 황씨에게 그 어떤 실정법 위반의 점이 인정된다 할지라도 가벌성可罰性이 있는 것일까. 이 사건 재판에서는 그러한 근본적인 문제점들을 냉철하게 판단해나가야 할 것입니다.

4. 황씨에게 적용된 구 국가보안법(법률 제3318호)과 현행 국가보안법에는 이른바 '반국가단체' 조항이 있고, 당초부터 그것이 북한당국을 염두에 둔 규정임은 입법의 경위나 대법원의 연달은 판결에 의해 너무도 분명합니다. 즉, '반국가단체'와 '북한당국'은 동의어처럼 쓰이고 있는 것입니다.

그러나 그처럼 북한당국을 반국가단체로 보는 전제 위에서 온갖 범죄를 설정하고 있는 국가보안법은 한국 헌법 중 평화적 통일의 민족적 사명을 명시한 전문前文과 평화적 통일정책 추진을 의무화한 제3조 및 조국의 평화적 통일을 위한 대통령의 의무를 규정한 제66조 제3항 등에 위배됩니다.

5. 또한 북한당국은 국가보안법상의 반국가단체가 아닙니다.

국가보안법상 '반국가단체'라 함은 '정부를 참칭하거나 국가를 변란할 것을 목적으로 하는 국내외의 결사 또는 집단'을 가리키는바(제2조 제1항) 누구보다도 한국정부 스스로 북한당국은 그러한 요건에 해당되는 반국가단체가 아니라는 전제를 거듭 수용한 바 있습니다.

남한의 역대 정권 중 이승만 정권의 북진통일정책을 제외하고는 모든 정권이 평화통일을 통일정책의 기초로 내세웠습니다. 현행 헌법 제4조 역시 남북의 평화적 통일을 국가정책의 근간으로 천명해놓고 있습니다.

만일 남한정부가 북한당국을 반국가단체로 본다면 무력을 동원해서라도 이를 토벌, 궤멸시켜야 할 것이지 '평화통일'을 헌법에까지 못박았을 리가 없습니다.

6. 8·15해방 이후 남한정부의 대북한정책은 몇 단계를 거치면서 변환을 거듭했습니다. 제1공화국의 수립에서 7·4성명 직전까지는 분명히 적대관계를 고집했으니 혹시 북한당국을 반국가단체라고 보는 것이 논리적이었을지 모릅니다. 그러나 7·4남북공동성명과 6·23선언 등으로 남북한이 선의의 경쟁관계에 있음을 인정했는

가 하면, 7·7선언에 의해 북한과 동반자관계를 설정했을 뿐만 아니라 남북한의 유엔 동시가입으로 묵시적 내지 명시적 국가승인 단계로까지 진전되었습니다. 그 과정과 내용을 좀더 살펴본다면, 대한민국 정부의 정책선언과 입법 및 북한과의 합의사항에 비추어보더라도 북한당국은 결코 반국가단체일 수가 없다는 점을 쉽게 알 수 있습니다.

(1) 박정희 대통령은 ① 1970년 8·15경축사에서 남북 간의 선의의 경쟁과 평화통일 구상을 발표하였고, ② 1972년의 7·4남북공동성명에서 자주, 평화, 민족대단결의 3대 원칙에 입각한 평화통일을 천명하였습니다.

이처럼 남과 북의 정권이 서로 특사를 교환하면서 협의하고 합의하여 공동성명을 낸 사실, 그 합의의 내용이 평화와 민족대단결의 원칙에 입각한 통일의 추진이었고, 남북이 대등한 지위에서 정부 차원의 성명을 발표한 점 등을 보더라도 북한을 반국가단체로 보지 않는다는 전제가 직접·간접으로 드러나 있습니다.

또한 7·4성명에는 남북한 간의 상호비방의 금지, 군사충돌의 방지 그리고 교류의 증진에 관한 명문이 들어 있는바, 만일 북한이 남한 법률에 의한 반국가단체라면 한국정부가 그와 같은 공동성명에 합의했을 리가 없습니다.

(2) 1973년의 '6·23평화통일외교정책선언'에서 박정희 대통령은 남북한의 유엔 동시가입, 상호 내정불간섭, 호혜평등, 대화의 계속 등을 제안하였는바, 이 또한 북한당국이 '반국가단체'가 아니라는 사실을 정부가 공식 확인한 실증이라 하겠습니다. 박대통령이 정

신이상자가 아닌 이상 '반국가단체'를 상대로 유엔 동시가입, 상호 내정불간섭 그리고 호혜평등을 제안했을 리가 없습니다. 다시 말해서 북한당국의 실체를 반국가단체가 아닌 국가, 정부 또는 특수한 당국으로 보았기 때문에 그와 같은 제의를 했다고 할 것이며, 그러한 6·23선언에 대해 국민 누구도 "왜 반국가단체를 상대로 그런 제안을 하느냐"고 반대를 표명한 바가 없고, 오히려 국민 각계각층이 그 선언을 매우 획기적인 것이라고 환영과 지지를 표명하였던 것을 보면, 북한당국이 반국가단체가 아니라는 점에 대하여 국민적 합의가 증명되었다고도 할 것입니다.

(3) 1988년의 '7·7선언'에서 노태우 대통령은 '한 민족·두 체제'라는 표현으로 북한당국의 실체를 거듭 인정하고 남북관계를 적대관계가 아닌 동반자관계라고 밝혔으며, 북한을 민족공동체의 일원으로 생각하여 교류와 교역으로 도와주어야 한다고 했습니다. 북한을 동반자관계로 보았다면 이는 적어도 소탕의 대상인 반국가단체는 아니라는 뜻이 함축되어 있다고 하겠습니다.

(4) 또한 6공 정권은 1989년 9월 11일 발표한 '한민족공동체통일방안'에서 통일에 이르는 중간단계로서 '남북연합'을 형성하고 남북정상회의와 남북각료회의 등을 두자고 제의했습니다. 도대체 반국가단체를 상대로 '연합' '정상회의' 또는 '각료회의'를 거론할 정부가 이 지구상에 있을 턱이 없습니다. 불법집단이 아닌 국가 또는 정부라는 실체를 상대로 해서만 그런 제의가 가능한 것입니다. 북한당국을 '조선민주주의인민공화국'이라는 국가 내지 정부로 인정하는 전제 위에서만 그런 제안의 진실성도 담보될 수 있는 것입니다.

(5) 한국정부의 끈질긴 노력에 의해 남북한은 1991년 9월 18일 유엔에 동시가입했습니다. 이로써 남북한은 상호 간의 묵시적 승인에서 명시적 승인으로 외교단계의 차원을 높였다고 보는 견해가 유력합니다. 적어도 '조선민주주의인민공화국'의 국가 존재형식의 정통성 시비는 소멸되었으며, 하물며 반국가단체라는 매도는 더이상 발붙일 여지가 없어졌습니다. 한국정부가 원해서 그렇게 되었습니다. 한국정부의 지속적인 노력에 의해서 북한당국이 국제사회에서 '주권국가'로 공인받는 유엔 회원국이 된 것입니다. 까닭인즉, '국가'만이 유엔 회원국이 될 수 있으며 남북한의 동시가입에 따라 남북한 상호 간에는 국제법의 일반 원칙에 따라 주권평등의 원칙이 적용되기 때문입니다.

(6) 뿐만 아니라 유엔 헌장 제4조에는 회원국의 자격을 '평화애호국'으로 규정하고 있으므로 남북한의 유엔 가입으로 북한도 '평화애호국'으로 인정받았다고 보아야 합니다. 따라서 북한당국을 더이상 국가를 변란할 목적으로 조직된 반국가단체라고 주장할 근거는 이미 소멸되어버린 셈입니다.

한편, 한국정부만이 '한반도 내의 유일합법정부'(따라서 북한당국이 불법집단이라는 주장)라는 근거로 내세웠던 1948년 12월 12일자 유엔총회 결의 제195호 3항과 북한을 '침략자'로 규정한 1950년 6·25 직후의 유엔 안보이사회 결의도 북한의 유엔 가입에 따라 자동적으로 효력을 상실하게 되었습니다.

(7) 남북한이 유엔에 가입한 직후인 1991년 9월 24일 노태우 대통령은 유엔총회 연설에서 "우리의 형제 조선민주주의인민공화국도

유엔 회원국이 되어 진심으로 축하한다"라고 말했습니다. 그러고 나서도 북한당국을 반국가단체라고 계속 우긴다면, 앞서의 대통령의 연설은 "반국가단체가 우리와 함께 유엔에 가입한 것을 기쁘게 생각한다"는 말이 되고 마는데, 그것은 논리에도 맞지 않고 남한정부의 대통령을 코미디언 취급하는 이야기가 됩니다.

그러므로 북한당국은 현행 한국 헌법이나 한국정부의 정책 및 그 실천 내용에 비추어보더라도 국가보안법상의 반국가단체로 볼 수가 없습니다.

(8) 남북한 정부는 1992년 2월 19일 남북고위급회담에서 남북기본합의서(정식명칭 '남북 사이의 화해와 불가침 및 교류협력에 관한 합의서')를 발효시켰고, 이어서 같은 해 9월 17일에는 부속합의서(정식명칭 '남북 사이의 화해와 불가침 및 교류협력에 관한 합의서의 제3장 남북교류협력의 이행과 준수를 위한 부속합의서')가 채택되었습니다. 위 기본합의서는 상대방의 실체 인정(제1조), 상대방의 내부문제 불간섭(제2조), 상호 간의 비방·중상 금지(제3조), 상대방에 대한 파괴·전복 금지(제4조), 다각적인 교류협력(제3장) 등에 관한 규정을 담고 있습니다. 따라서 기본합의서의 체결·발효 사실 및 그 합의서의 내용에 비추어보더라도 북한당국은 이미 반국가단체가 아닙니다.

(9) 위의 남북기본합의서는 국제법 주체 간의 합의이므로 조약의 성격을 가지며(김명기, 『남북기본합의서 요론』, 국제문제연구소, 1992, 37쪽), 헌법에 의해 체결 공포된 조약이므로 국내법과 동일한 효력을 갖는 것입니다(헌법 제6조 제1항).

나아가서, 기본합의서의 내용이 기존 법률과 저촉될 경우에는 신법 우선의 원칙이 적용되고, 따라서 "기본합의서에 저촉되는 국가보 안법은 효력을 잃게 된다"(김명기, 위의 책, 67쪽)는 견해가 타당하기 때문에 남북기본합의서 발효 이후에는 더이상 국가보안법을 적용하 여 국민을 처벌할 수가 없는 것입니다.

7. 그럼에도 불구하고 우리 대법원은 실로 모순투성이의 판결을 되풀이해왔습니다.

즉, 대법원은 "북한이 우리의 자유민주적 기본질서에 대한 위협이 되고 있음이 분명한 상황에서 우리 정부가 북한 당국자의 명칭을 사 용하고, 남북 동포 간의 자유로운 왕래와 상호교류를 제의하였으며 남북국회회담 등과 같은 회담을 병행하고, 나아가서 남북한이 유엔 에 동시가입을 하였다거나 '남북 사이의 화해와 불가침 및 교류협력 에 관한 합의서'에 서명하였다는 등의 사유가 있다 하여 북한이 국 가보안법상의 반국가단체가 아니라고 할 수 없다" 또는 "국가보안 법은 동법 소정의 행위가 국가의 존립·안전을 위태롭게 하거나 자 유민주적 기본질서에 위해를 줄 경우에 적용되는 한에서는 (⋯) 국 가보안법이 북한을 반국가단체로 본다고 하여 헌법상 평화통일의 원칙에 배치된다거나 또는 국가보안법이 죄형법정주의에 배치되는 무효의 법률이라고 할 수 없다" 등의 판시를 하였습니다(예를 들어 92도1121호 사건, 1992. 8. 14. 대법원 판결).

위의 판시에서 '(⋯) 등의 사유가 있다 하여'의 앞에 있는 부분과 뒤에 나오는 서술은 전혀 들어맞지가 않습니다. 즉 남북 간의 국회 회담, 고위급회담, 유엔 동시가입, 남북기본합의서의 발효 등 일련의 사실과 북한이 반국가단체라는 주장 또는 '북한이 우리의 자유민주적 기본질서에 대한 위협이 되고 있음이 분명한 상황'은 결코 양립 공존할 수가 없는 배척관계에 있습니다.

'(…) 등의 사유'가 있음에도 불구하고 어찌하여 '반국가단체가 아니라고 할 수 없는 것'인지, 그 이유를 밝히지도 않은 채 그저 '(…) 등의 사유가 있다 하여 (…) 아니라고 할 수 없다'라는 식으로 앞뒤가 맞지 않는 말을 접속시켜놓은 것은 대법원의 논리부재 내지 견강부회를 드러내는 것 같아서 한심스럽기 짝이 없습니다.

그런데도 하급심에서는 대법원 판결의 기속력羈束力을 표면상의 이유로 삼아 위와 같이 부당하기 짝이 없는 대법원의 판시를 기계적으로 추종하는 데 그치고 있기 때문에 국가보안법에 치인 억울한 희생자가 잇따르고 있는 것입니다.

하급심이라고 해서 무사안일하게 대법원의 판결만 답습하여 위법·부당한 판결을 되풀이할 것이 아니라 대법원 판결의 변경을 이끌어낼 만한 창조적이고 논리적인 판결을 해야만 할 것입니다.

진정 '북한이 우리의 자유민주적 기본질서에 대한 위협이 되고 있음이 분명한 상황'이라면, 한국정부는 조선민주주의인민공화국 김일성 주석이니 아무개 국무총리니 하는 북한 당국자의 공식호칭 사용, 남북국회회담, 남북고위급회담, 남북 유엔 동시가입, 남북기본합의서 등을 모두 부정하고 반대했어야 하는데, 현실은 그렇지가 않습니다. 우리 사법부가 이 점에 대해서 눈을 감거나 회피적인 외면으로 일관하고 있음은 실로 개탄할 일이 아닐 수 없습니다.

8. 설령 국가보안법이 위헌이 아니고 또한 북한당국이 그 법에 규정된 '반국가단체'라고 하더라도 피고인의 본건 행위는 그 법상의 기밀누설이나 지령에 의한 탈출·잠입, 회합, 찬양·고무·동조, 금품 수수 등으로 처벌할 수 있는 행위가 아닙니다.

국가보안법의 규정 자체가 대법원의 판례에 의하더라도 '동법 소정의 행위가 국가의 존립, 안전을 위태롭게 하거나 자유민주적 기본질서에 위해를 줄 경우에만' 적용되어야 하는 것인데, 피고인이 방북을 전후하여 행한 일련의 소위는 그것이 한국정부가 원치 않는 행위였을지는 몰라도 피고인이 '국가의 존립·안전이나 자유민주적 기본질서를 위태롭게 한다는 점을 알면서'(제5조 제2항, 제6조 제1항, 제7조, 제8조) 한 행위는 아니었습니다. 검찰측도 피고인의 일련의 행위가 국가의 존립·안전을 어떻게 위태롭게 하였으며, 자유민주적 기본질서에 구체적으로 무슨 위해를 미친 것인지에 관하여 아무런 주장도 입증도 한 바가 없습니다.

요컨대 본건에 나타난 피고인의 언동은 아무리 그것을 확대·과장해서 해석한다고 해도 국가의 존립·안전이나 자유민주적 기본질서를 위태롭게 하는 것이 아니었습니다.

위와 같은 국가보안법 적용상의 제한적 요건이 국민의 헌법소원에 의해 헌법재판소가 내린 이른바 '한정합헌' 결정에 의해서 입법화된 점을 고려한다면, 그러한 위험성의 유무를 가려보지도 않은 채 종래의 타성에 따라 유죄로 보고 처벌하는 것이야말로 또 한 번의 헌법 위반이 된다고 아니할 수 없습니다.

9. 지금까지 본 변호인은 이 사건에 대한 총론적인 변론을 개진하였습니다(그 밖의 구체적인 공소사실에 대한 변론은 상_相변호인들이 분담 변론할 것임). 이 변론에서 밝힌 몇 가지 사유만으로도 피고인에게는 무죄판결이 선고되어야 마땅하다고 봅니다.

아무쪼록 헌법과 법률 그리고 양심에 충실한 공정한 판결을 기대합니다. 분단조국의 통일 성취를 위한 피고인의 의지를 올바르게 평가하고 국가정책 및 실정법의 이중성과 차별적 적용의 위해를 직시함과 아울러 이 민족의 현재와 미래를 거시적으로 통찰하는 역사적 안목으로 현명한 판결을 해주시기 바랍니다.

제3장

문학과
필화

1. 문학작품에 따르는 법적 책임

정을병의 『유의촌』 논쟁을 계기로

작가 정을병씨의 소설 『유의촌有醫村』을 둘러싸고 요즘 도규계刀圭界와 문단 사이에 상당한 논란이 벌어지고 있다. 급기야 성모병원 의사 60명이 『유의촌』을 연재하는 주간지를 상대로 주간신문윤리위원회에 집단제소를 하기에 이르렀다. 의료업계에서 반발하는 이유는 그 소설이 음란한 내용을 담고 있으며 의료인의 인격과 명예를 손상시켰다는 점으로 요약된다.

주간신문윤리위원회는 지난(1968년) 7월 14일자 결정을 통해 그 소설의 소재 안에 의사가 나오지만 특정의 실재인물을 대상 삼아 표현한 것이 아니므로 명예훼손이 되지 않는다고 판단하는 한편, 단편적으로 3개 부분의 표현을 지적하여 음란성과 저속성을 인정했다.

무릇 창작소설을 규범이라는 도마 위에 올려놓고 명예훼손이나 음란성을 따지자면 문학의 본질과 관련하여 몇 가지 특이점이 고려되어야 한다.

누구나 알다시피 소설은 일반적으로 허구를 바탕 삼은 것이다. 사실을 다룬 듯 보여도 사실 그 자체의 촬영이나 복사는 아니다. 그리고 어디까지나 문학인 이상 거기엔 진·선·미와 대조되는 위(僞)·악·추(醜)가 작품전개의 기법상 얼마든지 설정될 수도 있다. 그러니까 위인전이나 수신교과서와 다른 것은 차라리 당연할지도 모른다.

이와 같은 상식이 제대로 이해되지 않는 한, 헌법에 보장된 언론·출판·학문·예술의 자유는 편견의 등쌀에 발붙일 곳이 없게 될 것이다.

따라서 문학작품에 대한 공격은 실로 표현의 자유와 관계되는 헌법상의 차원에서 평가되어야 한다. 그렇다면 보다 현실적인 면에서 형사법상 명예훼손이나 음란 여부를 따질 경우에도 헌법의 기본정신과 문학의 허구성은 좀더 성실하게 이해되어야 할 것이다.

물론 소설이라고 해서 윤리나 법률의 권외에서 폭군 노릇을 해도 좋다는 말은 아니다. 작가는 자기 작품에 대해 책임을 져야 한다. 그 책임이란 여러 가지 형태로 생각할 수 있다.

실제에 있어 한 작품에 대한 논란이 법적 문제로까지 비화된 예는 드물지 않다. 플로베르는 그의 처녀작 『보바리 부인』을 쓰고 '공중도덕 및 종교도덕에 대한 모독죄'로 기소되었다가 무죄선고를 받았고, 『채털리 부인의 연인』은 그 작가인 로렌스가 죽은 지 30년 뒤에 말썽이 되어 그 출판업자가 외설출판물법 위반으로 런던 법정에서 심판을 받았는데 배심원의 평결은 무죄였다.

이 소설은 미합중국 연방재판소에서도 무죄가 된 바 있는데, 일본에서는 그 번역 출판 행위를 유죄로 확정시켰다. 일본에선 그 밖에도 미시마 유키오三島由紀夫의 『연회가 끝난 뒤』라는 소설이 명예훼손과 프라이버시 침해로 법의 재정을 받는 등 파문이 일었다.

우리나라에선 몇 개의 신문 연재소설이 음란 또는 인신공격의 혐의로 지탄받은 일은 있으나 법률적인 판단을 받아본 예는 아직 없다.

이처럼 사법적인 사건으로 번지지 않은 것은 일면 다행스럽기도 하지만 관점을 달리해서 본다면 그저 매사가 어물어물 넘어갔기 때문에 기준 삼아 볼 판례가 없는 것 같아 아쉬운 면도 없지 않다.

법률에서 명예훼손이라 함은 '공연히 사실을 적시하여 사람의 사회적 가치나 평가를 해치는 일체의 행위'를 뜻한다.

흔히 강학상이나 판례상으로 그렇게 말을 하지만 구체적으로 무엇이 명예이며 어느 상태에서 어떤 내용, 어느 정도면 훼손이 되는 것인가를 판가름하기란 쉽지 않다.

더구나 문학작품에 있어서는 작가의 의도 및 작품 전체의 평가와 관련하여 '범의'의 입증이 문제된다. 예기치 못한 결과 발생이나 막연한 사회적 우려만으로 법률상의 책임까지 당연히 질 수는 없다.

다음으로 명예의 주체인 '사람'에는 자연인뿐 아니라 법인도 포함되지만 어느 것이든 개별적으로 특정할 수 있어야 된다.

그렇다면 특정되지 않은 복수인, 또는 법인 아닌 단체나 계층의 명예는 법이 외면하는가 하는 점이다. 이른바 '그룹 라이블group libel'의 문제다. 우리 현행법의 해석으로는 적어도 형사책임은 물을 수 없다. 그러나 미국이나 영국에선 법인 아닌 집단 또는 직종에 대한 명예훼손을 인정하는 판례가 확립되어 있다. 아직 우리나라에선 그룹 라이블을 인정하지 않고 있지만 앞으로 어떤 직종이나 계층, 지역 따위로 특정될 수 있는 집단의 명예보호를 고려할 필요는 있음직하다.

종래 문학작품의 음란 시비가 그야말로 시비에 그친 것은 이 분야의 우리 판례를 불모 상태에 머물게 한 원인이 되었다.

무릇 음란성(종전의 '외설'이란 용어는 법문상 '음란'으로 바뀌었다)이라 함은 괜히 '성욕을 자극시켜 보통인의 정상적인 성적 수치심을 해치고 선량한 성도덕 관념에 반하는 것'으로 해석되고 있다. 하지만 사회풍조와 생활양상의 변천에 비추어 그 한계를 가리는 일은 한층 더 어렵게 되었다.

물론 (사족이 되는 말이지만) 예술이란 허울 밑에 음담패설이 활개치는 일은 묵과할 수 없다. 그렇다고 작품 속의 묘사를 곧 현실의 사진寫眞으로 보고 덤비는 처사도 온당치 않다. 가장 흔하고 위험하기로는 내용의 일부분, 표현의 단편만을 가지고 음란성을 운위하는 경향이다.

1959년 영국의 음란출판물법이 작품을 '전체로서' 볼 것을 강조하고 있음은 방금 지적한 그런 위험을 막는 데 본받을 만한 입법이라고 본다.

한 걸음 더 나아가 이탈리아 형법에서는 과학·예술작품의 원칙적 비음란성을 명문으로 인정하여 범죄학과 예술의 본고장다운 면모를 보이고 있다.

우리나라엔 비록 그러한 진보적 규정은 없을망정 법의 해석과 운용에 있어서 문화와 시대의 흐름에 역행되지 않도록 선진국의 좋은 예를 많이 참작해야 될 줄 안다.

문학의 언어가 법률의 언어와 항상 같을 수는 없다. 그리고 그것은 철인哲人과 치한癡漢을 따로 구별하지 않고 써야 되는 입장에 있다. 오해의 여지는 여기서 싹튼다.

문학의 언어를 곧 법률의 언어로, 철인의 생각을 곧 치한의 안목으로 곡해하거나 혼동하는 데서 비극이 시작되고 난센스도 일어난다.

문학작품은 어디까지나 평균적인 독자를 기준 삼아 건전한 사회 통념에 비추어 평가되어야 한다. 막연한 피해의식이나 경화된 사고의 발산 때문에 마구 화살을 맞는다면 문화의 전진은 기대하기 어렵다.

이러한 말은 작가의 사회적 책임을 간과하는 뜻이 아니다. 법적인 책임문제 이전에 작가는 문학활동의 과정에서 남의 명예와 권리, 그리고 사회윤리에 흙탕물을 끼얹는 일을 삼가도록 자계自戒하는 마음을 저버리지 말아야 할 것이다.

대한일보, 1968. 7. 30.

2. '음란성'의 판별 기준

(1967년) 7월 초에 시작된 검찰의 음란출판물 단속은 대체로 일반의 지지를 받고 있다.

오늘날 우리 사회에 범람하고 있는 도색풍조가 실은 각종 매스미디어의 퇴폐적인 저속성에 의해 가일층 거세어지고 있음은 아무도 부인할 수 없다. 지금에 와서 전래적인 미풍양속을 그 형태 면에서까지 고집할 수는 없다 하더라도 표현의 자유를 그릇 남용하는 대중매체의 놀아남을 용납할 수는 없으며, 적어도 실정법이 못박고 있는 한도 안에서나마 거기에 어떤 제재가 절실한 것도 사실이다.

현대생활에 홍수처럼 밀려오는 매스미디어의 위력은 그것이 활자미디어이든, 전파 미디어이든 간에 다소 부정적인 의미로 본다면 만인백치화萬人白痴化와 평균적 타락을 빚어내고 있음에랴.

더구나 극도의 상업성에만 집념하는 업자의 무사려無思慮가 자율적인 광정匡正의 여지를 보이고 있지 않은 한국의 실정에 비추어 검찰의 이번 조처는 매우 적절한 것이라 보아줌직하다.

그러면서도 우리는 이러한 범죄단속의 구체화 과정에서 혹시라도 옥석을 혼동하는 위험이 있을까 염려하면서 음란 추방의 실효 있는 작업을 위해 새삼스런 말이나마 일언해둘 필요를 느낀다.

이번에 검찰이 발표한 음란성의 인정 기준을 보면, ① 사회 일반인의 정상적인 성적 수치심을 해하거나, ② 성욕을 흥분 또는 자극시키고, ③ 선량한 성적 도의관념에 위배되는 것 등으로 나타나 있다. 이러한 개념설정은 이웃 일본에서 이른바 '채털리 부인 재판'을 전후하여 확립된 최고재판소의 해석과 동류의 것이라고 볼 수 있는데, 설령 이런 식의 해석이 타당하다 하더라도 구체적인 문제에 들어가면 결국 검찰관이나 재판관의 독단에 좌우될 우려가 있기는 매한가지다. 춘화나 도색 일변도의 출판물에 대해서는 일응 큰 문제가 없지만, 문예작품이나 방송물에서는 질서 위주의 법해석이 엉뚱한 결론을 자아낼 위험이 있는 것이다.

만일 음란이란 개념의 상대성을 잘못 이해한다면 가치판단의 획일성 내지 견강부회적 법해석에 의해 웬만한 문화매체는 분별없이 혐의를 받아야 하는 부작용도 예상된다. 음란 개념의 상대적 성격이란, 그에 대한 규범적 평가가 결코 어떤 고정된 관념에서가 아니라 시대와 장소 및 환경의 변화에 따라 달라질 수밖에 없음을 뜻한다.

따라서 한 시대의 사회통념과 문화의식의 올바른 파악이 긴요하고 또 선행되어야 한다. 비록 놀라운 이변에 속할 만한 선정적 행위라 할지라도 사회의 정상적 평균인의 생활의식에 건전하게 수용·섭취된 뒤라면 함부로 음란의 법조를 발동할 바는 아니라고 본다.

이처럼 음란성 여부의 판별이 어려운 가치판단을 전제로 할진대 수사당국의 실력행사를 더욱 빛나게 하기 위해서는 보다 총합적인 중지를 얻기 위한 자문기구를 두는 것도 생각해봄직하다. 모처럼 발동한 검찰의 이번 단속조처가 응분의 결실을 거둘 것을 바라고 격려하면서 혹시나 하는 마음으로 기우일지도 모르는 비견鄙見을 밝혀둔다.

법률신문, 1967. 7. 14.

3. 필화 재판

필화 사건만큼 세인의 주목을 받는 재판도 드물다. 그것은 심판을 받는 피고인 개인의 차원을 넘어서 언론·창작의 자유와 밀착되는 것이기 때문이다.

그뿐 아니라 말썽의 사단事端에는 흔히 정치적인 입장이 얽혀 있는 듯한 인상이 뒤따르기도 한다. 또한 하나의 글을 도마 위에 놓고 위법 여부를 따지는 작업은 매우 어렵고도 위험한 일이다. 이러한 몇 가지 이유만으로도 필화 사건의 귀추는 주목받아 마땅한 것이다.

나는 우연찮은 인연으로 몇 개의 필화 사건을 변호할 기회를 가졌다. 대개는 피고인의 몸이 된 문인이나 교수 들과의 친분이 계기가 되어서였다. 통일방안이나 학생운동에 관한 논문, 미군이 등장하는 소설, 부정부패를 개탄하는 시, 사회정화를 외친 논설 등 형태와 내용도 가지가지였다.

그중 대부분의 죄명이 '반공법 위반'이었던 점은 한국적인 현실의 반영이었으며, 사건의 재판에 긴장감을 미치기도 했다.

그때마다 나는 정부시책이나 사회현실에 비판적 견해를 보인 글이 곧 용공혐의로 번지는 안타까움을 느꼈다. 변론을 하기 위해서라기보다 말석 지식인의 입장에서 문제된 글을 아무리 읽어보아도 유죄의 주장은 납득이 어려웠다. 그러기에 법정에서는 하많은 우문현답들이 교차되는 가운데 억지 논리가 등장하곤 했다.

어떤 사건에선가 증인으로 나온 모 교수는 "보라는 달은 보지 않고 그것을 가리키는 손가락만 보기 때문"이라고 시원스런 비유법까지 동원한 일도 있었다.

증인 이야기가 나왔으니 말이지 필화 사건의 증인은 좀 특이한 경우가 있다. 보통 사건에서는 혐의사실에 대한 목격·전문傳聞 등의 체험을 한 사람이 증인이 된다. 그런데 필화 사건에서는 문제의 글이 과연 어떤 뜻으로 해석될 수 있느냐 하는 점에 관해 의견을 말하는 증인이 등장한다. 앞의 것이 사실 입증의 역할을 하는 데 비해 뒤의 것은 이미 나타난 사실(즉 글)에 대한 평가의 구실을 한다. 말하자면 감정인鑑定人의 성격을 띤 증인이라 할 수 있다.

애당초 감정인으로 지명되어 작품 감정을 하고 나서 나중에 증인으로 나오는 수도 있는데, 실은 이런 방법이 보다 원칙에 맞는다. 증인이든 감정인이든 간에 그들이 서면 또는 진술로 밝혀주는 의견은 매우 중요한 판단자료가 된다. 검사와 변호인 사이의 논쟁은 재판관의 입장에서 보면 1대 1의 다툼으로 보인다. 내용상으로야 어느 편의 우세가 뻔히 나타나는 경우에도 법관은 어느 한쪽의 주장을 지지하거나 배척할 만한 적극적인 근거를 찾고자 한다. 제3자적인 입장에서 평가해줄 사람이 이래서 필요하다.

유죄인정의 증거가 될 수 없는 것을 가지고 유죄판결의 근거로 삼는 경우는 재판관의 과오가 그 요인으로 지적될 만하다. 어느 사건이건 마찬가지겠지만 필화 사건만큼 재판관의 세계관에 의해 좌우되는 사건은 없다. 처벌법규의 조항만 알아가지고 올바른 판결을 하기는 어렵다. 민주주의와 국민기본권에 대한 투철한 신념, 헌법정신과 자유언론의 본질에 대한 이해 등이 아울러 갖추어져야 한다.

가장 위험한 것은 편견과 독단이다. 일단 그런 데에 빠지고 나면 좀처럼 공정한 안목을 회복하기가 힘들다. 심하면 판결의 주문(결론)을 먼저 정해놓고 거기에 맞는 이유를 붙여놓은 듯한 인상을 주는 사례마저 있다. 판단의 논리가 서 있지 않거나 형식논리의 유희에만 그치는 판결은 설득력이 없다. 그래서 재판의 불신까지도 초래하기 쉽다.

가령 한 편의 글이 문제되었을 때, 검찰관이 꼬집은 몇 군데의 용어나 표현만 가지고 국어사전적 풀이에다 논리의 비약을 가미시킨다면 엉뚱한 결론이 나오게 된다. 혹시 재판 외적인 상황이나 시국적인 요인까지 고려에 들어간다면 더욱 그런 위험이 크다. 애매하고 불안하고 불완전한 실정법상의 용어를 해석 적용하는 데도 법률의 양식과 신념 이외의 것이 작용해서는 안 된다.

그렇지만 판결의 실제를 보면 그와 같은 우리의 기대가 왕왕 무너지곤 한다. 아예 검사의 공소장을 복사한 듯한 불성실이 엿보이기도 한다.

명쾌한 단斷을 내리기를 피하고 집행유예나 선고유예의 판결을 함으로써 법관의 고민을 짐작게 하는 경우도 적지 않다.

물론 판결에 불복이 있으면 항소나 상고를 하여 그 시정을 구할 길은 있다 하지만, 상급심으로 갈수록 짙어지는 보수적 경향 때문에 좀처럼 불만이 해소되지가 않는다. 미흡한 지식을 총동원하여 항소 이유서다, 상고이유서다 하고 장황하게 써보아도 대법원에서는 청이불문聽而不聞의 하회下回가 상례처럼 되어 있다. 특히 못마땅한 것은 상급심의 판결 설시說示가 성실치 못하다는 점이다. 항소나 상고 이유에 대해서 구체적인 대답 없이 간단한 몇 마디의 상용문구로 처리해버린다. "일건 기록과 증거에 비추어보건대 원심 판결에는 논지가 주장하는 바와 같은 잘못이 있다 할 수 없고 (…)"라거나 "(…)라고 못 볼 바도 아니고" 같은 식이다. "논지와 같은 주장은 독단적 견해에 불과하고"라는 한마디로 수십 장의 상고이유가 묵살될 때는 억울하기 짝이 없다. 왜 그것이 '독단적 견해'에 불과한지 그 이유를 밝혀주어야 옳은데 그렇지가 못하다.

'어차피 그렇게 될 바에야……' 하는 심정으로 남정현씨의 「분지」 사건 때는 아예 상고를 포기해버린 사례도 있었다.

이런 유의 불만을 안고 지내오던 나에게도 예외 같은 희소식이 전혀 없지는 않았다. 세칭 『다리』 사건이 1심과 2심에서 모두 무죄판결을 받았다. 억울하게 묶였던 피고인이나 변론을 맡은 변호인만이 기뻐한 것은 아니었다. 양심 있는 모든 국민이 찬사를 아끼지 않았다. 드디어 지난(1974년) 5월 28일 그 사건의 대법원 판결이 나왔다. '무죄'가 확정된 것이다. 나는 이 사건에 대한 무죄판결의 의의에 관해서 새삼 말하고 싶지는 않다.

　오히려 이번과 마찬가지로 꼭 무죄가 되었어야 마땅한 사건들이 어물어물 유죄로 낙착된 데 대해 새삼스런 유감이 솟구친다. '비판적인 것'을 곧 음모시하는 오해는 하루속히 풀려야겠다.

『신동아』, 1974. 7.

4. 필화 사건과 문학

문학·예술과 실정규범은 그 추구하는 바가 항상 일치하는 것은 아니고 때로는 심한 괴리나 충돌을 겪는다. 필화는 그러한 양자 충돌의 접촉면으로 파악될 수 있다. 어떤 경우는 실정법의 이름을 앞세운 권력과의 갈등에서 빚어지기도 한다.

그렇다면 문학·예술활동의 소산인 창작물 또는 창작행위 자체에 반규범·반사회적 요소가 개재되었기 때문에 사건화되는 사례와 창작물의 내용을 기휘忌諱하는 권력자의 반격 현상, 이 두 가지 성격이 병존 혹은 구분되어질 수 있다.

규범과 권력의 입장은 일응 하나로 용해되어 있는 듯이 보이나 냉철한 관찰을 가지고 투시해보면 규범상 문제되지 않을 것을 권력이 법의 이름으로 포장하여 제재 대상으로 삼기도 한다.

흔히 필화에서 논란되는 초점은 바로 후자에 대한 것이다. 법의 본의와 권력의 의도가 오버랩된 때에는 권력 쪽의 도덕적 문제가 제기될 수 있다. 그렇지만 권력 쪽이 견강부회로 나오게 되면 그때는 저의를 지탄받게 된다. 그렇다고 한결같이 권력 쪽의 악의만으로 귀책시키기는 어렵다. 가령 법규 해석상의 이견, 규범의 언어와 창작언어의 개념의 불화, 창작물 이해에 있어서의 견해차 등도 그 요인이 될 수 있기 때문이다.

본시 권력과 문학의 상관성은 권력이 문학예술에 대해 어떤 태도로 임하느냐에 중점이 있다. 그것은 ① 방임 ② 보호 ③ 규제의 세 가지 현상으로 나타난다.

이념상으로는, 자유로운 창작을 위해서는 방임 쪽이 바람직하다. 그리고 문화국가적인 기능을 살리자면 혹종或種의 보호도 불가결할 때가 있다.

그러나 모든 창작물이 규범 또는 권력과 꾸준한 우호관계를 유지하기는 어렵다. 투르게네프의 말을 따른다면 문학의 본질은 하나의 개조요, 저항이요, 고발이고 갈망이며 연소작용이라고 할 수 있다. 따라서 현재적 질서와 권위에 집념하는 권력과의 상충은 차라리 숙명이라고 보아도 무리가 아니다.

고금의 위대한 작품이 거의 그러한 상충과 수난을 통해 더욱 빛나는 유산으로 평가되어왔음은 우리에게 적지 않은 암시를 주고 있다.

정신문화적인 관점에서는 어떠하던 간에 현실적으로는 문학예술도 법의 한계를 벗어날 수 없다는 것은 상식이다. 명예훼손, 프라이버시 침해 또는 음란 등은 이른바 작품의 예술적 가치와는 관계없이 법에 저촉된다. 우리나라 특유의 금제禁制로는 반국가단체(또는 그 구성원)의 찬양, 고무, 동조 행위가 첨가된다.

따라서 창작에 대한 규제도 법률상으로는 방금 열거한 각종 형사법의 조항에 위배되는 것에 한해야 한다. 그런데 실제에 있어서는 위반의 한계 규명이라는 것이 크게 문제된다.

대개의 통치자나 법집행자는 문학작품을 평가함에 있어서도 현실긍정을 편애한 나머지 문학의 본질을 이해하지 않는다. 문학의 허구성, 기법, 상징성, 창조정신 등을 묵살한 채 국어독본식 미시분석微視分析에 치중하기 쉽다. 기성관념과 현상보존의 안목으로 당위를 따지며 작품 전체의 흐름과 정신을 외면하고 부분 위주로 거론한다. 예단과 편견이 상승작용을 일으키기도 한다. 혹은 작품이 미치는 영향에 예민한 가상假想을 하며 자기 자신을 곧 평균적 수준의 독자로 착각한다.

여기서 위정자의 문학에 대한 의식과 이해가 얼마나 중요한가를 실감하게 된다. 가령 객관화된 작품의 평가나 영향에 관하여 작자의 창작의도와는 관계없이 상반되는 두 견해가 나올 수 있다 하더라도 상대주의 철학을 전제로 하는 민주체제 아래서는 이질적인 것의 공존이 당연한 만큼 누구에 의해서도 적대시되어서는 안 된다. 특히 작품(또는 그 작자)을 시국범時局犯으로 다스리는 마당에서는 위정자가 자칫 범하기 쉬운 독단과 압제를 최대한으로 자제해야 한다.

규범의 언어와 문학의 언어를 반드시 동일한 것으로 혼동하지 말것이며, 가능성의 허구를 현실의 복사로 오해하지 말아야 한다.

우리나라에서도 필화 사건은 적지 않게 있었다. 그중 창작물의 형사문제화는 수적으로는 그리 많지 않았지만, 그것이 던지는 의미는 자못 심각한 바가 있었다.

방송드라마 〈앵무새〉, 소설 「분지」, 장시 「오적」 등이 그 예에 속한다. 언론에 관련된 필화에서도 그러하듯이 창작물을 둘러싼 필화에도 몇 가지 주목할 현상이 있었다. 명예훼손, 프라이버시 침해, 음란 등이 논란의 불씨가 되는 외국의 경우와는 달리 우리나라에서는 용공이적의 혐의가 주된 공격이었다는 점이다. 이는 우리가 살고 있는 공간적인 특수상황에서 빚어진 통증이라고 할 수 있고, 자유와 권력의 개발도상적 증세라고 볼 수도 있다.

아직도 한쪽이 내세우는 국가이익론과 다른 쪽이 항변하는 기본권론은 원만한 조화를 보지 못하고 별거 상태에 있는 느낌이다.

사건이 재판단계에까지 이른 것은 결론 여하간에 판결의 이름으로 흑백이 가려지지만 그 이전의 어느 단계에서 일단락된 것은 피차에 애매한 입장에서 머물고 만다.

형사문제로 입건, 수사하는 그 자체가 작가의 입장에서는 일응 수난에 속한다. 자기 작품이 과연 법에 저촉되는지를 끝내 밝혀보겠다는 생각으로 호연豪然하게 맞서기에는 여러 가지 제약이 있다. 직접·간접 위축이 생기고 정신적 좌절에 직면한다.

걸리지 않게 써야 한다는 생각이 앞서는 그 자체가 이미 창작의 자유를 녹슬게 한다. 좋은 작품을 생각하기보다는 '말썽 없는 작품'으로 안일할 때, 문학정신은 이미 위기에 들어갔다 해도 지나친 말은 아니다.

이렇게 되면 규제하는 쪽으로서는 한 건의 처벌 또는 몇 건의 입건을 통해 일반 경계적인 효과를 달성한 셈이 된다.

문학이 본래의 본질과 사명을 접어놓고 이야기 접속의 문자 나열에 그칠 때 이것은 작가 한 사람의 타락이 아니라 한 나라 한 시대의 비극일 수도 있다.

필화가 없다는 것은 일응 좋은 현상으로 보인다. 그것은 아무 제약 없이 쓰고 싶은 작품이 나올 수 있는 상황에서만 성립될 이야기다.

역설 같지만 필화 사건은 있어도 불행하고 없어도 불행하다.

앞의 경우에 규제자의 몰이해나 억압 그리고 작가의 수난이 불행이라면, 뒤의 경우는 작가의 무기력이나 문학 부재의 반사적 안정일 수도 있어 역시 불행이란 말이다.

지금 우리는 이 두 가지의 불행에서 어느 만한 거리에 있는가. 전자의 불행보다 후자의 불행이 과연 가벼운 것인가?

앞서의 투르게네프의 말을 상기하면서 좀더 먼 안목으로 볼 때, 필화는 있어서 불행한 것도 아니고 없다고 다행한 것도 아니다.

월간 『다리』, 1972. 8.

5. 법적으로 본 출판의 자유

비교법적인 개관

역사적으로 볼 때 다수인과 얽히는 사회적 행위는 그에 따른 자유의 요구와 이에 맞서는 탄압이 항상 되풀이되어왔다. 일정한 기본권이 헌법상으로 확립되는 데에도 그러한 투쟁은 필연적으로 선행되었으며, 표현의 자유 역시 그렇게 하여 확보한 기본권의 대표적인 것의 하나이다.

무릇 표현의 자유란, 타인에 대하여 자기 내심의 내용을 발표하는 자유이다. 여기에는 언론과 같은 직접적 표현이 있는가 하면, 그와는 다른 간접적 표현도 생각할 수 있다.

사람을 통한 표현과 물건 또는 통신수단에 의한 표현 등은 하나의 간접적 표현이라 할 수 있는데, 그중에서 물건에 의한 표현으로는 예컨대 문서, 그림, 조각, 모형, 사진, 악보 등의 보급 작용을 생각할 수 있다. 이 가운데서도 헌법상 가장 중요한 것이 곧 출판이다.

근대입헌국가에서 기본권 중의 기본권으로 강조되는 언론의 자유도 그것이 인쇄매체를 통한 대중전달에 힘입어왔다는 견지에서 출판의 자유에 포괄된다고 보는 의견이 우세하다.

이러한 출판의 자유는 그것이 결과하는 문화적·사상적 영향 때문에 통치 권력자들의 봉쇄에 부딪힐 수밖에 없었다. 예컨대 영국에서는 헨리 8세 치하인 1535년 검열법Licensing Act을 제정하고 장시일에 걸쳐 출판에 대한 허가제를 실시했다. 그 결과 영국은 당시의 유럽 여러 국가들과 마찬가지로 사상·표현의 자유는 국가권력의 지배 아래 놓이고 출판은 행정부의 사전 간섭을 받아야 했다. 이와 같은 국가권력의 출판에 대한 전제적 태도는 17세기 중반부터 완화되기 시작해 1695년에야 검열법이 폐지되었다.

영국에 비하면 신생국이라 할 미국의 경우는 수정헌법 제1조에서 언론·출판의 자유를 보장하는 규정을 두고 있다. 즉 "의회는 언론 및 출판의 자유를 제한하는 어떠한 법률도 제정할 수 없다"고 하여 연방의회의 권한을 제한함으로써 행정부의 사전 통제를 배제하였다. 다만 사후에 일반 법률에 의한 사법적 통제를 받음은 다른 나라의 경우와 마찬가지다. 영국의 경우를 보면 문서에 의한 비방죄libel, 음란죄indecency, 모독죄blasphemy 등에 의해 법원의 사후 규제를 받는다.

이에 반하여 유럽대륙의 여러 나라에서는 바이마르헌법 제118조, 서독기본법 제5조, 동독헌법 제9조 등에서 볼 수 있듯이 헌법상으로는 검열제를 폐지하고 있으나, 실제로는 언론·출판에 대한 규제의 여지가 남아 있어서 행정관리에 의한 사전 통제의 가능성이 전혀 없지는 않다.

이웃 일본도 메이지유신 후 줄곧 치안경찰법, 출판법, 신문지법 등에 의한 형벌규제 외에 발매금지 등 통제정책을 지속해왔다. 그러다가 1945년의 패전 후에 연합군 최고사령관의 조치로 앞서와 같은 통제법령은 폐지되었고, 그후의 신헌법에 언론·출판의 자유 보장 및 검열의 배제 등이 명문화되었다.

이상 몇 나라의 입법례에서 볼 수 있듯이 과거는 어찌됐든 오늘날 민주입헌국가들은 모두 언론·출판 등 표현의 자유를 헌법상의 기본권으로 인정하고 사전 통제를 금지하며, 다만 일반 법률 위반의 경우에 한하여 사법부에 의한 사후 통제를 받을 뿐이다.

우리나라도 현행 헌법 제20조에 언론·출판의 자유가 규정되어 있고, 다만 "언론·출판은 타인의 명예나 권리 또는 공중도덕이나 사회윤리를 침해하여서는 아니 된다"(제20조 제2항, 현 제21조 제4항)는 단서를 못박아놓았다.

따라서 출판의 사전 검열은 원칙적으로 용인되지 않을뿐더러 허가적인 성격을 띤 조치 권한은 누구에게도 없다고 해석된다. 타인의 명예나 권리 또는 공중도덕이나 사회윤리의 침해 금지도 어디까지나 사후적인 제재기준이지 사전 통제의 명분은 아니다. 그러나 비록 사후적이기는 할망정 '공중도덕이나 사회윤리' 같은 포괄적이고 막연한 개념은 그 해석과 운용 여하에 따라서는 문제성이 적지 않다고 할 것이다.

법운용의 엄격성

출판의 자유의 한계를 설정한 실체법의 규정은 헌법이 명시한 앞서의 제한규정 외에도 몇 개의 조항이 더 있다.

헌법 제35조 제2항(현 제37조 제2항)에는 "국민의 모든 자유와 권리는 국가안전보장, 질서유지 또는 공공복리를 위해 필요한 경우에 한하여 법률로써 제한할 수 있으며"라고 규정되어 있다. 따라서 출판의 자유 또한 여기 열거된 바와 같은 공익상의 필요에 의해 제한을 받게 되어 있는 것은 사실이다. 그러나 우리 모두가 반드시 유의할 바는 국가의 안전보장, 질서유지 또는 공공복리라는 공익 개념은 입법을 하는 데 있어서나 법의 시행·적용에 있어서나 항상 엄격하게 해석되어야 하며, 그렇지 못할 경우에는 국민의 기본권에 중대한 영향을 미친다는 점이다.

또한 아무리 공익 개념을 이유 삼는다 하더라도 국민의 자유와 권리는 오로지 '법률'로써만 그 제한이 가능한 것이지, 행정부의 독단에 따라 규제할 수는 없는 것이다. 그리고 비록 공익상의 견지에서 만부득이 어떤 제한을 가하는 경우라도 법의 정립이나 집행에 있어서 무제한의 응징이 허용되는 것은 아니다. 다시 말해서 아무리 제한을 가한다 하더라도 "자유와 권리의 본질적인 내용"을 침해할 수는 없다 함이 헌법상의 데드라인으로 되어 있다.

이러한 헌법의 정신과 규정은 헌법의 하위규범인 각종 법령을 해석·운용함에 있어서도 당연히 존중되어야 한다.

예컨대, 출판사 및 인쇄소의 등록에 관한 법률, 언론기본법, 국가보안법, 계엄법 등의 적용 과정에서도 국민이 갖는 출판의 자유의 본질적인 면까지 침해해서는 안 된다는 것이 헌법정신의 요구라 할 것이다.

그런데 현행법에서 출판과 관계있는 규정들은 매우 포괄적인 표현을 쓰고 있어서 해석상의 견해 차이 또는 권한의 남용을 빚을 우려가 많다.

출판사의 등록취소까지 할 수 있는 사유 가운데, "음란 또는 저속한 간행물이나 아동에 유해한 만화 등을 출판하여 공중도덕이나 사회윤리를 침해하였다고 인정되는 경우"(출판사 및 인쇄소의 등록에 관한 법률 제5조의2 제5호)를 예로 들더라도, '음란·저속, 아동에 유해' 따위의 법문은 매우 모호한 것이어서 자칫하면 등록취소권의 남용도 가능하게 되어 있다. 여기에는 입법론적인 비판은 제쳐놓더라도 당장은 "출판업의 보호와 출판문화의 향상·발전을 도모"한다는 그 법의 목적(제1조)에 충실한 해석·운용을 강조하는 수밖에 없다.

정기간행물의 경우는 그 내용이 등록된 발행목적에 위배되거나 폭력행위 등 공공질서를 문란케 하는 위법행위를 고무·찬양하는 등 "공적 책임을 반복하여 현저하게 위배한 때"는 발행정지 또는 등록취소까지 할 수 있는데(언론기본법 제24조 제1항 제4호), 여기서 말하는 '위법행위의 고무·찬양'은 너무도 개괄적이어서 "국민의 표현의 자유와 알권리를 보호"(제1조)한다는 입법 목적에 충실한 법의 운용이 더한층 요청된다 할 것이다.

개개의 출판물 자체에 가해지는 규제로 검열이 문제됨은 어느 시대 어느 나라에서나 비슷한 현상이다. 현행 헌법은 검열제도에 대해 명문을 두고 있지 않으나, 언론·출판의 자유를 보장하는 헌법의 정신 및 관계 조항에 비추어 부정적으로 해석함이 상당하다. 단지, 비상사태 선포하에서의 "국정 전반에 걸쳐 필요한 비상조치"(헌법 제51조 제1항, 현 제77조 제1항), "국민의 자유와 권리에 대한 잠정적인 제한조치"(같은 조의 제2항, 현 제37조 제22항), 그리고 비상계엄하에서의 "언론·출판에 관한 특별한 조치"(헌법 제52조 제3항, 현 제77조 제3항) 등이 검열제를 가능케 하는 근거로 해석될 여지는 있겠다(언론기본법 제2조 제4항 참조).

그러나 이상의 경우는 비상사태나 계엄과 같은 특수상황이어서 불가피하다고 할지라도, 이 또한 근본법의 핵심되는 룰을 명심하여 재량권의 남용이 없도록 하는 자기 억제가 소망되는 것이다.

더구나 그런 비상시기가 아닌 평상시에 있어서는 기본권 억제에 관한 법리가 원칙대로 준수되어야 하며, 그래야만 입헌국가로서의 체통이 확립되고 민주주의다운 풍토 속에서 문화발전의 기틀이 마련될 수 있는 것이다.

만일 그렇지 못하고 '강력한 규제'만이 평상화된다면 한때의 치안적인 효과는 있을지 모르나 장기적인 안목에서 문화의 퇴영을 자초하는 역기능을 면할 수 없을 것이다.

출판의 자유는 일찍이 미국 버지니아 권리선언이 밝힌 대로 '자유의 유력한 방어수단'이라는 면도 있다고 할진대, 그것은 결코 출판 종사자의 사익만을 위해서가 아니라 한 나라의 민주화를 위해서도 끊임없이 역설되어야 할 가치가 있다.

현실적인 문제들

출판의 제한 사유가 엄격하게 법의 테두리 안에서만 작용한다면 그 나라는 민주주의의 우등생이다. 문제는 공인된 법규정보다 공인되지 않고 있는 법의 현실이 중요하다.

출판의 자유에 관한 법의 현실로는 우선 법적인 근거가 없으면서도 사실상으로 행해지고 있는 관행(?)들을 생각할 수 있다.

현행법상의 검열제도에 대해서는 앞서 잠깐 살폈지만, 무릇 검열이라는 것은 표현물의 배포를 금지시킬 것인가를 작정하기 위한 직권심사로서 그것은 으레 애매한 기준과 검열자측의 과민성이 작용하기 쉽다. 그렇지 않고 설령 공정하고 합리적이며 애국적 발상에서 하는 검열이라 할지라도 법에 명문이 없는 한 그것은 위법이다. 동기와 결과는 위법을 합법으로 승격시켜주지 못한다.

현행의 이른바 납본제도가 행정상의 실태파악이라는 본래의 입법 취지에서 벗어나 출판물의 판매허가 내지 검열처럼 변질된 인상을 주는 것도 그런 현상의 하나이다.

이 점에 대해서는, 현 민정당의 채문식 의원이 신민당 소속 의원으로 있을 때에 적절하게 지적한 바 있다.

그는 이렇게 말했다. "소위 납본은 제작자가 정부에 대해 통계 및 정책자료 등을 위해서 호의로 하는 일종의 서비스 행위라고 해석함이 타당함에도 불구하고 이를 중벌로써 강요함은 당착이 너무도 지나치다 하지 않을 수 없다. 납본필증을 납본과 동시에 교부한다는 명시조차 없으므로 (…) 일체의 간행물에 대한 사실상의 사전 검열을 뜻하는 것이다"(동아일보, 1975. 7. 5).

모든 간행물은 그 배포 15일 전에 납본해야 한다는 시행령의 규정은 납본 후 15일 동안은 배포를 금한다는 뜻이고 보면, 왜 보름 동안 기다려야 하는지를 알 수가 없다. 설령 그것이 불가피하다 할지라도 법률도 아닌 시행령으로 시한을 정해 벌칙의 적용을 받게 함은 과연 합헌적일까 하는 생각이 든다. 그리고 납본증이 순수히 납본의 확인문서라면 납본과 동시에 또는 그 직후에 발급해주는 것이 타당하리라고 보며, 그렇게 함으로써 검열제라는 오해도 씻을 수 있을 것이다.

이처럼 납본 후 일정 기간 배포를 금지시킨다든지, 납본증을 제때에 발급하지 않고 오히려 배포의 중지 내지 보류를 요구하는 사례는 당국자의 사정이 어떠하든 간에 법령상의 근거를 찾기 어려운 처사이다.

우리 사회에서 '판금(판매금지)'이란 말이 지금도 공공연히 쓰이고 있는 것도 생각해볼 문제다. 현행법에는 평상시에 정부가 어떤 출판물을 탓하여 그 판매를 금지시킬 수 있는 조항이 없다. 그런데도 '판금'이란 이름의 배포금지 조치가 사실상 통용되고 있다. 물론 '판매중지를 종용한다'는 표현을 쓰기도 하지만 그 '종용'에 불응할 경우의 반작용을 생각하면 강제처분이나 다를 바 없다.

정식의 행정처분으로 강행한다면 그 사유와 근거조항을 살펴서 행정소송으로 따져볼 절차라도 있겠으나, 처분이 아닌 '종용'이라니 더욱 미묘한 입장에 빠진다.

제재 대상으로 삼는 기준 역시 밖에서 보기에는 모호한 것 같다. 정부는 1980년 7월 31일자로 정기간행물 172개의 등록취소 조치를 단행한 바 있는데, 그때에 내세운 사유가 바로 정부정책의 일반적 경향을 엿볼 수 있는 한 단면 같다. 그 기준은 "① 각종 비위·부정·부조리 등 사회적 부패의 요인이 되고 있는 간행물, ② 음란·저속·외설적이거나 범죄 및 퇴폐적 내용, 특히 청소년의 건전한 정서에 유해한 내용을 게재한 간행물, ③ 계급의식을 격화 조장, 사회불안을 조성해온 간행물 등 등록된 발행목적을 위반했거나 발행실적을 유지하지 못한 간행물"이라고 했다.

이러한 '기준'을 읽고 직감한 바는 그것들이 너무 종잡기 힘들고 주관 개입의 여지가 매우 크다는 점이다. 앞서도 지적했지만 '사회적 부패의 요인' '사회불안의 조성'이란 말은 조금이라도 확대해석의 자의恣意가 끼어든다면 무소불위의 부작용을 낳을 염려마저 있는 것이다.

이른바 '위법 출판물의 단속'이란 것도 그 발상은 어떻든 간에 그 방법에 있어서는 법이 정하는 절차에 충실해야 한다. 가령 언론기본법 제7조에 보면, "정기간행물과 방송의 표현물은 몰수될 것이라는 상당한 이유가 있는 경우에 한해 법관의 영장을 발부받아 압수할 수 있다"고 명시되어 있다.

이것은 압수·수색에 있어서도 (체포·구금의 경우와 마찬가지로) 법관이 발부한 영장을 제시해야 한다는 헌법의 명문(제11조 제3항, 현 제12조 제3항)에 부합하는 방식이기도 하며, 형사소송법 또한 그와 같은 기본원칙을 구체화시켜놓고 있다.

그렇다면 그러한 법절차를 지키지 않은 채로 행해지는 출판물의 수거 또는 제출 요구는 그 점유자로서는 실질적으로 영장 없는 압수를 당하는 것과 마찬가지여서 결코 적법하다고 볼 수가 없는 것이다. 컬럼비아 대학의 월터 겔혼w. Gellhorn 교수가 『언론의 자유와 권력의 억압』이라는 책에서, 출판물에 관련된 경찰의 시사, 설득, 자발적 협력의 요구, 업자에 대한 압력 그리고 자유재량 등의 폐해를 경고한 것은 매우 적절한 것 같다.

자율과 타율

출판의 자유를 실정법의 차원에서 말한다면, 공표하였거나 공표하려는 표현물이 과연 헌법의 보호를 받을 만한가, 아니면 헌법에 보장된 범위를 벗어나는 것인가를 판가름하는 것이다. 다시 강조해두거니와, 법령의 제정이나 집행·해석도 헌법의 테두리 안에서만 정당한 것이다. 그리고 만일 어떤 사정으로 말미암아 출판의 자유에 관한 입헌주의적인 보장 원칙이 흔들린다고 하면, 그것은 사상과 학문의 자유, 신앙과 양심의 자유, 교수와 연구의 자유까지도 억제하는 결과를 초래한다.

일찍이 영국의 법학자 블랙스톤w. Blackstone이 "출판의 자유는 자유국가에 있어서 참으로 본질적인 것이다"라고 말한 것은 다 그럴 만한 이유가 있었다고 생각된다. 이어서 그가 "그것은 출판에 대한 사전 제한을 부정하는 데 있고, 출판 후에도 형사소추로부터 자유롭게 존재한다는 뜻은 아니다"라고 한 말 역시 깊은 음미를 요한다.

출판 종사자는 항상 자유의 행사에 뒤따르는 책임에서 벗어날 수 없다. 법적으로는 사후의 책임만 있다 할지라도 출판인으로서의 윤리적·도덕적 책임은 사전 사후를 막론하고 언제나 유념해야 한다. 자율성이라든가 양식이라든가 하는 말이 타율적으로 강조될 때는 자주냐 복종이냐 하는 택일만 남아서 곤란하지만, 정말로 자유와 권리가 존중되는 사회에서라면 자율과 양식은 무슨 법령의 요구 못지않게 현명한 억제력을 발휘해야 한다.

공익을 앞세운 명분들이 남용되는 것은 경계할 바이지만, 실인즉 출판의 공공적 성격은 출판의 자유를 가치 있게 높이기 위해서도 출판인들이 먼저 유의할 문제인 것이다.

오늘날 출판의 자유는 결코 원만한 상태에 있다고 말하기 어렵다. 그것은 비단 출판의 문제에 국한된 것이 아니라 모든 기본적 권리가 직면해 있는 난관이라고 볼 수 있다.

당국자와 출판인들 간에 있을 수 있는 입장의 차이나 견해의 차이가 언제나 당국자의 힘에 의해 결말이 나는 것은 근본문제의 해결에 도움이 되지 못한다. 출판인들의 책임의식과 아울러 당국자의 민주적 사고가 한층 높아지는 데서만 건전한 출판문화의 새 기틀을 찾아볼 수 있을 것이다.

『출판문화』, 1983. 8.

6. 한국의 인권상황과 문학인의 수난

　먼저 서울의 우리 일행을 '투옥작가의 날' 행사에 초청해주신 일
본 펜클럽에 감사드리며, 한국의 대표적 투옥작가인 김남주 시인이
이 자리에 참석지 못한 것을 유감으로 생각합니다. 그리고 한국에서
의 문학인의 인권에 깊은 관심을 표명해주신 일본의 문필가 여러분
들에게 경의를 표합니다.

　한국 내의 인권과 문학인의 수난을 말함에 있어서 본인은 몇 가지
복합적인 저 자신의 경험을 토대로 삼고자 합니다. 다시 말해서, 여
러 유형의 정치적 사건을 담당했던 변호사로서, 문학인단체의 회원
이자 고문변호사로서, 세계적 양심수 구원단체인 국제앰네스티 한
국지부의 책임자였던 사람으로서, 한국 내의 민주화운동의 끝줄에
나마 참여해온 사람으로서, 필화 사건으로 투옥되어 감방살이를 겪
었던 사람으로서 그리고 이 자리에 모이신 여러분과 같은 국제펜클

럽의 한 멤버로서의 시각에서 제 나름의 견해를 밝히고자 합니다.

본인은 한국 내의 인권상황에 대해 매우 비판적인 견해를 공개적으로 그리고 지속적으로 개진해온 바 있습니다. 그것은 저 혼자의 견해라기보다는 한국의 양식 있는 지식인들이 공통적으로 갖는 상황 인식이기도 합니다. 그러나 같은 문제, 같은 견해라 할지라도 제 나라가 아닌 남의 땅에서 그것을 거론한다는 것은 다소 착잡한 심경을 갖게 합니다. 그것은 '제 집안일을 밖에 나가서 들추어내지 말라'는 다분히 동양적인 가족윤리처럼 여겨지기도 하고 사대주의에 대한 본능적 경계일 수도 있습니다.

그러나 인간의 존엄과 권리를 논함에 있어서 국경이나 종족 또는 정치적 입장이나 사상을 초월해야 됨은 오늘의 국제사회에서는 이론의 여지가 없는 상식이기도 합니다. 국제인권의 법리와 인권문제의 국제화는 이미 유엔 인권위원회, 국제앰네스티와 같은 국제기구, 그리고 유엔 인권선언, 국제인권규약 등의 국제규범 등에 의해서 누구나 긍정해야 할 당위로 인정받고 있습니다.

인권문제의 보편성은 인권의 보편적 가치에서 유래합니다. 다만 인간의 기본권은 그 자연법적인 성격에도 불구하고 현실적인 여러 요소들에 의해서 제약 내지 침해를 받는 수가 많습니다.

생각건대 헌법의 기본권 조항대로 완벽한 인권보장이 되는 나라는 매우 드물다고 하겠습니다. 그것은 헌법과 헌법적 현실의 괴리에서 생기는 결과입니다.

뢰벤슈타인K. Löwenstein은 헌법의 실천적 측면을 중시하여 헌법과 헌법적 현실이 서로 일치되는 규범적 헌법, 양자 간에 어느 정도의 어긋남이 있는 명목적 헌법, 오직 집권자의 편의를 위해서만 존재하는 가식적假飾的 헌법으로 분류한 적이 있습니다.

한국 국민은 유감스럽게도 명목적 헌법 내지 가식적 헌법 밑에서 오랜 압제와 고통을 겪어왔습니다. 헌법상의 기본권이 국가의 안전보장, 사회질서, 공공복리 등의 명분으로 제한받고 침탈되었습니다.

그와 같은 기본권 제한의 남용은 한국의 정치적 상황과 깊은 관련이 있습니다. 아시는 바와 같이 한국은 지구상에 유일하게 남은 분단국가입니다. 일찍이 동족 간에 피를 흘린 내전을 치렀으며 아직도 증오와 경계심을 버리지 못하고 있습니다. 이런 비극적인 특수상황을 틈타서 독재권력이 머리를 들었고, 심지어 일부 군인들이 군사반란을 일으켜 정권을 찬탈했습니다.

해방 후 건국 초기의 이승만 정권에서부터 박정희, 전두환, 노태우로 이어지는 역대 군사정권은 '분단상황을 이용한 독재권력'이라는 공통된 체질을 갖고 있었습니다. 그런 정권 밑에서 많은 정치범이 양산되고 인권유린이 성행한 것은 어쩌면 당연한(?) 일이었습니다. 분단극복을 위한 통일운동, 독재타도를 위한 민주화투쟁이 강렬하게 전개되었기 때문에 이를 억제하고 응징하기 위한 탄압도 가중되기에 이르렀던 것입니다.

분단고착을 불러들인 반공이데올로기는 매카시즘적 용공 착색을 남발하여 국민의 비판과 저항과 통일지향적인 언동을 반공법이나 국가보안법 위반으로 몰아 탄압했습니다. 현실비판은 반정부요, 반정부는 곧 용공이며 반국가라는 희극적 도식에 의해서 많은 국민들이 '죄인'이 되었습니다. 불법연행, 압수·수색, 고문, 불법구금, 불공정한 재판, 차별적 수감생활, 직업 박탈 따위가 그들에게 강요되었습니다.

반독재 활동에 대해서는 법의 확대해석, 경찰권·검찰권의 남용, 대통령 긴급조치 등 '법률 아닌 법률' 등에 의한 투옥 등 갖가지 박해가 자행되었습니다.

이와 같은 수난자의 대열에는 비단 정치인이나 재야인사, 청년학생뿐 아니라 다수의 문인들이 포함되어 있었습니다. 그것은 한국의 문인들이 자기 조국이 처한 어두운 현실을 외면하지 않고 치열하게 맞서서 싸웠다는 증거입니다. 다시 말해서 통일과 민주화를 실현하는 민족적 과업에 문인들이 결연하게 참여했기 때문에 많은 필화 사건과 수난을 겪었습니다. 그러기에 작가의 수난은 작가의 불명예가 아닌 압제자의 수치였으며 한국 문학인의 자랑스런 상처이기도 했습니다.

한국의 많은 문인들이 분단현실에 대한 '방관자로서의 안일'과 독재·압제에 대한 '항복자로서의 행복'을 거부하고 문학인다운 작품의 창작과 실천적 행동으로서 고난의 역정을 겪었다는 것을 저는 자랑스럽게 소개하고 싶습니다.

독재정권은 더러는 작품을 문제삼기도 하고, 더러는 작품 외적인 언동을 문제삼기도 했습니다. 앞의 것은 필화 사건으로 불리는데, 당대 정권의 병리적 성격이 거기에 잘 반영되어 나타납니다.

작가 남정현씨가 그의 소설 「분지」에서 미군 병사의 성적인 만행을 묘사했대서 반미감정을 고취하는 '북한 괴뢰'의 주장에 동조했다는 논리 아닌 논리로 투옥된 사건(1965년), 시인 김지하씨가 「오적」

이라는 담시에서 박정희 시대 지배층의 부패상을 신랄히 고발한 것을 반공법으로 걸어 투옥시킨 사건(1970년), 일본에 있는 한국어 잡지에 투고한 작가들을 문인간첩단으로 집단 구속한 사건(1974년), 교육계의 부조리를 지탄하고 참교육을 염원하는 문인·교사 들을 감옥에 가둔『민중교육』사건(1985년) 등은 대표적인 문학인 탄압의 사례에 속합니다.

저 자신의 이야기를 가지고 예증하게 되어 죄송합니다만, 저는 사형수의 죽음을 애도하고 사형제도를 비판한 「어떤 조사」라는 수필을 잡지에 썼다가 2년 6개월 후에 난데없이 반공법 위반으로 구속된 적이 있습니다(1975년). 반독재운동에 참여하고 김지하 시인에 대한 변호 중단 요구에 불응했더니 그에 대한 보복조치로 해묵은 수필 한 편을 문제삼은 것입니다.

일련의 필화 사건은 작품 자체에 문제가 있다기보다는 그 작품을 트집잡는 권력의 부도덕성에 문제가 있었습니다. 갱유분서坑儒焚書식 탄압은 작가에게만 가해지는 것이 아니라 그것을 게재한 출판물의 발행인, 편집자 등도 '공범'으로 기소되는가 하면, 직장에서 무단해직을 당하거나 출판사 등록이 취소되는 등 이중삼중의 불이익을 입은 예도 있습니다. 법에도 없는 판금 조치로 막대한 피해를 입기도 합니다. 납본제도나 도서잡지윤리위원회의 심의를 통해서 위헌적 검열이 자행되기도 합니다.

이와 같은 각종 탄압은 두말할 것도 없이 문학활동에 부정적 영향을 미칩니다. 우선 '잡혀가지 않게 써야겠다'는 보신주의가 팽배해져 현실영합이나 현실도피를 꾀하는 문학이 만연됩니다. 그러나 창작의 자유, 문학·예술의 자유가 위협을 받는다고 해도 그러한 잘못된 현실을 고발하고 개조하려는 문학인의 활동 또한 치열해집니다. 수난을 무릅쓴 작품활동이야말로 역동적인 문학정신의 결정結晶이 될 수가 있습니다.

작품 외적인 활동으로 인한 작가들의 수난은 그들이 남북통일과 민주화를 위한 집단적 의사표시, 정부비판적 성명, 집회, 단체활동 등에 나섰을 때에 빚어집니다. 실제로 한국의 문인들 중에는 통일운동과 민주화운동에 적극 참여해온 사람이 많고, 그만큼 옥고를 치른 '전과자'도 많습니다. 그들의 대부분은 양심의 수인Prisoners of Conscience이며 확신범입니다.

유감스럽게도 한국의 사법부는 검찰의 기소에 맞장구를 치고 으레껏 유죄판결을 내림으로써 국민의 불신을 샀습니다. 그러기에 비난을 받는 것은 피고인이 아니라 그들에게 형벌을 내린 판사요, 실정법이었습니다. 그리고 양심수들은 '존경받는 피고인'으로 인식되었습니다. 문학과 작가적 실천을 일치시키려고 했던 한국의 여러 문인들이 고통을 겪었던 그만큼 존경과 영광도 그들에게 돌려야 할 것입니다.

1960년대 초입, 박정희 군사정권이 집권한 이후 이른바 유신독재와 5공, 6공 등 정통성 없는 정권이 법치주의를 파괴시켰으며 이에 대한 국민적 저항의 소용돌이 속에서 문학인을 포함한 지식인의 수난은 필연적이었다고 하겠습니다.

한국엔 이제 정치군인 집권 시대가 끝나고 민간정부가 들어섰습니다. 그러므로 역대 정권의 취약점이던 정권의 (비)정통성 문제는 논란의 쟁점에서 사라졌습니다. 김영삼 정권의 개혁 드라이브는 그 주체와 대상과 방식을 놓고 '문민독재'라는 비판도 있습니다만, 적어도 군사정권하에서와 같은 반정부세력 및 비판적 지식인들에 대한 탄압은 일단 멈추어진 상태입니다. 다시 말해서 인권탄압의 상황적 배경이라 할 두 가지 요소인 분단과 독재 중 독재 문제만은 해소되었다고 봅니다. 그러니까 정부와 사회현실에 대한 반대·비판 때문에 투옥되는 시대는 아닙니다.

그러나 남북분단을 빌미로 한 국가보안법의 철퇴는 여전히 위세를 떨치고 있습니다.

1972년의 7·4남북공동성명 이후 남북한 양 당국자 간에는 여러 모양으로 대화, 협상, 교류, 선언, 협력 등이 이루어졌으며, '남북합의서'와 '부속합의서'의 발효(1992년)로 서로의 지배지역과 체제를 인정하고 유엔에 함께 가입해서 기쁘다고까지 했습니다. 그러고도 한국정부는 북한당국을 여전히 '반국가단체'라고 하면서 국가보안법을 발동한 검거를 늦추지 않고 있습니다. 북측 인사를 정권 당국자가 만나면 '역사적'인 데 반하여 민간의 지식인이나 학생이 만나면 '범죄적'이 되는 불공평, 어떤 때는 '민족공동체의 일원'이 되고 어떤 때는 '반국가단체의 일원'이 되는 모순을 오늘의 민간정부도 그대로 계승하고 있습니다.

통일을 외치는 정부 밑에서 통일지향의 언동이 자칫 범죄로 몰리는 것은 무서운 자가당착입니다.

위에서 말한 한국적 모순의 기본틀을 집약적으로 확인할 수 있는 케이스가 바로 오늘 여러분이 관심을 기울이고 계신 한국의 작가 황석영씨의 방북 사건입니다.

소설 『장길산』의 작가로 널리 알려진 그는 작품 속에서 노동문제, 민중문제를 성공적으로 형상화시켰다는 평가를 받았을 뿐 아니라 군사정권 시대의 비판적 문학인들의 운동체였던 '자유실천문인협의회'와 그 후신인 '민족문학작가회의'에 주도적으로 참여하였으며, 한국민족예술인총연합의 창립에도 참여함으로써, 작품을 통해서는 물론 민주화와 통일을 열망하는 지식인으로서의 대담한 실천을 주저하지 않았습니다. 그는 1980년 5월의 광주민중항쟁 기록 『죽음을 넘어 시대의 어둠을 넘어』를 5공 군사정권의 칼날을 무릅쓰고 써냈다가 법정에 서기도 했습니다.

황씨가 1989년 3월 북한을 방문해 지난(1993년) 4월 27일 귀국할 때까지 취한 일련의 행동에 대해서는 두 가지 면에서 상반된 평가가 공존하고 있습니다.

그 하나는 어디까지나 실정법적인 책임론입니다. 구체적으로 말하면, 방북은 '반국가단체 지배지역으로의 탈출'이요, 귀국은 '반국가단체 지배지역으로부터의 잠입'이며, 북한 인사들과의 만남은 '반국가단체 구성원과의 회합'이 되며, 선물을 받은 것은 '금품수수죄'가 된다는 식입니다. 심지어 남한 정세에 관해서 대화한 것을 '국가기밀누설죄'에 해당된다고 기소했습니다.

그러나 또다른 시각은 그의 방북과 그후의 행동을 '절름발이 반쪽문학인 분단문학을 통일문학의 지평으로 열려는 치열한 노력'으로 평가합니다. 정권 차원의 통일논의 독점을 우려한 민간 차원의 자주적 교류운동으로 이해해주어야 한다는 것입니다. 황씨 자신도 "통일

문학을 지향하는 분단시대의 작가로서의 의무"였다고 스스로의 방북을 규정한 바 있습니다.

　여기서 심판을 받아야 할 대상은 방북을 결행한 작가인가, 그런 방북을 단죄하는 권력과 실정법인가를 분별해야 됩니다. 현재적 질서를 중시하는 재판에서는 그에게 무거운 죄책을 씌울지도 모릅니다. 그러나 분단상황 속의 통일 노력을 평가하는 역사의 눈으로 본다면 그는 결코 죄인일 수 없습니다. 역사의 눈으로 볼 때에 무죄인 사람이 현실에서도 처벌받지 않는, 그런 사회를 건설하는 일이야말로 김영삼 정부가 진정 민주주의와 통일을 위한 참다운 문민정부가 되기 위한 최대의 과제라 할 것입니다. 만일 그렇게 되지 못하면, 부당한 현재적 질서를 타파하고 법초월적 정의를 실현하려는 인간 이성의 발현으로 의로운 저항과 의로운 수난은 끊이지 않을 것입니다.

　외국에서의 작가의 수난이 대개 명예훼손이나 프라이버시의 침해 또는 외설 시비 때문에 생기는 것과는 달리, 한국에서는 정치권력과의 갈등이 중요한 불씨가 된다는 데 큰 비극성이 있습니다. 하지만 그것은 창조적인 비극일 수 있고, 문학의 궁극적인 목적을 향해 나아가는 가시밭길일 수도 있습니다.

　작가의 창작활동은 현실을 바탕으로 하면서 동시에 현실을 뛰어넘어야 하는 것으로 압니다. 그러기에 작가의 작품과 언동이 실정규범 또는 권력과 언제나 우호관계를 유지하기는 어렵습니다. 어쩌면, 문학 또는 작가의 전천후성 순응은 오히려 경계의 대상이 되어야 합니다. 투르게네프의 말을 빌리자면 문학의 본질은 하나의 개조요, 저항이요, 고발이자 갈망이며 연소작용이라고 말할 수 있습니다.

그러므로 현재적 권위에 집착하는 권력과 문학의 상충은 차라리 숙명적일지도 모릅니다. 동서고금의 위대한 작품, 위대한 작가들이 그러한 상충과 수난을 통해 더욱 빛나는 문학적 유산을 남겼음을 우리는 유념해야 합니다.

"걸리지 않게 써야 한다는 생각이 앞서는 그 자체가 이미 창작의 자유를 녹슬게 한다. (…) 역설 같지만 필화 사건은 있어도 불행하고 없어도 불행하다. 앞의 경우에 규제자의 몰이해나 억압 그리고 작가의 수난이 불행이라면, 뒤의 경우는 작가의 무기력이나 문학 부재의 반사적 안정일 수도 있어 역시 불행이란 말이다. (…) 필화는 있어서 불행한 것도 아니고 없다고 다행한 것도 아니다."

이것은 지금부터 20여 년 전인 1972년에 어느 잡지에 실린 제 글의 한 대목인데, 지금도 그 말에 수정을 가할 필요를 느끼지 않습니다.

이제 저는 다시 변호사의 자리로 돌아와서 이 발표의 마무리를 지어야 할 시간이 되었습니다.

사실 저는 작가의 수난에 대한 의미부여에 몰두하기보다는 한 사람의 작가라도 억울한 박해에서 해방시켜주어야 할 책무를 지고 있습니다.

한국정부는 지금 '과거청산'이라는 힘겨운 작업을 하는 가운데 구시대적인 폐해를 없애는 노력을 하고 있습니다. 그 성과를 속단하기는 어렵지만, 독재적 압제에서 파생되는 작가의 수난은 예전처럼 일어나지 않을 것이라는 희망을 가져봅니다. 다만 걱정되는 것은 탈냉전의 흐름을 외면한 남북한관계의 경직성과 이중성 때문에 법규범의 존립과 적용에도 이중적인 잣대를 들이대어 시대착오적인 용공사범을 만드는 일입니다. 이왕에 수난당한 지식인들이 그러했던 것처럼 작가 황석영씨도 그런 규범적 모순의 피해자의 한 사람입니다.

지금까지 한국의 인권문제, 그중에서도 작가와 지식인의 수난에 대해서 해외의 여러 국제기구와 인권단체, 법률가단체, 문학예술인 단체에서 많은 관심과 석방요청이 있었습니다. 제60회 국제펜대회에서 황석영씨에 대한 석방요구가 있었음도 그런 손길과 목소리의 하나입니다.

그러나 한국 내의 투옥작가 문제는 어디까지나 한국 내에서의 변호와 석방운동을 통해서 자주적으로 해결하는 것이 최선의 길입니다. 다만 세계 여러 곳에서 울려오는 지성과 양심의 목소리는 한국정부로 하여금 올바른 판단을 하는 데 일조가 되리라고 믿습니다.

아테네의 정치가이자 시인인 솔론의 말이 생각납니다. "피해를 입지 않은 자가 피해를 입은 자와 똑같이 분노할 때에만 정의는 실현될 수 있다." 국제펜 회원들이 세계 여러 곳에서 고난을 겪고 있는 투옥작가를 걱정하며 그들의 자유회복을 촉구하는 그 마음이야말로 인간의 존엄과 진실을 추구해나가는 문학인의 실천적 사랑이 되리라고 믿습니다.

작가 황석영씨를 비롯한 한국의 문학인들이 속히 자유의 몸이 되어 여러분과 감격의 대면을 할 수 있기를 기원합니다.

저는 머지않아 그날이 오리라는 확신을 표명합니다. 감사합니다.

국제펜클럽 일본지부 주최 '투옥작가의 날' 심포지엄 주제논문, 도쿄. 1993. 10. 6.

7. 법적으로 본 성표현의 한계

　작가 장정일씨의 소설 『내게 거짓말을 해봐』를 둘러싸고 벌어진 음란성 논쟁은 1992년 마광수 교수의 『즐거운 사라』 사건을 떠올리게 한다. 간행물윤리위원회가 '음란 판정'을 하여 당국에 조치를 요구했고, 그에 따라 검찰의 전격 구속수사가 시작된 점이나 작품의 문학성·음란성을 따지는 논조들이 '사라'의 경우와 서로 닮은꼴로 보인다. 소설에 대한 평가가 성급한 범죄논쟁으로 차선 위반을 하는 경향 또한 두 사건이 비슷하다. 어떤 남녀 사이에 벌어지는 온갖 문란한 변태적 성행위를 묘사해놓은 그런 상스럽고 퇴폐적인 소설은 스스로 문학이기를 포기한 도색작품이라고 공격한다.

　그러나 '지나친 성의 묘사는 퇴폐적이며, 퇴폐적인 것은 곧 음란범죄'라고 보는 등식은 지나친 편견이다. 같은 성묘사라도 그것이 문학·예술로 인정되면 괜찮고, 그렇지 않은 것은 곧 음란죄가 된다는 식의 이분법적 사고도 문제다. 하물며 작가에 대한 전격 구속을 무슨 사회정화를 위한 단안이라도 되는 듯이 착각해서는 안 된다.

　우선 문학·예술을 규격화하여 그 영역이나 내용을 자의로 설정해놓고 그 선을 벗어났으니 문학·예술이 아니라든지, 따라서 법의 보호 대상도 아니라는 식의 논조는 옳지 못하다. 무릇 헌법상의 표현의 자유는 문학·예술 축에 끼지 못하는 글이라고 해서 보호 여부에 차별을 두거나 그 보호권 밖으로 밀어내는 것이 아니다. 또한 문학작품은 도덕이나 윤리에 얽매이는 권선징악의 교과서가 아닐진대, 그 속에 변태적 성행위 등을 포함한 자유로운 성행위의 표현이 있다 하더라도 그 역시 표현의 자유의 영역이고 보면 함부로 이를 형법상의 음란문서로 단죄해서는 안 된다.

표현의 자유와 그 제한

　그런데 대법원은 위 『즐거운 사라』 판결에서 이렇게 판시하고 있다(91도2413호 사건, 1995. 6. 16. 대법원 판결).

　"우리나라 헌법은 제22조 제1항에 '모든 국민은 학문과 예술의 자유 (…) 를 가진다'고 각 규정하고 있어, 예술의 영역에 속하는 문학에 있어서의 표현의 자유를 국민의 기본권으로 보장하고 있으나, 한편 그 제21조 제4항에 '언론·출판은 (…) 공중도덕이나 사회윤리를 침해하여서는 아니 된다.' 그 제37조 제2항에 '국민의 모든 자유와 권리는 (…) 공공복리를 위해 필요한 경우에 한하여 법률로써 제한할 수 있으며, 제한되는 경우에도 자유와 권리의 본질적인 내용을 침해할 수 없다'고 규정하고 있으므로 문학에 있어서의 표현의 자유도 공중도덕이나 사회윤리를 침해하는 경우에는 건전한 풍속 내지 성도덕을 보호하기 위해 형법 제243조에서 음란한 문서를 판매한 자를, 그리고 형법 제244조에서 음란한 문서를 제조한 자를 각 처벌하도록 규정하고 있으므로, 문학작품이라고 하여 무한정의 표현의 자유를 누려 어떠한 정도의 성적인 표현도 가능하다고는 할 수 없고, 그것이 건전한 성적 풍속이나 성도덕을 침해하는 경우에는 앞서의 형법 규정으로 처벌할 수밖에 없다 할 것이니 (…) 논지는 이유 없다."

그러나 위와 같은 원판결처럼 '건전한 성적 풍속이나 성도덕' 유지라는 추상적 개념을 남용하여 그처럼 안이하게 '공공복리'의 내용을 넓게 잡는다면 결과적으로 헌법상 표현의 자유는 유명무실해질 수밖에 없다. 국민기본권의 하나인 표현의 자유가 무제한일 수가 없듯이 그 자유에 대한 제한에도 엄연한 한계가 있는 것이며, 따라서 '건전한 성적 풍속이나 성도덕'과 같이 그 개념과 실체가 막연한 풍속론, 도덕론을 가지고 작가를 처벌하는 이유로 삼는다면 이것은 결코 헌법상 보장된 언론·출판의 자유(제21조 제1항), 학문과 예술의 자유(제22조 제1항), 국민의 자유와 권리는 (…) 법률로써 제한될 수 있으나 자유와 권리의 본질적인 내용을 침해할 수 없다는 원칙(제37조 제2항), 언론·출판은 (…) 공중도덕이나 사회윤리를 침해하여서는 아니 된다는 한계조항(제21조 제4항)의 법리를 잘못 이해한 탓이라고 아니할 수 없다.

'음란'의 개념과 죄형법정주의

음란의 개념이나 정의에 관해서는 형법상 이에 관한 명시적인 규정이 없고, 다만 법원의 판례는 음란의 개념 및 판단기준에 대해 다음과 같이 판시하고 있다(앞서의 판결에 따름).

"형법 제243조의 음화 등의 반포 등 죄 및 같은 법 제244조의 음화 등의 제조 등 죄에 규정한 음란한 문서라 함은 일반 보통인의 성욕을 자극하여 성적 흥분을 유발하고 정상적인 성적 수치심을 해하여 성적 도의관념에 반하는 것을 가리킨다고 할 것이고, 문서의 음란성의 판단에 있어서는 당해 문서의 성에 관한 노골적이고 상세한 묘사 · 서술의 정도와 그 수법, 묘사 · 서술이 문서 전체에서 차지하는 비중, 문서에 표현된 사상 등과 묘사 · 서술과의 관련성, 문서의 구성이나 전개 또는 예술성 · 사상성 등에 의한 성적 자극의 완화의 정도, 이들의 관점으로부터 당해 문서를 전체로서 보았을 때 주로 독자의 호색적 흥미를 돋우는 것으로 인정되느냐의 여부 등의 여러 점을 검토하는 것이 필요하고, 이들의 사정을 종합하여 그 시대의 건전한 사회통념에 비추어 그것이 공연히 성욕을 흥분 또는 자극시키고 또한 보통인의 정상적인 성적 수치심을 해하고, 선량한 성적 도의관념에 반하는 것이라고 할 수 있는가의 여부에 따라 결정되어야 할 것이다(70도2266호 사건, 1970. 10. 3. 대법원 선고 참조)."

이런 판시를 읽고 나서 '음란'이 무엇인지를 알게 되었다는 사람이 있다면 그는 천재가 아니면 거짓말쟁이일 것이다. '건전한 사회통념' '보통인의 성적 수치심' '건전한 성풍속' '선량한 성적 도의관념'과 같은 애매하기 그지없는 용어가 어떻게 형사범죄의 성립요건을 좌우하는 눈금이 될 수 있단 말인가. 판례상의 그와 같은 정의는 그 내용이 애매모호하고 추상적이어서 명확성을 결여하고 있으므로 이는 죄형법정주의 원칙에 반한다.

이런 주장에 대해서 대법원은, "일반적으로 법규는 그 규정의 문언文言에 표현력의 한계가 있을 뿐 아니라 그 성질상 어느 정도의 추상성을 가지는 것은 불가피하고, 형법 제243조와 제244조에서 규정하는 '음란'은 평가적·정서적 판단을 요하는 규범적 구성요건 요소이고, '음란'이란 개념이 일반 보통인의 성욕을 자극하여 성적 흥분을 유발하고 정상적인 성적 수치심을 해하여 성적 도의관념에 반하는 것이라고 풀이되고 있음은 앞서 본 바와 같으므로 이를 불명확하다고 볼 수는 없다. 따라서 형법 제243조와 제244조의 규정 자체가 죄형법정주의에 반하는 것이라고 할 수 없을 뿐만 아니라 원심이 위와 같은 음란의 개념을 적용하여 이 사건 소설을 음란문서라고 판단하였다고 하여 원심 판결에 소론과 같이 위 법조 소정所定의 음란문서의 해석을 잘못하여 죄형법정주의에 어긋나는 기준을 가지고 판단한 위법이 있다고 볼 수도 없다. 논지는 모두 이유 없다"라고 답하였다(위 『즐거운 사라』 사건 대법원 판결).

그러나 법규의 표현력의 한계나 어느 정도의 추상성이라는 일반론을 이유로 범죄 구성요건의 불명확성이 용인될 수는 없다. 다시 말해서 허용과 금지의 한계가 분명치 않은 형벌법규는 죄형법정주의에 입각한 기본권의 보장을 무의미하게 만들기 때문에 위헌성을 면치 못하게 된다.

생각건대 형법 제243조와 제244조에 쓰여진 '음란'이란 용어는 범죄 구성요건으로서의 명확성이나 구체성을 띠고 있지 않아서 규정 자체로서 죄형법정주의에 반한다.

범죄요건이 되는 성적 자극·흥분

형법 제243조 및 제244조가 죄형법정주의에 어긋나지 않는다 하더라도 지금까지의 법원 판결은 '음란문서'의 해석을 잘못하여 죄형법정주의에 어긋나는 애매한 '기준'을 가지고 판단한 오류를 범하고 있다. '법규의 추상성'을 법관이나 학자의 '해석'으로 보완한다고 할지라도 법원의 음란문서에 대한 해석 또는 요건풀이는 여전히 모호하여 죄형법정주의에 어긋나기는 마찬가지이다. 즉, 법원은 '음란성'을 "그 시대의 건전한 사회통념에 비추어 그것이 공연히 성욕을 흥분 또는 자극시키고 또한 보통인의 성적 수치심을 해하는 것이어서 건전한 성풍속이나 선량한 성적 도의관념에 반하는 것"이라고 정의하고 있다. 이에 그런 정의의 옳고 그름을 순차 검토해보고자 한다.

먼저 '건전한 사회통념'은, 그 실체를 알 수 없는 '기준'이다. 물론 법의 해석에 있어서 '사회통념'이 원용되고 있기는 하나, 형법 제243조와 제244조의 경우에는 사회통념의 내용이 더욱 명확지 못하고, 개인에 따라 견해차의 폭이 크며, 시대의 흐름에 따른 변화의 정도가 심하기 때문에 그 뜻조차도 객관적으로 파악하기가 어렵다. 결국 법관의 주관적 견해에 따라 음란성 여부가 판가름된다는 위험을 안게 된다. 특히 '그 시대의 건전한 사회통념'이라고 한다면, 적어도 1950년대 초반의 (일본에서의) 사회통념을 기준으로 생겨난 일본 최고재판소의 판결(음란성의 해석)을 그대로 모방하여 반세기가 지난 오늘의 한국에 통용되는 "이 시대의 건전한 사회통념"이라고 내세울 수는 없다.

성적 자극·흥분을 일으키는 것이 음란문서의 첫번째 요건으로 나와 있는 점은 더욱 이해할 수가 없다. 성적 흥분은 범죄가 아닌데, 그것을 일으키는 글을 쓴 것이 범죄요건이라는 말은 수긍하기가 어렵다. 설령 작중인물이 살인이라는 범죄를 저질러도 작가에게 살인죄의 책임이 없는데, 범죄도 아닌 성행위를 그렸다는 이유로 작가가 범죄자로 몰리는 것은 논리적이 아니다. 사실 성욕을 흥분 또는 자극시키는 것은 그 자체로서 나쁘다고만 할 수가 없는 일이며, 그것은 인간의 본능이자 생명의 근원 및 본질과 맞닿아 있는 현상이기 때문에 오히려 소중한 것이기도 하다. 내심으로나 자기 체험으로는 그 점을 긍정하면서 겉으로는 성충동을 죄악시하는 것은 성에 대한 이중성에서 나온 위선적 가면이거나 결벽증의 소치일 뿐이다.

국가는 대중문화, 향락산업, 관능문란의 기풍 등을 허가 내지 묵인함으로써 사회 전반에 걸친 성의 문란을 조성 또는 방임해왔으면서 유독 성행위를 묘사한 소설을 성적 흥분이나 자극의 요인이라고 문제삼는 것은 희극에 가깝다. 성적 흥분이 안 되는 사람을 치료하는 행위가 적법한 면허와 영업으로 공인되어 있고, 최음제와 같이 성적 흥분을 야기·지속시키는 의약품의 제조판매를 국가가 허가하고 있음에 비추어보더라도 성욕의 흥분·자극은 결코 범죄요인이 될 수 없다.

심의기관의 이중적 결벽증

성행위를 묘사한 글을 곧 성문란의 원인제공자로 속단하거나 청소년 탈선의 요인으로 보는 것은 아무런 검증도 거친 바 없는 가상적 기우론忌憂論에 불과하다. 성은 관능이고 감정이고 감각인데, 그것을 묘사한 문자는 소리도 나지 않고 색깔도 모양도 동작도 형체도 없다. 그러기에 문자 저작물은 관능 자극에서 영상물, 음악, 사진, 회화 등에 비해 크게 뒤진다. 또한 위와 같은 시청각적 매체들은 선택의 여지 없이 또는 무차별적으로 접근해오기 때문에 그 영향이 엄청난 것임에 반하여, 일부러 책방에 가서 돈 주고 책을 사서 성묘사를 읽는 것은 너무도 구차하고 비효율적(?)이고, 따라서 매우 드문 일에 속한다.

시대와 풍속의 변천에 따라서 사람의 동작, 모습, 시청각물을 통한 성의 대담한 표현이 우리 주변에 범람하고 있는 오늘날, 굳이 책방까지 가서 돈 주고 사서 읽어야만 하는 활자매체인 소설(책)만을 국가 형벌권의 대상으로 삼아 음란성을 제기하는 것은 어느 모로 보나 가당치가 않다. 음란죄의 처벌 대상에는 음란한 '행위'와 음란한 '표현물'이 포함되는데, '행위'는 눈감아주거나 더불어 즐기는 사람들이 '표현물'에 대해서만은 이중적 기준을 가지고 위선적 규탄을 서슴지 않는다.

심의기관과 수사기관이 어느 날 갑자기 도덕군자, 윤리교사가 되어 청교도 뺨칠 만한 결벽증—'이중의 결벽증'—을 내세운다. 그리고 성스럽게 분개하는 목소리로 형사처벌을 주장한다. 평상시에는 일 년 내내 잠자고 있던 형법 속의 '음란문서 등 제조·판매죄'가 눈을 부릅뜨고 나선다.

　더구나, 사회통념은 시대와 함께 변천하기 때문에 오늘날 성표현의 정도는 매우 대담해졌을 뿐 아니라, 보다 솔직·대담한 성표현을 긍정·수용할 정도로 의식이 변화되었다. 특히 다양한 성표현물이 방임되어온 현실 속에서 보통인이 수용하는 성표현의 정도 역시 크게 달라졌다. 이 점을 외면해서는 안 된다.

음란성 여부의 판단기준

　'보통인의 성적 수치심'이란 것도 지극히 애매한 말이어서 범죄요건의 기준이 되기에는 너무도 위험하다. '보통인'은 누가 무슨 기준으로 정하며, '성적 수치심'은 또 무슨 척도로 규정할 수 있는가. 이 점에 관해서는 누구도 명확한 대답을 할 수가 없을 것이다. 그러므로 그것은 결국 사건을 다루는 법관의 머릿속에서 가설이나 '희망사항'으로 떠오르는 측정기준, 즉 법관 개인의 주관적 사유작용에 전적으로 좌우될 수밖에 없는 '기준 아닌 기준'이다. 법관이 '이 소설은 보통인의 성적 수치심을 해친다'라고 하면 그뿐이고, 그런 판단에 대한 아무런 논리적 설명이나 검증이 생략되거나 불가능한 마당에는 재판받는 측의 방어권 행사도 불가능하거나 무의미하게 된다. 따라서 '보통인의 성적 수치심을 해친다'는 것은 범죄성립의 요건 또는 음란성 해석의 척도가 될 수 없다.

　사실 "성적 수치심을 해친다"는 말은 일본의 판례에 나오는 문구를 무비판적으로 옮겨다 쓴 것일 뿐, 그 자체로서 어법에도 맞지 않거니와 뜻도 분명치 못한 말이다. "건전한 성풍속과 선량한 성적 도의관념에 반한다"는 말도 안개처럼 실체를 파악할 수 없거나 고무줄마냥 신축자재하여 누구도 그 판단에서 일정한 척도를 가늠하기가 불가능하다. 또한 풍속이나 도의관념에 반하는 것을 곧 범죄요건으로 삼는다는 것도 납득하기 어렵다. 이처럼 형법 제243조와 제244조가 범죄 구성요건의 명확성이 떨어지는 것은 법원 판결도 인정하고 있는데, 그렇다면 죄형법정주의가 요구하는 형벌법규의 명확성의 원칙에 어긋나는 것이 분명하다. 이 점만 보더라도 형법 제243조 및 제244조는 물론이고, 그 조문 중 '음란성'에 대한 법원의 해석은 모두 죄형법정주의에 위반되는 위헌적 견해임을 쉽게 알 수 있다.

음란죄에 관한 우리나라의 대법원 판례는 말이 '대법원 판례'이지 1951년에 나온 일본 최고재판소 판례를 그대로 베껴놓은 것이다. 그런데 일본의 그 판례는 1918년 다이쇼大正 시대의 판결과 근본을 같이하는 것이고 보면, 우리 대법원의 음란죄 판례는 지금 80세 되는 할머니가 태어나던 때의 성풍속에 적용하던 박물관용 판례의 복사판이라 할 수 있다. 세상풍조는 엄청나게 변했는데 규범은 머리 위의 상투를 잘라내지 못하고 있어서 어이없는 난센스를 빚어낸다.

음란성 여부는 한 시대의 정상적인 평균인의 수준과 의식을 기준으로 사회통념에 따라 판단되어야 하는바, 성에 대한 표현과 논의의 폐쇄성이 급격히 무너지고, 영상·출판 등의 대중매체를 통한 성표현 내지 성문제의 논의가 솔직·대담하게 이루어져, 정상적인 평균인의 사고 역시 이를 수용 내지 묵인하는 단계에 와 있다. 그러므로 성에 대한 금기의 타파와 성논의의 해방을 위해 작품 중의 성행위 묘사는 결코 금기의 대상일 수가 없다.

『즐거운 사라』 사건에서 대법원은, 주인공이 여러 사람을 상대로 변태적인 성행위를 하는 것을 탓하지만, 그렇다면 오직 한 사람을 상대로 정상위의 성교를 하지 않은 것이 범죄라는 뜻인지 알 수가 없다. 그 재판은 마치 작중인물의 행위를 단죄하고 있는 것이나 마찬가지다.

피해자 없는 범죄

흔히 형법에서는 보호법익을 따지는데, 음란죄는 '풍속을 해하는 죄'로 분류되어 있는 점으로 보아 '사회풍속'을 보호법익으로 삼고 있다고 보인다. 하지만 1910년대의 사회풍속을 보호하려던 일본의 군국주의적 장치를 가지고 80년 후인 오늘의 자유분방한 풍속을 다스리겠다는 것은 얼마나 시대착오이며 관료적 독선인가. 아니 성적 풍습을 법과 법관의 힘으로 수호하겠다는 발상 자체에 문제가 있다. 음란죄는 '피해자 없는 범죄'라고 한다. 책은 그것을 보는 사람, 사는 사람, 읽은 사람의 선택행위나 동의가 있고 나서 비로소 접근이 가능한데도 굳이 범죄라고 하니까 그런 표현이 나왔다. 개인 아닌 사회가 피해자란 의미도 물론 있다. 그렇지만 또 한편으로는 누구에게도 피해를 주지 않는데도 불구하고 처벌을 하는 허구적 범죄성을 꿰뚫은 표현이기도 하다.

『즐거운 사라』 사건에서 대법원은 또한 "그 구성이나 전개에 있어서도 문예성, 사상성 등에 의한 성적 자극 완화의 정도가 별로 크지 아니하여 주로 독자의 호색적 흥미를 돋우는 것으로밖에 인정되지 아니하는바, 위와 같은 여러 점을 종합하여 고찰하여볼 때, 이 사건 소설은 작가가 주장하는 '성논의의 해방과 인간의 자아확립'이라는 전체적인 주제를 고려한다고 하더라도 음란한 문서에 해당되는 것으로 보지 않을 수 없다"라고 판시하였다.

그러나 한 작품의 문학·예술성 및 음란성을 따지는 것은 사법(법적 판단)의 영역 밖의 일이며, 따라서 재판으로 그것들을 판가름한다는 것은 그야말로 사법의 월권이다. 성행위에 대한 묘사가 통속적으로 형상화되었는가, 한 작품이 인간의 성적 욕구의 본질이나 삶에 대한 새로운 통찰이나 비전을 제시하였는가의 여부는 문학평론에서 따질 일이지 사법판단의 대상이 될 수가 없다.

만일 형사재판이 문학적 가치에 대한 심판까지 겸하게 된다면, 더구나 그것이 유무죄를 가름하는 판시이유의 하나로 작용한다면 문학·예술의 자유는 존립할 수가 없다. 법원의 그와 같은 영역일탈은 혹시 '예술성이 음란성을 완화 내지 해소시킬 정도인가'를 살펴서 양자를 견주어보는 이른바 법익교량설法益較量說의 입장에서 비롯된 것인가 하고 선의의 짐작을 해보려고 했으나, 지금까지 법원의 판결 어디에도 그런 흔적은 나타나 있지 않다.

형법이 보호하는 성풍속

법원은 『즐거운 사라』 사건에서 그 작품이 독자를 "호색적인 흥미 속으로 몰아넣음과 아울러 인간의 성행위 그 자체에 대하여 혐오감 · 불쾌감을 불러일으킨다"고 하였는데 '아울러'라는 접속사의 앞뒤 말은 과연 그처럼 양립 공존이 가능한지 의문스럽다.

다시 말해서 독자를 호색적인 흥미 속으로 몰아넣은 작품이 성행위 자체에 대한 혐오감 · 불쾌감을 불러일으킨다는 것은 이만저만한 모순이 아니다. 성행위에 대한 혐오감 · 불쾌감을 불러일으키는 것은 음란죄의 요건이 아니라면, 그리고 피고인의 그 사건 소설이 성행위에 대한 혐오감 · 불쾌감을 불러일으키는 작품이라면, 성적 흥분이나 자극을 오히려 감쇄 또는 소멸시켰을 것이니 법원의 음란죄 해석에 따르더라도 작가는 무죄가 되었어야 마땅하다.

일본에는 "성적 자극과 같은 것은 불쾌감 앞에 소멸되거나 거의 위축되는 성질이 있다"라고 하여 무죄를 선고한 하급심 판결도 있었다(도쿄지방재판소 1962년 10월 16일 판결).

그런데도 법원은 그 소설을 "형법에서 보호하고자 하는 건전한 성풍속이나 선량한 성적 도의관념에 반하는 음란물이라고 아니할 수 없다"라고 그릇된 판단을 하였다. 즉, 법원은 '시대에 따라 변천하는 성에 대한 사회통념'을 염두에 두지 않고 오로지 검열관적인 관점에서 이 사건 작품을 잘못 읽고 잘못 이해하였다. 법원이 좀더 세태와 성의식의 변화에 주목하여 지금 우리 사회의 성풍조 및 성표현의 놀라운 개방추세와 성문제를 대담 솔직하게 다룬 영상물 및 도서 등의 유통 · 보급 현상, 그리고 그에 따라 달라진 성에 관한 사회통념 등을 제대로 파악했더라면 지금까지의 유죄판결은 많이 달라졌을 것이다.

표현의 자유란 무엇인가

행위나 표현물에서 음란성 판단은 결국 인간의 성적 본능과 연관 지어 생각할 문제이다. 인간의 해방은 흔히 신분적인 해방, 억압으로부터의 해방을 떠올리게 하지만 정신(또는 영혼)으로부터의 육체의 해방을 빼놓을 수 없다고 말한 논자도 있다. 예부터 성적 본능에 대한 억압은 성도덕 또는 성적 질서라는 이름으로 가해졌지만, 성문화가 놀랍게 변모된 이 시대에 성에 대한 논의나 묘사조차 금기의 대상으로 삼는다면 그것은 시대착오적인 압제일 수밖에 없다. 사실 성에 대한 탐구와 표현은 누구를 해치기는커녕 때로는 건강한 에로티시즘으로, 때로는 인간의 실존을 추구하는 문학·예술로서 우리를 즐겁고 유익하게 해주는 요소가 많은데도, 난데없이 단속 대상이 되곤 했다. 풍기문란이나 퇴폐행위를 걱정하고 거기에 대응하는 것은 좋지만 성표현을 함부로 범죄시하여 형벌을 들이대는 것은 옳지 않다.

생각건대 성에 관한 자유로운 논의와 표현이 바람직스러운가에 대한 견해차는 사회 각 분야의 논쟁의 대상이어야지 사법판단의 도마 위에 올려놓을 일이 아니다. 증명 불가능한 '사회통념'이나 '성적 수치심'이 판단의 기준 또는 처벌의 기준이 된다면 권력이 마음먹기에 따라서는 누구나 '범인'이 될 위험이 있다. 실재하는 인간이 행동으로서 성적 문란을 저질러도 (그것이 성범죄가 아닌 한) 처벌되지 않는데, 하물며 소설 속의 가공인물의 그런 행위(에 대한 묘사)를 작가 처벌의 이유로 삼을 수는 없다.

성은 그 본질이나 속성이 법적 개념 아닌 통상적 용어로 말해서 음란한 면을 배제하기가 어렵다. 그것은 속박과 자유의 갈등을 불러일으키는 인자가 되기도 하고, 쾌락만큼의 위험과 추악도 걱정할 만하다. 그러나 현실적으로 존재하는 그런 성의 세계를 그냥 둔 채, 그것을 다룬 픽션을 범죄시하려고 하는 식의 법적용은 올바르지가 못하다. 더구나 하나의 픽션 속에서 전개되는 성의 세계를 피해망상적인 가상 아래 규탄하고 저주하다보면, 자칫 미디어에 대한 국가규제를 통해 표현의 자유가 짓밟히거나 무의미해질 위험이 있다. 미국 연방대법원의 O. W. 홈스 판사가 "자유라 함은 우리가 기피하고 혐오하는 사상을 위한 자유를 말한다"고 했듯이 기본권의 헌법상 보장은 소수의견 내지 이단 그리고 지배세력이 꺼려하는 사상까지도 아울러 포용하는 것이어야 하며, 우리 시대의 문화와 자유와 진실을 국가권력의 자의로부터 지켜내야 할 헌법의 보장 기능은 어떤 이유로도 경시되어서는 안 될 것이다.

『민예총』, 1997. 1.

8. 필화 사건의 변호와 증언까지

작가 안수길 선생을 추모하는 글

안수길(1911~1977)

소설가, 경향신문 문화부장, 서라벌예술대 교수, 국제펜클럽 한국지부 부위원장, 자유문학상 등 수상. 작품 「제3인간형」『북간도』 등.

세상에는 여러 유형의 문인이 있습니다. 시종 문학에 전념하여 작품으로 평가를 받는 문인, 문학보다는 문학 외적 활동으로 이름이 알려지는 문인, 문단 또는 문학 관련 단체에서 한자리하고자 하는 문인, 문인이라는 간판을 활용해 세속의 감투를 지향하는 문인 등. 그리고 문학의 품격과 인간의 품격이 서로 일치하는 사람과 그렇지 못한 사람, 실제의 역량보다 세평이 부풀려진 문인과 그 정반대인 문인, 그리고 역량만큼 제대로 인정을 받는 문인 등.

이런저런 분류기준을 놓고 볼 때, 작가 안수길 선생님은 어느 유형에 들까요? 굳이 제가 말하지 않아도 많은 사람들이 정답을 아실 것입니다. 사실 안수길 선생님에 대해서는 문단을 비롯한 문화계의 여러분들이 잘 알고 있다고 믿기 때문에 저는 그분들의 안수길 체험과는 다른 이야기를 해보고자 합니다.

누구나 젊어서는 한번쯤 문학청년이 되기 쉽습니다. 저도 그런 시절이 있었는데, 그 시절에 『현대문학』이나 『자유문학』 같은 문학지에서 작가 안수길 선생의 소설을 읽었습니다. 그중 「제3인간형」이란 작품이 참 마음에 들었습니다. 저는 5년간의 검사생활을 접고 1965년에 변호사로 전신했습니다. 마음 같아서는 좀 자유롭고 안정된 생활을 했으면 했는데, 여의치가 않았습니다. 1960년대 후반의 정치적 광풍이 저를 가만히 두지 않았기 때문입니다.

박정희 독재정권의 압제는 문단에도 미쳐서, 1965년에 작가 남정현씨가 반공법 위반으로 구속되는 사태가 벌어졌습니다. 『현대문학』에 실린 그의 단편소설 「분지」가 반미·용공 소설이라는 트집이었습니다. 작가는 얼마 후 구속은 풀렸으나 근 1년을 두고 여러 방식으로 시달림을 받아야 했습니다. 그리고 끝내 기소가 되었습니다. 문인단체를 비롯한 각계에서 항의와 진정이 쏟아지는 가운데 재판이 열렸습니다.

그 사건의 변호인으로는 법학계의 이항녕 변호사, 작가와 동향인 김두현 변호사, 그리고 제가 나섰습니다. 그리고 안수길 선생을 특별변호인으로 신청했습니다. 변호사 자격이 없는 사람이라도 법원의 허가를 받아 법정에서 변호를 할 수가 있는데, 이런 사람을 특별변호인이라고 합니다. 하지만 그런 제도가 별로 활용되지 않고 있었는데,

그 무렵 저는 문득 안수길 선생을 특별변호인으로 모셨으면 하는 생각이 떠올랐던 것입니다. 그래서 작가와 상의하고 안선생님 본인의 허락을 받아 법원에 특별변호인 허가 신청을 냈던 것입니다.

문학작품을 반공법으로 문제삼는 필화 사건에서는 특별변호인의 역할이 필요할 것 같아서 신청을 했는데, 판사도 이에 공감했는지 허가를 해주었습니다. 안선생님은 작가 남씨를 『자유문학』을 통해 추천해서 문단에 내보낸 문학의 대부 격인 분이었으므로 어느 모로 보나 적임이었고, 따라서 반응도 좋았습니다.

안선생님은 재판 때마다 법정에 나오셨고, 최종 결심공판에서는 문학마저 탄압하는 권력에 대해 계몽적이면서도 단호한 변론을 하셨습니다. 안선생님은 "북한의 잡지에 전재되고 기관지에서 논평했다는 사실만으로 작가를 용공으로 처벌할 수는 없다"고 하시면서, 미국의 존 스타인벡의 『분노의 포도』는 제2차세계대전 때 나치 독일에 의해 반미선전에 크게 이용되었으나, 그 작가는 미국의 법정에 선 일이 없다고 했습니다. 그리고 문학의 저항성이 오해되거나 저해를 받아서는 안 된다, 만약 이 작가가 법에 의해 처벌을 받는다면 이는 일제시대에도 없었던 역사를 역행하는 일이며, 창작의욕을 위축시키는 결과를 가져올 것이라고 경고하였습니다. 안선생님은 이런 명변론을 하심으로써 법정의 단상단하를 숙연케 하였습니다. 그 뒤 작가 남씨에 대해서는 무죄 아닌 선고유예 판결이 확정되었습니다.

저는 안선생님의 안암동 댁에도 가끔 놀러가곤 했습니다. 선생님은 댁에서 주로 한복을 입고 계셨으며, 넓지 않은 한옥의 서재에는 테이블 아닌 앉은뱅이책상을 놓고 글을 쓰시곤 하셨습니다. 그 무렵 저는 장남 안병섭(영화평론가), 사위 김국태(작가), 안선생님의 추천으로 문단에 나온 최인훈·남정현·박용숙(이상 모두 소설가) 등 문우들과도 친분을 나누면서 지냈습니다. 소탈하시고 다정하신 사모님의 모습도 잊히지 않습니다.

'라운드 클럽'이라는 문인들의 모임에서도 안선생님을 모시고 여러 문인들과 격의 없는 친교의 시간을 함께 보내곤 했습니다. 화양리에 있는 모윤숙 시인 댁에서 매달 만나던 이 모임은 피차 연배의 차이를 떠나서 조금은 파격적으로 자유분방한 담론도 하고 놀이도 즐기는 모임이었습니다. 멤버는 문단의 원로급에서 중견에 걸친 세대들이었고, 물론 여류문인들도 여럿 있었습니다. 이헌구(문학평론가), 박진(연극인), 모윤숙(시인), 김광섭(시인), 안수길(소설가), 김남조(시인), 전숙희(수필가), 홍윤숙(시인), 김붕구(불문학자), 박연희(소설가), 이호철(소설가), 남정현(소설가), 정연희(소설가), 여기에 저 한승헌도 한몫 끼어 아마도 20명쯤 되지 않았나 싶습니다.

문학 이야기, 세상 이야기 그리고 친교·방담 등으로 매우 다채로운 만남이 이어져오던 중에 뜻밖에도 판에 금이 가기 시작했습니다. 박정희 정권의 유신독재가 날을 세우면서 모임 내부에 은연중 서먹한 분위기가 감돌더니 결국은 각자 입장들이 달라지고 갈래가 생겼습니다. 그러다 모임도 흐지부지되었습니다. 평소에 근엄한 편인 안선생님도 이 모임에서만은 천진난만하고 아주 재미있는 화두를 선도하여 주연급으로 좌중을 이끌곤 하셨습니다.

1975년 봄, 이번에는 바로 제가 반공법 필화 사건으로 구속되어 재판을 받게 되었습니다. 그때 안선생님께서는 변호인측 증인으로 법정에 나오셔서 공안검사와 맞서는 고역을 마다하지 않으셨습니다. 당시 저는 김대중 전 대통령 후보와 이병린 민주회복국민회의 대표위원(전 대한변협 회장)의 변호인으로 활동하는 가운데, 민청학련 사건으로 복역하던 중 석방된 김지하 시인의 재구속 사건의 변호인 선임계를 직접 서울지검에 제출했습니다. 그날로 중앙정보부는 두 번에 걸쳐 저에게 변호인 사퇴를 요구했고, 제가 이를 거부하자 반공법 위반으로 저를 구속기소하였던 것입니다. 그때로부터 2년 반 전 어느 잡지에 실었던 사형제도를 비판한 저의 글이 용공이라는 혐의였습니다. 사형을 반대하는 것은 북괴 간첩의 사형도 반대하는 것이니까 용공이라는 기막힌 논리였습니다. 이 사건 법정에는 검찰측과 변호인측의 신청으로 여러 사람이 증인으로 나왔습니다. 검찰에서는 전향 간첩, 국가보안법 복역자, 월남한 지식인 등을 내세웠습니다. 이에 맞서 변호인단에서는 안수길 선생님을 비롯하여 강원용(목사), 이우정(교수), 유주현(소설가), 홍윤숙(시인), 이어령(문학평론가), 박연구(수필가) 등 각계 인사가 살벌한 법정 분위기 속에서도 용감한 증언을 해주었습니다.

저는 그분들이 사양하거나 주저함 없이 증언대에 나와주신 것만으로도 감사하고 감격스러웠습니다. 특히 안선생님께서는 저의 글이 인간 생명의 존엄을 강조한 내용으로서 문학작품에서 많이 다루어온 주제이며, 결코 용공 차원에서 논할 문제가 아니라고 증언하셨습니다. 저는 증인으로 나오신 분들께 너무도 힘겨운 고역을 안겨드린 것 같아서 송구스러웠습니다.

안선생님은 여러모로 저를 사랑해주셨습니다. 제가 주책없이『노

274

숙』이라는 시집을 내고 출판기념회까지 열었을 때, 서정주(시인), 백철(문학평론가) 선생님과 함께 과분한 축사를 해주셨습니다. 그 무렵 출판되어 절찬을 받고 있던 『북간도』 상권에 서명을 하신 기증본을 주시기도 했고, 저는 선생님께서 그 소설의 하권을 전작全作으로 쓰고 계시던 성북동 약사암에 다른 문우들과 함께 가서 즐거운 시간을 갖기도 했습니다.

선생님께서는 학같이 단아하고 고고하신 선비형 작가였습니다. 그리고 엄격하시면서도 자애로우셨습니다. 그 어른의 문학에 관한 평가는 감히 내가 말할 수 있는 영역이 아니어서 접어두기로 하거니와, 안선생님처럼 인품과 작품이 깨끗하신 작가를 가까이 모실 수 있었고, 아직도 기억 속에 간직할 수 있다는 것은 저로서는 큰 축복이 아닐 수 없습니다. 이것이 어찌 저 혼자만의 다행스러움에 그칠 일이겠습니까?

삼가 안선생님의 명복을 빕니다.

『안수길 문학, 그 삶의 향기』, 2007. 11. 30.

9. 반공법 사건 여록

어느덧 변호사 생활도 10년째로 접어들었다. 그동안 변호를 맡았던 사건 중에는 반공법이나 국가보안법 위반 사건도 적지 않게 있었다. 전체 수임사건에 비한다면 수적으로 큰 비율은 아니겠으나 기억에 남는 농도는 결코 무시할 수가 없다.

동백림 사건, 구라파 거점 간첩단 사건, 통혁당 사건, 서승 형제 사건 등은 세상에도 크게 알려졌던 형사사건이었다. 앞서의 몇 사건은 국내뿐만 아니라 해외에서도 상당한 논의를 일으켰던 사건이다.

그러한 시국범時局犯은 변론을 하는 데도 어려움이 많다. 하지만 어렵기 때문에 변호인으로서의 보람이 더 클 수도 있다.

용공혐의로 검거된 사건은 수사 단계에서 당국이 크게 발표를 하는 것이 상례처럼 되어왔다. 그런데 나중에 기소장을 보면 당초의 발표가 좀 과장된 것이라는 느낌을 준다. 그리고 사건기록을 검토해보면 이번에는 검사의 기소장에서 좀 무리한 대목이 발견된다. 법정에서 신문이나 변론을 할 때에는 그런 허점을 파헤치고 내 나름의 열의를 쏟아본다. 그러고 나면 힘겨운 일을 해냈구나 하는 기분이 들 때도 있다. 앞서 말한 사건의 피고들 가운데는 이유야 어떻든 북쪽 사람들과 실제로 만난 적이 있는 사람도 섞여 있다. 평양이나 그 밖의 공산국가 지역을 다녀온 사람도 있다. 그쯤 되면 염색이 다 된 자들인데 무슨 변론이 필요하냐고 하는 말도 들었다. 여기서 상식과 법률의 갈림길이 생기고 여론과 증거의 차이가 선명해지게 된다. 그처럼 역적시되는 사람에 대해서도 당자의 방어권을 인정하고 증거에 의해 진실을 가려내며 나아가 억울한 일이 없도록 보살펴주는 것, 바로 여기에 자유민주주의다운 강점이 깃들이는 것 아니겠느냐고 구차한 설명을 해주기도 한다.

용공혐의와 같은 시국범은 형벌이 무거운 법인데, 그렇게 법정형이 무거운 사건은 변호인 없이는 재판 진행조차 못하게 되어 있다고 법조항까지 인용해줄 때도 있다. 만일 당신이 억울한 기소를 당했다고 가정하고서도 변호무용론을 주장할 수 있겠느냐고 역습을 한 적도 있다. 너무나 당연한 것을 설명하자면 오히려 더 힘든 경우도 없지는 않다.

증거의 평가나 법률 해석에서 검찰측과 논쟁을 벌이는 사례는 으레 있기 마련이다. 변호인측이 한반도의 위험한 정세를 모르니까 그런 소리를 한다는 식의 재반론再反論도 나온다. 그럴 때도 나는 이 나라의 장래를 염려하는 애국심이 어느 쪽만 못한 것은 결코 아니라고 자부하고 싶어진다. 선입관으로서가 아니라 증거로서 진실을 가려보자는 것이 재판인데 피차의 견해가 맞선다고 해서 이상할 것은 없다.

설령 반공법규에 저촉되는 외형상 행위가 밝혀졌다고 하더라도 변호인의 직분이 소멸될 수는 없다. 사람의 생활환경이나 법률지식 여하에 따라서는 자기의 행위가 반공법에 걸리는 범죄인지 미처 모르고 있는 수도 많다. 요컨대 아무런 죄의식이나 고의 없이 한 일인데 검거되고 나서 알고 보니 범죄라는 식의 케이스다. 이런 경우에는 법이론상으로 형사책임을 지울 수 없다는 주장이 가능할 때도 있지만, 적어도 처벌의 필요나 정도에는 크게 참작이 돼야 하는 것이다.

일반 경계적인 입장만을 강조한 나머지 너무 가혹한 형벌을 과하다 보면 오히려 나라의 손실이 될 염려도 있다.

엄청나게 변하는 역사의 물결 속에서 개인의 처신은 항상 위태롭고 약하게 몰리기 쉽다. 더욱이 조국의 분단이 빚어낸 동족끼리의 반목은 정치적 입장과 관계없이 한번쯤 의문의 대상이 될 만도 한 것이다.

해외에 있는 동포들에게는 유난히 그럴 가능성이 따라다니고 있다. 같은 말을 쓰는 동족이라는 그 이유 하나만으로 상대방이 반가울 수밖에 없다. 만리타국 이역 땅에서 동족을 만나고서도 말 한마디 하지 않고 외면하기란 불가능하고도 비인간적인 일이라고 봐야 한다. 그런데 나중에 알고 보니 아무개는 어느 쪽 사람이었다, 그리고 너는 반국가단체의 구성원과 '회합'을 한 것이다―이렇게 추궁하게 되면 당초 반공입법의 목적과 관계없는 수난을 야기시키는 결과가 된다. 위법성 문제를 가지고 풀 수 없다면, 그렇게 될 수밖에 없었던 불가피한 사정은 참작되어야 한다.

행위의 성격 자체가 반국가적이라기보다는 조국의 분단이라는 역사적 상황 때문에 피고가 되는 경우를 가상해볼 수도 있다. 동족 간의 대립이 없었다면 그런 식의 처벌법규도 생기지 않았거나 저절로 소멸될 것이니, 행위보다 상황이 위법론의 주축이라는 말이다.

그렇다면 행적에 대한 처벌이 불가피하다 해도 그런 행위를 위법으로 규정할 수밖에 없는 상황을 지나치게 고정관념으로 내세워 엄단 일변도로만 기울지 말아야 한다.

이런 식의 주장은 내가 변호사라서 하는 말이 아니다. 물론 그동안에 겪었던 변호의 경험이 은연중 그런 사고를 잉태시켰을지는 모르나 결코 나 혼자만의 독단은 아니라고 확신한다.

동백림 사건으로 재판을 받았던 사람 가운데 작곡가 윤이상씨가 독일에서, 화가 이응노씨가 파리에서 각기 세계적인 예술가로서 한국의 이름을 크게 떨친 것은 좋은 실례로 꼽을 만한 일이다. 그들이 풀려난 것은 법정의 판결로써가 아니라 행정부의 사후조치에 의한 것이었지만, 어쨌든 그들에 대한 엄단을 고집하여 끝내 감옥에 가두어두었더라면 작은 것을 얻는 대신 큰 것을 잃을 뻔했다는 생각이 든다.

내가 이응노 화백을 구치소로 면회 갔을 때 "이북에 납치당한 내 자식의 소식이라도 알까 해서 사람을 만난 것을 가지고 이렇게 묶어들일 수 있느냐?"고 울음을 터뜨리던 모습이 오래 기억에 머물고 있다.

1심 때 그에게는 무기징역이 구형되었는데 판결은 5년 징역이었다. 나는 2심 때에 "이미 65세가 된 피고인에게 5년 징역이라는 것은 실질적으로 무기징역과 다를 바 없는 것 아니냐"고 변론했다.

아들의 소식이라도 들어볼 수 있을까 하는 인간으로서의 애끓는 심정, 그것이 문제의 발단이 되어 노안老顔의 세계적 예술가가 조국의 감방에서 여생을 마쳤다고 생각해보자.

그분 개인으로는 물론이거니와 우리나라로서도 무엇을 얻고 무엇을 잃었을 것인가.

내가 변호를 맡았던 사건 가운데는 좀더 넓은 안목으로 보아 결말이 달라졌어야 옳은데, 이렇게 미련이 남는 사건이 적지 않게 있다.

10. 『보바리 부인』 재판의 음미

1867년 1월 그믐께, 플로베르는 파리 경범죄재판소 제6호 법정에 피고의 몸으로 나타났다. 그가 5년 동안이나 퇴고를 거듭하여 발표한 『보바리 부인』이 공중도덕 및 종교도덕에 대한 모독죄(외설비훼죄)로 제소되었기 때문이다. 검사는 이 소설을 '어느 시골 여인의 불륜한 이야기'로 규정하고 음란한 호색물에 지나지 않는다는 점을 판사와 배심원들에게 설복시키려 했다. "이런 이의가 있을지도 모른다. '결국 이 소설 밑바닥에 있는 것은 모럴이다. 왜냐하면 간부姦婦는 벌을 받았으니까'라고. 그러나 설령 이 작품을 도덕적이라고 하더라도 음탕한 내용이 도덕적인 결말에 의해 지워질 수는 없다. 따라서 나는 단언한다. 이 소설의 밑바닥엔 결코 모럴은 없다고. 문학 묘사가 무궤도에 흐를 때에는 마땅히 벌을 받아야 한다. 무궤도한 예술은 벌써 예술의 이름에 값하지 않는다." 반면 변호사는 작품 평가의 기점을 작자의 창작의도에 두어야 하며, 악덕惡德의 공포로써 선덕善德을 장려하고자 한 작자의 진의를 강조했다. 플로베르 자신은 "나는 내 저서 중에서 단편적으로 끄집어낸 문구를 이유로 고발되었다. 나는 저서 그 자체에 의지하는 외에 달리 나를 방어할 방법을 알지 못한다"고 개탄했다. 재판장은 이 작품이 부분적으로 풍속을 파괴할 만한 내용과 표현을 담고 있음을 인정했다. 그러면서도 작자의 사상·제재·표현·어필 방법의 상호관련성과 문장기법상의 필요를 긍정하면서 "피고인의 저서는 한갓 관능의 만족, 방탕무뢰한 방종을 목적으로 한 것이 아니다"라고 판시하고 무죄를 선고했다.

『보바리 부인』 재판 이야기를 좀 장황할 만큼 소개한 이유는 다른 데 있지 않다. 백여 년 전 나폴레옹 제정 치하의 이러한 공방이 오늘날의 자유민주사회에서도 거의 같은 모습으로 논란되고 있으며 그 궤軌가 고금여일하게 흡사하여 아직도 음미의 여지가 절실하기 때문이다. 하기는 문학의 세계와 현실규범의 요청이 갈등을 겪는 것은 때로는 어쩔 수 없는 숙명인지도 모른다. 그런데 이와 같은 대결이 표면화하여 법의 판가름까지 받게 되었을 때, 그 결론은 문학에 대한 재판관의 이해도 내지 세계관에 좌우되게 마련이다. 앞에 소개한 플로베르 재판만 해도 재판관의 문학에 대한 깊은 이해가 없었던들 어물어물 유죄로 매듭지었을지도 모른다.

더욱이 요즘처럼 사법권 독립이 보장되지 않았던 왕정하에서 그만큼 자기 소신을 살려 무죄를 선고한 그 재판장의 용기에는 경의를 표할 만하다. 사실 문학작품에 대한 재판, 즉 법규범에 입각한 판결이란 매우 애매하고 어렵고 또 그만큼 위험한 일면이 없지 않다.

문학이 추구하는 세계와 법이 유지하려는 세계가 반드시 일치하는 것이 아닌데도 법의 재정裁定에 있어서는 획일적인 개념이나 차원에 얽매여 문학 나름의 가치관을 외면하는 수가 많다. 그러다보면 더러는 삼각형과 타원을 놓고 어느 쪽이 더 무거우냐는 식의 우문우답을 되풀이하는 난센스마저 노출되는 수도 있다.

문학 내지 문학작품이 법률상으로 문제되기는, 앞에서 본 외설(음란)의 경우 외에도 명예훼손, 프라이버시의 침해 그리고 이른바 반국가적 선동행위 따위를 들 수 있다. 그 어느 것이나 궁극적으로는, 진선미를 추구하는 인간의 본질과 현실적 질서와의 충돌이라고 말할 수 있다.

그런 틈바구니에서 단편적인 몇 구절, 애매한 피해의식 혹은 교조적인 애국관념─이런 데에 가치판단의 말뚝을 박으려는 법해석이 머리를 들게 된다. 그런 데서 오는 위험은 예나 지금이나 매한가지로 항존한다. 그것이 현실적인 어떤 세력에 의한 압박으로 나타나기도 하고, 마침내는 법관의 이해부족이나 독단에 의해 한층 두텁게 도장되기도 한다.

우리나라에선 문인들의 작품 내지 활동이 법률적인 논란으로 번진 사례가 그리 많지 않고, 그나마도 대법원의 종국판결로 종결돼 남은 것은 별로 없다(이런 표면상의 무풍이 문학하는 이들에게는 다행스런 일인지 불행한 일인지는 언뜻 판단이 가지 않는다).

그런데 수사나 하급심 단계에서 엿보이는 당무자들의 안식眼識이 그리 만족스럽지 못한 점은 사실이다. 그래서인지 몰라도 앞서 인용한『보바리 부인』재판에서 볼 수 있는 법관의 문학의식과 용기가 새삼스럽게 흠모되곤 한다. 획일적인 계율 유의 안목으로 문학작품을 따지고 든다면 결국 수신교과서 같은 글만이 무사하다는 이야기가 된다. 이런 말은 결코 문학의 이름을 걸치고 횡행하는 패설稗說을 옹호하려는 것이 아니다. 오히려 오늘의 우리 문학이 어떤 위압적인 시류 앞에 움츠리지 말고 좀더 진지하고 패기 있게 뻗어나가주었으면 하는 아쉬움을 말하고자 하는 것이다. 아울러, 문학예술의 자유에 조금이라도 석연치 않은 그늘이 번지지 않기를 바라는 염원의 일단을 피력하였을 뿐이다.

『월간 문학』, 1967. 6.

11. 법정 증언을 통한 문학의 옹호

필화 사건 증언대의 이어령 교수

1967년 2월 8일, 작가 남정현씨에 대한 반공법 위반 사건(세칭 「분지」 사건)의 네번째 공판이 서울지방법원의 한 법정에서 열렸다. 그날은 증인신문이 있는 날이어서 법정 안팎에 자못 긴장감이 감돌고 있었다.

증인 선서의 자리에는 검찰측 증인으로 월남 전향자와 복역중인 남파간첩 등이 나와 있는가 하면, 변호인측 증인으로는 문단과 언론계 인사들의 얼굴이 보였다.

그중에서도 문학평론가 이어령 선생의 모습이 단상단하의 시선을 끌었다. 그는 신문사 논설위원으로, 문학평론가로, 작가로, 대학교수로⋯⋯ 그야말로 종횡무진 활약해온 주목받는 지식인이었기에, 탄압받는 이 땅의 한 작가를 위해 그가 어떤 증언을 할 것인지 궁금했기 때문이리라. 과연 그는 이날, 반공을 만병통치약으로 내세운 국가

권력의 광기 앞에서 명쾌하고도 막힘없는 답변을 함으로써 문학과 작가를 압제의 사슬에서 풀어내기 위한 기념비적 증언을 남겼다.

수난의 작가 남정현씨는 1965년 3월호 『현대문학』에 실린 그의 단편소설 「분지」가 반미·용공이라는 이유로 한때 구속까지 되었다가 구속적부심사로 풀려난 뒤 1년이 지난 1966년 7월 23일 반공법 위반죄로 불구속 기소되었던 것이다. 검찰은 한국 여인에 대한 미군의 강간 만행을 다룬 그 소설이 계급의식과 반정부의식을 고취하고 반미감정을 조성함으로써 '북괴'의 대남전략에 동조한 작품이라고 주장했다.

한번 반공법 위반으로 몰렸다 하면 피고인 당사자는 물론 가족·친지까지도 불안감에서 벗어나기 어려웠던 그때에 감히 피고인측 신청에 응해 증인으로 나선다는 그 자체만으로도 대단한 결심이 따라야만 했다. 그런데도 이어령 선생은 주저함 없이 그날 법정에 나왔다.

검찰측 신청으로 나온 증인은 월남 전향자인 전 북한 언론인 한재덕씨와 구속중인 대남간첩 두 명을 포함해 모두 다섯 명이었는데, 한결같이 자신들의 특이한 신분과 경력에 알맞은(?) 진술을 함으로써 검찰의 주장에 영합했다. 즉, 그들은 "이 소설은 누가 읽어봐도 반미적이며 계급의식을 고취하고 북괴와 똑같은 주장을 하고 있는 데 놀랐다" 또는 "철두철미한 공산주의 작가가 최고로 기술을 발휘해서 쓴대도 이 이상일 수는 없을 것이다" 운운하는 진술을 했다.

이어령 선생은 그날 네번째로 증언대에 나갔다. 먼저 변호인인 내가 그에게 질문을 했다. 팽팽한 긴장을 가르며 그의 답변이 법정의 분위기를 반전시켜나갔다. 그때의 문답 일부를 옮겨본다.

문(변호인): 「분지」는 반미적인 소설인가?

답(증인): 이 소설은 우화적 수법으로 쓴 것이므로 친미도 반미도 아니다.

문: 현실 그 자체를 그린 것이 아니란 말인가?

답: 그렇다. 이 작품에서 한국 여성과 미군의 관계는 미국문화가 한국문화에 접촉하는 과정을 비유한 것이다. 계급의식이란 것도, 빈부의 차가 어떻게 이루어졌는가에 관해서도 작품 안에 언급이 없으므로 단순히 약자에 대한 동정으로 해석된다. 약자에 대한 동정은 계급의식의 고취라고 볼 수 없다.

문: 저항문학이란 무엇인가?

답: 문학에는 본질적으로 저항의 일면이 있다. 문학의 창조성과 저항성은 동전의 안팎과 같은 관계를 이루고 있다.

문: 이 작품에서 작가는 어떤 지향성을 보이고 있는가?

답: 남씨는 흔들리는 민족문화의 주체성을 지키겠다는 생각인 것 같다. 작품 곳곳에서 비서구적인 한국문화에 대한 향수가 나타나 있다.

문: 이 작품이 북한 공산집단의 주장에 동조했다는 공격을 받고 있는데.

답: 달을 가리키는데, 보라는 달은 보지 않고 손가락만 보는 격이다. 남씨가 가리키는 달은 주체적인 한국의 문화이며, '어머니'로 상징되는 조국이다. 장미의 뿌리는 장미꽃을 피우기 위해서 있는 것이므로, 설령 어느 신사가 애용하는 파이프를 만드는 데 그것이 쓰였다고 해서 장미 뿌리는 파이프를 위해 자란다고 말할 수는 없지 않

은가.

이어서 검사의 반대신문이 시작되었다. 변호인과 증인 사이의 문답을 들으면서 마뜩찮은 표정을 짓고 있던 검사가 증인에게 물었다.

문(검사): 작가의 내심까지 알 수는 없지 않은가?
답(증인): 작품은 일반에게 발표가 된 뒤에는 작가만의 것이 아니며, 그렇다고 독자가 멋대로 해석해서도 안 된다. 작품 속의 상징성은 그대로 존중되어야 한다.
문: 나는 이 소설을 읽고 놀랐는데, 증인은 용공적이라고 보지 않았는가?
답: 나는 놀라지 않았다. 병풍 속의 호랑이를 진짜 호랑이로 아는 사람은 놀라겠지만, 그것을 그림으로 아는 사람은 놀라지 않는다. 「분지」는 신문기사가 아니다.
문: 증인은 반공의식이 약해서 이처럼 증언하는 것이 아닌가?
답: 나의 저술과 나를 비평하는 글들이 그 점에 대한 증거가 되리라고 믿는다.

이상은 물론 장황하고 격렬했던 법정 공방의 한 대목에 불과하거니와, 이교수의 답변은 도식적 관념 타령을 벗어나서 적절한 비유까지 구사함으로써 논리적 설득력을 유감없이 과시하였으며, 검찰측 기소의 억지와 허상을 논증하기에 충분했다.
그러나 그해 6월 28일에 열린 선고 공판에서 박두환 판사는 피고인 남정현씨에게 "형의 선고를 유예한다"라는 판결을 내렸다. '형의 선고유예'는 법적으로는 유죄판결의 하나이지만, 예나 지금이나 반공법 또는 국가보안법 위반 사건에서는 여간해서(?) 무죄 선고를 기대하기가 어려운 현실을 감안하면, 담당 판사의 심증이 무죄에 가까웠음을 쉽사리 짐작할 수 있었다.

그것은 판결문 중의 다음과 같은 설시說示에서 여실히 드러나 있었다.

> 본건 작품「분지」를 전체적으로 음미·이해한 위에 증인 이어령의 법정에서의 진술을 보태어보면, 이 작품은 우리 민족주체성의 확립이라는 피고인의 염원을 소설로써 표현한 것이라고 인정할 수 있으므로 (…)

이어령 교수와 나는 '「분지」 사건'의 법정에서는 변호인과 증인의 사이로 만났는데, 알지 못할 것이 사람의 일이라, 그로부터 18년 뒤에는 피고인과 감정鑑定 증인의 입장에서 다시 법정 대면을 하게 된다.

1975년 3월, 나는 난데없는 필화 사건으로 당시 중앙정보부에 구속되어 반공법 위반으로 재판에 회부되었다. 나는 그 전해에 민청학련 사건 등 여러 시국사건의 변호를 맡은 데 이어, 일본에서 납치당해온 전 신민당 대통령 후보 김대중씨에 대한 대통령선거법 위반 사건과 김지하 시인의 「오적」 필화 사건 등의 변호를 맡는 한편, 이런저런 민주화운동에 참여하고 있던 중이었다.

그리고 그해 2월에 형집행정지로 풀려난 김지하 시인이 3월 들어 다시 구속되자, 나는 곧 그를 위한 변호인단을 구성했다. 중앙정보부는 나에게 변호인 사퇴를 거듭 요구했고, 내가 끝내 이를 거절하자 남산의 지하실로 끌어다가 구속시켜버렸다. 검찰은 2년 반 전에 발표한 나의 수필 한 편이 용공이라는 이유로 나를 구속기소했다. 그때 문제된 「어떤 조사」라는 나의 글은 어디까지나 사형제도를 비판하는 내용이었는데도 중앙정보부와 검찰은 그것이 국가보안법의 폐지를 주장하고 간첩의 처형을 비난하는 북한의 주장에 동조하는 글이라고 몰아붙였다.

그 사건의 재판에서도 검찰은 북에서 귀순한 전향자와 대남간첩 등 특수한 전력을 가진 사람들을 11명이나 증인으로 내세웠다. 서울구치소에 수감되어 있던 나는 변호인들과 상의 끝에 안수길·이어령·유주현 세 분을 감정인으로, 강원용·이우정·홍윤숙·박연구 네 분을 증인으로 신청했다.

때마침 박정권은 남부월남의 패망을 평계로 대통령 긴급조치 9호를 발동하는 등 발악적인 탄압을 가중시키던 때인지라, 그런 살벌한 시기에 정권의 미움을 사서 잡혀들어간 '피고인'을 위해서 증인으로 나선다는 것이 얼마나 힘들고 위험한 일인가를 생각하니 그들을 감정인 또는 증인으로 신청하고도 몹시 미안한 생각이 들었다. 그러나 한 분도 회피하지 않고 소신껏 감정과 증언을 해주어서 무척 고마웠다.

특히 이어령 교수에 대해서는 '「분지」 사건' 때에 이어 이번에는 나 자신에 대한 형사사건의 증인으로 다시 고역을 안겨주게 되어 무척 미안했다. 광란에 가까운 유신의 독기 속에서였는지라 증언을 수락하는 것 자체가 힘든 결단이었다. 그런데도 이교수는 독재의 망령이 무겁게 짓누르는 법정에 나와서 현하(懸河)의 변(辯)으로 당당하게 증언을 해주었다.

이때 역시 이교수의 증언은 듣는 이의 마음 한복판에 꽂히는 것이어서, 변호인과 방청객으로부터는 무언의 갈채를 받은 반면, 그만큼 검사를 당혹게 만들었다. 반대신문에 나선 검사와의 논쟁성 문답에서도 그는 완승을 거두었다.

그는 문제된 나의 수필 「어떤 조사」가 인도주의에 입각해 생명의 존엄과 오판의 위험을 상기시킴으로써 사형제도를 비판한 에세이이며, 어느 특정인의 죽음을 지칭해 쓴 글이 아니란 점을 설득력 있게 진술했다.

그의 의연한 증언을 들으면서 나는 이교수가 공개법정에서 저렇게 바른말을 하고 난 뒤에 혹시 신상에 어떤 불이익이라도 당하지 않을까 걱정스러웠다.

이교수를 비롯한 여러 증인들의 증언은 나의 무죄를 밝혀주기에 족했는데도 주심 판사는 시국사건 재판에서 으레 그래왔듯이 유죄 판결을 선고했다. 더구나 형의 집행유예도 붙지 않은 실형(징역 1년 6월) 선고였다. 그렇지만 이교수처럼 훌륭한 분들이 용기 있는 법정 증언을 통해서 나의 글을 옹호해준 것만으로도 나는 고마움과 보람을 느낄 수 있었다.

「어떤 조사」 사건은 그후 대법원에서까지 '유죄'가 확정되어 나는 변호사 자격마저 박탈당하고 실업자가 되었다. 내가 1983년에 복권

될 때까지 재야와 황야에서 험난한 시대와 싸우는 동안 이교수는 남다른 정으로 나를 대해주었다. 자신이 주간으로 있던 『문학사상』의 지면을 할애해 글을 쓰도록 했으며, 내가 저작권의 불모지대에 일찍이 발을 들여놓을 때에도 그의 권면이 적잖은 격려가 되었다.

정작 이교수에 관해서 내가 쓰고 싶은 말은 이제부터인데, 어느덧 지면이 넘치고 만 것이 아쉽다.

『만남의 방식』, 1993. 10.

제4장

표현의
자유와
권력

1. 비판은 모반인가?

예찬만이 반드시 애국일 수는 없듯이, 비판과 모반이 혼동되어서
도 안 된다. 그런데도 어떤 사람들은 이 자명한 사실을 식별하려 들
지 않는다. 아니 뒤엎어 생각하려고도 한다. 우리나라의 경우는 '한
국적인 특수사정'까지 감초 격으로 끼어들어 획일적인 공리(?)를 앞
세울 때도 있다.

　따지고 보면 지식인·문필가들의 수난도 그래서 빚어진다. '현실
비판→반정부→반국가→이적……' 이런 비약적인 도식이 창조·활
용되기도 한다. '북괴'가 한국의 정부시책과 사회현실을 욕하고 있
는 판에 너도 그런 말을 했으니 결국 북괴의 활동에 '동조'한 거 아니
냐, 이런 유의 추상 앞에 지성은 낙엽이 되어버린다. 표현의 자유를
자랑삼는 민주헌법도 이런 때는 그저 난처해질 수밖에……

　자유를 부르짖다 자유를 잃는 슬픈 아이러니, 순수한 갈망의 목소

리가 이단시되기 쉬운 역리逆理, 이런 정세야말로 참된 민주주의를 위해서 경계해야 마땅하다.

국가현실의 긴박성을 이유 삼아 문필을 통한 작가의 활동마저 심리적 위압을 받는다면 국내법상의 논란은 차치하고라도 세계에 내미는 한국의 얼굴이 어찌되겠는가?

지금 서울에선 '국제펜대회'가 한창이다. 세계 여러 나라, 심지어는 공산권 나라의 대표까지 한자리에 모였다는 것만으로도 흐뭇한 일이다. 그러나 이번의 서울 대회는 그 유치단계에서부터 굉장한 진통을 겪었다. 한국에서의 대회 개최를 일부 자유진영국가의 대표들까지도 반대했기 때문이다.

공산국가들의 방해공작이야 정치적 이유를 결부시켜서 생각할 수도 있겠지만, 어찌하여 우리의 우방 사람들까지도 처음엔 펜대회의 서울 개최를 망설였을까? 그들은 언론이나 창작의 자유에 관련된 한국의 현실을 그 이유로 거론했다고 한다. 외신으로 흘러나간 몇 개의 '반공법 위반' 사건을 통해서 그런 느낌을 가졌던 모양이다. 그중 필화 사건 유에 관해서는 국내에서도 이론이 분분했던 터이니 외국사람들로서야 일응 의문을 품었을는지도 모른다.

하지만 집안 사정의 고충과 치부를 외국인들 앞에서 그대로 벗어 보이기는 싫은 법이기에 내 딴에도 걱정은 있었다. 대회일정이 시작되기 전, 아니 그것이 끝날 동안만이라도 대외적으로 흠잡힐 만한 '사건'이 없어야 할 텐데 하는……

그러나 불행하게도 「오적」을 쓴 젊은 시인이 구속되는 불상사가 일어나고 말았다.

과연 '국제펜' 사무총장 데이비드 카버 씨 기자회견에서 한국의 젊은 시인 '투옥 사건'이 거론되었고, 이어 동 집행위에서도 문제가 논의되었다고 한다. 부끄럽고 민망한 노릇이다. 옳든 그르든 우리 일을 남이 들고 나서는 것은 달갑지 않기 때문이다.

그렇다고 매사를 종래의 악순환과 타성에 의탁하고 말 수는 없다. 정부나 국민이 항상 나라의 안위를 걱정해야 함은 물론이지만 그에 못지않게 민주국가다운 최소한의 체통을 지키는 일도 중요하다.

그러기에 현실 고발을 포함한 비판적 풍토, 반대의 자유, 다양성의 공존 등이 금기시의 대상에서 보호의 대상으로 자리바꿈을 해야 한다. 지나친 교조주의와 피해망상에서 우러난 엉뚱한 '애국론'이 어떤 허물을 유발시키는가는 숱한 역사적 사실이 웅변해주고 있다. 그러나 그러한 되풀이에 대해서는 치자治者 쪽의 허물만이 아니라 억제당하는 쪽의 무기력도 지적되어야 한다.

"모든 자유를 보전하는 비결은 다름 아닌 용기"이며 "부정에 직면해서 침묵을 지키는 사람은 언제고 자유의 상실을 감수하는 사람"이라는 해럴드 래스키의 말을 상기하건대……

『주간조선』, 1970. 5. 7.

2. 음란을 파는 신문소설

엉뚱한 열기

"흔히 요즈음 신문을 평하는 가운데 그게 그거라고 못마땅해하는 사람이 있다. 그것은 신문을 잘못 보고 하는 불평이다. 우선 여러 신문이 천편일률이란 뜻에서 비꼬는 모양인데, 결코 그렇지가 않다. 각 신문마다 제호題號가 다르고 연재소설도 다르고 배달원 또한 다르지 아니한가."

지금으로부터 4년 전에 어느 신문에다 쓴 내 글의 한 대목이다.

오늘날 이 나라의 신문에 대해서 말을 하자면 새삼스럽고 피곤한 마음이 앞선다. 〈엄마소도 얼룩소, 엄마 닮았네〉라는 동요 그대로 정말 모두들 너무나 닮아 있고, 그것도 부족해서 아예 쌍둥이처럼 똑같은 모습을 과시하는 예도 많다. 그래도 굳이 궁색한 변호를 해주고 싶어서 제호와 배달원 그리고 연재소설만은 다르지 않느냐고 역설로 말했던 것이다.

지금 우리나라의 신문은 서울의 큰 신문이나 지방의 작은 신문을 막론하고 연재소설이 많은 지면을 차지하고 있는데, 기껏 8면짜리 신문에 심하면 세 편의 연재소설이 얹혀 나오는 수도 있다. 본디 신문소설이 신문의 본질을 이루는 것도 아닌데 그처럼 많은 지면을 차지하는 것은 오늘의 우리 신문이 언론의 제구실에서 멀어진 채 엉뚱한 면에서 열을 올리고 있는 현상의 한 단면이다. 정치 · 경제 · 사회 · 문화의 여러 분야에 걸쳐 '할말을 다 못하고 쓸 말은 제대로 못 쓰는 대신에 그저 재미 삼아 소설이라도 많이 읽으시오' 하는 몸짓이다.

그나마 이 신문소설이라는 것들이 역사소설이든 무협소설이든 애정소설이든 그 종류를 가릴 것 없이 한결같이 저속하고 음란한 묘사에 온갖 재능을 다 부리고 있다. 신문소설을 가지고 문학이다 뭐다 하고 따지는 것은 우습다 치더라도 꼭 그렇게 음탕한 이야기를 깔면서 타락과 퇴폐 따위를 부채질해야만 하느냐에 문제가 있다.

몇 가지 실례

예전에는 신문소설이라고 해서 다 그렇게 지독한 저속성을 드러내지는 않았다. 이광수의 『무정』, 박계주의 『순애보』, 심훈의 『상록수』, 채만식의 『탁류』와 같은 소설이 일제시대에 신문을 통해서 발표되었으면서도 결코 저속한 선정소설로 전락하지 않았고, 오히려 그중에 어떤 것은 한국문학의 역사에서 큰 의미를 차지하는 본격 소설이라는 평을 받기도 했다.

　오늘의 신문소설들의 실상이 과연 어느 정도인지 알아보기 위해 한국신문윤리위원회가 근래에 문제삼은 사례를 몇 개 옮겨본다.

　한국일보의 『장길산』(황석영 작)에는 도적 무리와 한패거리인 안생이란 사나이와 유부녀인 도화라는 여자가 어느 산중에서 밀회 끝에 성교하는 장면의 묘사에서 "안생이 더 참지 못하고 도화의 치마를 걷어올리고 속곳을 벗기니 희고 따스한 배와 팽팽한 허벅지가 드러났다. 도화는 백주가 부끄러워 두 다리를 오므리며 낙엽 위에 드러누웠는데, 안생이 바지를 급히 내리고 엎드린다. 도화가 두 다리를 들어올려 안생의 허리를 깍지 끼듯 하고서"(1977년 2월 20일치), "도화는 낙엽 위에 드러누워 안생의 허리를 안고 입을 맞추고 혀를 물며 또한 채질하듯 흔들어서 허리를 가볍게 놀려 엉덩이가 자리에 붙지 아니하였다. 자연히 안생은 앓는 소리를 내고 정신이 흩어지고 혼백이 날아가서 길게 한숨과 신음을 내지르고는 옆으로 넘어졌다"(1977년 2월 22일치) 하는 구절이 나온다.

　또 조선일보의 『바람과 구름과 비』(이병주 작)에는 최천중이라는 도사가 왕씨 부인을 감언이설로 꼬이다가 응하지 않자 겁탈하는 장면에서 "옥방지요를 비롯한 중국의 방중술을 익힌 최천중의 수련이 기진 상태에서 깨어난 왕씨 부인의 육체에 드디어 정화를 붙이기에 성공한 것이다. 이러한 반응을 확인한 최천중의 손은 (…) 첩첩이 껴입은 속옷의 음미로운 부분으로 이르는 매듭의 마디마디를 풀어나갔다. (…) 최천중은 (…) 속옷의 매듭을 모조리 풀어버린 다음 허벅다리에 이르자 그 탄력 있는 감촉에 전신이 화끈하여 불붙는 것 같은

300

느낌을 가졌다. 양대를 봉입하여 구천일심지법을 행할 때"(1977년 2월 15일치), "절륜한 정력을 가진 그는 접이불루의 원칙을 터득하고 있었지만 목적이 목적이어서 세 차례의 파정을 했다. 그래도 그는 싱싱한 짐승이었다. 한편 왕씨 부인은 아홉 번을 죽고 열 번을 살아나는 기적 속에서 무아의 경계를 오락가락하였다"(1977년 3월 17일치) 같은 구절이 나온다.

전남일보의 「청산에 살어리랏다」(조종사 작)에는 첩을 수십 명씩 거느리고 사는 초로의 최우라는 사나이와 첫아기까지 낳은 대씨와의 정사 장면에서 "최우는 그의 성적 능력을 과시하기 위해 헐근벌떡거리며 비지땀을 뻘뻘 흘리면서 맹렬히 허리운동을 했다. 정사가 끝났을 때 (…) 운우의 정이 미진한 대씨는 최우의 허리를 끌어안고 두 다리를 깍지 끼듯 최우의 아랫도리를 감아누르면서 놓아주지 않았다"(1977년 3월 5일치) 같은 구절이 나온다.

이 밖에도 최근에 신문윤리위원회가 '음란'으로 지적하고 경고한 소설은 조선일보의 『비극은 있다』(홍성유 작)에서부터 『명기열전』(정비석 작), 경남일보와 경기신문의 「사노」(조종사 작), 전남일보의 「성숙기」(주명영 작)에 이르기까지 헤아리기가 바쁠 만큼 많다.

『자유부인』 논쟁

우리나라에서 신문소설이 사회문제화되어 커다란 말썽을 일으킨 예로는 정비석이 쓴 『자유부인』을 들 수 있다.

6·25동란중, 환도 직후에 서울신문에 연재되었던 이 소설에는 대

학교수의 부인과 그 교수의 제자 사이의 불륜관계를 중심으로 하여 당시의 허물어져가던 성도덕의 문란성이 몹시 선정적으로 그려져 있었다. 그래서인지 독자의 인기도 대단했는데, 그때 서울대학교 교수로 있던 황산덕이 1954년 3월 1일자 대학신문에 「자유부인 작가에게 드리는 말」로 정비석을 공격하고 나섰다. 이에 맞서 정비석도 1954년 3월 11일자 서울신문에 「탈선적 시비를 박駁함」이란 글로 황교수를 반박했으며, 뒤이어 1954년 3월 14일자 서울신문에는 「다시 자유부인 작가에게」라는 황교수의 재반론이 나왔다. 이 싸움에는 마침내 제삼자까지 끼어들어, 변호사 홍순엽과 문학평론가 백철 같은 사람들이 작가 정비석의 입장을 옹호하는 견해를 제시함으로써 매듭지어졌다.

황산덕은 『자유부인』에 대한 비판에서 소설의 선정적인 음란성 자체를 문제삼으면서도 대학교수처럼 돈도 권력도 없는 무력하고 온순한 족속을 모욕했다는 점을 시비의 초점으로 내세웠다. 정비석은 이에 대해 "대학교수인 귀하까지도 문학에 이렇듯 몰이해하셨던가"라고 반문하면서 읽어보지도 않고 노발대발하는 것은 탈선적인 폭언이라고 반박했다.

위의 논쟁은 폐륜행위의 주인공이 하필이면 대학교수와 그 부인이냐는 공격으로 시작되어 문학을 이해 못하는 소리는 말아라 하는 식으로 주거니 받거니 하여 신문소설에 대한 본격적인 반성과는 좀 어긋나 있었다고 보아야 할 것이지만, 이 논쟁에는 그런대로 귀담아 들을 만한 일면도 있었다. 1954년 3월 14일자 서울신문에 쓴 다음과 같은 황산덕의 말은 하나의 상식론이면서도 신문소설의 무책임에 대한 공박으로서 일리가 있는 의견이었다.

"귀하는 아직도 철없는 문학 취미인과 마찬가지로 남녀관계 묘사만이 문학이고 성욕만이 예술이라고 생각하시는 모양입니다. 성욕 자체, 성적 흥분을 돋우는 표현 자체가 문학인 것이 아니라, 그것이 인간의 휴머니티라든가 인간 현실의 리얼리티라든가 작품 내용의 모럴이라든가 예술의 순수성이라든가 그 밖에 그 무엇에 호소하는 바가 있어야만 그것은 문학이 되는 것입니다. (…) 귀하야말로 (…) 인기욕에만 사로잡혀 저속 유치한 에로 작문으로 희롱하는 문화의 적이요, 문학의 파괴자요, 중공군 오십만 명에 해당하는 조국의 적이 아닐 수 없습니다."

황산덕의 위와 같은 논고에는 상당한 논리의 비약이 있지만 그런 대로 이 글에 담긴 신문소설의 황색화를 비판하는 뜻만은 이해할 만하다. 다만 두 사람이 다같이 매달렸던 '신문소설은 문학이다'라는 전제는 출발부터 무리가 많았다. 뒤에서도 살피겠지만 신문소설에는 문학일 수만은 없는 요소가 많기 때문에 이를 놓고 '문학은 이래서는 안 된다'든지 '문학을 이해 못하는 소리다' 따위의 싸움은 별로 의미가 없다(황산덕도 나중엔 소설 『자유부인』과 문학을 동일시할 수 없음을 밝히긴 했다).

그때에 평론가 백철이 1954년 3월 29일자 대학신문에 실린 「문학과 사회와의 관계」라는 글에서 우리나라 신문소설의 성격 문제를 들어 앞서의 논쟁을 마무리지은 것은 그런 뜻에서 적절한 것이었다. 그는 먼저 문학과 사회의 관계를 언급하면서 "물론 문학에서도 모럴을 중시하지만 그것은 항상 사회적인 도덕에 반발하는 것이 그 성질이기 때문에 두 개는 흔히 충돌되기가 쉽다"고 풀이했다. 그런 처지에서 보면 소설 『자유부인』은 문학옹호론을 적용할 만큼의 문학작품이라고 보기에는 난점이 있음을 지적하고, 신문소설의 숙명을 가지고 문제를 보는 관점을 제시했다. 곧 『자유부인』에 나타난 결함은 『자유부인』 작가만이 책임질 문제가 아니고 언론의 죄과라는 것이었다. "다른 나라에서도 그러하지만 특히 후진한 우리나라에선 신문 연재소설이 신문사의 업무정책도 반영해서 게재되어왔고, 그 때문에 작가는 자기의 문학 의도에 반해서까지 그 뒤떨어진 저속 취미에 영합해야 하는 역경에서 자란 불건전한 문학으로 된 것이다. 대체로 우리나라의 신문소설은 모두가 필요 이상으로 그 후진적인 대중 취미에 신경을 써야 하는 문학환경에서 쓰이기 때문에 일반적으로 저속한 작품으로 된 경우가 많은 것이다"라고 그는 마무리지었다.

신문소설의 숙명

우리는 여기서 신문소설의 필요가 어디에서 비롯하는지를 잠깐 생각해보고 넘어가야겠다. 그것은 신문소설의 일반적 속성이 무엇인가를 따져보는 일과도 관계가 깊다.

무릇 자유사회에서 신문이란, 내용의 다양성과 관심의 일반성을 통해 독자의 전반적인 요구에 맞추어주는 '상품'이다. 따라서 뉴스나 논평 따위의 정보와 지식에 대한 정론적인 성격의 기사 말고도 독자의 정서나 오락을 만족시킬 글이 필요하다. 흥미 있는 읽을거리, 유행, 가정란 등이 그러하듯이 신문소설도 바로 이러한 신문의 정서와 오락기능에 한몫을 차지한다.

여기서 소설의 저널리즘화 현상이 생기지만 그렇다고 문학작품이 신문이나 잡지에 실리는 사실이 곧 문학 자체의 본질적인 문제를 좌우하는 것이라고 말할 수는 없다. 그럼에도 언론의 주된 매체라 할 신문이 문학작품에 상당한 영향을 미치는 것은 누구도 부정할 수 없다. 신문과 같은 커다란 전달수단을 통해 소설이 실려 나감으로써 신문이 문학의 일반적인 보급과 확산에 크게 이바지했고, 이른바 문학의 대중화 또는 대중문학의 기틀을 마련했다고 말할 수도 있다. 특히 작품 발표의 지면이 매우 좁게 한정되어 있던 신문소설의 초창기에는 문학의 대중화라는 사명이 제법 존중되었던 탓인지 신문소설은 곧 저속한 것이라는 얄궂은 등식이 필연적으로 성립되지는 않았다. 앞서 보기를 든 작품들 외에도 대중성을 띤 소설이면서도 오히려 문학적인 가치를 높인 좋은 작품이 적지 않게 나왔다.

그러나 근본적으로 언론은 그것이 바탕으로 삼고 있는 현대 자본주의의 생리와 떼어서 순수하게만 생각할 수가 없다. 신문의 제작과 발행이 기업화된 만큼 거기에는 일반 상품생산에서와 마찬가지로 자본과 이윤의 논리가 작용하지 않을 수 없고, 또 방대한 물질과 기계의 지배가 따른다. 그런 것들이 계기가 되면 자연히 양과 속도의 추구가 뒤따르는데, 언론도 기계를 기초로 하는 만큼 양을 첫째로 중요시하게 된다. 하나의 신문 연재소설이 보통 일 년이 넘게 계속되고 심하면 몇 해씩 한 호도 빠짐없이 정해진 매수를 소화하는 현상을 생각하면 족히 짐작이 간다. 이처럼 대량생산을 위주로 삼는 신문소설에서는 문학에서 존중되어야 할 개성과 창조성이 퇴색되고 제한받지 않을 수 없다. 그러니까 영리기업의 목적은 우수한 문학작품을 발표하거나 또는 장려하는 데 있기보다는 소설이면 소설을 실음으로써 되도록 많은 독자를 얻어서 이윤확대를 꾀하려는 데에 있다. 그런데 신문의 독자들은 어느 정도 흥미에 치우치는 취향을 가지고 있어서 신문은 이것을 계산에 넣지 않을 수가 없다.

그렇게 되면 신문소설의 작가는 자기가 수입 면에서 의존하고 있는 신문사 쪽에서 바라는 방향으로 작품을 맞추어나가지 않을 수 없게 된다. 바로 이 점이 신문 언론이 문학에 미치는 병리적인 현상이기도 하다.

오늘날 소설가들은 거의가 문학을 직업으로 해서 원고료나 인세를 수입원으로 삼고 있는데, 원고료라는 이름의 수입을 올리기 위해서 글을 써 넘기는 한, 소설은 상품이 아닐 수 없고, 그러자니 주문에 맞는 상품(작품)을 만들지 않을 수 없다.

이른바 대중문학이란 이래서 생겨났는데, 이런 대중문학에서는 일반인의 저급한 지식과 교양과 취미를 감안해 작품 수준의 저하를 감행해야 한다. 소재와 표현양식이 대중의 구미에 맞아야 하고 자극과 쾌락을 공급하기에 알맞도록 감각성과 변화가 요구된다. 선정적이거나 엽기적인 내용을 통해서 실생활에서 억제된 각자의 욕구를 소설에서나마 충족하려 하고, 인생의 상처와 고민을 정화시키고 싶어하는 독자들의 잠재적인 기대를 무시하지 못한다. 결국 신문소설의 경우에 작가는 독자의 취향에 맞추어 작품을 쓰고, 독자는 자기 욕구를 만족시켜주는 데 끌리어 소설을 읽고, 그러한 상호 계기를 통해 신문기업은 신문 부수를 늘려 영리를 도모한다는 공식이 성립된다. 그리하여 작가와 신문은 '누이와 매부의 사이'로 정착하게 된다.

　신문소설은 일정한 분량으로 매일 계속해서 연재해나가야 하기 때문에 독자를 끌고 가기 위해서는 매번 그 짧은 분량 속에 이야기의 '고비'를 설정해야 하고 다음번 치를 고대하게끔 약을 올려놓아야 한다. 그러므로 전작소설이나 잡지의 연재물에 견주어 입맛을 돋우는 선정적인 대목을 훨씬 많이 그리고 훨씬 자주 끼워넣게 되고 여기서 저속의 범람이 버릇처럼 되어버린다. 그리고 이런 수법이 좋은지 나쁜지의 판정을 떠나서 그저 불가피하다는 변명으로 상습화되는 실정이다.

음란성과 사회통념

　이런 속성을 벗어나기 어려운 신문소설에서 '음란'을 문제삼기란 그리 쉬운 일이 아니다. 그리고 그것은 비단 신문소설에 국한시켜서 탓할 성질의 것이 아닐 수도 있다. 통속소설뿐만 아니라 이른바 순수한 문학작품에 대해서도 얼마든지 음란의 문제를 제기할 수 있다. 이것은 예술성과 음란성이 양립될 수 없는 배치 개념이 아니며, 예술적인 가치가 큰 작품일지라도 음란성은 별개로 규제받을 수 있다는 말이다. 그러나 대개의 경우에 문학적인 가치가 높은 소설에서는 언뜻 보기에 음란스러운 이야기도 문학으로서 잘 승화되어 있기만 하면 작가의 창작의도나 문학정신의 응결로 보아서 해악적이라고 지탄받지는 않는다.

이에 반해 신문소설의 경우에는 앞서 살핀 몇 가지 사정 때문에 문학이라기보다는 그저 읽을거리에 치우치게 되어 음란 그 자체가 의도적인 목적이 되기 쉽다. 작품의 줄거리와 전개 과정에 비추어보아 필수적이거나 긴요하지도 않은데 색정을 유발시키는 '잔치'를 지나치게 자주 노골적으로 베풀게 되니, 아무리 '소설이란 원래……' 하는 식으로 누가 변명을 한대도 속셈은 훤히 드러나 있다. 마치 남녀의 정사 장면을 팔아먹기 위해서 처음부터 노리고 시작한 듯한 소설일진대 함부로 문학을 들먹일 여지가 있을 수 없고, 그런 구차한 변명을 함으로써 오히려 작가 윤리의 타락을 드러낼 뿐이다.

그런데 과연 어느 정도면 '음란'으로 볼지에 대해서도 의견의 차이가 있게 마련이다. 음란은 남녀 사이의 성적인 교섭과 관련된 터인데, 성의 문제야말로 인간에게 여러 가지로 중요한 의미를 갖는다. 그러기에 문학에서 성의 문제를 다루는 일은 그 자체로서는 나무랄 일이 못 되고, 어떻게 보면 필수적일 때조차 있다. 성과 관련있는 묘사가 반드시 음란일 수는 없다는 이야기는 이제 상식에 속한다. 그렇다고 하더라도 무엇이 어느 정도이면 '음란'인지 그 기준은 있어야 한다. 사실 소설 같은 정신적인 산물에 대해 어떠한 '기준'을 들이대는 것이 어렵고 위험한 일이기는 하지만, 평균 독자를 염두에 두고 최대공약수를 저울질하는 일은 불가피하다.

음란의 개념은 법해석에 따르는 문제로 논란이 되어왔는데, 이것이 사회통념이나 조리條理에 꼭 맞는다고 말하기는 어렵지만 참고의 가치는 있다.

일찍이 일본에서는 『채털리 부인의 연인』의 번역판이 외설이냐 아니냐로 법적인 논쟁이 벌어진 적이 있었다. 그 사건에서 일본의 사법부가 내린 '외설'—우리 법에서는 '음란'—의 개념은 이러했다. "음란한 문서란 성기나 성행위가 노골적이고도 상세하게 묘사됨으로써 일반 사회인으로 하여금 부질없이 성욕을 흥분시키거나 자극시켜 그 정상적인 성적 수치심을 해치고 선량한 성性 도의관념에 반하는 것을 말한다. 따라서 음란문서의 개념은 수치심을 해하는 것, 성욕을 흥분시키거나 자극시키는 것, 선량한 성 도의관념에 반하는 것 등의 세 가지 요소를 포함한다." 음란 여부를 판단하는 법원의 견해는 앞서 말한 대로 사회통념과 반드시 일치되지 않을 수는 있지만, 그렇다고 서로 무시하는 상태에 있어서도 안 된다. 이를테면 '선량한 성 도의관념'의 의미 같은 것도 궁극적으로는 사회통념과 조리에 바탕을 두고 해석되어야 하기 때문이다.

그러나 사회통념은 개개인의 인식의 집합 또는 그 평균치를 가리키는 것이 아니라, 그것을 초월한 집단의식을 뜻하는 만큼 실제로는 그리 간단하게 종잡을 수 있는 것이 아니다. 시대의 변화에 따라 사회통념도 달라진다. 그러므로 한 사회가 처해 있는 문화환경을 무시하고 고정된 개념에 사로잡히는 태도는 경계해야 한다. 이렇게 살펴나가노라면 사회의 진보와 더불어 '음란'이란 개념은 그 범위가 점차로 좁아지고 있음을 부인하기 어렵고, 결국에는 한 시대의 일반 사회인의 양식에 비추어 객관적으로 판단하는 수밖에 없다.

부분과 전체

그러나 음란성의 범위가 아무리 좁아진다고 해도 앞에서 옮겨본 것과 같은 신문소설의 묘사가 음란하다는 단정에는 별반 이론이 없을 것 같다. 그처럼 노골적이고 자세하고 성의 자극이 심한 소설은 문학적인 가치나 작가의 의도와 관계없이 음란문서임을 면치 못한다.

한 가지 더 짚고 넘어갈 문제는 음란한 부분과 작품 전체와의 관계이다. 곧, 부분이 음란하면 전체를 음란한 작품으로 보느냐, 아니면 작품 전체를 놓고 음란인지 아닌지를 따지느냐 하는 평가방법의 문제이다.

일찍이 19세기 중엽에 『보바리 부인』이 음란서로 몰려 작가인 플로베르가 재판을 받게 되었을 때, 그가 법정에서 한 말도 바로 부분과 전체의 상관성에 대한 것이었다. "나는 내 저서 중에서 단편적으로 끄집어낸 문구를 이유로 고발되었다. 나는 저서 그 자체에 의지하는 외에 달리 나를 방어할 방법을 알지 못한다." 플로베르의 이와 같은 답변은 재판장이 무죄판결을 내리도록 심증을 주기는 했지만, 그것과 함께 공공성의 한계에 대한 경고가 판결에 포함되어 있었던 점을 주의해야 한다.

소설 『반노』(염재만 작)의 작자에 대해서 1975년 12월 9일에 내린 우리나라 대법원의 무죄판결에서도 문학작품의 음란성 여부는 작품 전체를 종합적으로 살펴서 가려야 한다는 취지를 엿볼 수가 있다. 대법원은 판결문에서 "문학작품의 음란성 여부는 작품 중 인간의 성행위에 대한 향락적이고 유희적인 장면을 묘사한 작품의 어느 일부분만 떼어놓고 논할 수 없으며 그 작품 전체와 관련시켜 판단해야 한다"라고 밝혔다.

이런 견해는 한편으로 수긍할 만한 내용이지만, 신문 연재소설의 경우에는 달리 생각해야 할 특수성이 있다. 이른바 전작소설이나 단행본의 경우에는 부분적인 묘사가 작품 전체에 흐르는 주제의식에 흡수되어 독자에게 이해될 수 있지만, 2백자 원고지 일고여덟 장쯤의 분량으로 토막난 하루치를 읽고 다시 하루를 기다렸다가 다음치를 읽게 되는 신문소설에서는 그때그때 부분이 주는 인상과 영향이 압도적으로 강하다. 따라서 작품 전체의 줄거리만 좋으면 부분은 아무리 음란해도 좋으냐 하는 의문은 의미가 없다. 도대체 전체가 온통 음란한 이야기로만 가득찬 작품은 있을 것 같지 않으니까 말이다. 그러나 이 말은 부분의 음란에만 집착해 하나의 작품 전체를 함부로 음란으로 단정하는 경솔과 혼동되어서는 안 된다.

신문소설을 편견 없이 이해하려는 우리의 노력과 소설의 음란성 판가름을 신중히 하려는 여러 견해에도 불구하고 오늘날 우리나라 신문소설의 대부분은 도색적인 음란의 요소가 너무 강하다는 비판을 면할 수 없다. 독자나 신문사는 물론이고 작가들 자신도 다 같이 이 점을 수긍하지 않을 수 없을 터인데, 그렇다고 어느 한편도 심지어 독자들까지도 그 도색에 못마땅한 거부반응을 일으키는 것 같지는 않고 오히려 한술 더 떠주었으면 하는 기대조차 해보는 눈치들이다. 마약을 파는 사람이 있으니까 구해서 쓰는 사람이 있고, 찾는 사람이 있기에 파는 사람이 생긴다. 그리고 당장에는 양쪽 다 기분이 좋다. 말하자면 악의 톱니바퀴 같은 현상이다. 파는 쪽은 죄악을 저지르는 것이고, 파는 쪽이나 쓰는 쪽이나 서로가 수치와 해독을 알지만 여간해서 벗어나지 못하는 수렁이다. 음란한 신문소설은 바로 이러한 마약의 수렁이다. 이 마약은 날로 고단위로 되어가고 수렁은 차츰 넓고 깊어만 간다. 속된 표현을 용서한다면 '보자 보자 하니 해도 너무들 한다'는 말이 제격이다.

이렇게 되어가는 삐딱한 현상은 그런 신문소설의 공급자와 수요자 양쪽에 다 탓이 있다.

먼저 공급자 쪽에 눈을 돌려 신문사를 보면 이러하다.

당의정 속의 마약

우리나라의 신문은 신문이 가장 중시해야 할 정론성正論性을 높이는 노력을 거의 포기한 지 오래다. 신문마다의 특색도 거의 없고 통속잡지의 아우쯤 되는 방향으로 돌파구를 찾다보니 대중의 원초적인 관심에 영합하는 흥미 본위로 기울게 된다. 오늘날 신문이 '대중성'이란 말을 대중의 의견이나 의혹의 최대공약수로서가 아니라, 흥미의 최대공약수로 보게 되었다는 어느 기자의 지적은 전적으로 옳은 말이다. 그런 한편으로 신문기업의 상업주의적인 경쟁이 심해져서 독자 확장의 방편으로 연재소설의 황색화를 부채질하게 되었다. 그런 판국이니 신문사가 작가에게 하는 주문이나 요구가 어떤 방향인지를 짐작하기란 그리 어려운 일이 아니다. 요컨대 한국 신문의 언론성 감쇄가 신문의 변질을 가져왔고, 그런 허탈의 풍토 속에서 저속한 성의 묘사를 서슴지 않는 소설 연재의 경쟁이 벌어졌다. 그러므로 신문의 언론기능이 되살아나서 편집 비중이 정론 쪽으로 바로잡혀

야만 지금 같은 엉뚱한 연기가 사그라질 것이다.

공급자 중에서도 생산자라고 할 수 있는 소설 작가는 그러한 신문소설의 비리를 누구보다 절실히 느끼지만 생활과 인기의 방편 때문에 신문사의 희망에 따르지 않을 수 없다고 한다. 그러나 '어차피 대중소설인데' 하는 통념을 구실 삼아 작가의 양심을 스스로 먹칠하는 일은 없어야 한다. 신문에 연재소설을 쓴 젊은 작가 한 분이 "신문 연재소설이란, 소설을 연재한다는 뜻이 아니라 연재소설을 연재한다는 통념이 있기 때문에 걱정했다"고 회고한 일이 있는데, 이 말은 매우 암시적이다. 바로 이렇게 좋지 않은 통념을 좀 걱정이라도 하면서 소설을 쓰는 작가가 많아지기를 바랄 뿐이다. 작가 N씨는 "좀더 계속해서 물씬하게 써달라"는 신문사측의 요청을 묵살했다가 예정보다 몇 달 앞당겨 연재를 끝내달라는 통고를 받았다. 이런 실례는 참으로 충격적이다. 신문사와 작가의 '야합'이 어느 선까지는 불가피할지라도 모든 일이 그렇듯이 한도가 있어야 하는데, 요즘의 지면을 보면 신문의 상업주의 못지않게 작가의 상업주의가 왕성해져서 문학인으로서의 최소한의 자세마저 위태로운 인상이 짙다.

오늘 이 땅의 작가들이 무언가의 장애 앞에서 우물쭈물하다보니 그만 긍지가 희미해진 탓일까?

마지막으로, 그러나 결코 중요성에서 뒤질 수 없는 것이 다름 아닌 독자 대중의 심리다. 독자라는 이름의 대중 속에는 앞에서 말한 그러한 신문소설을 환영하고 그것에 휘말려들 만큼 휘청거리는 의식이 잠겨 있다. 어찌된 일인지 사람들은 사상이나 지각보다는 오락과 감각 기능만이 발달되어 생물학적인 존재로 의식이 퇴화되어가면서

향락이 곧 행복이요 선이라고 착각하며 살아가는 듯하다.

사람들이 그렇게 되어버린 데는 사회환경적인 요인을 외면할 수가 없고, 바로 같은 이유로 신문소설도 자연히 그럴 수밖에 없다는 변명이 나온다면, 사회풍조를 바로잡지 않고는 별 처방이 없다는 이야기가 되고 만다. 지금 이 사회를 병들게 하고 있는 퇴폐와 타락의 물결은 개인의 힘으로 거부하거나 퇴치할 수 없을 만큼 일반화되어 가고 있다. 관능의 욕구가 아무렇게나 남발되는 생리에서 신문소설 또한 색정적일수록 열심히 읽게 되고, 그런 도색이 노골적으로 나타나지 않으면 도리어 불만스럽게 여길 만큼 대중들의 입맛이 비뚤어졌다.

수요가 공급을 결정한다는 시장의 법칙은 여기에서도 예외가 되지 않는다. 만일 독자 쪽이 좀더 정신이 바로 박혀서 당의정糖衣錠 속의 마약 같은 현실 최면의 소설에 눈을 부릅뜰 줄 안다면, 아마 작가들도 그들의 펜 끝을 바로잡게 될 것이다. 영리만 취할 수 있으면 무슨 일이고 감행하는 신문기업에게, 그리고 알면서도 고치지 못할 만큼 전락한 작가들에게 독자의 두려움을 안겨주어야 한다.

다른 여러 분야에서도 그러하지만 출판 간행물에 대해서는 특히 많은 제약이 따르고 있음이 솔직한 우리의 현실이다. 그중에서도 신문은 지나치리만큼 예민한 견제 아래 놓여 있다. 이런 상황 속에서 유독 퇴폐적이고 음란한 글만은 오히려 전보다 더 활개를 치고 있으니 '음란의 자유'만은 이토록 방치하고 있는 이유를 어떻게 풀이해야 할까? 이런 얄궂은 묵인이 결코 문화적인 자유를 존중하는 일이 못 됨은 말할 나위도 없으니 그와는 전혀 다른 차원에서 궁금증을 풀어나가는 수밖에 없다.

핑계 그리고 양심

'저속의 자유'를 유별나게 누리다보면 역사 속의 현실을 바로 보는 판단이 흐려지기 쉽다. 신문소설도 은연중에 그런 몫을 하고 있다. 오늘 우리가 처한 상황에 대한 관심을 다른 곳으로 돌리고, 깨어 있어야 할 인간의 의식을 알지 못하는 사이에 마비시키고 있다. 의도적으로 그러하지는 않을지라도 결과는 그렇게 되고 만다. 마취에 넘어가 몽롱한 기분으로 흐느적거리게 되면, 사람은 한낱 생물학적인 존재로 화하고 '시민' 또는 '인간'이 될 수는 없다. "오늘날의 한국 신문은 한국 특유의 비극인 연탄가스 중독 같은 것이라고나 할까. 그리고 요즈음 우리의 처지는 잠든 사이에 스며든 가스에 취해 비명 한 번 못 질러보고 어리둥절해하고 있는 상태에 견줄 수 있을 법하다"라고 한 어느 원로 언론인의 말은 참으로 적절한 비유다.

신문도 제 길을 되찾아야 하고, 작가도 양심을 회복해야 하며, 독자는 독자대로 분별력과 비판정신을 길러야 한다. 그리하지 못하고 오늘처럼 이대로 나간다면 신문소설의 해독은 일찍이 황산덕이 비유했듯이 '중공군 오십만 명'에 맞먹는다고 해도 과장이 아닐 것이다. 우리의 의식과 정신을 붕괴시키고 타락시키는 요소는 밖에서 침략해오는 적보다 더 무서운 내부의 적일 수도 있다.

비단 신문소설뿐이겠는가. 방송극, 영화, 주간지, 가요 등이 '대중성'을 핑계삼아 천박한 색소를 유감없이 뿌리고 있다. 퇴폐풍조 일소니 사회기풍의 정화니 하는 말은 어디서 낮잠을 자고 있는가. 형사법의 처벌 조항이나 신문윤리위원회 같은 각종 자율심의기관의 처분을 가지고 다스려서 될 문제가 아니고 보면, 우선은 쓰는 사람과 싣는 쪽에서 최소한의 양심이라도 살려 염치를 차려주기를 바랄 뿐이다.

군이 신문소설을 도마 위에 올려놓고 따져본 것은 신문이 다른 어느 매체보다도 전파력이 넓고 큰데다가 언제나 거의 펼쳐진 채로 있기 마련이어서 영향력도 그만큼 엄청나기 때문이다. 사카린 같은 신문소설에 히히덕거리며 열중하는 대신에 그런 연재로 한몫 보고 사는 신문사나 작가에게 수치심과 가책을 안겨줄 무슨 보완책이라도 나와야겠다.

『문학사상』, 1977. 11.

3. 언론악법 개정 공청회에서

민주화를 향해 역사적인 거보를 내딛고 있는 이 시점에서 국회 문공위원 여러분 앞에서 민주적 언론법제의 방향과 내용에 대해 저의 소견을 말씀드릴 수 있게 된 것을 퍽 다행스럽게 생각합니다.

임종을 앞둔 언론기본법의 유언을 우리 귀로 들을 수 있다면 그것은 변칙적 출생과 반민주적 체질로 인해 악법의 표본으로 욕만 먹다가 숨겨야 하는 부끄러움과 회한에 찬 탄식 바로 그것일 것입니다.

입법부도 아닌 데서 만들어진 언론기본법을 바로 얼마 전까지 신주처럼 옹호해오던 사람들은 그 법이 남기는 유언을 가슴에 새겨듣고 반성함으로써 개전의 정을 보여야 할 줄로 압니다.

그와 같은 자책·자성이야말로 그동안의 압제를 청산하고 참된 민주화를 실천하겠다는 정치인의 최소한의 덕목이 될 것이며, 그러므로 법을 바꾸기에 앞서 먼저 마음을 바꾸는 것이 중요한 일이라는 것을 강조해두고자 합니다.

오늘날 언론기본법의 폐지 못지않게 절실한 것은 언론기본법적 발상의 폐지라 할 것입니다.

노태우 민정당 대표위원의 말을 빌리자면, 정부는 언론을 장악할 수도 없고 장악하려고 해서도 안 되며 국가안전보장을 저해하지 않는 한 언론은 제약받아서는 안 된다는, 바로 이와 같은 사고의 정상화가 입법의 정상화를 통해서 꼭 실증되어야 할 것으로 믿습니다.

그러면 지금부터 국회에 나와 있는 3당의 관계법안을 놓고 제 의견을 말씀드리겠습니다.

먼저 박경석 의원 외 144인이 발의한 정기간행물에 관한 법률안은 '민정당안'이라고 부르겠습니다. 두번째 박실 의원 외 69인이 발의한 신문·통신 등의 등록에 관한 법률안, 이것은 '민주당안'이라고 부릅니다. 그리고 세번째로 김일윤 의원 외 19인이 발의한 정기간행물법안은 '국민당안'이라고 이름 지은 다음, 이 세 개의 법안을 종합적으로 검토해보고자 합니다.

먼저 일정한 시설기준을 정기간행물 등록의 요건으로 삼고 있는 점에 대해서 말씀드리겠습니다.

민정당안은 일반 일간신문은 '타블로이드' 2배판 4면 기준의 신문지를 시간당 2만 부 이상 인쇄할 수 있는 능력을 가진 윤전기와 대통령령으로 정하는 부수의 인쇄시설을 갖추어야 한다고 되어 있습니다.

무릇 언론자유의 한 형태로서 신문의 자유는 발행의 자유를 전제삼고 있다 할 것인데, 그렇다면 수십억 원이 소요되는 시설을 일간신문 등록의 법정法定 요건으로 삼는 것은 언론의 사전 억제와 다를 바가 없고, 헌법상 평등의 원칙에도 어긋나는 것이어서 찬성할 수 없습니다.

만일 신문 등 언론사의 시설기준을 법으로 정하게 되면, 그런 시설에 필요한 막대한 자력資力을 가진 사람만이 발행의 자유를 누릴 수 있게 되며 결과적으로 힘있는 자나 가진 자만의 매체 소유가 증가될 뿐이고 그 밖의 많은 국민들은 자력의 차이로 인해 발행의 자유가 원천적으로 봉쇄당하는 격이 됩니다.

흔히 사기업의 등록도 물적 시설을 법규로 의무화하고 있는 점과 견주어서 언론기업의 시설기준을 정당화시키려는 견해도 있는 것 같습니다. 그러나 경제적 자유에 대한 규제의 원리와 정신적 자유에 대한 규제의 원리를 동일한 차원과 기준에서 비교하는 것부터가 오류입니다. 다시 말해서 수정자본주의하에서는 경제활동의 규제가 합리적인 범위를 벗어나지 않는 한 신축성을 인정하고 합헌성을 인정합니다.

이에 반하여 정신적 기본권의 규제에 대해서는 엄격한 척도를 들이대어 위헌판결이 가해지는 등 양자 간에 이중의 기준을 적용하는 미국의 연방대법원의 견해가 우리에게도 적절한 해답을 줄 것이라고 믿습니다.

또한 시설기준의 법정은 등록제의 본질과도 상충이 됩니다. 등록의 법적 성격은 사전 억제적인 허가와 달라서 주무행정청이 행정상의 편의를 위해 참고자료를 얻기 위한 방편에 불과합니다.

그럼에도 불구하고 언론사가 시설기준을 갖추어야 한다든지 그런

요건의 구비 여부를 당국이 심사하여 등록을 거부할 수 있다면, 그것은 이미 등록제가 아니라 사전 억제적인 허가제의 성격을 띠는 것입니다.

나아가서 발행의 자유를 보장해야 하는 연혁적 또는 이론상의 근거를 살펴보건대, 각계각층의 국민이 다양한 의견을 자유로이 표출할 수 있게 함으로써 한 사회 속의 이질적 또는 소수적인 목소리까지도 존중하고 수령하는 데 그 본뜻이 있다 할 것입니다.

한국적인 경험을 바탕으로 말한다면 권력이나 상층부 위주로 규격화되기 쉬운 언론의 구조적 편향성을 바로잡아, 문자 그대로 국민 누구도 소외됨이 없는 총의를 받들고자 함에 그 뜻이 있다고 생각합니다. 그러자면 독과점적인 큰 매체의 수적 증가보다는 평소에 큰 매체에 대한 접근이나 반론의 기회를 갖지 못하는 많은 국민들도 참여하기에 알맞은 매체가 나와야 합니다. 그중에서도 특히 사회적으로 소외된 계층이나 자칫 이단시되기 쉬운 진보세력 내지 혁신세력을 위한(또는 그들에 의한) 작은 매체가 반드시 확보되어야만 다원적인 민주사회가 이룩되는 것입니다.

모든 기본권이 그렇듯이 발행의 자유도 사회적 약자나 정치적 소수자를 위해 절실한 만큼, 시설기준의 강요는 언론민주화의 근거라 할 발행의 자유에 배치되는 제약이라고 볼 수 있는 것입니다. 사회의 다변화와 지방자치를 감당하기 위해서도 작은 매체의 고유 기능이 중시되어야 한다는 것은 더 말할 나위가 없습니다.

혹자는 4·19 직후의 언론사 난립을 이유 삼아 시설기준 조항의 불가피성을 말하기도 합니다. 그러나 4·19 직후 몇 달 동안, 오랜 압제로 인해 빚어진 과도기의 비정상 상태를 가지고 그것이 마치 발행의 자유 자체의 죄과인 양 말하는 것은 옳지 못합니다. 장기적인 공복에서 오는 일시적 과식 현상은 밥 그 자체의 탓이 아니라 밥의 부재 즉 공복에서 연유하는 것입니다. 병사들에 대한 자유급식이야말로 오히려 과식을 절제하는 자기조절을 가능케 한다는 것을 하나의 비유로서 말씀드리고자 합니다.

끝내 혼란을 이유 삼아 억제론을 펴나가기로 하자면, 사회안정을 위해서는 비단 신문발행뿐만이 아니라 기본권 전반에 대해서 규제를 가하는 것이 좋다는 논리 아닌 논리에 빠지게 됩니다. 이것은 결국 유신적 발상이나 언론기본법적 발상을 다시금 반복하는 셈이 됩니다.

뿐만 아니라 진실로 언론사 난립의 폐단을 걱정한다면 재력을 갖고 있거나 재력을 가진 이들을 움직일 수 있는 사람들에 의한 대형매체의 난립을 더 문제삼고 걱정해야 하는 것이지, 소규모의 또는 약한 매체의 난립만 거론해서는 안 됩니다.

다음으로 정기간행물의 발행정지 및 등록취소에 관해 말씀드리겠습니다.

여기에는 발행정지 또는 등록취소의 사유, 발행정지 기간, 등록취소나 발행정지의 절차 등이 문제가 되고 있습니다.

먼저 발행정지 및 등록취소의 사유에 대해 말씀드리면, 등록사항의 임의변경, 발행실적의 미달, 부정등록, 발행목적 위반 등을 곧바로 발행정지 또는 등록취소 사유로 삼지 말고, 그에 앞선 주의환기나 경고처분 제도를 두었으면 합니다. 그리고 그러한 처분이 있은 후에도 시정하지 않을 경우에 한하여 발행정지 처분을 하는 것이 좋겠습니다.

국민당안 제8조는 그런 점에서 존중할 만한 규정이라고 생각합니다. 그리하여 발행정지 처분을 당하지 않은 언론사에 대해서는 막바로 등록취소를 할 수 없도록 하는 것이 타당하다고 생각합니다. 혹시 부정 또는 위반의 정도가 아주 무겁다면 그것은 발행정지나 등록취소 이전에 대개 형사처분의 대상이 되는 수도 많을 것이므로 큰 문제가 없을 것입니다.

두번째로 발행정지 기간에 대해 말씀드립니다.

민정당안은 6월 이하 또는 1년 이하의 기간을 정하여 발행정지를 명할 수 있게 되어 있습니다. 이것은 사실상 정기간행물을 내는 언론사의 질식사를 초래하는 처분이나 마찬가지입니다. 왜냐하면 어떤 신문사든 간에 6개월이나 1년을 쉬면서도 사원의 생계, 시설의 유지, 광고주 및 독자의 확보를 감당할 수는 없을 터인즉 그것은 곧 폐간 못지않은 가혹한 제재가 될 것입니다.

따라서 발행정지 기간은 민주당안처럼 3월 이내로 하는 것이 어떨까 생각합니다.

다음으로 발행정지 및 등록취소 절차에 대해 말씀드립니다. 민정당안은 문공부장관을 취소권자로 하고, 등록을 취소코자 할 때에는 문공부장관의 위촉에 의해 구성되는 심의위원회의 의결을 거치게끔 되어 있습니다.

반면 민주당안은 문공부장관의 제소로 법원의 판결에 의해서만 등록취소를 할 수 있게 하였습니다.

322

제가 생각건대, 정기간행물의 등록취소는 오로지 사법부의 판단에 의해서만 할 수 있도록 하는 것이 타당하다고 봅니다. 그 방식이 권력의 자의와 횡포로부터 언론의 자유를 지킬 수 있는 보다 나은 보호장치이기 때문입니다.

지난날 문공부가 형식적인 청문 절차를 거쳐 장관의 명의로 간단히 등록을 취소한 실례를 기억하는 우리로서는 등록취소에 대해서는 물론이고 발행정지도 그 처분의 실질이 매우 가혹한 것인 만큼 법원의 판단에 의해서 하도록 했으면 좋겠습니다.

따라서 제가 전반적인 대안을 제시하자면, 문공부장관이 심의위의 의결을 거쳐 먼저 경고를 하고 이에 불응하면 법원에 발행정지를 청구할 수 있고, 발행정지 판결 이후에도 시정 불이행이나 또다른 위반사실이 반복될 경우 그 정도가 심히 무거울 때에 한하여 심의위의 의결을 거쳐 비로소 법원에 등록취소를 청구할 수 있도록 하는 것이 타당하다고 봅니다.

처분의 시급성을 걱정하는 입장에 있다면 가처분제도라든가 또는 단기 우선심리제도를 법에 명시해 심리의 지연으로 인한 여러 가지 불합리를 막을 수도 있을 것입니다.

그 밖에 소위 대체입법에서 유의되어야 할 몇 가지 중요사항을 말하자면, 먼저 언론의 정보청구권과 취재원의 보호에 관한 규정은 그것을 유명무실하게 만드는 단서나 예외규정을 삭제한 정상의 형태로 명문화하는 것이 바람직합니다.

두번째로 언론기업의 겸영금지, 언론사 집행기관의 족벌화 방지를 위한 방안은 법에 명시하는 것이 좋겠습니다. 겸영금지의 범위는 신문·방송·통신의 사이뿐만 아니라 같은 인쇄매체인 신문·잡지·일반 출판물 사이에도 적용되어야 한다는 의견들이 많다는 것을 유념해주시기 바랍니다.

세번째로 외국 정기간행물의 지사 설치허가 취소사유에 관해서 민정당안은 국가의 위신을 손상하게 하는 기사를 게재한 때나 국내 언론질서를 문란하게 한 때에는 설치허가를 취소할 수 있게 되어 있는데 그 요건 자체를 좀더 명확하게 한정시키는 편이 좋겠고, 외국 정기간행물의 지사 설치허가 취소에 있어서도 국내 정기간행물에 대한 것과 형평을 살려서 법원의 판결에 따르도록 함이 국제적인 신뢰를 높이는 데에도 진일보한 절차가 아닌가 합니다.

무릇 언론의 민주화는 민주화의 한 분야가 아니라 모든 분야의 민주화를 가능케 하는 전제이자 발판이며 원동력이라고 합니다. 따라서 언론입법은 그것이 비록 하위법이라 할지라도 헌법 못지않은 중요성을 띠고 있습니다.

지금 국민들은 언론기본법의 운명과 언론기본법을 대체할 법률의 내용이 민주화의 명맥을 좌우한다고 보아 예민하게 이 자리를 주시하고 있습니다. 대체법률이라는 통칭 때문에 그것이 언론기본법의 혈통을 이은 후계자처럼 되어도 좋다고 생각해서는 안 됩니다.

만일 언론기본법상의 독소조항이 법의 이름만 바꾸어 대체입법에 승계된다면 그것은 국민들을 위해서는 물론이요, 그런 발상을 버리지 못한 채 여전히 언론사 장악이나 꿈꾸는 시대착오적인 사람들 자신을 위해서도 불행스러운 일이라는 것을 말씀드립니다.

모처럼 여야가 개헌과 민주화를 합창하고 나선 이 역사적 시점에서 지난날의 얼룩진 반민주의 오점을 씻고 민주의 반석을 굳건히 다지는 기틀을 마련할 만한 훌륭한 언론입법이 이루어지기를 염원합니다.

오늘의 이 공청회가 공연히 들어보는 종래의 빌 공 자 공청회空聽會와는 달리 민의를 경청하고 받들어 입법에 수렴하는 시범장이 되기를 아울러 기대하는 바입니다.

정기간행물법안에 관한 국회 문공위 주최 공청회 진술, 1987. 8. 27.

4. 영단과 범죄 사이

1973년 6월 23일 아침나절, 전주의 한 다방에 앉아 있던 나는 박 대통령의 '6·23특별선언'을 TV로 듣고 깜짝 놀랐다. 그리고 기뻤다. 그때 박대통령은 분명히 "남북한 유엔 동시가입을 반대하지 않는 다"고 힘주어 말했다.

깜짝 놀랐다는 것은 한국이 '반국가단체'로 낙인찍어놓고 있는 북 한당국과 유엔에 함께 들어간다는 발상이 법률상으로나 반공 논리 에 비추어 이율배반이었기 때문이었다. 한편으로 내가 기뻐한 까닭 은 6·23선언의 긍정적 효과를 믿어서가 아니라, 당시 내가 맡고 있 던 한 형사사건에 대한 무죄판결이 더욱 분명해졌기 때문이었다.

당시 나는 건국대의 김준희 교수에 대한 반공법 위반 사건의 상고 심을 맡고 있던 참이었는데, 그는 남북한 유엔 동시가입론을 글로 써 주장하다가 반국가단체를 이롭게 했다는 혐의로 유죄판결을 받고 대법원에 불복상고중이었다.

'반국가적 범죄'라고 판시를 받은 유엔 동시가입론을 대통령이 뒤따라 선언했으니, 여기서 예견되는 결과는 다음과 같은 두어 가지 변화일 수밖에 없었다.

북한당국을 반국가단체로 규정한 법률을 고치는 것이 그 하나요, 동시가입론을 선구적으로 제창한 피고인에게 벌 아닌 상을 주는 일이 또하나의 귀결로 떠올랐다.

나는 서울로 돌아와 김교수 사건의 상고이유서를 신나게 쓰고 나서, 한 나라의 대통령까지도 수용한 남북한 유엔 동시가입론 때문에 유죄판결이 난다면 어불성설이라고 못을 박아놓았다.

모처럼 개가를 올릴 셈으로 고대하고 있던 대법원 판결이 나왔다. 결과는 뜻밖에도 '상고기각'이었다. "변호인의 논지는 독단적 견해에 불과하다"는 것이었다. 대통령의 특별선언이 그 정당성을 뒷받침했는데도 '독단적 견해'라니 기가 막혔다.

똑같은 제안을 놓고 박대통령이 한 것은 일대 영단이 되고 대학의 교수가 한 것은 범죄행위라고 하였으니, 내가 갈피를 못 잡은 것도 무리는 아니다.

바로 그와 똑같은 당혹스러움을 15년 후인 오늘에 다시 겪게 되면서 역사의 반복이란 이처럼 해괴한 일인가 하는 생각이 든다.

지난번의 '7ㆍ7선언'은 그 배경과 동기에 대한 불확실성은 접어두고라도 그 내용 자체로서는 각계의 환영을 받았다. 남북 간의 교류ㆍ왕래ㆍ교역 등의 문호개방이며, 국제무대에서의 협조 등 적대관계의 해소, 그리고 1민족 2체제(정부)를 긍정하는 민족공동체의 추구 등 무엇 하나 나무랄 것이 없었다.

그러나 그와 같은 청사진이 국가보안법을 비롯한 현행법에 정면으로 위배되는 내용이고 보면, 실정법의 근본적 재정비 없이는 모처럼의 선언도 실현 불가능에 빠질 수밖에 없다. 법률상의 반국가단체를 상대로 해서 그런 정책 변화를 실천하는 것은 정부가 위법행위를 솔선수범하겠다는 말과 다를 바 없다.

혹자는 남북관계의 개선을 위한 정부방침에 따른 대북행위는 면책되는 것으로 보면 된다고 할지 모른다. 그렇다면 북한을 염두에 두고서 만들었다는 국가보안법이 결국은 국내(남한)용 규제장치라는 고백으로 통하게 된다.

이 글을 쓰는 도중 받아본 신문에도 '남북 대학생 조국순례대행진 갖자' '1,000명씩 오가며 평양과 서울에서 체육경기를 갖자'는 문교부장관의 제의가 1면 톱으로 나와 있다.

지난 6월에 우리 대학생들이 바로 그와 같은 대북 제안을 했을 때 철부지 같은 소리니, 감상주의니, 용공적 발상이니 하며 매도하고 체포하던 일을 생각하면 머리에 혼란이 오는 것은 당연하지 않은가.

여기서 분명히 말해두고자 함은 법률이든 정책이든 간에 이중적 기준을 가지고 들이대지 말라는 것이다. 다시 말해서 하나의 규범이 적용 대상에 따라서 사문화死文化의 침묵과 독소적인 혈안이라는 양극에서 차별 적용되어서는 안 된다.

일반 국민의 대단찮은 탈세에는 그토록 추상秋霜같던 국세청이 언젠가 모 재벌의 큰 탈세에는 '과세 누락'이라는 자책적 판정을 한 일이라든지, 법은 뒷전에 두고 인권침해를 밥먹듯이 감행했던 집권세력이 국회조사 불응자에 대한 구인제는 인권침해요 사법권 침해라는 이유로 반대를 하는 것도 가소롭기는 마찬가지다.

비리척결에 성역 없다고 목청을 높일 때가 바로 엊그제였는데 정작 '성역 속의 큰 비리'를 조사하려고 하자 어울리지 않게도 인권과 증거를 강조하며 거부권 발동이라는 극한 수단을 서슴지 않았다.

우리 국민은 앞뒤가 맞지 않는 집권자의 말에 세세년년 많이도 속아왔다. 그리고 지금도 속고 있는 중이다. 7·4남북공동성명으로 감격을 조성해놓고 유신독재체제를 선포했으며, 2·12총선 후에도 민의수렴 운운하고 시간을 끌다가 학원안정법안을 들이댄 것을 쉽게 잊어서는 안 된다.

지난 양대 선거 때 여당의 수뇌들은 국민 앞에 무어라고 비단 같은 약속을 했던가. 공약에 맞는 정책을 펴고 그에 합당하게 법률을 개발하며 그것을 차별 없이 적용해야만 "이 사람 노태우를 믿어주세요" 하던 그 호소도 부도를 면할 수 있다.

정부는 대북관계와 국제사회에서 신뢰를 얻기 위해서도 먼저 남한 내의 국민들로부터 신뢰를 얻어내는 것이 순서가 아니겠는가.

중앙일보, 1988. 7. 16.

5. 압제와 분서

금지와 제재가 많은 사회는 권력의 취향에 합당한 지적 편식이 강요되는 사회이며 그만큼 비민주적일 수밖에 없다. 특히 서적을 비롯한 문화적 창작물에 대해서 규제가 심할수록 정신적 후진성도 심화되는 것이 상식이다.

흔히 판금이라고 통칭되는 제약이 남발되거나 서적의 취득 또는 소지 자체를 범죄로 보아 처벌이 가해질 때, 그 반문화적 해독은 한층 구체화된다.

이러한 압제적 금단禁斷을 말함에 있어서는 중국 진시황 때의 갱유 분서가 으레 고전처럼 회자되어오고 있다. 그때 한비韓非가 친구인 이사李斯의 중상모략으로 사약을 마셔야 했고 그의 저작물은 불태워졌으며, 바로 그 이사 또한 동료인 조고趙高의 손에 죽은 것은 비극 중의 비극이었다.

20세기에 들어와서는 1930년대 히틀러의 광기에서 또하나의 엄청난 모형을 찾아볼 수가 있다.

히틀러가 집권한 지 4개월 후인 1933년 5월 어느 날, 베를린 대학 건너편 광장에서는 학생을 포함한 수만의 군중이 동원된 가운데 2만 권이 넘는 책을 불태우는 분서焚書의 화염이 솟아오르고 있었다. 독일 내의 다른 도시에서도 나치의 광란은 그런 식으로 감행되었다.

토마스 만, 하인리히 만, 에리히 M. 레마르크, 알베르트 아인슈타인 등의 저서가 그 통에 잿더미로 화했다. 외국인으로서는 앙드레 지드, H. G. 웰스, 졸라, 프루스트 같은 사람의 책이 수난을 당했다. 심지어 세잔, 고흐, 고갱, 마티스 등의 그림 6,600점이 미술관의 전시장에서 철거되기도 했다.

'독일 국민의 추진력의 근원을 침해하는 책'들은 열람이나 판매가 금지되었고, 이러한 지적 자유의 박탈을 통해서 '문화의 나치화'는 효과적으로 추진되었다. 신문기사는 그 내용뿐만 아니라 제목까지도 나치의 지시에 따라야 했으며, 모든 분야에서 나치의 목소리만이 넘쳐흘렀다.

나치 집권 초기의 5년 동안에 숙청된 교수와 강사만 2,800명에 달했다.

그런 광풍 속에서 카를 야스퍼스나 카를 바르트처럼 나치당에 거부의 자세를 보인 사람은 소수에 지나지 않았으며, 심지어 하이데거 같은 실존철학자까지도 히틀러에 대한 공개적인 지지를 서슴지 않았다.

그와 같은 지식인의 처신은 훗날 독일 안에서 신랄한 비판을 불러일으켰다.

"독일의 대학은 지식과 민주국가의 파괴에 대해서 전력을 기울여 공연히 반대하는 데 태만했다. 그들은 폭정의 어둠을 뚫고 타오르는 자유와 권리의 횃불을 지탱하는 데 태만했던 것이다."

에빙하우스H. Ebbinghaus의 이 말은 압제 속에 살고 있는 모든 지식인들이 귀담아들어야 할 위대한 양심의 목소리였다.

누군가 말했듯이, 책은 불태울 수 있어도 사상은 태워 없애지 못하기 때문에 분서의 효과는 오히려 진리와 정의에 대한 갈망을 더욱 높여주는 일면이 있다. 학문과 예술도 단기적으로는 권력자의 압제에 주춤하는 듯하지만 끝내는 잿더미 속에서 다시 날개를 펴는 불사조가 되어 역사의 창공을 힘차게 비상하게 된다.

21세기를 운위하는 지금 이 시대에도 분서는 그 주역과 저의와 형태를 달리한 채 여전히 되풀이되고 있어 세상을 당혹스럽게 만들고 있다. 창작의 자유, 학문의 자유, 표현의 자유 등이 하나의 전시용 말잔치에 그친 가운데 온갖 제약과 침해에 부딪치는 것은 마침내 전체주의로의 전락을 걱정하지 않을 수 없는 무서운 요인으로 통한다.

무릇 민주사회는 상대주의에 입각한 다양성의 존중이 그 생명이라 할진대, 권력의 독단에 의해 책이나 글에 대해서 함부로 '불온'이니 '판금'이니 하는 굴레를 씌우는 처사는 용인될 바가 아니다. 하물며 '국론분열' '사회불안 조성' '부정적 가치관의 조장' 따위의 명목을 문화 규제의 기준으로 삼는 일은 체제의 자기모순과 자기고백을 드러내는 단견短見 이상의 것이 못 된다. 그런 단세포적 발상은 민주사회의 바탕을 허약하게 만들 뿐 아니라 이질적인 것의 수용과 극복을 통한 참된 문화의 창달을 저해할 뿐이다.

근래에 우리 정부당국은 어느 면에서는 사상적 금제에 신축성을 보이는 듯하면서도, 또다른 면에서는 예전과 같은 미시적 규제에 대한 집착을 버리지 못하는 것 같아 답답한 느낌을 주고 있다.

1953년 6월이던가, 아이젠하워 대통령이 영국 해병학교에서 한 연설에 이런 대목이 있었다.

"분서에 가담하지 말라. 이미 존재하는 증거를 엄폐함으로써 과오까지도 엄폐하려고 생각해서는 안 된다."

군장성 출신인 그가 군인들 앞에서 이런 말을 했다는 것은 놀랍고도 훌륭한 일이다. 적어도 우리의 안목과 입장에서 볼 때는 더욱 그러하다.

『노동의 문학 문학의 새벽』, 1980. 3.

6. 판금 문학

    소위 판금이나 재판의 대상이 되었던 문학작품 가운데 명작이 많다는 것은 우연한 일이 아니다. 그것은 마치 잘못된 세상에서는 의로운 사람일수록 감옥살이를 피하기 어려운 것만큼이나 필연적일 수도 있다. 오늘날 불후의 명작으로 널리 읽히는 작품들도 한때는 금서禁書로 몰렸던 예를 우리는 힘들이지 않고 열거할 수 있다.

    미국에서는 톨스토이의 『크로이처 소나타』, 레마르크의 『서부전선 이상 없다』, 헤밍웨이의 『무기여 잘 있거라』, 조이스의 『율리시스』가 그러했고, 프랑스에서도 플로베르의 『보바리 부인』, 보들레르의 『악의 꽃』, 사드의 『악덕의 번영』이 문제된 바 있었다. 영국에서는 하디의 『테스』, 로렌스의 『채털리 부인의 연인』이 또한 규제를 받았다. 그 밖에도 보카치오의 『데카메론』, 모파상의 『여자의 일생』, 뒤마의 『춘희』등 예를 들자면 얼마든지 있다.

당대의 질서와 권력의 입장에서는 문학의 본질이나 사명을 이해함 없이 우선 기존의 관념을 고집하기에 색맹이 되었던 것이다. 예술이나 출판을 포함한 표현의 자유가 제법 잘 보장되어 있다는 구미 선진국가에서도 그러했을진대, 그 밖의 후진 압제국가에서는 더 말할 필요조차 없었다.

우리가 익히 알고 있는 로렌스의 『채털리 부인의 연인』은 비단 영국뿐만 아니라 세계 도처에서 물의를 일으킨 것으로도 유명하다. 그 책은 음란으로 지탄받은 문학작품의 전형일뿐더러 법정 싸움의 전형이기도 했다.

1928년에 쓰인 이 소설이 로렌스의 본국인 영국에서 먼저 햇빛을 보지 못하고 피렌체에서 그 초판이 나왔다는 점부터가 주목된다. 영어라고는 한 단어도 읽을 줄 모르는 이탈리아 사람을 식자공으로 써야 했기 때문이다.

작자의 본고장인 영국에서 이 소설이 한 자의 삭제도 없이 출판된 것은 1960년이었으니, 로렌스가 죽은 지 실로 30년 만의 일이었다. 영국의 전통 있는 펭귄북스 사에서 단 한 자의 복자伏字도 없이 이 소설을 20만 부나 찍은 것이다.

여기에는 범속한 상혼에 앞서 표현의 자유를 위한 도전이 작용하고 있었다. 예상했던 대로 음란출판물 단속법 위반으로 기소되어 배심에 회부되자, 펭귄 사는 판결이 나올 때까지 판매를 연기한 채 20만 부나 되는 책을 쌓아놓고 기다렸다. 우선 팔고 보자는 생각을 절제할 수 있었던 것은 펭귄 사의 양식이기도 했지만, 재판에 대한 무한한 신뢰감이 있었기 때문이기도 했다.

검사는 핏대를 올리는 대신 이렇게 점잖은 의견을 개진했다.

"가능한 한, 저자와 출판사의 권리인 의사표명의 자유를 인정하고 더욱 넓은 마음과 더욱 자유로운 관점에서 이 책을 대해주시기 바랍니다."

이 말은 한갓 수사修辭에 그치지 않는 페어플레이의 발로 그것이었다.

1960년 11월 2일, 런던의 중앙형사재판소에서 선고된 배심 판결은 '무죄'였다. 방청석에서는 환성이 일고 거의 동시에 박수까지 터져나왔다고 한다. 근엄한 영국 법정에서는 여간해서 볼 수 없는 극적인 광경이었다. 이 보도를 들은 서머싯 몸도 '브라보!'를 외쳤다고 전해진다.

그런 판결이 나올 수 있는 나라, 그처럼 훌륭한 판결에 찬성과 박수를 보낼 수 있는 영국인이 부럽다. 하지만 그런 좋은 판결이 왜 30년 만에야 나왔는지를 의심해보는 것도 당연하다.

실인즉, 그 전해에 제정된 '1959년법'이 아니었다면 그 재판은 결론이 달라졌을지도 모른다. 그 법에는 "문제가 된 문서의 출판이 과학·문학·예술·학술 또는 그 밖의 공공의 일반적 관심사에 이익이 된다는 이유에 따라 공공의 이익에 합치된다는 것이 증명되면 누구도 본법 제2조 위반으로 유죄가 되지 않는다"(제4조 제1항)는 명문이 마련되어 있었다. '공공의 이익'이란 용어가 압제 위주의 명분으로 오용당하지 않은 점은 역시 영국다운 자랑일 수 있었다.

『채털리 부인의 연인』 출판에 대한 무죄판결은 비단 펭귄 사의 승리만이 아니라, 문학예술(의 자유)의 승리였고 동시에 법률과 재판의 승리였다. 거기엔 누구도 패배한 사람이 없었다. 애매한 법률적 조작에 의해 문학이 제재를 받고 위축된다면 그것은 문학뿐만 아니라 재판도 법률도 무엇엔가에 의해 다 같이 패배당하는 것이다.

필화 재판이나 권력의 규제는 얼핏 보면 하나의 작품이 그 시대의 법률과 도덕률에 의해 심판을 받는 것처럼 보이지만, 사실은 그 반대의 의미를 지닐 수도 있다. 다시 말해서, 한 시대의 법률과 도덕률이 그 작품을 통해 오히려 심판을 받는다고 보아야 한다.

인간의 이성과 역사는 뒤늦게나마 이 점을 틀림없이 밝혀주게 마련이다. 문학적인 관점에서 명작은 아니더라도 그런 실증은 얼마든지 있는 것이다.

1978. 11.

7. 권력과 지식인

　1972년의 이른바 '비상계엄령' 선포로 시작된 박정희 정권의 '유신체제'를 지탱해주던 대통령 긴급조치(이하 '긴급조치')라는 보도寶刀가 일단 칼집으로 들어갔다. 1974년 초부터 접속곡처럼 대代를 이어 나온 '긴급조치'의 실체가 과연 무엇이었으며 어떤 해독을 빚어냈느냐에 대해서는 새삼 논란을 되풀이할 여지조차 없다. 그러나 전제와 억압에 대한 비판이나 저항을 탄압하기 위해 함부로 법이나 조치를 만들어내서는 치자治者나 피치자 모두 불행해지고 만다는 뼈아픈 교훈을 두고두고 잊지 말아야 할 것이다.

　나라를 위한 충정에서 아무런 사심 없이 제기했던 충고를 마치 반국가적인 이단인 양 적대시하는 발상도 다시는 되풀이되지 말아야 한다.

　유감스럽게도 지나간 긴 세월 동안, 이 땅의 양심적인 지식인들은

338

여러 형태의 변란을 겪어왔다. 마침내는 '불순세력' '몰지각한 일부 지식인'으로 몰려 추방과 투옥의 대상으로 화했다.

현명한 지도자는 추종자들의 아부에서보다 반대자들의 비판에서 훨씬 더 많은 것을 얻게 된다고 한 해럴드 래스키의 지적은 통하지가 않았고, 오히려 '정치적'이라는 반격을 당했을 뿐이다.

무릇 지식인은 한 시대의 고민을 남보다 먼저 앓아야 하며, 상황의 위험신호를 앞장서서 알려야 할 사명을 갖는다. 그런 사명에 충실하다보면 위정자로부터 미움을 받을 수도 있다. 학자나 문인 들이 인권 탄압을 비난하는 것조차도 본분을 망각한 정치적 활동이라고 억지를 부리는 일은 몇 번 고쳐 생각해보아도 지나친 노릇이었다.

권력자를 찬양함으로써 벼슬을 얻고 상을 받고 이득을 꾀하는 지식인처럼 '정치적'인 것은 없다. 반대로 박해와 불이익을 뻔히 예상하면서 민주주의와 인간의 존엄을 되살리고자 외치는 것은 너무도 비정치적이다. 찬성이나 추종은 순수한 것이고, 비판과 반대만이 '정치적'이라는 도식은 절대로 재탕되지 말아야 한다.

대통령 긴급조치가 해제되고 구속자들이 석방되었다는 뉴스는 모든 사람들을 일단 기쁘게 해주었다. 긴급조치가 아니면 안보가 무너진다고 목청을 돋우던 사람들 중에서도 이론은 나오지 않고 있다. 만시지탄晩時之歎이란 말이 이보다 더 절실할 수가 없지만, 이 단계에서 요구되는 바는 정부 당국자의 보다 일신된 겸허라고 믿는다. 분명코 이 나라에 민주발전의 터전을 확립하고자 한다면, 비판자를 범죄자로 매도하는 수법은 일소되지 않으면 안 된다. 뿐만 아니라 참다운 법치주의를 실증하여 우리 모두가 신명을 바쳐 수호할 만한 가치가 있는 나라를 건설해야 한다.

압제와 저항, 구속과 석방의 악순환이 동족 간에 차마 그럴 수 없는 적대감을 유발시켰던 것도 부정하기 어렵다.

연전에 풀려나온 한 성직자는 석방 인사에서 다음과 같이 말했다. "우리는 나오기 위해서 들어갔고, 이제 들어가기 위해서 나왔다." 이같은 처절한 말을 다시는 듣지 않아도 될 풍토를 이룩하지 않으면 안 된다. 그러자면 비판자의 '극단주의'를 탓하기에 앞서 그런 극단적인 주장이 나오지 않을 수 없게 만든 치자의 '극단'이 반성되어야 옳다. 그러한 반성은 이왕의 그릇된 통치를 주권자 앞에 사과함으로써 보여주는 것이 마땅하다. 그것이 참다운 '국민적 화해'의 첫걸음이 될 수 있으며, 그런 화해의 전제가 간과되고서는 구속자 석방 같은 좋은 변화도 그 의미가 흐려질 염려가 있다.

또한 긴급조치 해제나 구속자 석방은 새로운 민주공화국을 태동시키기 위한 당연하고도 최소한의 조치임을 알아야 한다. 과거의 정치상황 밑에서 부당하게 희생된 사람들이 긴급조치 위반자에 국한되어 있지 않음은 정부도 잘 알고 있을 것이다. 특히 지식인들의 반골적反骨的인 성향을 봉쇄하기 위해서 긴급조치 아닌 다른 죄명으로 처벌한 사례는 결코 적지 않다. 그들은 재판문서에 적혀 있는 죄명 여하에 관계없이 당대의 압제를 고발하고 현실비판을 서슴지 않았다는 점에서 긴급조치 위반자와 본질을 같이하는 것이며, 따라서 양자 간에 차별을 고집할 아무런 이유가 없다. 물론 정부는 이 점에 관해서도 단계적인 고려를 하고 있을 줄로 믿거니와, 국민의 열망을 바로 인식하여 조속한 결단을 내리기를 촉구한다. 긴급조치로 묶여 있던 사람만 풀어주는 것은 새 정부의 민주적 노력을 공감하기에는 너무도 미흡하다. 뿐만 아니라 이들 모두에 대하여 명실상부한 자유민으로서의 원상회복도 당연히 뒤따라야 하며, 그 시기는 빠르면 빠를수록 좋다는 것이 중론이다.

솔직한 심경을 말하자면, 우리는 이번에 풀려나온 분들을 맞아 반가워하기에 앞서, 아직도 감옥 안에 갇혀 있는 많은 사람들을 잊을 수가 없다.

모처럼의 석방조치를 더욱 뜻있게 하는 길은 지금부터의 후속조치에 달려 있다. 겸허한 권력만이 국민의 참된 지지와 신뢰를 받을 수 있음이 당연한 이치라면, 어차피 새로운 전기를 지향하는 이 마당에 정부가 이 점을 놓고 주저하거나 인색해야 될 이유는 없다.

지식인은, 과거에 정부가 말했듯이 안정을 저해하는 무책임한 선동자가 아니다. 비리를 묵과하지 못하는 소박한 양심을 가졌을 뿐이다. 그들을 침묵시킴으로써 유지되는 안정은 실인즉 경직일 뿐이어서 민주적인 사회발전을 위해서 오히려 위험스러운 것이다.

지금 국민들이 제기하는 요구를 너무 성급하다고 말하기에 앞서, 지난 20여 년 동안을 두고 기다려온 국민의 갈망을 이해할 필요가 있다.

하나의 시대를 청산하는 과제는 용어나 얼굴의 교체에만 있지 않고 구태와 잔재의 척결에서 찾아야 한다. 재래의 발상을 미련 없이 벗어던지고 새 역사의 방향을 통찰하는 데서 우리가 염원하는 새 시대의 지평을 찾을 수 있는 것이다. 이 나라의 지식인은 예나 마찬가지로 새 시대의 개막을 위해서도 막중한 소임을 다해나갈 것이며, 그렇게 함으로써 이 땅에서 전제의 비극을 예방하고 의로운 사회를 건설하는 데 큰 몫을 다할 수 있을 것이다.

사랑하기 때문에 비판도 하는 것이다. 순수한 애국적 비판을 행여 혼란 조성이라는 명목으로 기휘하고 봉쇄하는 일이 다시는 없어야 한다.

누군가 말했듯이, 실로 권력과 지식인의 관계는 정부의 새로운 자세 정립에 있어서 가장 진지하게 재고되어야 할 문제라고 본다.

1979. 12.

8. 판금 시대

　박정희 정권의 출판탄압은 참으로 막무가내였다. 글내용이 조금만 비위에 맞지 않으면 불문곡직하고 '판금(판매금지)'이었다. 법적인 근거를 대는 것도 아니고, 명백한 '처분'을 하는 것도 아니었다. 경찰이나 행정공무원 들이 서점이나 출판사에 나타나거나 전화를 걸어 '문제 서적'의 수거를 요구하면 그것이 곧 법이었다. 그것을 어길 장사는 없었다. 출판사측에서 관계부처에 문의 또는 항의를 하면, 저쪽에선 모른다거나 처분 사실이 없다고 잡아뗀다. 그렇다고 끝까지 정면승부로 싸우기만 할 형편은 아니었다. 투쟁보다는 생계 쪽을 생각해야 되었기에 지혜로운 대응이 절실했다. 이중 플레이도 더러 도입했다. 한편으로는 수거 요구에 응하는 척하면서 다른 한편으로는 계속 배본을 했다.

　판금을 풀기 위해서 일부 수정에도 '성의'를 보였다. 나는 1976년

변호사 자격을 박탈당한 뒤 실업 상태에서 '삼민사'라는 출판사를 차린 적이 있다. 그때 당국은 삼민사에서 낸 함석헌 선생의 『하늘 땅에 바른 숨 있어』에 대해서 트집을 잡았다. '독재자'라는 말조차 문제삼았다. 박정권의 과민함을 엿볼 수 있는 단면이었다.

나는 함선생님을 찾아가 글의 표현이라도 좀 바꾸어주시면 좋겠다고 했다. 뜻밖에도 함선생님은 "그게 뭐 어려울 것 있나요. 간단하게 합시다"라고 하시더니, '독재자' 다음에 '들' 자 한 자를 써넣으시는 것이었다. 이렇게 복수로 해놓으면 특정인을 지칭했다고는 못할 것 아니냐는 것이 함선생님의 설명이었다.

한 언론인이 쓴 책 제호를 놓고 시비가 벌어지기도 했다. 해방 후 정치적 의혹사건의 수사·재판을 다룬 책이었는데, 나는 책 이름을 『끝나지 않은 심판』으로 했다. 제법 잘 붙인 제호라고 자부하고 있던 참인데, 뜻밖에도 화근이 되었다.

어느 날 정보과에서 나온 경찰관이 좀 보자고 하더니, 책 이름에 문제가 있다고 했다. 오래전에 이미 다 끝난 재판을 왜 '끝나지 않은 심판'이라고 했느냐는 것이었다. 삼민사에서 나오는 신간은 우선 저자 이름만 봐도 당국이 신경을 쓰지 않을 수 없는 인물들이었다. 그로 말미암아 신경전도 많이 벌였고, 어처구니없는 코미디 같은 일도 더러 체험했다.

그런가 하면 삼민사를 위해서 도움을 주신 분들도 적지 않았다. 신문이나 잡지에서는 거의 빠뜨리지 않고 삼민사 책의 서평이나 신간 소개 기사를 실어주었다. 저자와 책이 훌륭해서만이 아니라 삼민사의 딱한 처지를 참작한 지원과 호의의 발로였다고 생각된다. 징역 살고 변호사도 못 하고 무직자가 된 나를 딱하게 여기는 면도 작용했을 것이다.

유명 기업의 사보에서도 고마운 대접을 받았다. 사보는 그 독자인 사원들의 구매력에 비추어, 거기 실리는 신간안내의 효험은 대단했다.

이런 언론매체 쪽의 도움에 대해 술 한잔 산 일은 없지만, 그 대신 그쪽의 원고 청탁엔 반드시 부응을 했다.

한번은 술 회사(백화) 사보에서 술 이야기를 써달라는 청탁이 왔는데, 내가 술을 못한다고 술 회사 잡지에 금주禁酒 이야기를 쓸 수도 없고 해서 고심한 기억이 난다. 내 토정비결에도 없던 출판사 체험은 결코 성공사례는 못 되었지만 얻은 것도 적지 않은 추억의 '외도'였다.

『책과 인생』, 2003. 2.

9. 작가 졸라의 고발

1898년 1월 13일, 파리의 한 신문에 작가 에밀 졸라의 기고문 한 편이 실려 있었다. 「나는 고발한다」라는 제목의 이 글은 이른바 드레퓌스 사건을 허위조작한 군부를 규탄하는 내용이었다.

그로부터 꼭 1백 년이 되는 1998년 1월 13일, 프랑스에서는 자크 시라크 대통령과 리오넬 조스팽 총리를 비롯한 각료들이 참여한 가운데 졸라의 위 기고寄稿 1백 주년을 기념하는 후원회가 결성되고, 소르본 대학교 국립도서관 등에서 각종 기념행사가 열렸다.

졸라의 글은 독일 간첩이라는 혐의로 종신형을 받은 드레퓌스 대위의 무죄를 주장하고, 그에게 누명을 씌운 군부를 공격하는 폭탄선언이었다.

졸라 자신도 이 글 때문에 당시에는 박해를 받았지만, 마침내 드레퓌스의 재심 무죄를 이끌어내는 선도자가 되었고, 그의 글이 민주공화주의의 진보와 군의 근대화 촉진의 계기가 되었다는 국민적 공감대가 형성되었기에 그와 같은 100주년 기념사업이 펼쳐지게 된 것이다.

나는 드레퓌스 사건을 다룬 책을 몇 권 읽었는데, 그중 한 권은 5·17사태 후 이른바 김대중 내란음모 사건에 조연급으로 징역살이를 하던 감방 안에서 읽었다. 비록 그 사건의 무대와 연대는 다를망정 1960년대 이후 한국에서 벌어진 여러 정치적 조작 사건과 그 배경이나 곡절이 공통된데다가 진실과 허위의 대결양상도 서로 닮은 데가 많았다.

우리 한반도에서 제폭구민除暴救民의 기치 아래 동학농민혁명이 일어난 1894년 바로 그해에 프랑스 포병 대위 드레퓌스는 독일측에 군사기밀을 빼돌렸다는 혐의로 체포되어 종신형을 선고받고 '악마섬'이란 곳에 갇힌 몸이 된다.

프랑스 첩보부가 독일대사관의 가정부를 통해서 입수했다는 기밀의 '명세서'가 포병에 관련된 내용이었기 때문에 포병장교인 그가 의심을 받았다. 필적도 유사하다는 것이었다. 거기에다 그는 유대인이어서 반유대주의자들의 미움의 표적이 되었다. 아울러 당시 프랑스의 제국주의화, 내정의 반동화, 국수적 내셔널리즘 따위도 이 의혹사건의 정치적 배경으로 작용했다. 드레퓌스는 완강하게 무죄를 주장했으나 소용이 없었다. 드레퓌스의 무죄를 믿는 사람은 드레퓌스 본인 한 사람밖에 없었다.

2년 후 그 '명세서'의 글씨는 다른 장교의 필적으로 판명되었으나 그 장교는 군법회의에서 무죄판결을 받는다. 그러자 졸라는 대통령에게 보내는 공개장 「나는 고발한다」를 신문에 발표한다. 드레퓌스의 무죄를 잘 알면서도 가공할 조작재판을 벌인 군부의 부정과 허위를 그는 준엄하게 공격했다. 졸라를 중심으로 한 재심운동이 광범하게 전개되는 오랜 우여곡절 끝에 드레퓌스는 1906년 7월 최고법원에서 마침내 무죄판결을 받는다.

이 사건은 프랑스뿐만 아니라 유럽의 역사에 큰 파장을 미쳤다. 정치적 목적으로 희생된 죄 없는 죄인이 지식인들의 항의와 여론의 힘에 의해 누명을 벗었다는 점에서 역사적 교훈을 남겼다. 그처럼 죄없는 자를 유죄로 몰아 중형 선고를 한 허구적 재판은 한국에서도 수없이 자행되었다.

한 중령이 '명세서'의 필적은 드레퓌스가 아닌 에스테라지 소령의 것이라고 상부에 보고했으나, 군이 과오를 자인할 수 없다는 이유로 그의 보고는 묵살당하고 오히려 그는 좌천된다. 군 내부의 고발자에게 보복을 가한 점도 노상 남의 이야기만은 아니다.

한 개인의 원죄 사건에 대한 드레퓌스 재심운동은 "국가안보를 해치는 몰지각한 짓"이라는 공격도 받았다. 유대인 드레퓌스에게 가해진 반유대주의자들의 증오와, 이에 편승하여 드레퓌스 엄벌을 부추긴 일부 언론의 행태도 권력과 기득권 세력에 빌붙어 박해몰이에 한몫을 해온 이 땅의 언론을 연상하게 하기에 족했다. 그러나 무엇보다도 우리가 기억해야 할 것은 작가 졸라의 용기 있는 고발이다.

국가모독죄로 징역형을 선고받는 등 핍박을 받으면서도 뜻을 굽히지 않았던 졸라와 그의 주장에 공명한 양심적인 지식인 그룹, 그리고 엄청난 여론의 뒷받침, 그 힘에 의해 12년 만에 한 개인의 누명이

벗겨지고 진실이 승리할 수 있었다.

　의도된 오판의 죄악과 그에 따른 인간의 수난을 우리는 너무도 많이 보아왔다. 드레퓌스 사건은 우리에게 꾸며진 재판, 권력추종적 언론, 지식인의 현실영합 따위의 부끄러움을 절실히 떠올리게 한다.

　이 땅의 많은 드레퓌스 중에서 그 누명을 벗은 사람은 과연 얼마나 되는가. 우리는 이 물음에 어떻게 답해야 할까.

도서신문, 1998. 1. 26.

10. 법관의 성적 흥분

변호사의 변론이라고 해서 항상 논리에 묶이거나 딱딱한 것만은 아니다. 더러는 '웃기는' 변호도 있다.

『즐거운 사라』라는 소설이 음란한 표현물이라고 해서 그 작가인 마광수 교수가 기소되었을 때, 나는 그 작품의 음란성 여부를 놓고 법정에서 검사와 논쟁을 벌였다. 나는 그 소설의 작품성과는 무관하게 오직 표현의 자유를 지킨다는 의미에서 마교수의 변호를 맡았던 것이다.

그 소설은 남녀 간의 변태적 성행위를 너무 노골적으로 묘사했기 때문에 형법에서 말하는 '음란한 문서'라는 것이 검사의 주장이었다. 이에 반하여 피고인은 결코 그렇지 않다고 주장했다.

음란의 요건은, 판례에 의하면 "사람의 성욕을 괜스레 자극·흥분시켜 일반인의 건전한 성적 도의심을 해치는 것"이라고 한다. 성적 흥분을 일으키는 것이 음란죄의 첫째 요건인데, 그렇다면 오늘날 대부분의 영화는 거의 음란물이며, 심지어 남자에게는 여자가, 여자에게는 남자가 곧 음란물일 수도 있다. 약 100년 전의 일본 판례를 그대로 모셔다가 재탕 삼탕을 하다보니까 그런 억지가 나온다.

결국 성적 흥분 여부를 기준으로 삼는다 하더라도, 같은 책을 읽고도 사람에 따라서 흥분할 수도 있고 안 할 수도 있다. '평균적 일반인'을 기준으로 한다는 말도 구름잡기나 다를 것이 없다. 결국 담당 재판부의 법관들이 마교수의 이 소설을 읽고 성적으로 흥분하면 음란물이라고 판결할 것이요, 흥분하지 않으면 음란물이 아니라고 할 것이다. 감정인이나 증인의 의견도 법관이 믿어주지 않으면 그만인데, 법관도 사람인지라 자신의 체험과 맞지 않는 의견을 채택할 리가 없기 때문이다.

그래서 2심 최종변론 때 나는 이렇게 주장했다.

"단상의 재판관 중에 이 소설을 읽고 성적으로 흥분하실 분은 한 분도 안 계시리라고 확신합니다. 따라서 피고인에게 무죄판결을 내려주실 줄 믿습니다."

그러나 판결은 '유죄'였다. 누군가가 중얼거렸다.

"역시 젊은 법관들이라서 흥분했던 모양이로군."

기대를 걸었던 항소심에서도 역시 유죄를 받고 보니 대법원에서 무죄가 될 가망은 없다고 보았다. 대법원의 보수성을 생각해서 상고는 아예 포기하자고 했더니, 상고는 한번 해볼 만하다고 우기는 사람이 있었다. 대법관들이야 나이도 좀 들고 했으니 그리 쉽게 흥분하지 않을 것이라는 기대(?)가 작용한 말이었다.

일리가 있다 싶어 마음을 고쳐먹고 상고를 했다. 그러나 장장의 상고이유서도 보람 없이 상고는 기각되었다. 그러자 누군가가 한마디 했다.

"하기는, 대법관들도 아직 노인은 아니라서……"

『책과 인생』, 2002. 2.

11. 세론과 변호

　북미주가 아직 영국의 식민지로 있던 1770년 봄, 보스턴 주둔의 영국군과 현지 주민들 사이에 충돌이 벌어져 주민 5명이 영국군이 쏜 총에 맞아 희생되는 큰 사건이었다. 이 일로 발포책임자인 프레스턴 대위와 그 부하들이 구금되었다.

　현지의 변호사는 아무도 그들의 변호를 맡으려 하지 않았다. 자국민을 살해한 외국 군인을 변호했다가는 천하의 분노와 비난을 면치 못할 것이 뻔하기 때문이었다. 그런데 당시 위명威名을 떨치고 있던 변호사 존 애덤스는 의뢰인의 간곡한 청을 받은 끝에 그 사건을 맡기로 했다. 만인의 놀라움과 분노는 예상보다 커서 신문은 물론이요 교회측에서까지도 비난이 쏟아져나왔다. 그의 집 창문에 돌이 날아오기까지 했다.

　그는 자기가 입게 될지도 모르는 위해를 생각하면서, 그러나 태연

스레 그의 방에서 신간을 읽고 있었다. 그 책은 베카리아의 명저 『범죄와 형벌』이었다. 거기에는 이런 대목이 적혀 있었다.

 "만약 인류의 권리와 불가침의 진리를 지지함으로 해서 압제 및 그와 비슷한 파멸적 무지의 희생이 되려는 불행한 자를 내가 단 한 사람이라도 죽음의 고통에서 구해낼 수가 있다면, 그의 행복과 기쁨에 넘치는 눈물만으로, 설령 그 때문에 내 한몸이 전 인류의 경멸을 받는다 해도 나의 마음은 위안을 얻게 될 것이다."

 과연 그는 온갖 어려움을 무릅쓰고 영국 군인을 성공적으로 변호해냈다. 세상이 무어라고 하든 그로서는 아직 무죄로 추정되고 있는 한 사람의 인간을 변호해야 한다는 사명감을 저버릴 수가 없었던 것이다. 참으로 그는 변호사로서의 호연한 용기를 지닌 투사였으며, 나중에 미합중국의 제2대 대통령까지 역임한 위대한 사람이었다.

 우리나라에서도 그와 비슷한 변호사의 수난이 있었다. 4·19 직후의 이른바 반민주 원흉들에 대한 재판이 열렸을 때의 일이다. 당시 온 국민의 증오를 사고 있던 부정선거 관련자와 발포책임자들의 변호를 맡았던 변호인들이 4·19단체 사람들의 협박을 받았다. 심지어는 변호인들을 포위하고서 강제로 사퇴서를 쓰게까지 했다. 피신해서 환난을 면한 사람도 있고 마지못해 사퇴서를 쓴 사람도 있다.

 그때의 대세랄까 분위기로 보아서는 4·19 원흉은 국민의 공적公敵으로 몰리다시피 했기 때문에 이들을 위한 변호인들의 활동을 전혀 이해하지 못하는 사람들이 많았던 모양이다.

 이처럼 변호사는 소추권자訴追權者인 검찰과 맞서 싸우기 전에 일반 민중의 세론과 맞서야 될 때가 있다.

354

흔히 국민감정이라고 불리는 것처럼 막연하고 위험한 것도 없다. 자국민을 살해한 외국 군인, 독재의 아성을 지키기 위해 자기 동족의 가슴에다 총을 쏜 만행. 이런 따위의 범죄가 국민의 공분을 사는 것까지는 이해할 수 있다.

하지만 그런 사람도 법률의 눈으로 보면 어디까지나 '혐의자'이다. 세상이 다 아는 일이니 재판이고 뭐고 필요 없다고 단정하는 태도는 있을 수 없다. 혐의만 가지고 처벌될 수 없음은 상식에 속하는 이야기다. 혐의사실이 증거에 의해서 밝혀져야 하고 그 밝혀진 소행이 법률에 비추어 범죄를 구성해야만 한다. 그렇게 하다보면 죄지은 사람도 빠져나갈 수 있지 않느냐고 반문할지 모른다. 물론 그런 경우도 있을 수 있다. 그렇다고 증거나 법률을 도외시하고 오직 혐의만으로 사람을 처벌한다면 이건 더욱 말이 안 된다. 만일 자신이 억울한 혐의를 받게 되었을 때를 가정하면 금방 그 이치를 승복하게 될 것이다. 결국 변호인의 조력을 받을 권리가 중죄의 혐의자일수록 더욱 절실한 이유를 알게 된다.

실제 범죄를 저지른 사람이라도 그렇다. 자기에게 이로운 주장을 내세우고 변소와 입증을 하기 위해서는 변호인의 활동이 긴요하다.

그러기에 민주적인 재판제도란 다름 아닌 변호인을 통한 자기방어의 실현에서 출발한다.

흔히 악질이네 원흉이네 하고 지탄되는 중죄자들일수록 그 법정형이 무겁기 때문에 변호인 없이는 재판을 못하게끔 하는 법규정도 있지 않은가.

이처럼 법률과 사리에 의해 당연히 보장되는 변호권의 행사는 설령 어떤 악행을 변호한대도 막을 수 없는 것이다. 내가 그 지경에 처했을 때 절실히 필요한 것은 남의 경우에도 마찬가지다.

한데 앞서 예시한 것 같은 위해를 받았을 때, 이를 무릅쓰고 변호를 해낸다는 것은 실제로 쉬운 일이 아니다. 민중의 감정을 거스를 정도까지는 아니라고 해도 사사로운 이해당사자가 상대측 변호사를 미워하는 일도 드물지 않다. 형사사건의 피해자가 피고인(또는 피의자)의 변호인을, 민사사건의 원고가 피고의 대리인을 마치 원수나 되는 듯 못마땅해하는 사례를 가끔 보게 된다. 상대의 입장을 자기의 처지로 바꾸어 생각할 줄 모르기 때문에 그런 심사가 우러난다.

범죄자 또는 그 혐의자를 변호하는 것을 마치 범죄행위의 옹호로 착각하는 잘못도 고쳐야 한다. 누구나 당해본 사람이면 세론에 의한 가정 재판이 얼마나 무서운지를 안다.

비록 세론과 맞설지라도, 아니 그럴수록 더욱 호연하게 범죄혐의자를 옹호하는 것이 참된 변호사의 길이다. 또 그런 변호를 이해하고 용납하고 보장하는 곳에 민주사법의 명맥이 살게 된다.

'네 죄를 네가 알렷다' 하는 식의 재판에 무방비를 강요함은 인류의 역사를 거꾸로 밀어가는 야만 복귀와 다름이 없다.

끝내 수긍에 인색한 사람이 있다면 나는 이렇게 묻고 싶다.

"만일 당신이 무슨 중죄의 혐의를 받았다고 하면, 더욱이 그것이 억울한 누명이거나 깊은 정상이 있다고 할 때에도 어느 일부 사람의 재판무용론에 승복하고 감방으로 들어가주겠는가."

『세대』, 1973. 1.

12. 지적 편식

불온 학생으로 지목받던 K의 하숙방에 수사기관 사람이 찾아왔다. 먼저 책꽂이를 기웃거리던 그는 대뜸 한 권의 책을 뽑아냈다. 막스 베버의 사회학 책이었다.

"이거 막스 레닌의 유물론 아니야?"

수사관의 말투가 기세를 올린다.

"아닙니다. 막스 베버가 어째서 카를 마르크스란 말입니까? 전혀 다른 사람인데요."

"뭐? 내가 모를 줄 알고? 좌우간 이 책은 압수해간다."

K는 어이가 없었다. 선무당이 무엇을 잡는다고, '막스'를 '마르크스'로 단정한 그 사람은 기어이 책을 가지고 가서 일건_件 서류와 함께 검찰에 넘겼다. 마르크스-레닌주의를 신봉하는 용공사상의 소유자라는 의견을 붙여서……

이것을 받아본 검사, 하도 기가 막혀서 허허 웃고 책을 돌려주었다는 이야기다.

이런 에피소드를 그저 무식에서 빚어진 웃음거리라고 보아 넘길 수만도 없는 곳에 우리 쓴맛의 이중성이 있다. 이 삽화는 어떤 의미에서 오늘날 우리의 지적 위기를 상징하는 슬픈 단면이기도 하다.

설령 카를 마르크스나 유물론에 관한 책일지라도, 소지하고 있다는 자체만으로 사람까지 불온시할 수야 있는가. 하물며 학구적인 목적으로 갖고 있다면 더욱이나 문제될 바가 아니다.

좌경적 빛깔의 사상을 알려고 공부하는 것조차 곧 용공이라는 논법은 한마디로 유치한 억지다. 저쪽도 알고 이쪽도 알아야 싸움에 이길 수 있다는 병서 이야기까지 동원할 필요도 없는 뻔한 사리다. 아무튼 좌경 출판물에 대한 지나친 색맹과 공포는 괜스런 피해망상의 소치일 적이 많다. 몇 가지 안 되는 외국 잡지나 신문을 펴보다가 더러 찢겨나갔거나 먹칠로 뭉개버린 대목에 이르면 몹시 불쾌하다. 당국자의 좁고 답답한 소견이 아직도 우리를 삼등국민으로 주저앉히려는가 싶어서다.

언젠가 법정에서 검사와 피고인 사이에 이런 논전이 벌어진 적도 있다. 하필이면 홍길동의 몇 대 손이라는 사람을 소설의 주인공으로 내세웠으니 홍길동의 사상을 빌려다 혁명을 부채질하자는 의도가 아니냐, 동학의 이름을 붙인 연구단체를 만든 것은 전봉준처럼 민중을 선동하여 현정부에 반란을 하겠다는 저의가 아니냐는 따위의……

헌법에 못박아놓은 학문의 자유, 예술의 자유, 창작의 자유, 연구

발표의 자유는 아가씨 모자의 리본 같은 존재가 아니다. 정신문화의 쇄국이 우선은 마음 편할지 몰라도 이 나라의 먼 장래를 위해서는 어리석은 둑堤에 불과하다. 지적인 편식을 강요함은 필연코 정신적인 절름발이나 영양실조를 초래할 위험이 크다. 조금 더 넓은 안목으로 멀리 내다본다면 우리의 현실에 달라져야 할 것이 참으로 많다.

『동서문화』, 1971. 2.

제5장

작가정신,
언론, 음란,
저작권의
제 문제

1. '와일드'의 고뇌와 역설

이제 생각하면 나의 대학시절은 처량한 세월이었다. 6·25의 전운이 채 가시지 않은 50년대 중반, 지성이 찬 서리를 맞아가며 노숙을 하던 악천후 속 거세게 밀려드는 내외의 격동은 필경 대학생활의 조건을 허구화시켰고, 한창 면학할 젊은이의 가슴에 불청의 고뇌가 엄습하고 있었다. 가치관의 전도라는 말이 새로운 유행어로 등장하기 시작한 것도 바로 그 무렵이었다.

그 와중에 그나마 몇 권의 책을 읽었다 해도 학문하는 분위기와는 촌수가 멀었다. 그저 산발·무체계의 독서로 그쳤기에 이렇다고 내세울 만한 밑천이 없다.

일반교양의 문학작품으로는 오스카 와일드의 『옥중기獄中記』가 생각난다. 중편소설쯤의 분량인 이 작품은 실은 영문 번역의 공부 삼아 읽게 되었던 것이다.

이 작품은 19세기 말엽의 예술지상주의자였던 와일드가 동성애 사건으로 2년 동안 옥중생활을 하면서 쓴 수기라고 전해진다. 정확하게는 '심연 속에서De Profundis'라는 이름이 붙어 있다.

와일드는 인생의 목적을 세련된 지적·감정적 쾌락에 두고 예술 또한 심미적인 향수에 뜻이 있다고 강조했다. 소위 데카당의 유미주의에 기울었던 그는 자기 나름의 특유한 도덕관을 확립해놓고 있었다.

그의 유일한 장편소설 『도리언 그레이의 초상』(1891)의 서문에도 그런 면이 엿보인다.

"도덕적인 책이라든가 부도덕적인 책이라든가 하는 말은 있을 수 없다. 책은 잘 쓰여 있느냐 서툴게 쓰여 있느냐는 문제가 있을 뿐이다. 그것뿐이다."

『옥중기』는 자기 체험의 일인칭 독백이기는 하지만 보통의 수기와는 달라서 차라리 인간과 문명에 대한 비평의 글에 가깝다. 그의 글에는 얼마쯤 난해한 대목도 있지만 패러독스에 찬 역설과 풍자와 경구警句가 번쩍이는 데 매력이 있다.

"옥중에 있는 우리들에겐 시간 그 자체도 전진하는 것이 아니다. 다만 맹목적으로 회전할 뿐이다.""비애는 만물 중에서 가장 예민한 것이다. 그것은 사랑의 손 이외의 어떤 손도 만지면 반드시 출혈하는 예민한 상처다. 그리고 사랑의 손이 닿을 때도 고통은 아니지만 피는 나고야 만다.""슬픔이 있는 곳에 성지聖地가 있다."이런 대목이 그 편린이다.

그렇다고 와일드를 감상론자로 본다면 오해다. 그의 명상은 때로 심오한 철인의 사상을, 때로는 포효하는 거인을 연상케 한다.

"사람들은 모든 것을 잃어버렸을 때, 비로소 그것을 소유하고 있었다는 것을 깨닫게 된다." "나는 태어날 때부터 도덕폐기론자다. 나는 법률을 위해서가 아니고 예외를 위해 만들어진 인간이다." 그는 이렇게 고백하기도 했다.

그가 자연과 예술, 그리고 인생의 신비를 추구하는 데 바친 열의는 법률과 제도 및 사회현실에 대한 실망 때문에 배증되었다. 와일드는 이 작품에서 범죄자에 대한 몰이해, 출옥자에 대한 사회의 냉대를 지탄하면서 그로 인한 불행의 악순환을 예언한다.

도덕이 있어야 할 자리에 예술을 갖다 앉히고 싶었던 와일드는 형식논리로는 풀기 어려운 독설로서 문제를 뒤집어 헤쳤다. 일찍이 명문 옥스퍼드를 거쳐 이른바 '예술을 위한 예술Art for art'을 부르짖은 와일드가 범죄와 형벌에 관해서 체험과 통찰을 기울인 것은 자못 주목할 만한 일이다. 그는 아마도 '법률을 위한 법률'을 거부하면서 인간 본연의 참모습을 옹호한 사람이었다.

숨지는 순간까지 인간의 아름다움을 추구한 멋과 저항의 남아 와일드, 그의 우울하면서도 찬란한 내면세계를 이 『옥중기』를 통해 한 번쯤 순례해봄직하다.

남모르는 고뇌와 외로움에 허덕이는 현대인에게 그의 슬픔과 역설은 위로의 벗이 될 것이다.

숙대신보, 1973. 9. 10.

2. 저항인가 적응인가?

법률가가 본 『춘향전』

『춘향전』은 우리나라 고전의 하나이면서 동시에 그 전체의 최대 공약수적 의미를 갖는다. 우선 조선시대 영·정조 이전의 설화문학이 거의 중국의 것을 모방 혹은 이식한 것이었음에 반해 『춘향전』은 그 배경과 내용에서 한국 고유의 독창성을 보이고 있다.

당초 판소리의 형태로 전승되어 설화체로 정착할 때까지 오랜 세월을 거쳤으므로 그것은 개인의 창작물이라기보다 민중이 만든 작품이라고 할 수 있다. 그리고 그것은 귀족 중심의 풍류문학을 벗어나 평민 중심의 생활문학을 지향했다는 점에서 피치자인 대중의 편에 서 있다. 한편, 조선 중엽 이후에 나온 그런 유의 설화는 거의 『춘향전』의 패턴을 모방한 것으로 보아 이 소설은 우리나라 고전의 움직일 수 없는 전형이 될 만하다.

『춘향전』의 이상과 같은 여러 특징, 즉 그 한국적 독자성, 민중작품성, 평민문학성, 전형성 등을 생각할 때 고전문학에 나타난 한국인의 의식을 살피는 데는『춘향전』이 매우 적절한 텍스트가 될 수 있다고 보았다.

통상『춘향전』은 ① 열녀설화 ② 암행어사 설화 ③ 신원伸寃원설화 ④ 염정艶情설화의 네 가지 측면에서 조명되어왔다. 단적으로는 춘향과 이도령 사이의 사랑 이야기로 집약되기 쉽다. 그러나 하나의 애정소설로만 생각하기에는 그리 간단하지 않은 복합적인 면을『춘향전』은 내포하고 있다.

반발과 순응의 양면성

특히 법의식의 문제에 초점을 맞추고 관찰할 때에는 더욱 그러하다. 민중설화는 그 형성과정에서 농축된 역사성이나 사회성을 외면하고 논할 수 없을진대 그 속에 투영된 법의식을 추출해내는 일도 한번쯤 시도해볼 만한 작업이라 하겠다.

"숙종대왕 즉위 초에"로 시작되는『춘향전』은 그 시대적 배경을 그대로 곧 작품 속에 옮겨놓고 있다.

신분적 계급제도, 양반 관료의 횡포, 하층계급의 유린 등은 그저 허구라고만 볼 수 없는 현실묘사였다.

만일 신분의 차별이 없었다면 춘향의 이야기는 기특할 것이 없다. 변사또의 횡포가 없었다면『춘향전』은 클라이맥스를 잃었을 것이다. 바로 이러한 불평등과 횡포를 숙명처럼 알고 살아온 우리 민중에겐 굴종과 체념의 생리가 몸에 배었으며 권력을 규탄하는 듯하면서도 실은 이를 부러워하고 그에 영합하는 양면성을 버리지 못한다.

흔히 『춘향전』을 계급타파의 저항문학이라고 보는 이도 있지만, 실인즉 계급성에서 시작해 계급성으로 끝나는 체제 긍정의 작품이다. 아무리 이몽룡이 선한 사람이었다 해도 춘향에 대한 첫 접근부터가 신분적 우월로 시작된다.

광한루에 나간 이도령이 방자더러 춘향 불러오기를 재촉하면서, "들은즉 기생의 딸이라니 급히 가 불러오너라"라고 '분부한' 말투에서부터 상민이나 천민에 대한 양반의 지배근성이 드러나 있다. 만일 춘향이 퇴기 월매의 딸이 아니고 양반집 딸이었다면 감히 그럴 수 없었을 것이다. 이도령의 전갈에 불응하고 집에 돌아온 춘향을 방자가 다시 데리러 왔다. 그때 춘향모 월매는 "그러나저러나 양반이 부르시는데 아니 갈 수 있느냐. 잠깐 가서 다녀오너라" 하고 춘향에게 말한다. 싫더라도 복종해야 한다는 이쪽의 숙명의식이 노출되어 있다. 처음 만난 그날 밤으로 이도령이 춘향의 집을 찾아가는 것도 춘향에의 연모戀慕로만 풀이될 수는 없다. '기생의 딸이라니' 하는 경시가 앞서 있었기 때문이다.

그런데도 춘향모는 "귀중하신 도련님이 변변찮은 집에 와주시니 황송하고 감격하옵니다" 하며 영합한다. 이도령은 단도직입으로 춘향모에게 "자네 딸 춘향이와 백년언약을 맺고자 하니 자네의 마음 어떠한가?" 하고 반말투로 청혼을 한다.

비록 청혼을 하고 승낙을 구하는 말 같기도 하지만 월매의 답변과는 관계없이 그것은 일방적인 강요나 마찬가지였다. 결국 그날 밤 이도령은 춘향과 삼승 이불이 춤을 추고 문고리도 달랑달랑하는 요란을 피우며 동침을 하는데, 아무리 좋게 보아도 그것은 세상눈을 피한 외입이다. 제도상으로나 사실상으로나 정당한 배우자로서 인정받지 못한 채 숨어서 하는 정사였고 보면, 결코 혼인은 아니었을뿐더러 당일치기로 옷을 벗겼다는 점에서 욕정의 결합 이상으로 미화될 것이 없다. 나중에 이도령이 어사가 되어 춘향을 구출했고, 한양으로 데리고 올라가 정렬부인의 자리에 앉혔다 할망정, 그것은 이도령이 애정을 변치 않고 신의를 지켰다는 말은 될지언정 그 이전의 상태가 혼인관계였다고 보기는 어렵다. 굳이 말한다면 이도령이 처음에 춘향의 성을 물은 것이 동성불취同姓不聚를 염두에 두고 한 말이라면, 장래에 어떻게든지 혼인을 할 의사는 있었다고 추리할 수도 있다. 그렇더라도 두 사람의 첫날밤은 혼외정사에 지나지 않는다.

지금의 법규범으로 보더라도 그러하다면, 남녀관계가 엄격했던 당시의 제도하에서는 더욱 말할 것이 없다.

이렇게 살펴나간다면 『춘향전』은 그 실마리부터가 양반의 천민에 대한 인권차별이었다고 규정하지 않을 수 없다. 상대가 남원 부사의 아들이라 월매나 춘향으로서도 처세상의 타산이 좀 있었다 한들 이야기는 달라질 수 없다. 당시의 여속女俗으로 보아 생명과도 같은 정조가 단숨에 그렇게 되고, 제법 착한 축에 들 법한 이도령이 똑똑한 춘향 모녀를 상대로 그리했다면 그 밖의 범속한 무리들은 오죽했을까 싶다.

언뜻 보아 춘향 모녀 쪽이 이도령의 요구에 순응한 것처럼 보이면서도 불가항력일 수밖에 없는 제도상 요인이 있었는가 하면, 한편으로 춘향 모녀는 그들대로의 자기 타산을 전혀 안 한 것은 아니었다.

천민의 딸로서 부사의 아들과 결연하는 것이 여러모로 이롭겠다는 계산이 아주 없지는 않았기 때문이다.

그렇다 해도 춘향은 정실의 자리를 차지할 생각은 감히 못했다. 서울서 교지가 내려와 사또가 남원 땅을 떠날 때, 춘향 모녀가 이도령을 붙들고 앙탈을 했던 것은 오직 이별 때문이었다. "내가 올라가더라도 도령님 큰댁으로 가서 살 수 없을 것이니 큰댁 가까이 조그마한 집방이나 두었으면 족하오니 (…)"

첩살이라도 좋으니 버리지만 말아달라는 호소였고 보면, 신분의 벽을 넘어선 혼인은 피차 예상치 않았음이 분명하다.

신임 부사 변학도의 횡포는 엽색으로부터 시작된다. 그는 조선조 양반 관료의 문란상을 상징해주고 있다. 탐색과 치부의 수단으로 권력이 남용되며, 권부權府라면 못할 일이 없었던 당시의 벼슬만능을 엿보기에 족하다.

전제왕권 및 관인官人지배 그리고 계급사회로 요약되는 조선사회에서는 백성의 권리가 제대로 보전될 수 없었다. 관원의 방자함이 절제되는 한도 내에서만 백성은 안전할 수 있었다. 국법으로 아무리 선정을 기하려 해도 중앙 조정의 치국이념과 통치의 현실은 너무나 거리가 멀었다. 중앙에 감찰기관으로 사간원과 사헌부가 있어 백관의 부정을 감시 규탄하고, 관원 사족의 범법을 처단하는 의금부가 있기는 했지만 제대로의 기능을 다한 것은 아니었다.

특히 통신, 교통, 그 밖의 전달수단이 미개했던 시대인지라 지방관속의 비행은 파악조차 힘들었을 것이다. 일단 지방통치를 맡고 오는 벼슬아치는 행정·사법의 모든 권한을 한 손에 쥐고 권력집중의 폐해를 연출하기에 바빴다.

변부사의 기생점고妓生點考는 직무상의 행위가 아니면서도 권력의 힘으로 강행된다. 지극히 공개적으로 호장戶長을 시켜 기생 호명을 하게 된다.

"기생점고 다 되어도 춘향은 안 부르니 그년은 퇴기란 말이냐."

수노首奴 여짜오되, "춘향모는 기생이로되 춘향은 기생이 아니옵니다." 그러나 그 말이 통할 리 없다. 끝내 춘향은 사또 앞에 끌려나오고 가위 처절한 대결이 전개된다.

수청을 거행하라는 명령과 정절을 지켜 분부 시행 못하겠다는 거부가 서로 맞서는데, 어쨌든 처음엔 말로써 따진다.

그러나 이치로써 못 당하면 으레 위협을 가하고 급기야는 죄목을 씌우고자 강변強辯하는 것이 권력자의 병리다. "너 같은 창기배娼妓輩에게 수절이 무엇이며 정절이 무엇인가." 여기까지는 화풀이라 쳐두고라도 "구관은 전송하고 신관을 영접함이 법전에 당연하고 사례에도 당당하거든 고이한 말 내지 마라." 이것은 법전을 모독하면서 법전을 들먹이는 사욕적 공갈이다.

"이년 들어라. 모반대역하는 죄는 능지처참하게 되고, 관장을 조롱하는 죄는 기시율(죄인의 시체를 저자에다 버리던 중국의 형벌)에 처한다고 쓰여 있으며, 관장을 거역한 죄는 엄형에 처하고 정배 보내느니라. 죽는다고 서러워 마라."

수청 들기를 불응했다고 모반대역죄나 관장조롱죄를 들먹이는 데서 권력자의 무서운 논리 비약이 드러난다. 말을 듣지 않는 자에게는 어떻게든 죄명을 갖다씌워서 위협으로 굴복시켜보려는 것이다.

최후의 위협으로도 굴복하지 않으면 마지막으로 폭력을 쓰게 마련. 과연 "이년을 잡아 내려라"라는 호령에 이어 춘향은 형틀에 올려매여 형장이며 태장 등을 수없이 맞는다.

그녀는 매 한차례 맞을 때마다 절규의 노래로써 사또의 불의를 규탄한다. 강대한 권력자와 가냘픈 한 여인의 대결은 예상을 뒤엎고 후자의 승리로 끝난다.

권력자의 폭력으로도 어쩌지 못하는 한계를 춘향의 항거에서 엿볼 수 있다.

병도 약도 모두 권력에서

한양성의 이도령이 장원급제한 후 전라도 암행어사로 임명되어 폐의파관弊衣破冠으로 신분을 감추고 시골로 내려온다.

도중에 들은 농부들의 말과 방자로부터 빼앗아서 본 편지를 통해 춘향이 투옥된 사정을 알게 되는데, 아마 이몽룡은 이때에 변부사를 처단하기로 결심했을 것이다.

암행어사는 법전에 규정된 상설적 관제는 아니고 임시의 권설직權設職이었는데 임금에 직속되어 비밀 사명을 띠고 지방에 파견되었다고 한다. 민정 파악을 주임무로 하고 크게 부정한 수령에 대해서는 관인을 빼앗고 봉고파직封庫罷職할 권한까지 있었다. 조선 후기에 와서는 그것이 제도화된 관직으로 확립된 듯한데, 그러나 당쟁에 이용되는 등 갖가지 폐단도 있었다. 그럼에도 불구하고 학정에 시달리는 지방의 백성들에게는 우상적 존재가 되었으니, 부정한 오리汚吏의 적발·숙청에 통쾌한 일면을 보여주었기 때문이다. 문란했던 관기를 바로잡는 데 있어서 암행어사의 역할은 직접 간접으로 매우 유효했던 것이다. 백성의 힘만으로는 권력의 부정을 바로잡을 수 없었던지라 변사또라는 권력자의 만행은 이어사라는 또하나의 권력으로써만 응징이 가능했던 것이다.

따라서 암행어사는 최고권력자인 임금의 편이면서 동시에 백성의 편에서 권력 부정을 살피는 이중적 성격을 띠고 있었다 할 것이다.

본관 사또 생일날, 잔치마당에 나타난 어사또가 지은 차운次韻 한 수는 지배계층의 부정부패와 피지배자의 수난을 잘 요약해주고 있다.

춘향을 권력의 야만에 끝까지 대항한 피지배자의 상징으로 생각한다면 어사출도 직후의 마지막 테스트에서 더욱 그 진가가 높아진다.

어사또 분부하되, "네년이 수절한다고 관정官庭 포악하였으니 살기를 바랄쏘냐? 죽어 마땅하되 내 수청도 거역할까?"

춘향이 기가 막혀, "내려오는 관장마다 모두가 명관이로구나. 수의사또 들으소서. 층암절벽 높은 바위가 바람이 분들 무너지며 청송녹죽 푸른 나무가 눈이 온들 변하리까. 그런 분부 마옵시고 어서 바삐 죽여주오."

절개는 곧 양심이다. 죽음으로써 그것을 지키겠다는 의지가 만일 이 최후의 단계에서 흔들렸더라면 결과는 달라지고 말았을 것이다.

한 가지 지적한다면 춘향의 비극은 양반 관료의 희롱과 박해로 인해 시작되었고 그 종식 또한 양반 관료의 힘으로써만 가능했다는 사실이다.

법치 명분의 가식화

우리는 『춘향전』에서 당시의 지배계급이 누린 절대권력의 죄악을 실감할 수 있다. 법으로 백성을 다스린다는 것은 명목에 불과하며 실은 치자의 뜻하는 바가 곧 법으로 의제擬制되고 있었다.

양반계급을 제외한 일반 백성에게는 종잡을 수 없는 의무와 책임만 있었지 인간으로서의 권리는 용인되지 않았다. 권력이 자의로 허용하기도 하고 빼앗기도 하는 그러한 인권은 벌써 인권이 아니다. 정확히 말하자면 인권에 대한 관념이나 자각부터가 존재하지 않았다.

유럽에서는 이 무렵에 시민계급이 대두해 왕권에 도전하고 중세의 암흑에서 근대의 여명으로의 큰 전환을 모색하는 시기였다. 농업사회의 후진성과 주자학의 공론은 당시 조선 사람의 의식개발을 저해시켰다. 영조 이후의 실학사상도 백성의 정치적 각성을 돕는 데는 큰 기여를 한 것 같지 않다. 하층에 있는 백성은 권력에의 저항보다는 적응이 현명하다고 느꼈고, 적응보다는 차라리 굴복이 영리한 처세라고 체념했다. 피지배자의 숙명의식, 이것 때문에 그들에게는 고통은 있어도 고민이 없었다. 변학도 같은 위인이 어찌 남원 고을 한군데에만 있었을까마는, 『춘향전』은 어쩐지 성은聖恩의 덕을 구가하는 것으로 시작되고 또 그런 식으로 끝이 난다. 불행을 불행으로 깨닫지 못하며, 설혹 깨닫는다 해도 그 제거를 위해 행동할 길이 없었으니 그들은 영원한 객체요 한 번도 주체가 되지 못했다.

춘향과 이도령의 전격적 결합은 결코 대등한 인격으로서가 아니라 신분적 차별 때문에 성공했다 할 것이고, 참사랑은 그 이후의 문제였다. 결국 기점起點에 있어서 춘향은 역시 화방작첩花房作妾의 객체임을 면치 못했다. 그가 주체로 격상되는 데는 오랜 기다림과 곤욕을 견디면서 일편단심을 지켜나가는 투쟁이 필요했다. 그것은 변사또와의 투쟁이기에 앞서 자기 자신과의 싸움이었다. 목전의 고통을 굴복으로 면할 수 있다는 현실 타산에 따르지 않았다는 점에서 그녀는 이례적인 저항자의 모습을 보였다.

그러나 변사또의 패배가 그리 쉽게 오는 것은 아니었다. 예상되는 수법이 얼마든지 있었는데, 그중에서도 법의 이름을 가탁하여 자기 정당화에 몸살을 한다. 구관은 전송하고 신관을 영접함이 법전이라고 호령하는 데는 영접은 곧 수청이라는 억지가 있고, 변절이 상책이라는 회유도 포함되어 있다.

다스리는 자의 욕망은 기상천외의 중죄를 고안한다. 수청 거부를 모반대역이니 관장조롱의 범죄니 하고 위협하는 그 기막힌 억지에 만사가 잘 설명되고 있다. 동양 전제사회에서는 흔히 그러했듯이 법이란 치자의 지배도구에 불과했다. 도구는 편의와 편리를 위한 것이어서 불편하면 마음대로 버릴 수도 있고 둔갑시킬 수도 있었다. 뿐만 아니라 치자에의 반대는 곧 나라나 국법에 거역하는 것으로 선언받았다. 후진사회에 있어서 법치주의의 가식화는 바로 이런 것을 두고 말한다.

춘향을 형틀에 올려놓고 형장을 치는 것은, 처음 요구의 단계, 다음 위협의 단계에 이은 세번째 단계의 폭력 발동이었다. 여기서 권력과 폭력은 혼동되어버린다. 권력장치가 실력에 의해 담보됨은 사실이지만 정당성이 없는 권력행사는 곧 폭력이다.

규범에 맞는 권력행사만으로 자기 관철이 안 될 때에 뿜어내는 광기는 걷잡을 수 없게 된다.

백성은 법에 따른 형벌 이전에 그런 광기를 더 두려워했다. 춘향이 형장을 맞은 것은 형벌이 아니었다. 재판 결과로서의 형벌이 아니라 신문 과정의 가혹행위, 즉 고문이었다. 죄상의 자백을 강요하기 위해, 절개와 양심 있는 자를 굴복시키기 위해, 또는 미운 자에 대한 보복의 수단으로 야만적인 고문이 성행되었던 것이다. 죽음을 각오하지 않는 한 대개는 그 앞에서 굴복을 했다. 아니, 하는 체했을 뿐이다. 승복을 못하면서도 굴복을 해야 하는 곳에 원한이 남는다.

바로 이 원한이야말로 권부에 대한 체험적 잠재의식으로서 주목해야 할 요소인 것이다.

춘향은 끝내 승복도 굴복도 안 했다는 면에서 매우 이례적이었다. 노래로써 통쾌한 반박을 한 것은 백성의 가슴에 맺힌 한을 그대로 대변한 쾌거였다.

구구절절 사리를 따져가며 항변하는 춘향의 노래 앞에 정말로 신문을 받아야 될 사람이 뒤바뀌어 있음을 알게 된다.

의식화된 반항보다 천리天理에

춘향은 자신에게 가해지는 고문이 격화될수록 그에 못지않게 거센 반항을 한다. 압제와 저항은 서로 상승작용을 일으키는 법이다.

당시의 백성들에게는 그런 악순환을 극복하는 용기와 지혜가 결핍되어 있었다. 춘향은 어디까지나 이상형이면서 예외적인 존재였다. 범속한 백성은 그저 분개하고 탄식하는 외에 의식화된 반항성을 보이지 못했다. 위선과 부패에 찬 양반 관료에 대한 비판은 직설을 피하는 수밖에 없었다. 『춘향전』에 넘쳐흐르는 풍자와 비속어는 말하자면 간접비판의 단면으로 보인다. 동시에 그것은 억눌리는 부류의 감정 배설 및 자기위안의 방편이기도 했다.

관가의 나으리 쪽도 자신의 무도함을 모르지는 않는다. 무도한 권력자는 겉과는 달리 속으로 두려움을 느끼며 하급자의 면종복배面從腹背를 의심한다. 사실 권력의 하수인들은 내심으로 민중의 편에 더 가깝기 때문에 심한 갈등과 자기모순에 빠진다.

춘향을 고문하기 전에,

"분부 받아라, 그년을 사정을 두고 헛때려서는 당장에 목을 자를 것이니 각별히 매우 쳐라."

변부사의 이 영을 받은 집장사령은 춘향에게 "이년, 다리를 까딱 마라"하고 큰 호통을 치는 척하지만, "한두 개만 견디소, 어쩔 수 없네. 요 다리는 요리 틀고 저 다리는 저리 트소"하고 일러준다.

매질하던 저 사령도 눈물 씻고 돌아서며, "사람의 자식은 이 짓 못하겠네"하고 토로한다.

하급관원이란 부정한 상급자에 대해 순종하는 척하면서도 인간으로서의 갈등과 저항감을 느끼며 진심으로는 백성의 편으로 돌아가고 싶어하는 것이다.

하급관속의 이중성과 그를 경계하는 상급자의 하위자 불신은 누르는 쪽과 눌리는 쪽의 집합지대에서 빚어지는 불가피한 현상으로 풀이된다. 권력 내부의 상층과 하층의 이질성은 상층의 불의가 커갈수록 더욱 심화되는 것이 상례다.

권력행사의 비순수성은 이몽룡의 암행어사 출두에서도 드러나고 있다. 하필이면 남원 땅을 집결지로 정하고 떠난 것부터가 그렇다. 춘향에 대한 애인으로서의 신의는 가상하지만 막중한 공권력으로써 사적인 보복을 치렀다는 인상은 씻어지지 않는다. 처음부터 춘향과의 재회가 목적이었고, 도중에서 암행어사의 직분을 수행한 흔적은 없었다.

가장 의롭다고 생각되는 이도령까지도 개인적 이해관계에다 자기 권력을 써먹었으니 권력행사의 명분과 실체는 여간해서 일치되기 어려운 것인가보다.

이와 같은 현실의 법운용에 실망한 백성은 어떤 초월적인 질서에 기대를 걸어본다. 맹목적인 신뢰 같기도 하지만 어쨌든 천지만물의 인과법칙을 운행시키는 자연의 율법, 즉 자연법사상을 믿으며 살아갔다.

『춘향전』 가운데,

행실이 지극하면 사는 날이 있나니라.

인명이 재천인데 설만들 죽을쏘냐.

무죄한 이내 몸이 악사惡死할 리 없사오니 오결誤決 죄수 마옵소서.

공든 탑이 무너지며 심은 나무 꺾일쏜가.

등의 대목이 그 일면을 간증干證해주고 있다. 그와 같은 동양적 자연법의 신봉은 유럽에서처럼 민권의식의 앙양에 이바지했다고 말

하기는 어렵다. 오히려 초월적인 힘을 의지하려 했기 때문에 주어
진 상황과 대결하는 대신 현실도피의 안일을 조장했을 가능성이 큰
것이다.

분개로 그치는 불신

춘향 한 사람의 해피엔딩을 가지고 계급타파나 사회개혁의 가능
성을 연역하는 것은 성급하다. 양반 관료의 권세가 뿌리를 거두지 않
은 채 그들의 자비에 의해 유지되는 평화는 참된 민권의 각성을 오히
려 마비시키기 쉽다. 춘향의 최후가 차라리 옥사로 끝났거나 이도령
으로부터 버림받는 것으로 매듭되었더라면 민중에게 훨씬 큰 깨우
침을 주었을 것이다. 물론 옛날 설화의 도식을 무시할 수 없어서 그
랬겠지만 황공 감사 속의 영화榮華는 보다 근원적인 문제의식을 마취
시키고 만다. 분개하면서도 일어서지 못하고 미워할 것을 부러워하
며 영리한 처세만 알고 현명한 행동을 못한다면 눌린 자의 불행은 끝
나기가 어려운 것이다.

『문학사상』, 1974. 5.

3. 사랑하기 때문에 비판한다

민주주의의 실상과 허상

남북회담이나 북한에 관한 얘기가 일반 국민의 커다란 관심을 끌고 있는 이 시점에서 자유언론의 문제를 재론하는 것은 흥미 없는 일인지도 모르겠습니다.

그러나 저는 이런 때일수록 우리의 내부문제를 좀더 깊이 파고들어 우리가 직면한 현실을 바로 봐야 할 필요가 있다고 생각합니다.

우리는 북한에 대해서 얘기할 때 흔히 자유가 어떻다, 국민생활이 어떻다, 독재가 어떻다 하고들 말합니다. 그런데 이런 말을 하려면 우리가 그들보다 훨씬 우월한 체제 속에 현실을 살고 있다는 전제가 확립되어 있어야 한다고 봅니다.

자유민주체제를 그린 제도와 법률만 갖추고 있다고 해서 그 사회 안에 반드시 자유가 보장되어 있다고 생각한다면 오늘의 이 강연도 필요가 없을 것입니다.

이와 같은 생각은 저 혼자뿐 아니라 지난(1972년) 9월 1일자 행정 수반의 시정방침 가운데에도 명백히 드러나 있습니다. 거기에는, 대화 있는 대결 또는 경쟁을 통해서 통일을 지향하는 이 마당에 있어서는 무엇보다도 우리는 자유민주주의의 우월함을 실천으로써 보여야 한다고 분명히 지적되어 있습니다.

그렇다고 평양의 거리와 여성들의 옷차림이 어떻다는 식의 흉을 보면서 우리가 그들보다 화려하고 울긋불긋한 옷을 입고 마음대로 술 먹고 다방에 간다는 생활만을 자랑으로 삼아서는 안 됩니다. 보다 근본적인 자유민주체제의 실상이 어떤가 하는 것을 깊이깊이 살펴야 하겠다는 겁니다.

혹시 제가 하는 말 중에 어느 사람들로 봐서는 과히 마땅치 않은 내용도 있겠지마는 우리나라는 어느 한쪽 사람들이나 어느 계층 어느 지방 사람들만을 위한 나라가 아닙니다. 다시 말해서 우리 국민 모두의 나라이기 때문에 이와 같은 얘기는 우리의 부끄러움을 내놓는 것이 되고 때로는 몹시 귀에 거슬리는 못마땅한 얘기가 될지라도 이왕에 있는 일은 사실 그대로 허심탄회하게 솔직히 검토하고 받아들여야 합니다.

통일에 대한 의견은 바로 자유의 문제와 분리해서 생각할 수 없는 것입니다. 그리고 자유의 문제는 곧 민주주의 문제입니다.

우리의 자유를 헌법에서 보장 안 하고 있는 것은 아닙니다. 이건 북한의 헌법이라 한대도 공민의 기본적 권리라는 보장규정이 있습니다. 어느 나라고 어느 체제이고 간에 국민의 자유와 권리를 옹호한다, 법으로 지켜준다는 것을 명분으로 박아놓지 않은 나라는 없는 것입니다.

따라서 헌법에 어떻게 되어 있다 하는 것이 문제가 아닙니다. 참된 민주주의와 참된 자유가 어떤가를 판가름하는 것은 어디까지나 그러한 헌법과 법률이 실제에 어떻게 생동하고 있는가, 또 어떻게 받아들여지고 있으며, 누가 얼마나 그것을 누리고 있는가 하는 것을 현실에서 찾아야 하는 것입니다.

우리나라의 실상이, 외국의 좋은 용어만 따다 만든 헌법 조문처럼 실제 이루어지고 있지 못하다는 점은 저나 여러분들뿐만 아니라 실제 이 나라를 이끌어가는 권력층에 있는 사람들도 시인을 하지 않을 수 없을 것입니다.

그러면 민주주의의 참된 모습과 그렇지 못한 허상을 어떻게 구별할 수 있는가가 문제라고 봅니다. 여기에 대해 저는 깊은 통찰을 하지 못한 관계로 어느 외국의 학자가 내놓은 그 판단기준을 여기에 소개하겠습니다.

마키바라는 학자는 민주주의의 진짜와 가짜를 구분하는 표준으로서 다음과 같은 다섯 가지를 열거했습니다. 이 다섯 가지 사항 가운데 하나라도 '그렇지 못하다'는 답변이 나올 때는 그 나라는 참된 민주주의 국가가 아니라는 결론을 지었습니다.

첫째는 정부의 시책에 대해서 자유롭게 전적으로 반대하는 의사를 표명한다고 할지라도 그전과 마찬가지로 심신의 안전을 보장받을 수 있는가 하는 것입니다. 여기 각 항목에 대한 우리의 해당 여부는 들으시는 여러분 스스로가 내려주시면 좋겠습니다.

둘째는 정부시책에 반대되는 정책을 표방하는 조직을 자유롭게 만들 수 있는가? 먼젓것이 언론의 자유라 한다면 이것은 결사의 자유입니다.

셋째는 집권당에 자유롭게 반대투표를 할 수 있는가? 이것은 투표의 자유에 관한 문제입니다.

넷째는 만일 집권당을 반대하는 투표가 대다수를 차지하게 될 때, 그 투표로써 정부를 권력의 자리에서 물러나게 할 수 있는가? 민주주의를 내세운 우리나라의 선거가 언제고 그때마다 절실하게 통증을 겪어온, 바로 이 평화적인 정권교체의 가능성 문제를 제4항에서 얘기하는 것입니다.

다섯째로 이러한 문제들을 결정짓는 선거가 일정 기간 동안 또는 일정한 조건하에 이루어질 수 있는 입헌적 장치가 되어 있는가? 이것은 민주적인 선거절차에 관한 입법상의 보장입니다.

이 다섯 가지 중에서 그래도 우리가 되어 있다고 할 수 있는 것은 다섯번째가 아닌가 생각합니다. 그러나 나머지 네 항목은 뭐라고 감히 내놓을 대답이 궁한 처지입니다. 그것참 아리송하다고 말할 수밖에 없는 우리나라는 참다운 민주주의를 향해 더욱 노력해야 되고, 현재 상태로는 매우 불안정한 모습이라고 아니할 수 없습니다.

참된 민주주의와 반대되는 독재를 살피는 것이 오히려 역설적으로 민주주의를 얘기하는 것이 될 수도 있습니다. 이것은 마치 흰 것, 옳은 것을 강조하기 위해 검은 것, 그른 것을 내세우는 방법과 흡사합니다.

어떤 학자는 다음과 같은 몇 가지 현상을 보이고 있는 나라는 독재 형태라고 말했습니다.

첫째는 관제 이데올로기가 엄존한다는 것입니다. 이것은 국민의 자발적인 정치적 의사와는 동떨어진 어설픈 이데올로기를 말하는 것입니다.

둘째, 독재가 한 사람에 의해서 영도되는 단일 정당이냐? 여기서는 관료적인 정부체제와 정당이라는 것이 거의 분간할 수 없는 혼연일체를 이루는 것입니다.

셋째, 폭력적인 경찰제도가 있는 것이고,

넷째로 매스컴이 통제되어 있으며,

다섯째로 일체의 유효한 저항수단과 무기를 독점하고 있는 점,

여섯째로는 모든 경제의 중앙집권적인 통제가 감행되는 형태를 취하고 있을 때라고 합니다.

유감스럽게도 이 여섯 항목 중에 아마 몇 개는 우리 현실에도 비슷하게 해당되지 않나 하는 걱정도 아니할 수 없습니다.

이러한 의견을 소개하는 가운데 느낀 것은 정부시책에 반대를 하고도 종전과 다름없이 심신이 무사할 수 있는가 하는 보장, 독재에서 나오는 매스컴의 통제, 그 밖에 결사나 집회 등 정치적인 자유라 하는 것은 뭐니뭐니해도 언론의 자유를 불가결한 기반으로 삼고 있다는 점입니다.

일부만의 자유는 자유가 아니다

그런데 언론의 자유라는 말도 입장의 차이에 따라 서로 다른 뜻으

로 풀이하는 경향이 있습니다. 요즈음 정부에서는 자유를 그냥 자유라고 말하지 않고 '참다운 자유'라고 표현하고 있습니다. 이 말은 자유를 자유로서 얘기하기 전에 책임이나 의무를 앞세우는 그러한 개념을 두고 얘기하는 것 같습니다.

그런데 오해해서는 안 될 문제가 있습니다. 첫째, 자유라고 할 때는 우선 '누구에 대해서' 말할 수 있는 자유냐 하는 것이 중요합니다. 가령 택시 승객에게 운전사가 뭔가 불쾌한 말을 했다고 해서 승객이 그 운전사에게 고함을 지르고 폭언을 했다 합시다. 이것은 물론 하고 싶은 말을 다 하는 것이지만, 그것은 자유가 아닙니다. 적어도 자기보다 강한 자, 좀더 선명하게 말하면 권력을 가진 자에 대해서도 하고 싶은 말을 다 하는 것, 이것이 자유인 것입니다. 권력이 있는 사람이 없는 사람에게, 어른이 어린이에게, 사람이 동물에게, 아니면 허공에다 대고 아무리 하고 싶은 말을 다 한다 하더라도 그것은 자유가 아닙니다. 그것은 자유라는 말이나 사상이 생기기 이전에도 있을 수 있는 일입니다.

권력에 대해서 하고 싶은 말을 다 할 수 있는 것이 바로 자유라는 것입니다. 그렇다고 해서 권력에 대해서 하는 말은 전부 자유라고 생각한다면 그것은 착각입니다. 예를 들면 권력 있는 사람에게 "아 참 정치 잘하십니다" "덕분에 모든 일이 다 잘됩니다" 같은 말을 아무리 많이 한다 해도 그것은 결코 자유와는 무관한 일입니다.

왜냐하면 인류 역사를 통해 위정자나 권력층에 있는 자에게, 힘이 없거나 약한 사람이 그 비위를 맞추는 말은 언제고 누구나 할 수 있었고, 또 들어서 싫은 말이 아니었기 때문입니다.

그런 말은 히틀러의 나치 체제하에서도 할 수 있었고, 군국주의체제하에서도 할 수 있었고, 조선왕조 때도 할 수 있었습니다.

그러면 지금 말하고자 하는 자유는 도대체 무어냐? 다른 게 아니고 권력에 대해서 말하되 '권력이 싫어하는' 말도 할 수 있는 게 바로 언론의 자유입니다. 내놓고 비판하고, 공격하고, 시정을 요구하고, 불만도 표시할 수 있어야 하는 것입니다.

그다음으로 중요한 것은 모든 국민 전부가 그런 자유를 갖는 것이 정말 자유라는 것입니다. 일부 사람만이 권력에 대해서 권력이 싫어하는 말을 할 수 있고, 대다수의 나머지 사람은 할 수 없다면 자유가 참되게 보장되었다고는 할 수가 없는 것입니다.

함석헌 선생님이 하신 말씀을 여기 소개해드리겠습니다. 서울에 있는 모 일간신문사 주필이 함선생께 질문하기를 "선생님은 이 나라에 자유가 없다, 암흑이다, 할말을 못한다고 늘 개탄하고 정부를 공박하고 계신데, 가만히 보니 선생님은 하실 말씀은 다 하고 계시는 것 같습니다. 한 번이라도 하실 말씀을 못해본 적이 있으십니까?" 하고 물으니 함선생은 답변하시기를 "나 한 사람이 하고 싶은 말을 다 한다고 해서 이 나라에 자유가 있다고 말할 수가 있겠느냐. 모든 사람이 다 말을 하고 싶을 때 할 수 있는 것이 참된 언론의 자유다"라고 대답하셨습니다.

지금 우리가 여러 가지로 어려운 상황에 처해 있는 것은 사실입니다. 그렇지만 이러한 상황에서 모든 사람이 다 하고 싶은 말을 전부 하지는 못합니다만 어떤 사람들은 어느 정도 자기가 하고 싶은 말을 하고 있습니다. 이 연단에 선 저 자신이 이만큼이라도 말할 수 있는 것은 아마 모든 국민이 다 그렇게는 하지 못하는 탓으로 제가 조금 하는 것처럼 상대적으로 보이는 것이 아닌가 생각합니다.

그러나 이런 강연이 방해받지 않고 우리가 무사하게 돌아간다고 해서 자유가 실현된 것은 결코 아닙니다. 너의 그런 말쯤은 우리 누구나가 다 할 수 있는 말이다, 아무데서나 우리도 할 수 있는 얘기다, 또 실제로 그렇게 했다 하고 느낄 때 정말 자유가 있는 것입니다.

또 권력이 싫어하는 것을 말할 수 있는 것은 단순한 국민의 권리일 뿐만 아니라 의무라고 저는 생각합니다. 왜냐하면 그 사람들에게 이 나라를 잘 이끌어달라 하고 국민들이 그들에게 짐을 지운 것이기 때문에 그 사람들이 뭔가 잘못했을 때 잘못되고 있는 이 현실을 깨우쳐주지 않는 것은 우리 자신이 나라의 주인된 도리를 망각하는 것이기 때문입니다. 잘못되거나 흉잡힐 만한 일이 있을 때 그것을 지적해주는 것은 옳은 일이 아니겠습니까? 될 수 있으면 남이 듣기 싫어하는 말을 안 하는 것이 예의일 것 같지만 때로는 그것을 일러주는 것이 예의요, 사랑인 것입니다.

정부를 비판하는 사람이 곧 정부를 반대하는 사람은 아닙니다. 정말로 정부를 사랑하고 나라를 사랑하기 때문에 비판도 하는 것입니다.

여러분이나 저나 아이들을 기를 때 혈육이고 자식인데도 더러는 호통을 치고 심지어 때리는 수도 있습니다. 어느 누구도 제 자식이 미워서 그러는 게 아니라 내 혈육이기 때문에 애착이 가고 사랑이 가기 때문 아니겠습니까?

정부나 권력에 대해서도 마찬가지입니다. 잘할 때는 잘했다고 말해야겠지만 잘못했을 때에는 더욱 말을 해주어야 되는 겁니다.

그런데 잘못됨을 지적하고 고치도록 깨우쳐주는 언론의 자유가 단지 권리에 그친다면 방관해도 괜찮겠지만, 제가 아까 말한 것처럼 의무이기 때문에 우리는 그런 역할을 마땅히 해야 됩니다.

그런 것들을 깨우쳐주고 고쳐주는 주인다운 똑똑한 모습을 갖지 않으면 권력 쪽이 국민을 자기가 원하는 때에 원하는 방법으로 짓밟을 수 있다는 것을 우리는 그동안 여러 번 겪어봤습니다.

물론 언론도 제약을 받아야 할 때가 있습니다. 이것마저 부인하지는 않습니다. 우리 헌법에도 자유의 제약을 가능케 하는 규정이 있습니다. 헌법을 보면 공공복리를 위해서, 사회질서를 유지하기 위해서 필요할 때는 법률로써 국민의 자유와 권리를 제한할 수 있다고 되어 있습니다.

한 가지 중요한 것은 기본권을 제한하는 사유가 될 만한 그런 공공복리와 사회질서라는 것이 무엇을 말하는 것인가 하는 문제입니다. 그 구체적인 기준을 측정하기가 아주 곤란하고 애매하기 때문입니다. 이러한 것에 대한 해석은 사람에 따라 달라질 수가 있는데 그 애매한 개념을 일차적으로는 정부가 해석합니다. 그런데 정부는 자기 편의에 맞춰 활용을 하기 일쑤이기 때문에 문제는 좀더 심각해지는 것입니다. 정부는 항용 국가이익이라는 말로 제약의 타당성을 표방하고 있습니다.

자유는 무제한한 것이 아니고, 또 어디에 보장이 되어 있다고 해도 국가이익이 우선 앞서는 것인 만큼 모든 국가이익을 위해서는 개인의 희생을 감수해야 된다고 합니다.

그러면 국가이익은 무어냐?

참말로 어렵습니다. 무엇이 궁극적으로 나라를 위하는 것이고 무엇이 그렇지 않은 것인가? 적어도 이렇게는 말을 할 수 있습니다. '국가이익이란 반드시 정부의 이익과 같을 수는 없는 것이다.' 대개는 같지만 때로는 정부의 불이익이 국가에는 이익이 될 수도 있는 것입니다. 그럼에도 불구하고 우리의 현실정치 풍토에서는 그런 논리가 잘 먹혀들어가는 것 같지 않습니다.

고발정신을 용공이라니

우리 사회의 치부를 들추는 고발적 성격을 띤 언론에 대해서는 왕왕 이 용공이라는 혐의를 씌워왔습니다. 남한에는 부패와 부정이 심하다, 여러 가지가 잘못됐다 하는 말은 바로 북한에서 대남선전을 그렇게 하고 있는데 어떻게 북한하고 똑같은 말들을 할 수 있느냐, 그러니 이것은 이적이다라는 식의 논리 아닌 논리가 전개되어서 용공 문제가 대두되기도 합니다. 아까 말씀드린 것처럼 현실비판은 반정부적인 것이 아니고 오히려 친정부적인 마음에서 하는 것인데, 이러한 것을 반정부 행위로 생각하고 반정부 곧 반국가로 몰아치기 때문에 용공이라는 논법에 대해서 우리는 많은 비판을 해온 것입니다.

또 인권 침해를 하면서도 법률대로 하는 것이라고 그럽니다. 그런데 그 법률이 무어냐? 국회에서 국회의원들이 통과만 시키면 된다는 것입니다. 법이란 법으로서 갖추어야 할 본질과 체통이 있어야 함에도 불구하고 우리에게는 아직도 그렇지 못한 법률이 많습니다. 법은 국민의 의사를 집약한 것이라고 정치학이나 법학에서 말하지만 실제로는 국민의 의사와 무관할 때가 많습니다.

법은 발생적으로 보면, 특히 동양 전제사회에서는 위에서 다스리는 사람이 자기가 다스리는 데 편리하게 만든 하나의 지배수단에 불과했습니다. 언뜻 보기에는 백성의 이익을 위해서 만들어진 것 같은 법도 치자의 뜻을 실현하는 방법이 우회적이었을 뿐입니다. 물론 서양에서는 좀 달랐습니다. 거꾸로 국민들이 치자에 대해서 너희들이 통치할 때에도 법률에 의해서 법의 테두리 안에서만 통치를 할 수 있다는 계약을 해놓은 것입니다.

이와 같이 위에서 아래를 지배하기 위해서 제정된 법이냐, 밑에서 지배자를 제약하기 위해서 만든 법이냐를 놓고 생각할 때에, 요즘 나오는 법은 전자에 속한다고 보지 않을 수 없습니다. 그렇다면 법률에 의해서만 국민의 자유와 권리를 제약한다는 말은 법 그 자체가 권력억제를 위한 목적과 실효를 지니고 있을 때만 통용될 수 있는 말인데, 그렇지 못한 무서운 전제 밑에서는 법의 지배란 아주 허망한 꼴이 되고 마는 것입니다. 또한 법률에 따른 제한을 하더라도 공공복리를 위해서 아주 필요불가결할 때에만 최소한의 제약을 가해야 되는 겁니다. 그것이 도가 지나치고 평계가 남발될 때에는 아무리 법에 의해서 한다 하더라도 실질적으로는 법에 의한 보장이라고 말할 수 없는 것입니다.

참다운 국가이익에 대해서 권력을 가진 사람들은 좀더 깊이 생각해야 될 것이고, 정부가 싫어하는 말이나 싫어하는 사물에 대해서 논의를 하는 것은 정부가 싫어서가 아니라 정말로 정부를 사랑하기 때문이라는 것을 분명히 밝혀두고자 합니다.

만일 그렇지 않고 어떤 일에 대해서 옳지 않다고 얘기한 사람을 잡아가둔다든가 문책한다면, 불낸 사람은 놔두고 119에 신고한 사람을 잡아가는 것과 같은 모순에 빠지게 됩니다.

우리가 영화를 볼 때 남녀 애인끼리 포옹을 하고 밀어를 속삭이는 것을 보면 그것이 하나의 애정 표시라고 생각을 합니다.

그러나 때로는 어느 한쪽이 상대방의 뺨을 칠 때 애무보다 몇 곱절 뜨거운 사랑의 격류激流를 실감하는 수가 있습니다.

마찬가지로 뺨을 때릴 정도는 못 된다 하더라도 국민들이 정부에게 글이나 말로써 충고라도 해야만 이 나라가 올바르게 되어나갈 수 있으리라 생각합니다.

그런데도 권력 쪽에서는 그런 이치를 애써 외면하려 합니다. 평소 언론에 대해서 간접적인 억제를 하다가도 때로는 노골적인 형사사건으로 문제를 노출시키는 경우를 보면 알 만합니다. 이는 권력의 속성과 자유의 본질이 숙명적으로 그렇게 부딪칠 수밖에 없는 위험을 안고 있기 때문입니다.

다시 말하면 권력이란 것은 언제고 통제를 위주로 하고, 언론의 영향력이나 결과에 대해서 지나친 우려를 하며, 국민이 언론의 자유를 누리는 것에 대해서 어떤 피해망상적인 가상을 하는 수가 많습니다. 자유를 말할 때 자유 그 자체는 제쳐두고 먼저 책임을 말하는가 하면, 질서의 유지만이 가장 중요하다는 입장을 내세웁니다. 그런데 자유는 본래 부정에서 시작된 것입니다.

항시 우리가 자유로웠다면 자유 자유 하고 외칠 필요가 없습니다.

이것은 잘사는 사람은 허기지는 것도 모르고 밥이 귀한 것도 모르는 것과 마찬가지입니다. 인류 역사를 통해 너무나 많은 억압이 계속되어왔고, 여기서 자유를 억누르는 힘에서 벗어나야겠다는 저항사상으로서 자유가 역설되기 시작했기 때문에 자유는 그 자체 안에 투쟁의 요소를 지니고 있습니다.

그렇기 때문에 권력과 충돌을 안 하면 그게 이상한 겁니다. 더 나아가 내가 자유롭다는 것은 상대방의 자유도 존중한다는 뜻에서, 거기에는 이질적인 것도 존중한다, 나하고 뜻이 다르고 나하고 입장이 다르고 이해관계가 다르더라도 당신이 나를 존중해주기를 바라는 것처럼 나도 당신을 존중한다는 의미가 담겨 있습니다. 이렇듯 상호 존중의 윤리가 바로 자유의 본질이기 때문에 그와 생리를 달리하는 통제권력과는 자연히 상충이 안 될 수가 없는 것입니다.

얼른 보기에는 나라를 능률적으로 강력하게 이끌고 나가기 위해서는 말 좀 말고 가만히 있으면 좋을 것 같지만, 이것은 당장은 편리할지 몰라도 긴 안목으로 볼 때에는 어리석다 아니할 수 없습니다. 나아가서는 국민의 민주역량을 감쇄시키고 민주체제의 부실을 대외적으로 알려서 나라의 체통을 깨뜨리고 끝내는 파멸의 요인이 안으로 잠복되고 고질화되어 돌이킬 수 없는 큰 위험을 가져오게 될지도 모릅니다.

억압은 국민이 약할 때 심해

그러면 왜 침해를 하느냐?

권력이 국민이 인내할 수 있는 도를 넘어서 침해를 하는 것은 먼저 권력 쪽을 나무라야겠지만, 그것과 또다른 요인은 국민 쪽에도 있다는 것을 알아야 되겠습니다.

약하게 보이기 때문에 그런 겁니다. 제가 변호를 맡았던 『다리』 필화 사건 공판 때만 하더라도 이런 일이 있었습니다. 『다리』에 실린 임중빈씨의 「사회참여를 통한 학생운동」이란 논문은 학생들을 선동해서 현정권을 타도하려는 음모가 스며 있는 글이다. 따라서 현정권 타도를 노리는 것은 한국의 체제를 부정하는 것이니까 이것은 반공법에 걸린다'는 것이 기소요지인데, 그 글 가운데 '뉴레프트'라든가 '콘벤디트'라든가 하는 사람들의 의견이 약간 소개되고 있었습니다.

외국의 학생운동과 비교하기 위해서 이런 좌경의 사상을 소개한 것만 보더라도 심상치 않다는 것이 기소요지였는데, 물론 피고인이나 변호를 맡았던 저는 천부당만부당하다는 뜻으로 강경한 반론을 폈습니다만, 재판부에서는 별도의 제3자적인 판단자료를 얻어보자 해가지고 증인을 채택했는데 그중 어느 분은 끝내 증언대에 나서기를 회피한 일이 있었습니다.

그러한 사정을 한 사람의 인간의 심정으로는 이해합니다. 그러나 적어도 문필로써 무언가 밝혀보겠다는 뜻에서 글을 썼다가 옥중에 들어가 있는 사람이 있는데, 그 글에 대한 자기 의견만이라도 법정에 와서 말해달라고 하는데 그것마저도 회피하는 태도는 유감이었습니다.

이건 뭐냐, 마음이 약하기 때문입니다. 당하는 사람 혼자는 강하더라도 주위가 약하기 때문입니다. 남의 일이니까 남의 일로 그친다 해 가지고 자기는 될 수 있는 대로 모른 척하려는 방관적인 태도 때문에 억제하는 쪽에서 마음대로 할 수가 있는 것입니다.

또 제가 변론을 맡았던 남정현씨의 소설 「분지」 사건 때는 이런 일이 있었습니다. 문제의 소설이 실린 잡지사의 주간이 불려가서 무어라고 말을 했느냐 하면, "당신은 「분지」를 읽고 어떻게 생각하느냐, 빨갱이가 들어간 작품이 아니냐" 하니까 일언지하에 답하되, "아 그렇다"고 하면서 자기가 사전에 이런 작품인 줄 알았더라면 절대로 잡지에다 싣지 않았을 텐데 그때 마침 본인이 읽지를 못해서 이런 일이 생겼노라고 대답을 했습니다.

우리나라의 지식인·문화인 들이 남 당하는 일을 남의 일로만 알고 도피하고 연약하게 굴기 때문에 억압의 범위가 생각보다 훨씬 넓어질 수 있는 겁니다. 그렇기 때문에 저쪽만을 원망하지 말고 우리 국민들 쪽이 굳건하고 주인답게 떳떳하지 못했다는 것도 깨달아야 할 것입니다.

그렇다고 목숨을 바치는 투쟁을 강조하는 것은 결코 아닙니다. 거기까지 이르지 않더라도, 우리 의견은 이런 것이다, 기본권은 이런 것이다, 권력은 이렇게 해야 된다 하고 할 수 있는 데까지 말하고 나서는 기백은 있어야 하지 않겠느냐는 것입니다.

흔히 현실을 통렬히 비판하고 누구를 공격하기는 쉽습니다. 그리고 그런 말 뒤에는 그럼 앞으로 어떻게 해야 되느냐 하는 문제가 반드시 뒤따라야 합니다. 그런데 언론의 자유에 대해서는 저 역시도 이렇다 할 만한 처방을 말할 수는 없습니다.

단지 한 가지 말씀드릴 수 있는 것은 모든 국민들에게 각성을 촉구한다 하더라도 사실에 있어서는 그 나라 그 사회를 이끌고 나가는 지도계층에 있는 분들, 특히 권력과 가깝지 않은 지도계층에 있는 분들이 먼저 앞장을 서서 모든 저항을 해줘야 한다는 것입니다. 우리나라에서는 저항이라는 말을 쓰면 굉장히 불온하게 생각하는데 사실은 저항이라는 것이 그대로 용인되어야만 자유민주체제가 살아남게 되는 것입니다. 따라서 저항을 부정하는 사람이 있다면 바로 자유민주체제를 부정하는 것이고 헌법을 말살하려는 것이고 그거야말로 반국가적이라는 논리가 분명히 나오는 것입니다.

그러면 지식인·문화인이라는 것은 구체적으로 무어냐? 어떤 계층을 나누어서 얘기하는 것이 아니라 남보다 선구적으로 나서서 먼저 생각하고 먼저 고민하고 앞장서 행동해야 될 사람을 지식인이라고 하겠습니다. 여기에는 언론인, 종교인, 대학교수, 법조계…… 이런 데 있는 분들이 좀더 지도적인 역할을 해주어야 하겠습니다. 실은 아무리 대가라 하더라도 가정이 있고 직장이 있는 한 사람의 인간에 불과합니다. 이들 역시 그러한 짐을 지고 사는 사람들이기 때문에 나라를 위해서 모든 것을 초개같이 버리고 나서주십시오 하고 말할 수도 없고 또 그렇게 해서 되는 시기는 아니라고 봅니다. 그러니 개인이 개인으로서 얘기하고 떠드는 것보다는 뭔가 하나의 집단의사를 형성하는 것이 필요하다고 봅니다. 그러자면 흔히 말하는 압력단체 내지 중간집단이 강화되어야 합니다. 그렇게 되면 아무래도 권력이 국민을 대하는 자세도 달라질 것입니다.

또 한 가지 강조하고 싶은 것은, 하고 싶은 말을 못하겠거든 침묵의 자유만이라도 지켜달라는 것이 저의 주장입니다. 우리나라에서 아주 고명하시고 해박하신 분들이 간혹 그분들의 입에서 나올 수 없는 말들을 합니다. 그분들에게 왜 그런 말씀을 하시느냐고 묻기 전에 이왕 그럴 바에는 침묵만이라도 지켜주십시오 하고 말하고 싶습니다.

그리고 한두 사람, 한두 사건으로 국민에게 어떤 겁을 주어가지고 현실을 도호塗糊해나가는 것보다는 먼 미래를 보고 나라를 다스리고 국사를 정한다면 우리 국민에게는 오죽 다행이겠으며 또한 정부를 위해서도 얼마나 좋은 일인가 하는 겁니다.

또하나는 아무리 옳은 법을 가지고 통치를 한다 하더라도 법의 지배가 아니고 사람의 지배라는 것입니다. 민주주의가 고도로 발달된 영국 같은 데서도 이런 말을 하는 사람이 있습니다. "법은 아무도 지배할 수 없다. 사람을 지배하는 것은 오직 사람뿐이다. 법으로써 사람을 지배한다는 것은 사람이 사람을 지배하는 것을 은폐하기 위한 것이다." 이렇게 해서 위장된 법치주의를 통렬히 비판한 말이 있습니다. 이런 말이 우리나라에는 절대로 해당되지 말았으면 하는 생각에서 이런 말씀을 드렸습니다.

끝으로 다음과 같은 말씀을 전해드리면서 저의 말을 마칠까 합니다.

"오늘날 조선의 현상에 있어서 언론자유를 운운하는 것은 도리어 치인몽痴人夢의 감感이 없지 아니하나 이 억울함을 억제할 길 없어 되지 않을 줄 알면서도 소리라도 질러보는 것이 사람의 상정이다. 우리 언론의 자유는 우리가 획득해야만 된다는 것을 또다시 새삼스럽게 말하지 않을 수 없다. 반동의 기세가 매우 극렬한 이때 우리는 어찌하야 우리의 성채城砦를 지키며 부흥의 싹을 절멸당하지 아니하고 보존함을 택할까. 말하는 것이 모두 의문사로 마치고 만다. 이러한 의문이 풀릴 때에 우리도 언론의 자유를 얻어볼 것인가."

이 글은 일제치하에 접어들어 막 식민지 통치가 본격화되던 1920년 정월 스무이튿날의 조선일보 사설입니다.

지금으로부터 50여 년 전 외세 치하에서 신음할 때에 우리 민족지 民族誌가 갈파한 이 사설을 바로 이 시간에 읽어도 뭔가 그대로 들어맞는 이 현실을 통탄해 마지않습니다.

여러 가지 처방이라는 것을 제시한다 해도 소용이 없고, 또 그렇게 묘안이 있을 수도 없는 오늘의 우리 언론, 이런 때에 우리가 할 수 있는 것은 헌법이 보장하는 테두리 안에서의 저항, 주인답게 심부름꾼을 깨우치는 떳떳한 행동, 단지 그러한 용기밖에 내세울 바가 없다고 봅니다.

따라서 우리 국민 모두가 애국적인 반골 정신을 지니고 이것이 행동화될 때에 정부도 더 좋은 정부가 될 수 있는 만큼, 이런 반골 정신의 행동화 그것이 바로 정부에 대한 사랑이요 나라에 대한 사랑이라고 강조하고 싶습니다.

월간 『다리』 창간 2주년 기념 강연, 1972. 9. 8.

4. '명판결' 속의 거짓말

    옛날 로마제국 때, 어느 여인이 발가락 여섯 달린 아이를 낳았다. 세상에 부끄럽기도 하고 아이의 장래도 창피할까 싶어 걱정하던 그녀는 마침내 자식을 강물에 던져버렸다. 이 비정한 어머니는 살인죄로 재판에 회부되었다.

    재판관은 이 여인의 입장에 무척 동정적이었다. 하지만 살인자는 사형에 처한다는 당시의 법률까지 어길 수는 없는지라 무척 고심하던 끝에 희한한 지모智謀를 썼다.

    "로마의 법률은 사람을 죽인 자에겐 사형을 과하게 되어 있다. 그러나 발가락이 여섯 개나 있는 것은 괴물이지 사람은 아니다. 따라서 사람 아닌 괴물을 죽인 데 불과한 피고의 행위는 살인죄를 구성하지 않는다."

    이렇게 무죄판결이 내려지자 사람들은 그 현명함에 갈채를 보냈다.

그러나 따지고 보면 이 판결은 피고인에 대한 연민에서 우러난 궤변이었을 뿐, 올바른 판단이 못 됨은 두말할 나위도 없다.

'여섯 발가락'은 사람이 아니라는 전제 속에 빤한 거짓말이 숨어 있기 때문이다.

셰익스피어의 명작 『베니스의 상인』에서도 그런 예를 찾아볼 수 있다.

고리대금업자인 샤일록이 증서의 문언文言 그대로 안토니오의 살 (근육) 한 파운드를 베려고 할 때 "잠깐! 증서에는 피를 흘려도 좋다는 말이 없다. 그러니 그리스도교도의 피 한 방울이라도 흘리게 해서는 안 된다. 만약 (…)" 운운.

이 절세의 재정裁定에는 만인이 두고두고 쾌재를 아끼지 않았다.

하지만 이 '명판결'도 그 자체로선 억지가 아니면 사술詐術이었다. 살을 벨 수 있다면(그런 계약이 유효하다면) 그에 따르는 유혈도 당연히 인정되어야 하기 때문이다.

결국 여기 인용한 두 예에서 공통되는 바는 재판관이 먼저 판결 주문을 정해놓고 그러한 자기 주견主見에 맞게끔 그럴싸한 이유를 '창작'하였다는 점이다.

비록 피고의 이익을 위해서 발휘한 지혜요, 자비일망정 그 독단이나 선입견의 허물이 가당시可當視될 수는 없는 것이다. 하물며 피고에게 불리한 방향으로 재판관의 자의恣意나 주관이 작용한다면 이보다 더 통탄스러운 일은 없다. 간혹 시사성이 짙은 사건 따위에서, 궁색한 이유가 판결의 이름으로 분장을 하고 나올 때마다 나는 역설적인 의미에서 앞서의 예화를 상기하게 된다.

사법권의 독립이니 법관의 자유심증이니 하는 명분만으로 도장하기엔 너무나 심각한 오류—이것을 경계하고 자책하는 양식이야말로 민주사법의 첫 장이요 종장이라 믿는다.

대한일보, 1968. 10. 8.

5. 소설 속의 재판

김동인 작 「약한 자의 슬픔」

1

우리 땅에 자라온 문학은 극히 도덕적인 설교에서 해방되지 못한 채 교훈 주입에만 충실해온 것 같다.

20세기의 문턱을 훨씬 넘어선 뒤에도 그 성스러운 때垢를 벗지 못하고 겉만 양복으로 갈아입었다는 느낌이다. 특히 소설에 있어서는 더욱 그러했다.

근대문학의 첫 주자로 일컬어지는 춘원 이광수의 경우에도 그의 문학은 계몽을 위한 미디어 수준을 넘지 못했다.

누군가 말했듯이 예술은 윤리로부터의 독립을 쟁취했을 때 비로소 참된 예술일 수 있다면, 문학도 교조적인 속박에서 초월함으로써만 참된 문학이 된다고 말할 수 있을 것이다.

이러한 안목을 가지고 우리나라의 개화 초기로 거슬러올라가면 그 맨 상류에서 김동인과 만나게 된다.

그는 '문학으로서의 문학'을 처음 개척했고 근대적 사실주의를 우리 문학에 도입한 것으로 평가받고 있다.

또한 그는 단편소설의 장르에 새 길을 열기도 했으니 그의 처녀작으로 발표된 것이 바로 「약한 자의 슬픔」이다.

사실 나는 동인의 문학사적 위치를 말할 입장이 아니라 그의 작품 속에 면면히 흐르는 인도주의 추구의 정신을 주목하고자 하는 것이다. 그런 의미로 본다면 동인 역시 윤리의식에서 아주 벗어났다기보다는 설교의 수법에서 벗어났다 하겠고, 권선징악의 차원을 초월하여 더 큰 윤리의 세계로 발을 옮긴 것이라고 말해야 될 것 같다. 그와 같은 인간의 윤리는 실은 문학 그 자체의 사명에서 한시도 벗어던질 수 없는 짐이 되는 것이라 하겠다.

앞서 말한 「약한 자의 슬픔」은 제목 자체가 너무 평면적으로 말하듯이 강한 자에 대한 항변과 고발을 제기하고 있다.

따라서 동인의 이 단편은 통속의 윤리 계몽을 거부하면서 더 높고 더 넓은 윤리를 향해 뻗어가는 해류와도 같은 것이다.

2

여기서 '약한 자'란 남작의 집에서 가정교사로 있는 19세의 여학생 강姜 엘리자벳이다. 그와 대비되는 '강한 자'는 말할 것도 없이 위의 남작으로 대표된다.

엘리자벳에게는 이환이라는 마음의 애인이 있었다. 그러나 어느

날 밤, 자기 방에 침입한 남작에 의해 정조를 잃는다. 그녀의 임신을
알게 된 남작은 양반의 체면 때문에 갑자기 비겁해지고, 이에 실망한
엘리자벳은 서울을 떠난다. 시골로 내려간 그녀는 남작을 걸어 소송
을 제기했으나 보기 좋게 패소한다. 사람을 강하게 만드는 것은 오직
사랑뿐이라는 생각에 이르고서야 그녀는 절망에서 벗어난다.

대충 이런 줄거리로 엮어진 이 작품은 동인 특유의 심리묘사에 의
해 흔하지 않은 농도를 보여준다.

정조 유린이나 위자료 청구소송이 등장하는 이 작품을 법률의 눈
으로 투시한다면, 그 테마 설정부터가 매우 '근대적'이다. 사회적 약
자인 여자가, 그것도 자기가 기식寄食을 의탁하고 있던 주인—더구나
남작이란 특수계급을 상대로 법정 투쟁을 단행했다는 점은 권리의
식 면에서 주목할 만하다.

뿐만 아니라 약자의 피해나 비극은 과연 강자만의 탓으로 돌려도
좋은 것인가에 대해 의문을 제시한다.

이와 같은 문제점의 실체를 알아내기 위해서는 먼저 엘리자벳이
남작한테 당하는 과정부터 순차 살피고 따져보아야겠다.

그녀는 방문 고리도 걸지 않은 채 자리를 펴고 전라가 되어 잠이
들었던 것이니 화근은 이쪽에도 있는 셈이다. 그거야 남작의 침입을
예상치 못했다는 '신뢰'로 돌리더라도 막상 남작이 들어와 몸을 요
구했을 때에 취한 태도는 더 큰 문제가 된다.

"부인이 알으시면?"

'앗차!' 그는 속으로 고함을 쳤다. '부인이 모르면 어찌한단 말인

가? ……모르면…… 이것이 허락의 의미 아닌가? 그러면 너는 그
것을 싫어하느냐? 물론 싫어하지. 무엇, 싫어해? 네 마음속에 허락
하랴는 생각이 조금도 없냐, 아…… 허락하면 어떻냐? 그래도……'
일순간에 그의 머리에 이와 같은 생각이 전광과 같이 지나갔다. (…)

"부인이 계시면서두? ……"

'아차!' 그는 또 속으로 고함을 안 칠 수가 없었다. '부인이 없으면
어쩌란 말인가? ……이것은 허락의 의미가 아닐까? ……' (…)

"왜 그리 보세요?"

그는 남작의 시선을 피하면서 변한 웃음―거라지의 웃음을 웃으
면서 돌아누웠다.

다음엔 작은 소리로 "싫어요"란 말을 중얼거렸을 뿐이다.

이런 반응은 거절이 아니라 은근한 수락이었다고 보아야 옳다.

사랑을 느끼지도 않으면서 그런 식으로 진전되고, 잠이 깨고 나서
도 후회는커녕 '아, 지금 남작은 무엇을 하고 있노?' 하는 생각으로
마음이 끌려간다.

비록 남작의 행동이 자기가 보호하는 부녀자에 대한 정조 유린이
틀림없다 해도, '유린'에 단호히 맞서기는커녕 '싫어요' 몇 마디로 체
면치레만 하고 순순히 영합한 여자 쪽의 책임도 말할 수 없이 크다.

그후에도 남작과의 정사가 불가피한 사정도 없이 계속되었음을
본다면, 더구나 남작의 부인과 한지붕 밑에 살면서 그러했으니, 피할
수 있는 부도덕을 유희처럼 감행한 여자의 허물이 너무도 크다.

쾌락을 함께한 자, 고통도 함께해야 함이 당연한 사리라면 그 뒷날

에 겪는 그녀의 슬픔은 자업자득의 일면이 강하게 작용한 것으로 볼 수 있다.

3

시골로 내려간 그녀가 남작을 상대로 소송을 건 행동에도 문제는 있다.

그녀가 임신을 고백한 뒤에 남작의 태도가 냉담했으며 계속 자기를 찾아주지 않는 데서 반감을 느꼈고 그리하여 그 집을 나오고 보복 관념에서 송사訟事를 결심한 것이다.

남작과의 정사에서 그녀는 무엇을 기대할 수 있었는가.

정실正室이 있는 50대의 신사—그러니 아내의 자리는 엄두도 못 냈을 것이고 비밀스런 치정관계의 계속? 생활보장? 애당초 정당하게 바랄 수 있는 기대는 아무것도 없었던 것이다.

그저 임신까지 되었는데 냉담했다는 데 대한 세속적 원망을 풀기 위해 재판을 각오한 것이니 그녀의 작위作爲에 대해서는 크게 공감할 점이 별반 없다.

남작을 상대로 재판을 걸겠다는 엘리자벳과 그녀의 결심에 반대하고 나서는 당숙모 사이의 견해차야말로 이 작품 가운데 가장 주목할 만한 대목이다.

　"그래두 재판은 못한다. 우리는 상것이고 저편은 양반이 아니냐?"

아직 채 작정치 못하고 있는 엘리자벳의 마음이 이 말 한마디로 온전히 작정되었다. 그는 아주머니의 말을 부쩍 반대하고 싶었다.

"재판에두 양반 상놈이 있나요?"

"그래두 지금은 주먹 천지란다."(…)

"그래두 해요!"

"그리 하고 싶으면 하기는 해라마는……"

반상의식班常意識이 서로 다른 두 사람 사이에는 법이나 재판의 기능에 대한 의식도 달라진다.

아주머니는 법이란 것이 결국 약자 보호의 구실보다 강자를 위한 방편이라고 믿는 사람이다. 그는 이조李朝의 계급사회가 던져준 압제와 피해를 체험한 연상의 세대에 속한다. 그러기에 법에 있어서의 형평이나 재판의 공정성 같은 것을 처음부터 의심하는 습성에 젖어 있다.

지배계급의 횡포를 법의 힘으로 막기는 불가능하다는 일반 대중의 체념을 그녀는 대변하고 있다.

법을 만드는 사람이나 법을 집행하는 사람이 애초부터 강한 자의 부류에 속해 있을진대 그런 입법, 그런 법집행이 어느 계층에 봉사하는 것인지를 빤히 알고 있다.

"우리는 상것이고 저편은 양반이 아니냐?"는 말 속에는 승패는 애당초 빤한 것이니 체념하는 편이 옳다는 잠재의식이 나타나 있다. 권력에의 불신, 숙명론으로 이어지는 좌절을 잘 요약한 말이다.

그러나 엘리자벳은 신식교육을 받고 개화의 물결에 발을 담가본 여성이다. 그의 아주머니와 같은 전통적 사고에 찬성할 수 없는 바탕은 신분적 계급제도에 대한 강력한 의문에 뿌리박고 있다.

"재판에두 양반 상놈이 있나요?"

하는 이의 속에는 복합적인 의미가 함축되어 있다.

첫째는 나라와 사회의 어느 분야에서나 반상제도 내지 그 유풍遺風에서 나오는 차별은 철폐되어야 한다는 의미다.

둘째는 다른 분야에서는 혹시 신분차별이 남아 있을망정 재판이라는 사법 작용만은 그래서는 안 되겠다는 생각이다.

셋째는 다른 분야에 비해 재판만은 상대적으로 공정하지 않겠느냐는 막연한 신뢰이다.

그리고 넷째는 양반 상놈을 차별하는 재판에 대한 저항감 등을 추리할 수 있다.

그녀의 말을 당시 행해진 사법재판에 대한 신뢰의 표시라고만 해석하는 것은 오해라고 본다.

이렇게 본다면 이 두 사람의 생각은 체념과 반발, 숙명론과 저항론의 차이가 있을 뿐, 현실을 평가하는 데 그리 큰 거리감이 없다.

아주머니가 현실을 통해 현실을 보는 데 비해 엘리자벳은 당위를 통해 현실을 본다는 의식화의 차이가 있을 뿐이다.

"그래두 지금은 주먹 천지란다."

"그래두 해요!"

"그리 하고 싶으면 하기는 해라마는……"

결국 법의 보호보다는 힘의 지배가 우월하다는 현실은 피차에 시인하면서, 그렇더라도 다른 방법이 없으니 큰 기대를 못할 바지만 그래도 재판을 통해 따지는 길밖에 없다는 결론—꼭 신뢰할 것이 못되지만 한번 기대해본다는 생각이 두 사람의 이견을 마무리지어준 것이다.

4

엘리자벳이 남작을 걸어 경성지방법원에 낸 소송인즉, 정조 유린에 대한 배상, 위자료 오천 원, 서생아庶生兒 승인, 신문상 사죄광고 게재 청구 등 여러 가지였다.

재판상 청구의 당부當否를 말하기에 앞서 그녀의 제소 자체에 큰 의의를 부여하지 않을 수 없다.

"그래두 해요!"로 실토된 불신과 의문을 안고서도 자기의 주장을 법정에 던져보는 용기는 실로 값진 투쟁이 될 만하다. 결말을 염려하다가 권리 위에서 잠이 들기보다 자신이 할 수 있는 최선의 권리행사를 한다는 자세야말로 지극히 소중한 것이다.

미혼여성으로서 남작과 통정한 것이 재판 문제로 비화되어 세상에 소문이 나면 도리어 망신이 되지 않겠느냐는 두려움을 극복한 것까지 생각할 때, 그녀의 자기 권익 주장을 위한 결단은 현대의 시민정신을 앞질러 구현한 느낌마저 든다.

재판날 법정에서 남작을 보고 갑자기 죄송스러운 생각을 갖는 것은 매우 인간적인 일면이면서 법에 의한 권익 주장을 망설이게 하는

장애요인으로 지적될 만하다. 예나 지금이나 그런 망설임은 권리의
식의 신장에 적지 않은 제동을 걸어온 것이 사실이다.

　법정에 피고(남작)의 대리인으로 나온 변호사를 엘리자벳은 적대
적인 존재로 파악한다.

　　만당을 무시하는 낯으로, 자기 혼자만이 재판을 좌우할 능력이 있
　다 하는 낯으로 변호사는 빈 재판석을 둘러보고 있다.
　　변호사를 볼 때 엘리자벳은 남모르게 '아!' 하는 절망의 소리를 내
　었다.
　　자기의 변론이 어찌 변호사에게 미칠까. 그녀의 머릿속에는 똑똑
　히 이 생각이 떠올랐다. 남작에 대한 미움이 마음속에 솟아나왔다.
　자기를 끝까지 지우려고 변호사까지 세운 남작이 어찌 아니꼽지를
　않을까. 그녀는 외면한 남작을 흘겨보았다.

　변호사를 대리인으로 내세운 것이 그토록 그녀에게 충격을 준 이
유는 무엇일까.

　변호사제도에 대한 인식이 희박했던 시기니까 일종의 과잉된 위
협을 느꼈을 법도 하다.

　그러나 그보다 큰 이유는 권세나 재력을 갖춘 사람만이 변호사의
대변을 받을 수 있다는 실제상의 불평등에서 찾아야 한다.

　변호사를 통한 소송 수행이 아무리 제도적으로는 누구에게나 가
능하다 하더라도 그 선임에 따르는 비용부담의 능력이 결여된 사람
에게는 모처럼의 권리도 무의미한 프로그램에 그치는 수가 많다.

적어도 경제적 평등이 실현되지 않는 한, 법률 앞의 평등은 명목뿐이라는 사실을 깨닫게 된다.

법의 정립과 운용이 강자의 입김에 좌우되는데다가 변호사 또한 강자의 입장을 굳혀주는 것이고 보면, 약한 자가 겪어야 할 감정의 출렁임만을 책망할 수는 없는 것이 아닌가.

더욱이 재판 절차를 통해 자기주장을 관철할 만큼의 법지식과 소송기술을 갖추지 못한 서민계층 사람들은 정녕코 억울한 패소를 감수해야 될 경우가 드물지 않을 것이다.

자기의 청구를 질서 없이 설명하는 엘리자벳과는 대조적으로 변호사의 변론은 얄밉도록 법률적이다.

원고의 말은 허황하도다. 그 증거가 어데 있는가? 있으면 보고 싶다. 남작의 자식인지 어찌 알까?

소송법상으로야 매우 지당한 논법이겠지만 독자는 일단의 저항감을 감추지 못할 것이다. 강자를 옹호하는 또하나의 강자 앞에 측은한 모습으로 외롭게 서 있는 약자의 모습은 '정의는 이긴다'는 빛 좋은 격언을 무안하게 만든다.—원고의 주장은 하나도 증거가 없다. 그런고로 원고의 청구는 기각한다.

과연 엘리자벳은 예기한 대로 패자로 돌아간다. 어떠한 사실이 없다는 것과 그에 대한 증거가 없다는 것은 서로 간에 미묘한 차이가 있는 것이다.

사실은 있었지만 증거가 없거나 증거가 있긴 하지만 제대로 입증을 못하면 마치 사실 자체가 없었던 것과 꼭같은 결론에 봉착하는…… 재판은 그런 것이다.

엘리자벳의 패소는 바로 여기에 해당되는 적례適例라 할 만하다.

약한 자는 정당하고서도 고배를 마셔야 할 때, 법은 강약부동의 격차를 좁혀준다기보다 오히려 이를 더 심화시켜주는 역할을 한다.

그러한 법의 역기능은, 그러나 항상 해로운 것은 아니다.

현실의 부조리와 그 안에서 자기의 약함을 절실히 깨닫는 것 자체가 거꾸로 사람을 강하게 만드는 수도 있기 때문이다.

> 그렇다. 나도 시방은 강한 자다. 자기의 약한 것을 자각할 그때에는 나도 강한 자이다. 강한 자가 아니고서야 어찌 자기의 약점을 볼 수가 있으리오.

그녀는 자기가 겪은 모든 아픔과 설움이 자기의 약함에서 연유하는 것이라 깨닫고 나자 스스로 강한 자가 된 자신을 가진다. 그러고서 '참 강한 자가 되려면 사랑 안에서 살아야 한다'고 자신에게 다짐한다.

현실의 법규범은 그녀의 편이 아니었지만 인간다운 사랑의 자각이 그녀를 구원해준 것이다.

5

대체로 작품의 전개 순서에 따라 법률가적 평석을 내려본 셈이다.

더 격조 있고 더 학문적인 각색을 하지 못한 점이 아쉽고도 다행스럽다. 아쉽다는 것은 좀더 깊은 연구를 못했다는 고백이요, 다행스럽다는 이유는 쉬운 표현이 주는 전달 효과에 자위를 느끼기 때문이다.

이 작품은 3·1운동이 일어난 1919년 3월호 『창조』에 실린 것이다.

그러나 이 작품의 배경이 되었음직한 그때의 법현실은 한낱 고담_{古談}으로 끝나지 않고 있다. 반세기가 훨씬 지난 오늘의 현상은 실질적으로 무엇이 얼마나 달라졌다고 보아야 옳을까.

그때는 왕의 명령이 법이었음에 반해 지금은 국민대표자의 다수의사가 법이라고 설명된다. 그때는 주권이 왕에게 있었지만 지금은 국민에게 있다고 한다.

그때는 국왕 전제 시대인지라 재판권이 행정권의 한 조각이었음에 반해 지금은 삼권분립의 원리에 따라 사법권 독립이 이루어지고 있다 한다. 그때는 양반 상놈의 신분계급이 나누어져 있었으나 지금은 만민평등의 대원칙이 헌법에 명시되어 있다. 지금은 그때와 비교도 안 될 만큼 국민의 기본권이 확립되었으며 권리의식도 높아졌다고 본다. 이와 같은 엄청난 변화가 외견상 이루어졌음에도 불구하고 법규범의 현실적 양상이 그에 발맞추지 못하는 안타까움을 우리는 절실히 느끼며 살아간다.

옛날의 남작, 옛날의 엘리자벳, 그 밖에 옛날의 모든 것이 단지 이름과 포장만 바꾼 채 현대의 역사 한복판에 건재하고 있다.

일찍이 동인이 재판 문제를 테마로 도입한 것은 그 소재의 특이성뿐 아니라 차원 높은 강렬한 휴머니즘의 외침이란 면에서 유다른 감명을 준다. 그런 의미에서 동인의 문학은 종래의 설교적 개체 윤리로

412

부터 해방되는 데서 그치지 아니하고, 보다 구원久遠하고 보다 강렬한 인간의 보편적 당위를 설파한 것으로 볼 수 있다.

『문학사상』, 1975. 2.

6. 재판 드라마

몇 해 전 J일보의 신춘문예 현상懸賞에 뽑힌 한 희곡 가운데 재판 장면이 들어 있었다. 그런데 재판장이 피고인들을 호명할 때 '제1피의자 아무개, 제2피의자 아무개' 이런 식이었다. 한 작품 속의 재판 묘사가 반드시 현실의 법절차나 법률용어를 그대로 복사해야 되는 것은 아니지만, 그래도 피고인과 피의자의 구별마저 혼동한대서야 할 말이 없다. 신춘문예에 응모한 신인의 작품이라서 그렇다면 그런 대로 이해하겠으나 소위 기성 작가들의 경우도 오십보백보가 아닌가 싶다.

카프카처럼 법학박사가 되거나 도스토옙스키마냥 사형수 생활을 체험할 필요까지는 없다. 스탕달처럼 변호사의 아들로 태어나서 나폴레옹 법전을 열심히 읽어야 된다는 이야기도 아니다. 다만 작가로서의 최소한의 견식見識만이라도 지니고서 작품을 써냈으면 좋겠다는 뜻이다.

　법률이니 재판이니 하는 말만 나와도 따분하고 골치 아파서 마음이 내키지 않는 때문인지, 아니면 잘 모르는 분야라 실수할까봐 그런지, 우리나라에서 재판의 세계를 정면으로 다룬 작품은 별로 눈에 띄지 않는다. 작품 속에 재판을 도입시키면 그 박진감이나 극적 효과에 있어서 기막힌 성과를 올릴 수 있음은 누구나 긍정하리라. 한데 그 좋은 방식을 잘 알면서도 쓰지 못하는 것을 보면 매우 안타깝다. 세계적인 명작 가운데 재판과 형벌 등의 문제를 실감 있게 다룬 작품이 많은 것은 우연한 일이 아니다.

　물론 우리나라에도 그러한 시도가 없지는 않았다. 일찍이 동인은 「약한 자의 슬픔」이라는 소설을 통해 이미 1920년대 이전에 재판 문제를 작품화한 바 있다.

　내 경험으로도, 소설이나 드라마 또는 시나리오를 쓰는 작가들로부터 작품 집필에 필요한 법률 지식에 관해서 질문을 받는 예가 더러 있었는데, 그때마다 그분들의 성실과 열의에 감동을 느끼곤 했다.

　근년에 접어들면서, 문인들도 재판에 관해 상당한 관심을 갖게 된 것 같다. 관심 정도가 아니라 직접 법정에 와본 분도 많아졌는가 하면, 아예 피고나 증인의 자리를 몸소 체험한 분들도 많다.

　이런 현상은 문인 주변에까지 불행한 일이 잦게 되었다는 의미에서 유감스럽기도 하지만, 재판 같은 거 잘 모른다고 자랑이나 되듯이 말하기 일쑤인 문인들에게는 차라리 다행스러운(?) 계기일 수도 있다. 한갓 관념의 유희 정도에서 탈피해 현실에의 임장감臨場感을 높일 수 있다는 점에서 그렇다.

흔히들 6·25라는 참혹한 체험을 놓고서 전쟁문학론이 운위되듯이 민족이나 개인의 시련으로 농축된 갖가지 재판도 문학이라는 그릇에 담아 승화시킬 수 있어야 한다. 그야 여러 가지 어려움이 따르겠지만 바로 그 어려움과 대결하는 일이야말로 현실 속에서 숨쉬는 작가의 책무이기도 한 것이다.

감옥살이를 소재로 한 옥중문학은 일찍이 춘원의 『무명無明』 이후 드물지 않게 나왔고 요즈음도 제법 눈에 띄고 있는데, 이것은 불행한 체험에서 얻은 다행한 결과라고 할 만하다. 이처럼 이왕의 관심이나 체험을 살려 재판문학(?)의 새 경지를 개척하는 노력을 기대하는 것은 내가 법학도의 몸이기 때문에 더욱 절실한지도 모른다.

습관화된 길목에서만 문학이 맴돌게 되면 안일해지기 쉽다. 얼마쯤의 모험을 각오하고서라도 새로운 영역과 공간으로 뛰어드는 모색이 필요하다. 법률과 재판의 세계야말로 그 적지適地의 하나다. 이것은 단지 소재의 문제에만 그치지 않는 또다른 의미를 동반하는 것이다.

1977. 11.

7. '글도둑' 이야기

1988년의 미국 대통령선거 때 민주당 후보 경선에 나섰던 바이든 상원의원이 연설문 표절 시비가 일자 마침내 후보를 사퇴하고 말았다. 처음엔 그런 보도쯤 묵살하려 했으나 언론들은 그의 법대 재학 시절의 표절행위까지 들추고 나섰다. 그가 교내 학술지에 기고한 논문 중 무려 5페이지나 각주도 없이 남의 글을 도용했고, 학업성적이 상위권이었다는 그의 말과는 달리 실제는 85명 중 76등이었다는 것이다. 미국 언론의 철저한 후보 검증도 집요하거니와 표절을 그토록 중대한 파렴치로 보는 풍토 역시 우리와는 한참 다르다.

남의 이야기 아닌 우리 풍토를 들여다보면 어떠한가. 1995년에 있었던 일로, 3개 대학의 교수 6명이 연구비를 받아쓰고는 제자의 학위 논문을 베끼다시피 하여 연구보고서라고 제출했다가 감사에서 적발되었다. 그후 이들은 견책이라는 경징계를 받았을 뿐 강단을 떠나지는 않았다.

외국 대학 연구팀의 논문을 표절해 쓴 논문을 국제적으로 이름 있는 학회지에 실었다가 그야말로 국제적 망신을 당한 일도 있었다. 그러나 그 사건도 사과문을 싣는 것으로 끝났다.

일본에서는 표절의 책임을 지고 교수가 자진사임한 사례가 있는가 하면, 심지어 죽음으로써 속죄를 구한 학자도 있었다.

학위논문, 졸업논문 등의 대작代作도 조직적으로 행해지고 있다. 한 편당 몇 백만 원에서 몇 천만 원까지 받고 대필을 해주는 조직 인력까지 있다니 할말이 없다. 가짜 필자에 가짜 박사가 그렇게 해서 양산되고 있는 실정이다.

가장 창의성이 분명해야 할 문단에서조차 표절은 횡행한다. 10년 전의 한 문학상 수상작이 외국 작가의 표절이라고 해서 시비가 있었다. 작가는 그런 베끼기를 포스트모던 또는 '혼성모방'의 기법이라고 강변했지만, 평론가들은 표절이라고 비난했다. 남의 글을 출처도 밝히지 않고 자기 글처럼 도용하는 것은 표절임이 분명하거늘, 그것이 무슨 허용된 기법인 양 주장하는 것은 한심스럽다.

표절이나 도용 그리고 대작 따위 못지않게 남의 저작권을 침해하는 것은 권리자의 허락 없이 남의 저작물을 복제 또는 그 밖의 방법으로 무단 이용하는 것이다. 특히 복제기술의 발달과 인터넷의 보급으로 종전의 한정된 저작자 또는 저작물 이용자의 개념은 무너지고, 누구나 쉽게 저작자가 될 수 있는 한편, 또 그 이용자가 될 수 있다. 그러다보니 우리는 잠재적인 저작권의 침해자일 수도 있고, 피해자일 수도 있다.

교통규칙을 잘 몰랐다고 해서 면책이 될 수 없듯이 문화·예술세계의 규범인 저작권법 역시 그에 대한 무지나 오해가 위법을 정당화시켜주지는 못한다.

그러나 저작권법은 일부 전공자들 외에는 배울 곳도 없고 물어볼 곳도 없는 실정이다. 교통질서를 모르거나 무시하는 자동차 운전이 방치되는 것은 걱정스러운 위험이다.

지난(2002년) 2월 16일과 17일 사단법인 마당과 전북문화개혁회의가 마련한 저작권 공개강좌를 맡고 나선 것도 그런 걱정에서 우러난 내 나름의 충정에서였다. 하루 세 시간씩 모두 여섯 시간 동안 강행된 강의는 갑작스런 '과식'의 염려도 있겠지만, 각계의 참여열기와 진지한 분위기는 만족스러웠고, '성공적'이라는 평가도 노상 인사치례의 말씀만은 아닌 듯했다.

솔직히 말해서 나는 고향의 문화·예술계 여러분이 모인 자리에서 저작권에 대한 나의 변변치 않은 지식이나마 나누어드릴 수 있어서 기뻤다. 강좌에 임하는 나의 심정은 내 고장 여러분에 대한 애정 그것이었다. 교재 첫머리의 인사말에서 나는 "이번 강좌는 나의 순정고백"이라고 썼다. 시간이 허락하는 한 내 머릿속에 있는 것을 마음껏 '퍼주고' 싶었다.

지난번 저작권 강좌에서 머리(지식)만이 아닌 마음(생각)까지도 나누고 싶었던 나의 '순정'이 결코 짝사랑에 끝나지는 않았다고 자위해본다.

전북일보, 2002. 2. 21.

8. 만인집필시대

사농공상이란 옛말은 신분 내지 직업의 우열을 나타내는 순서로 이해되거니와, 한편으로는 선비는 장사를 아니하고 상인은 그 하는 일이 선비와 같을 수 없다는 생업의 제한을 뜻하기도 한다.

하지만 지금 세상에는 선비가 따로 없고 상인이 따로 없다. 바꾸어 말하면, 선비가 아니더라도 글을 쓰고 상인이 아니더라도 장사를 할 수가 있다.

예전에는 글을 쓰는 사람이라 하면 소위 문인, 학자, 언론인 등만 생각하던 것이 이제는 아주 달라졌다. 그런 타이틀이 붙은 사람들은 직업적으로 쓰지만, 그렇지 않은 아마추어 중에도 얼마든지 훌륭한 글을 쓰는 예가 많다.

전에 몇몇 잡지의 독자 수기 현상공모 작품의 심사를 맡아보면서 응모한 무명 필자들의 글솜씨에 놀란 경험이 있다. 그래서 당선작을 결정하는 데 심사위원 모두가 여간 어려움을 겪은 게 아니었다. 소위 문인이라는 프로들의 글보다 훨씬 신선하고 진지하고 구성이 좋고 진실성이 강한 글들이 많았기 때문이다.

이름 없이 묻혀 있던 필자가 어느 계제에 실력을 인정받아 책을 내서 베스트셀러가 되고 상도 타고 하는 예는 실제로 드물지 않은 일이다.

무명인 시절에는 자기 글이 활자화되어 책에 실려 나가는 것만으로도 기쁘고 영광스럽게 생각되어 '필자로서의 권리' 같은 것은 염두에 두지 않는 것이 보통이다.

신문·잡지의 문예작품 또는 생활수기 현상모집 광고에 보면 '응모작품의 원고는 일체 반환치 않음. 당선작의 저작권은 본사에 귀속됨'이라는 문구가 있는데, 이것은 참으로 일방적인 것이다. 그러나 그런 불리한 조건쯤은 기꺼이 감수한다.

물론 그런 응모 요령을 읽고서 응모를 했으니 조건을 수락한 것으로 볼 것인즉, 별 말썽은 일어나지 않는다.

그렇기는 하지만 곰곰이 생각해보면, 모처럼 심혈을 기울여 쓴 작품이 낙선된 것도 섭섭한데 원고까지 돌려받지 못한다면 억울한 생각이 들 사람도 많을 것이다.

원고를 우편으로 되돌려보내는 데 큰돈이 들어서 곤란하다면, 일정 기간 내에 찾아오거나 우편요금을 스스로 부담하고 반환을 요구하는 사람에게는 원고를 반환해주어야 옳을 것이다.

현상금이 제법 거액인 경우도 있지만 당선작에도 몇 가지의 등급이 있어서 그 상금을 쪼개보면 의외로 대단치 않은 수도 있다. 그나마 당선작의 저작권은 '본사에 귀속된다'고 하니 우선 현상을 내건 측의 신문이나 잡지에 그냥(별도의 원고료 지불 없이) 실릴 것이요, 글의 성격이나 분량에 따라서는 단행본으로 출판되기도 하고 영화화될 수도 있겠는데, 그에 대한 대가도 받아낼 권리는 없게 된다.

그러니 당선자로서는 불리한 조건일 수밖에 없으나, 그건 아무래도 좋으니 당선만 되었으면 하는 심정이 간절한 터이다.

그들이 저작물을 창작한 사람으로서의 권리의식을 갖게 되기까지는 얼마간의 시일이 걸릴 수밖에 없다. 그렇다 하더라도 저작자로서의 인격적인 권리와 재산적인 권리를 제대로 파악하기는 그리 쉽지 않다.

아직도 유명한 사람의 글이나 훌륭한 내용의 글이 아니면 저작권을 주장할 수 없는 것으로 오해하는 이들이 있으나 물론 그렇지 않다. 문인·학자의 글뿐 아니라 초등학교 꼬마가 지은 글이나 가정주부의 체험기나 모두가 저작권법상의 엄연한 저작물이다.

잘 썼거나 못 썼거나 상관이 없다. 사람의 사상·감정을 창작적으로 표현하기만 하면 그 형식이나 수준 여하를 막론하고 '저작물'로 인정되는 것이다. 우리 저작권법(제2조, 현 제4조)에 "본법에서 저작물이라 함은 표현의 방법 또는 형식의 여하를 막론하고" 운운한 것은 그런 뜻이다.

그런데 그 법 제1조에 "본법은 학문적·예술적 저작물의 저작자를 보호하여"라고 되어 있고, 이어서 제2조에 "본법에서 저작물이라 함은 (…) 학문 또는 예술의 범위에 속하는 일체의 물건을 말한다"라고 규정되어 있기 때문에, 학문적·예술적인 수준과 가치가 있는 것만

저작권의 대상인 것처럼 생각되기 쉬우나 그것은 법의 표현이 좀 불완전한 데서 빚어질 수 있는 착각일 뿐이다.

다만 '창작적인 표현'이 요구되기는 하는데, 이것 역시 수준이나 형식의 문제가 아니고 남이 쓴 것을 베끼거나 도용하지만 않으면 별 문제가 없다.

흔히 사람들은 남의 글을 모방하기도 하고 아예 표절을 하기도 한다. 특히 초보자들 가운데는 자기 글을 그럴듯하게 보이려고 조급한 나머지 남의 글을 고스란히 또는 지능적으로 훔쳐 쓰는 예가 더러 있다. 신문사의 신춘문예 당선작이 나중에 표절임이 밝혀져서 당선 취소 소동이 일어난 적이 한두 번이 아니다.

반드시 후배가 선배의 글만 표절하는 것이 아니고 거꾸로 선배가 후배의 글을 훔쳐 쓰기도 한다. 교수가 자기 밑에 있는 조교의 글을 자기 이름으로 바꾸어 발표했다가 사표를 낸 사례가 있는가 하면, 일본의 어느 교수는 '사죄한다'는 유서를 남기고 자살한 일까지 있다.

표절은 기성의 문필인이나 대학자들 사이에도 왕왕 일어나고 있어서 적지 않은 물의의 대상이 된다.

내가 감옥에 있을 적에 재미있게 읽은 책 가운데 야마사키 도요코라는 일본 여류작가가 쓴『불모지대』란 소설이 있었다. 패전 일본의 전 육군장교가 기업의 톱맨으로 출세하는 과정을 그린 것인데, 아주 읽을 만했다.

그런데 그 작품 속에 이마이 겐지라는 사람이 쓴『시베리아의 노래』에서 도용한 부분이 있다고 해서 표절 시비로 화제가 되었다.

그것도 한두 대목이 아니라 당초 주간지 연재분 중에 연속 3주간에 걸쳐 도합 20여 군데나 된다고 신문이 대서특필하고 나섰다. 그러나 시베리아 억류생활의 묘사는 체험담이든 소설이든 서로 비슷한 데가 있게 마련이므로 간단히 표절이라고 단정할 수는 없지 않느냐는 의견도 나왔다.

식탁 위에 놓여 있는 사과를 사실주의에 충실하게 그려낸다면, 같은 시간 같은 장소에서 몇 사람이 그려서 서로 비슷하게 닮은 그림이 된다 해서 이상할 것은 없다는 논리이다. 이런 비유는 그러나 매우 적절하지 못한 면이 있어서 함부로 써먹기는 어렵다.

이른바 유명인사 중에서 상습적·지능적인 표절행위를 하는 사람이 있는 것도 사실이어서 『대작가는 도작가盜作家』란 제목의 책까지 나온 일도 있다. 표절 여부를 판가름하는 일이 어렵다는 또하나의 이유는, 남의 글을 훔쳐 쓰되 고스란히 그대로 베끼는 것이 아니라 조금씩 덧붙이거나 빼거나 고쳐서 쓰는 수가 많기 때문이다.

만일 표절의 개념을 넓게 잡는다면 아마도 우리들 거의가 표절행위의 경험을 갖고 있다고 말할 수 있고, 또 더러는 그 피해자일 수도 있다.

표절과 비슷하면서도 다른 것에 '인용'이 있다. 인용은 자기의 글 속에 남의 글을 부분적으로 옮겨다 쓰는 행위를 말하는데, 반드시 출처를 명시해야 되고 원저작자의 승낙은 필요치가 않다. 인용과 표절은 분명히 다른 듯하면서도 실제 문제에 부딪히면 피차의 한계가 애매할 때가 많다.

어쨌든 글쓰는 세계에도 여러 가지 룰이 있다. 저작권법상의 복잡한 권리·의무를 명심해야 함은 물론이요, 사회질서니 공공복리니 하는 공익 관념에 의해 제한을 받는다는 점도 아울러 알아두어야 한다.

남의 명예라든지 프라이버시를 침해하는 일도 자칫 조심성 없이 범하기 쉬운 위법행위다. 특히 요즈음처럼 남의 사생활을 소재로 한 글이 범람하는 풍조 속에서는 알게 모르게 남의 인격권을 침해하기 쉽다. 여기서도 명예훼손이나 프라이버시의 한계를 정하는 일은 그리 간단할 수가 없다.

앞에서도 말했듯이 지금은 글쓰는 사람이 따로 없다. 바야흐로 '만인집필시대'라고나 할까. 쓰는 사람이 유명인이든 무명인이든 글은 바르게 쓰고 잘 써야겠지만, 글을 쓰는 데 따르는 교통규칙을 어겨서는 안 된다.

글쓴 사람으로서의 권리를 스스로 알아서 주장하는 일 못지않게 자기의 붓끝 하나가 이 사회와 타인에게 미치는 영향 같은 것을 깊이 생각해보아야 한다.

저작권이나 명예훼손 등에 대해서 법적인 소양을 갖추면 더욱 바람직스럽다. 막상 무슨 말썽이 터진 후에 부랴부랴 곤혹스럽게 뛰느니보다 항상 사전 예방이 효과적이기 때문이다.

글을 쓰는 마당에 법률이니 규정이니 하는 제약을 의식하는 것은 불편한 일이다. 잘 쓰느냐 바르게 쓰느냐를 생각하기에 앞서 '걸리지 않게' 써야 한다는 한계선이 붓을 둔화시키는 현실은 우리의 문화 발전에도 해로울 수밖에 없다. 언론·창작의 자유의 한계 중에는 정치적·사회적인 이유에서 유래하는 것도 있지만, 우리가 글을 쓰거나 남의 글을 이용하는 데 따른 윤리의 최소한을 정한 '과정상의 룰'

도 있다. 저작권법이 바로 그에 해당된다.

만인집필시대에는 저작권법도 만인의 머릿속에 섭취되어 있어야
하는데, 아직껏 그러지 못한 듯싶어 안타깝다.

『여성동아』, 1984. 3.

9. 빅토르 위고와 저작권

저작권법을 공부하면서, 일찍이 『레 미제라블』에서 첫 대면을 한 빅토르 위고를 다시 만나게 되어 무척 반가웠다. 저작권 운동의 역사 속에서도 그는 작가로서 못지않게 위대한 선각자요, 거물이었다.

그가 저작권 사상의 확립을 위해 집요하게 노력한 사실은 대문호로서의 명성에 못지않게 후세에 기억되어 마땅할 것이다.

18세기 유럽에서는 이른바 해적출판이 횡행해 문제가 잇달았는데, 그중에서도 불어로 된 문학작품의 해적판이 여러 나라에서 나왔다. 그것은 유럽 각국의 지식층에 불어 해득자가 많았기 때문으로 짐작된다. 특히 벨기에의 출판업자들이 날렵하게 움직여서 돈을 벌었다. 심지어는 프랑스에서 연재된 소설이 벨기에에서 먼저 단행본으로 나올 정도였다고 한다. 발자크의 장편소설 하나도 그런 '날치기'를 당했다는 기록이 있다.

이런 현상을 보고서 위고는 가만히 있지를 못했다. 알렉상드르 뒤마와 더불어 '프랑스 문예가협회'를 조직하고 문학인의 권익 수호에 앞장을 섰다. 불의를 좌시하지 못하는 위고의 강직성은 정치적인 면에서도 풍운을 일으켰다. 나폴레옹 3세의 쿠데타를 반대하고 나선 탓으로 그는 추방당하는 몸이 되고 만 것이다.

보불전쟁이 나폴레옹 3세의 참패로 끝난 뒤, 19년이란 긴 망명생활에서 돌아온 그는 다시금 저작권 보호운동에 헌신하게 된다. 그 오랜 혹심한 우환을 겪으면서도 저작권의 국제적 보호를 겨냥한 집념은 시들 줄을 몰랐던 것이다.

그의 끈질긴 노력은 마침내 유럽 여러 나라 식자층의 광범한 호응을 얻게 되었고, 그에 힘입어 1878년에 '국제문예가협회' 설립에 성공하고 그 명예회장이 되었다. 그후 이 협회는 '베른 저작권보호동맹 창설회의'로 발전하였고, 1886년 스위스에서 '문학적·미술적 저작물 보호에 관한 베른 조약'을 성립시키는 데 핵심적 공헌을 남겼다. 이 베른 조약이야말로 요즘 흔히 '국제저작권조약'이라고 말하는 것 중의 효시가 되는 것이다.

본시 문인들이란 묘한 자기변명의 논리를 고안해, 더러는 무슨 '순수' 타령을 내세워 현실을 외면하는 구실을 찾기도 하는데, 위고는 그와는 대조적인 행동파였던 모양이다. 권리의 쟁취라든지 현상의 개혁보다는 현학적인 관념의 유희를 일삼는 사람이 많은 것은 예나 지금이나 마찬가지다. 법률 같은 것은 모를수록 자랑이고, 권리의 주장은 미덕이 못 되는 것처럼 말한다. 그것이 관용에서 우러난 아량이라면 찬탄할 일이나, 그와는 반대로 자각 있는 시민으로서의 행동성이 결여된 때문이라면 문제는 다르다.

문필인이나 문인단체의 체질을 보면, 무슨 일에 비난이나 분개는 뒤지지 않으나 권익옹호의 본질 문제를 타개하려는 의지는 희박하다. 그래서인지 저작권 보호 문제를 놓고 보더라도 우리 주변에는 위고의 몇 분의 일에 미칠 만한 사람도 찾아보기 힘들다.

이웃 일본만 하더라도 이미 메이지유신 때에 저작권 확립에 발벗고 나선 거물급 선각자가 있었다. 유명한 후쿠자와 유키치가 바로 그런 사람이었다. 연달아 베스트셀러가 된 그의 저서를 무단으로 찍어내는 업자가 생기자 그는 참고만 있지 않았다. 구미 각국을 여행한 덕으로 남보다 먼저 서양의 저작권법에 눈을 뜨게 된 것도 여기에 작용하였을 것이다. 그리하여 마침내 그는 저작권 침해에 정면으로 맞서는 용단을 내렸다.

후쿠자와는 먼저 신문에 광고를 내 독자들에게 범인의 신고를 당부했다. 그리고 다른 한편으로 정부에 대해 무단출판업자의 단속을 건의했다. 나아가서는 직접 범인을 걸어 고소를 제기해 형사처분을 받게 한 일도 있다. 또한 민사소송으로 문제를 삼아 배상금을 받아냄으로써, 저작권 침해 배상사건의 첫 판례를 남긴 바도 있다.

일본 저작권법의 전신이라 할 '출판조례'도 후쿠자와의 건의를 받아들여서 된 입법 조치였다.

아직도 우리나라에서 쓰이고 있는 '판권'이라는 용어 역시 그가 처음 쓴 말이다. 그는 행정당국에 계몽적인 건의서를 내는 가운데 영어의 '카피라이트copyright'를 처음으로 그렇게 번역해 썼던 것이다.

도둑이 많으면 방범대책이 또한 강화되듯이, 무단출판이 많아졌기 때문에 저작권에 관한 사상과 제도가 강화되었다고도 볼 수가 있다. 그런 의미로 본다면, 해적판이나 표절 따위야말로 저작권 침해의 주범이면서 동시에 저작권 확립의 공신일 수가 있다.

주범을 공신으로 만드는 역설적인 전환을 기할 수만 있다면 흔히 말하는 전화위복이거니와, 우리나라처럼 주범이 항상 주범에 그쳐서는 악순환의 되풀이밖에 남을 것이 없다.

무릇 어떤 권리나 제도를 자신의 힘으로 쌓아올린 경험이 적은 우리 국민으로서는 남의 나라에서 힘들여 이룩해놓은 제도를 '면세 수입'해다가 안일하게 '접목'시키고 있다는 느낌이다. 때문에 한 제도의 바탕을 이루는 철학적 이념은 제쳐놓고 껍데기에만 매달리는 수가 있는가 하면, 주체적인 취사 없이 무분별하게 흉내만 내는 사례도 있다.

따지고 보면 우리가 별다른 생각 없이 쓰고 있는 용어 중에도 원래 우리말이 아닌 것이 많다. '판권'이란 말이 일본인의 역어譯語였다는 점은 앞서 말했지만, '저작권'이란 용어 역시 일본정부의 관리가 처음 쓴 말이다. 일본 내무성 참사관으로 있던 미즈노 렌타로라는 사람이 32세의 젊은 나이에 일본 최초의 저작권법을 기초할 때에 바로 이 '저작권'이란 말을 처음 썼던 것이다.

우리도 별생각 없이 '저작권'이란 말을 당연한 듯이 쓰고는 있지만, 이 용어는 언어 저작물의 출판물에는 적합할지 몰라도 음악이나 미술 분야를 연상하면 상당히 어색하게 들리는 면도 있다. copy(복제)의 right(권리)라면 '복제권複製權'이라고 하는 편이 원어에 가까울 듯싶다. 법리상으로도 저작권은 결코 '저작할 권리'가 아니라 '복제할 수 있는 (또는 복제를 허락하는) 권리'를 주된 내용으로 하고 있으니 차라리 그냥 '복제권', 혹은 좀 절충을 해서 '저작물 복제권'이라고 고쳐쓰는 것도 생각해봄직하다.

'판권'이니 '저작권'이니 하는 용어를 처음 생각해낸 두 사람의 일본인은 이상하게도 우리 한국인에게 원한을 심어준 전력이 있는 자들이다. 즉, 후쿠자와는 금융적 제국주의 방식으로 한국을 침략하는 것이 득책得策이라고 자기 정부에 진언을 했던 자이고, 미즈노는 훗날 조선총독부의 정무총감으로 와서 악명 높은 토지조사사업을 강행한 주역이었다.

그들과의 감정(?)을 이유로 용어를 배척하자는 말이 아니라, 그들과 저작권과 한국, 이 삼자의 기연奇緣 같은 것을 알고 넘어가자는 것뿐이다.

어쨌든 우리나라에도 위고나 후쿠자와 같은 사람들이 나와서 저작권 확립에 큰 계기를 이룩해주었으면 좋겠다.

『신동아』, 1982. 7.

10. 한국 언론의 재점검

한국의 언론 상황은 외형상으로는 상당한 개선을 이룩했다고 볼 수 있다. 신문의 경우로 말하면 그 종수나 면수가 늘어나고 보도지침과 같은 권력의 일상적 개별지시제도가 폐지되었다. 권력에 대한 비판도 그 영역이나 강도에 있어서 진일보한 느낌을 준다. 그럼에도 불구하고 언론자유의 본질적인 저해요소 및 한계상황이 소멸되었다고 보기는 어렵다. 먼저 정치권력과의 관계를 보면 법제도상의 문제 조항이 개정되지 않고 있으며, 권력의 언론관도 대응방식에 차이가 있을 뿐 본심(본질 면)에서는 달라지지 않은 듯하다.

언론기업의 자본종속성 때문에 경영자, 채권자, 대광고주, 정책기관 들의 의도와 이익을 벗어나지 못한다. 사회의 변혁 추구보다는 힘 있는 세력의 현상 지속에 공헌하는 면도 부정할 수 없다.

1. 오늘만큼의 언론 상황이나마 언론 스스로의 노력에 의해서라기보다 국민의 저항·투쟁의 성과로 쟁취된 것이며, 따라서 국민적 투쟁 및 그에 의한 탄압 완화의 반사적 이익을 누리고 있는 데 불과하므로 앞으로 다시 극한적 압제가 있을 경우에 자기방어 능력이 의심스럽다.

2. 이 땅의 언론은 권력과 국민 사이의 밀고 밀리는 싸움에서 세(勢)의 향배에 따라 자기모순의 변신을 반복해왔다. 자라목의 생리를 부끄럽게 생각하고 반성해야 한다.

3. 언론인 자신의 민주화 의지는 과연 어느 정도인지를 점검할 필요가 있다. 민주화를 막거나 그에 역행하는 세력에 대해서 얼마나 단호하고 비판적이었는가 묻고 싶다.

4. 민주언론을 부르짖는 언론인이 바로 그 민주언론을 수호·창달하려다가 추방·투옥 등 핍박을 받은 다른 언론인의 문제를 어떻게 다루어왔는가 자성해야 한다.

이러한 도덕적 성찰이 요구되는 한국 언론(주로 신문, 방송)은 지금도 다음과 같은 문제점을 안고 있다.

1. 공정, 중립이라는 허울을 쓰고 양시론 또는 양비론, 그 밖에 형식적 균형에 안주한 나머지 언론의 자기주장을 포기한 책임회피로 흐르고 있다.

2. 아직도 권력에 유리한 성역과 금기가 존속되고 있다. 집권세력이 남용하는 국가안보나 사회안정이라는 명목을 분별없이 복창, 동조하는 예가 많다.

3. 특정 정치인 내지 특정 정치세력과의 출신 지연에 얽매여 편향되거나 차별적인 보도를 하는 경향도 남아 있다. 언론사 내부 인사의 지역 편향성도 적잖은 문제다.

4. 통일문제를 중심한 남북관계와 경제적 정의를 비롯한 사회개혁에 관해서 진취적인 지표를 내세우기보다는 관급기사 위주로 다루고 넘어가는 수구적 태도에 안주하고 있다.

5. 신문의 종수나 발행부수 또는 면수의 양적 증가가 언제나 언론 자유의 신장과 비례하지는 않는다. 소외된 계층, 반대세력 등 기존의 언론매체를 통해서는 자기주장을 펼 수 없는 국민들을 대변하는 매체도 함께 증가할 때에만 위의 비례관계는 유지된다. 재벌경영 신문사의 증가, 기존 신문사의 문어발식 자매지 확장, 광고 흡수의 이점에 끌린 증면은 언론자유 신장과 무관한 낭비이며 오히려 언론의 질을 향상시키는 데 해로울 수도 있다.

위에 지적한 상황과 인식의 문제를 전제 삼고 다음과 같은 '희망사항'을 언론인들에게 당부하고 싶다.

1. 그릇된 영합, 편리한 굴종, 좋은 게 좋다는 식의 묵인, 이 모두가 언론인의 자기격하·자기모독이라는 것을 항상 명심해주기 바란다. 안팎의 어려움과 맞서야 할 상황 속에서 기자는 여전히 지사적志士的일 수밖에 없다. 저널리스트로서의 기능공적 요건만 강조한 나머지 지사형의 언론인을 '구식'으로 모는 것은 뜻있는 선비를 정신적 환관宦官으로 만들려는 저의와 상통한다.

2. 언론(인)의 도덕성을 살리기 위해서 종래에 타성화되다시피 한 기질과 풍조를 스스로 고쳐야 한다. 그릇된 특권의식, 이권 개입, 촌지 문제, 취재원과의 유착 등이 반성과 자정의 주된 항목일 것이다. 사이비 기자 문제는 영세·무명 신문의 폐단에서만이 아니라 대신문, 큰 매체와 권력 또는 대기업 사이의 구조적이고도 규모 큰 결탁부터 일소되어야 한다.

3. 언론은 권력에 대해서가 아니라 국민에 대해서 책임을 져야 한다. 직필의 수난은 곡필의 죄악과 가책에 비하면 아주 행복하다고 할 것이다. 붓과 몸을 아울러 굽혀가며 진실을 외면했던 사람들은 그들 자신의 역정을 통해 우리에게 아주 고마운 교훈을 주고 있잖은가.

언론민주화 내지 민주언론 창달의 첫번째 장애는 압제적 권력이 아니라 바로 언론인 자신일 수도 있다. 외부요인에 탓을 돌리고 면책을 바라던 시대는 지났다. 거액의 보수 등 처우의 괄목할 만한 개선으로 말미암아 행여 기자도記者道 내지 기자정신이 희석되는 일이 없어야 한다. 언론환경의 여하에 좌우됨 없이 진실의 기록자요, 전달자라는 언론인 본연의 길을 굳건히 지켜나가는 사람들이 늘어날 때 우리의 기구한 역사와 현실은 좀더 밝은 미래로 이어질 수 있을 것이다.

전언회 언론세미나, 1989. 4.

11. 세 사람 이야기

오스트리아 태생의 카라얀은 베를린 필의 상임지휘자였고, 미국 출신의 번스타인은 뉴욕 필의 상임지휘자를 역임했다. 두 사람 모두 세계적인 명성을 누리다 간 음악의 거장들이다. 여기서 두 사람의 출생지나 교향악단의 이름을 비교하려는 것은 물론 아니다. 이들을 통해 자유와 압제에 대한 현실 대응의 차이를 말하고 싶다.

번스타인보다 10년 앞서 태어난 카라얀을 먼저 말하자. 그는 히틀러가 집권한 1933년 1월로부터 두 달이 좀 지났을 때 나치당에 입당한다. 얼마 되지 않아 뮌헨 국립가극장의 음악 총감독이 된 그는 히틀러의 생일 축하공연과 독일·오스트리아 합병 축하공연을 지휘하는 등 충성을 다한 끝에 초고속으로 출세길을 치달아 마침내 나치 체제에서 가장 영광스러운 '국가 지휘자'의 자리에까지 오른다.

독일 패전 후에도 그는 교묘한 변명으로 음악계에 다시 복귀, 빈

국립가극장의 무대감독으로 임명되는 등 '음악의 제왕'으로 군림한다.

그는 "음악활동을 하기 위해서 1935년에 부득이 나치에 입당했다가 몇 년 후에 탈당했다"고 변명했다. 그러나 그것은 거짓말이었다. 그가 나치에 입당한 것은 1935년이 아니라 1933년이었다는 사실이 그의 당원(증)번호로 밝혀졌으며, 패전 때까지 당원 자격을 갖고 있었던 것이다. 그래서 그는 '권력을 통해서 음악을 사랑한 사람'이라고 매도당하기도 했다.

다음은 번스타인. 그는 1976년 10월 17일 뮌헨에서 한 연주회를 지휘했다. 온 세계의 양심수를 지원하는 국제앰네스티의 기금 마련을 위해서였다. 두루 알다시피 양심수는 그 대부분이 정치범이다. 번스타인은 그날 연주회의 입장료, 중계료, 음반 판매이익 등 모든 수입을 정치범 구원을 위한 활동기금으로 기부했던 것이다.

그날 번스타인은 이렇게 말했다. "인간의 권리를 위한 오랜 싸움은 아직도 계속되고 있다. 인권이 부정되고 있는 세계 도처에서 이 싸움에 참여하는 것은 과거 어느 때보다도 더욱 중요하다. 나는 이 연주회가 자유를 위한 그와 같은 행동을 고무하게 되기를 바란다." 두 사람 모두 세계적인 지휘자였건만 이처럼 다른 데가 있었다.

한 사람만 더 생각해보자.

현대회화의 새로운 경향을 창시한 20세기 미술의 우뚝한 거장 파블로 피카소. 그러나 그는 그저 남다르게 희한한 추상화만 그리면서 현실에 안주한 화가는 아니었다.

1937년 4월 26일 스페인의 작은 도시 게르니카의 시가지가 독일

공군에 의해서 무차별 폭격을 당한다. 프랑코파를 지원하기 위한 그 폭격으로 수백 명의 시민들이 죽었다. 파리에서 참상을 들은 피카소는 분개한 나머지 스페인 정부로부터 의뢰받은 파리 박람회 출품작으로 불멸의 대작 〈게르니카〉를 그렸다.

그때 그는 이런 말을 남겼다. "스페인 전쟁은 인민과 자유에 대한 반동의 전쟁이다. 나의 전全 예술적 생애는 오직 예술의 죽음과 반동에 대한 싸움뿐이었다. 내가 제작중인 〈게르니카〉라 이름 붙이게 될 작품과 최근 나의 전 작품에서, 나는 스페인을 공포와 죽음의 바다에 잠기게 한 군사력에 대한 공포감을 확실하게 표현하고 있다."

1940년 독일군이 파리에 침입하자 그의 작품은 발표가 금지되었다. 그는 굴하지 않고 파리에서 지하운동을 벌이는 레지스탕스들과 유대를 맺는다. 마드리드의 프라도 미술관 별관에 들러 그의 걸작 〈게르니카〉 앞에 섰을 때 미술품 감상에 문외한인 나도 그 그림의 내력을 생각하면서 숙연했던 기억이 새롭다.

위대한 예술가는 위대한 자유운동가요, 평화운동가였으며, 나아가서는 저항운동가이기도 했다는 사실을 우리는 그들을 산 예증으로 해서 알 수 있다.

흔히 문화·예술은 탈정치적이라야 순수하고 고상하다는 통념이 있다. 현실과의 거리가 멀수록, 아니 역사인식과 등을 질수록 예술의 순도가 높은 듯이 착각하기도 한다. 불의와 억압에 대해 초연한 척 외면하는 것을 '순수'라고 우기는 사람도 있다. 그 침묵이 때로는 불의와 억압에 대한 동조나 협력이 된다는 점을 애써 부정하려 한다.

문화도 예술도 삶의 현장에 대한 무관심, 압제와 불의에 대한 무관심을 자랑할 특권은 없다. 정신유희적 마스터베이션masturbation을 무슨 고답적인 문화·예술인 양 가장해서도 안 된다.

위대한 문화·예술은 투철한 현실인식에 뿌리를 두고 피어난다. 초월이 곧 도피나 외면이 아님은 두말할 나위도 없다. 불의에 눈감는 것까지는 그야말로 자유라고 치더라도 불의에 추종하는 자들이 도리어 그것에 항거하는 자들을 '순수하지 못한 정치적 목적' 운운하며 비난하는 것은 희극의 압권이다.

국내에서도 그런 희극 공연은 드물지 않았다. 문단 안팎의 매카시즘 풍조도 그중의 하나였다. 몇 해 전 국제펜 총회에 참가했던 한국 여류문인들이 한국정부의 인권탄압에 항의하고 구속문인의 석방을 요구하는 건의안 채택을 저지하기 위해서 밤에 '아름다운 한복'을 차려입고 파티에 나가 외국 대표들을 접대한 일이 있었다. 그들은 나라의 체면을 살리기 위해 그처럼 미인계까지 썼노라고 수치스러움도 모르고 '자화자찬'하는 글을 써서 남겼다. 훗날 투옥문인들이 석방되자 그들은 일변하여, 자기네의 노력으로 풀려나게 되었노라고 묻지도 않은 말을 하고 다녔다.

작가정신이란 것은 작품에만 필요한 것이 아니다. 그것은 작가의 삶 전체를 통해서 검증되어야 할 문제이다. 굳이 카라얀이나 번스타인 또는 피카소 같은 서양사람 이야기를 할 것까지도 없다. 바로 이 땅의 문화·예술인 중에도 서양의 그들을 훨씬 능가하는 추종의 표본이나 저항의 귀감이 적지 않았다. 일제하의 친일파, 유신·군부 독재 치하의 어용인물들이 문화·예술계에서도 얼마나 설쳤던가. 그런 사람들일수록 분별없이 '순수'라는 관형사를 남용한다. 순수문학,

순수예술, 순수한 학문연구……

　실인즉 그런 말 속에 비순수의 위선이 배어 있고, 세인과 역사를 속이는 기만도 도사리고 있음을 우리는 알아야 한다. 지금도 그런 사람들에 의해 꾸며지는 '위조상품'이 우리 주변에 널려 있다. 다시 말하거니와 불의와 압제에 눈감거나 현실에서 눈을 돌리는 것을 '순수'로 오해하는 일은 없어야 한다. 그렇다고 해묵은 현실참여론을 재탕하거나 이데올로기 지상을 편드는 것은 아니다. 작가정신의 모태라든가 문화활동의 지표, 예술행위의 모티브가 역사와 인간 존재의 근본에 맞닿아 있어야 하며, 일체의 허위와 가식을 거부하는 데서 문화 · 예술의 진면목이 피어난다는 점을 상기하고자 한다. 그래서 인간의 존엄을 수호하는 좀더 치열한 문화 · 예술(인)을 대망한다. 치열함이 없고서야 '도락道樂' 이상의 것이 될 수 없다.

『문화저널』, 1995. 10. 24.

제6장

정치적
통제와
법의식의
해부

1. 한국 작가의 법의식

지금부터 나는 한국문학이라는 코끼리의 다리를 더듬어보고자 한다. 편집자가 씌워준 '법'의 색안경을 끼고, 또 같은 이름의 장갑을 끼고서 말이다.

이 코끼리의 체질 속에 담겨 있는 어떤 성분을 검출, 분석한다는 것은 낯선 작업에 속한다. 그것이 하필이면 '법의식'이라니 유서類書도 문헌도 없는 지금으로선 생소하고 무리하고 나아가서 위험한 작업이라는 생각이 엄습한다.

이런 말은 한갓 변명으로서가 아니라 하나의 양해로서 꼭 내세우고 싶다.

만물의 영장이라는 사람을 분석하면서 그 인체에는 비누 일곱 개분의 지방질과 3센티쯤 되는 못 한 개분의 철분이 있다느니, 성냥개비 2,200개분의 인燐이 함유되어 있다느니 하는 식의 논법이 될까도 두렵다.

언급의 소재로는 1950년대 후반에 발표된 몇 개의 단편소설을 대상으로 삼는 데 그쳤다.

그러기에 한국문학에 나타난 작가의 어떤 의식을 추출한다는 거창스런 표제에 부응할 수는 없겠고, 그저 부분에 대한 어설픈 탐색으로서 막연하나마 전체의 연역에 추리를 줄 수만 있어도 다행이라고 믿는다.

잠재적인 부정 에너지

음악에 화성和聲이나 대위법對位法 따위의 이론이 있고 법률에는 『육법전서』와 같은 법전이 있지만 문학에 있어서는 그런 유의 명백한 준거규범은 존재치 않는 것으로 안다. 어떤 공약수적인 궤軌가 없지는 않을 것이나 그렇다고 그에 얽매일 필요가 없는 것이 문학이라고 전제한다면, 그만큼 넓고 깊고 다양한 세계를 문학은 포용할 수 있다는 말이 된다.

그러기에 혹시 작가가 어느 작품을 통해 내세우고자 하는 규범의식이 있더라도 그것은 현실에서 강제되고 있는 실정규범과 반드시 일치하지는 않으며 또 그럴 필요도 없다. 오히려 때로는 이를 부정하고 타파하는 데서 인간의 본성에 좀더 충실한 참 규범을 갈망하게 된다.

물론 규범이라고 해도 문학에서는 법률, 도덕, 관습, 조리條理 따위가 뚜렷이 분화되어나오기는 어렵다. 그 가운데서도 법이라고 하면

제정법制定法만을 생각하는 경향이 압도적이다. 실상 작가들뿐 아니라 심지어 법률가들까지도 그렇게 단정하는 편이 일상적이다.

그렇지만, 두루 알다시피 실정법보다 높은 차원에서 인간 본래의 자연적 질서를 추구하는 '자연법'도 법의 한 모습이며 바탕이라고 이해할 때 문학과 법은 넓고 긴 안목으로 보아서는 같은 목적을 향해서 나아가는 동반자일 수도 있는 것이다.

현재적 질서에 주안主眼을 두는 법(실정법)이 억제와 보수를 앞세우는 것은 당연한 이치다. 이에 대하여 작가들은 시공을 초월하는 궁극의 보편적 진리를 위해 현재의 긍정보다는 미래지향적인 의도가 앞서기 때문에 부지불식간에 법의 체질과 맞서는 것도 또한 너무나 당연하다.

만약 법이 본래의 이념이나 목적을 그대로 살려서 제정되고 집행된다면 양자의 갈등은 필연적이 아닐 수도 있지만, 현실은 거의 언제나 어긋나는 방향으로 전개되어왔음이 오랜 역사를 앓은 경험으로 실증되고 있다.

따라서 당대의 법률적 현실과 융화할 수 없는 작가의 의식은 어쩌면 인간의 편에 좌단左袒할 영세永世의 율법에 충실한 정신으로 바꾸어 생각할 만하다.

무릇 법이라는 것이 어디까지나 그 정당성과 실효성을 떠나서는 존립의 가치가 없으며 이 지주支柱에 대한 주관적 규범의식이 곧 법의식이라고 포괄하여 개념지을진대, 이 기둥이 흔들리는 사회에서 사람들의 법의식이 부정 쪽으로 기우는 현상은 별로 이상하게 여길 바가 못 된다.

뿐만 아니라 법 그 자체가 아무리 제구실을 다한다 해도 인간 행위의 외면 규제를 우선으로 삼는 숙명을 벗어나기는 어려운 이상, 인간 내면의 정신 상황을 이해·옹호할 정도의 정신윤리적인 존재는 되지 못한다. 더구나 여기에 법의 정립과 운용을 좌우하는 현세 권력자의 악의까지 가세될 때에는 법의 허울 밑에 핍박이 합법화되고 통치 객체인 대중은 보호의 대상이 아닌 압제의 대상으로 전락하기도 한다.

형사보다도 범인 쪽에 더 많은 인간적 공감을 기울이기 쉽고, 준법을 훈시하는 권력자에게 냉소를 퍼부으며, 법만 들먹이는 채권자를 부도덕하게 여기는 사고는 이런 데서 싹트는 것이다.

이처럼 인간의 의식 밑에 잠재되어 있는 미묘하고도 중대한 흐름을 통찰해 거기에 어떠한 형상을 부여하는 것은 문학의 본질과 임무에 충실하는 실천적인 길이라고 믿는다.

규범의식의 왜곡화

한국문학에 나타난 구체적인 작품을 놓고 거기에 투영된 작가(혹은 작중인물)의 법의식을 살펴보자면 의당 그 시대적 배경이나 작가의 경향 등이 논급되어야 하겠지만, 그러나 앞서 제의한 '양해' 아래 힘에 겨운 무리를 삼가고 단층적인 고찰에 그치기로 한다.

따라서 여기서 대상으로 삼은 작품들도 그에 대한 문학적인 평가나 경향과는 관계없이 나의 편의에 따라 인용하는 것이다. 단지 1950년대 후반의 작품만을 조상組上에 놓은 이유는 그것들이 6·25라는 민족사적 치명상을 통해 큰 굴절을 겪은 우리의 정신 상황을 비교적 실감 있게 밝혀줄 수 있는 시점에서 쓰인 때문이다.

오늘날 한국인의 생활양식과 의식을 형성하는 데 있어서 6 · 25의 광란이 몰아온 병리를 빼놓을 수는 없다. 그 가운데는 법규범에 대한 신뢰가 허탈화한 일면도 간과할 수가 없다.

그 참변, 그 아픔, 그 상실—이 엄청난 비극을 통해 가치나 규범에 관한 전통적 신봉이 뒤집혀버린 카오스 상태에서, 가진 것도 믿을 것도 없는 인간은 우선 생물로서의 조건 충족에 쫓기기 바빴고 인간으로서의 죄의식 따위는 본말을 분별키 어려울 정도로 녹이 슬고 말았다.

김성한의 「방황」(1957)에 나오는 홍만식은 바로 그러한 '살기 위한 범죄자'였다. 그는 정거장에 쌓아둔 석탄을 상습적으로 훔쳐내면서도 자신의 행위를 도둑질로 생각하지 않고 '석탄반출작업'이라 명명하였다.

총을 들이대는 경비원에게 주춤하기는커녕 "보는 대루다. 어쩔 테냐"면서 총을 잡아채고, 그의 멱살을 잡은 채 "이건 내 생명이다. 건드리다간 대가리를 까준다. 알았어?" 이렇게 일갈하고 유유히 돌아선다.

전쟁에 나가서 훈장을 두 개나 받을 만큼 용감히 싸운 그도 제대한 뒤에는 갈데없는 실직 건달이었다.

그는 사고구축과정思考構築過程이라 명명한 공상을 통해서 생의 장전章典을 터득하였는데, 그 진리는 곧 '근자식지近者食之'였다.

우선 이 소나무는 뿌리 근처의 자양분을 들어다먹고 산다. 그랬다고 이 소나무는 지옥으로 가야 하나? 옛날 남산에서 울었다는 호랑이도 이 산에서 뛰노는 토끼를 들어다먹었겠지. 그랬다고 호랑이는 지옥으로 갔을까?

저 아래 월급 이만 환 받으면서 양담배, 자동차, 고기가 그립지 않은 양반들도 필시 주위에서 들어다먹을 것이 뻔하다. (…) 하나님이란 작자는 원래 꽁생원이어서 자기 것만 다치지 않으면 그만이다. 제 동산에서 열매 하나 따먹었다고 자자손손 쫓아다니면서 못살게 굴지마는 천하의 물건들이 자기들끼리 들어다먹는 것은 오불관언吾不關焉이다.

술집을 경영하는 애꾸눈 처녀와의 대화에서 그의 범죄관은 이렇게 피력된다.

미스 김은 사람을 내세우지마는 아직 밑바닥을 모르는 애깁니다. 그건 점심이면 우선 아침을 먹었고 저녁이라면 점심을 먹은 사람의 사고방식입니다. (…) 사람이기 전에 먼저 생물이란 걸 깨달았단 말입니다. 생물의 조건을 충족시키지 못한 자가 인간을 어떻게 찾습니까.

북악산에 올라서 그는 또 이렇게 생각을 한다.

나 홍만식은 인간이 아니다. 생물이다. 더 구체적으로는 동물이

448

다. 동물은 무엇이나 닥치는 대로 먹고살 권리가 있다. 덤비는 놈은 때려 뉠 권리도 있다. 힘이 모자라면 맞아서 죽을 뿐이다.

작자는 지나칠 정도로 소피스티케이션sophistication을 구사한다. 그런데도 그런 말이 노상 억지로만 들리지 않고 오히려 밑바닥의 군상을 제대로 대변하는 절규로서의 실감을 주고 있다.

누구나 절도행위를 범죄가 아니라고 우기지는 않겠지만 그런 짓을 금제하는 규범의식은 적어도 사람으로서의 기본적 생존이 지탱될 만한 상황하에서만 준수의 기대 가능성이 있는 것이다. 눈앞의 빵을 보고도 훔치지 말라는 계명을 지키다가 자식을 굶겨 죽였다면 과연 이것을 미덕으로만 예찬할 수 있을지 의문을 일으키게 한다.

모든 법은 또한 자유로운 의사결정 능력과 선택의 여지가 주어진 인간에게만 강요될 수 있는 것이라고 할진대 죽음을 택하면서까지 법을 지키라는 요구는 설득력을 잃을 수밖에 없다.

마침내 절도죄로 붙들려 조사를 받으면서도 그는 취조관에게 이렇게 대든다.

당신은 법의 기본두 모르는군요. 형무소란 건 소위 나는 인간입네 하는 인격을 가진 요물들이 들어가는 고장입니다. 개가 고등어를 훔쳐먹었다고 형무소에 들어갑니까? 기둥이 부러져서 할머니의 허리를 분질렀다구 기둥이 형무소에 들어갑디까? (…) 내게는 법률이 들지 않습니다. 나는 생물입니다. (…) 나는 내 법칙하에 내 힘으로 사는 생물입니다.

여러 가지 정상을 참작해 특별히 관대한 처분을 해서 석방하는 것이니 이후 조심해서 앞날을 그르치는 일이 없도록 하라는 훈시를 받고서도 그는 이렇게 대답한다.

필요한 물건은 언제든지 훔치는 것이 아니라 반출할 것이오, 방해되는 놈은 그 누구를 막론하고 적당히 처치하겠습니다.

법의 이름 아래 유죄가 되고서도 참회의 빛마저 거부하는 심리는 법의 입장만으로 봐서는 온당치 못한 생각이다.

그러나 뉘우침이란 그 대상된 행위의 단절이어야 하거늘 어차피 재연의 불가피성이 항존하고 있는 터에 '잘못했다. 다시는 안 하겠다'는 식의 말은 솔직을 잃은 위선에 그친다. 홍만식은 자신을 속이면서 용서받기에만 급급한 속물이 아니었다. 참된 구원과는 무관한 세속의 설변舌辯을 거부할 만큼 그는 성실한 영혼의 소유자였던 것이다.

이러한 저돌적인 인간도 술집 여자인 애꾸눈의 따뜻한 손길에는 머리를 숙이고 새 마음을 갖게 된다. 애꾸눈은 『죄와 벌』에서의 소냐를 연상시키는 여인이다.

애꾸눈이 준비해준 새 양복과 돈을 받아든 그는 "좁은 껍질을 쓰고 자신을 상대루 악을 쓰지 말구 넓은 세계를 상대해보세요. 무대를 찾으세요"라는 권고에 눈시울의 뜨거움을 느끼면서 어디론가 떠나간다.

"괴로우시거든 언제든지 돌아오세요…… 기다리겠어요……" 그의 가슴에 얼굴을 파묻은 여자의 이 말을 등뒤에 남기고서.

결국 홍만식으로 하여금 자기류의 비뚤어진 독단에서 벗어나도록 한 것은 서슬 퍼런 법의 명령이나 처벌의 두려움이 아니라 세상이 대수롭지 않게 여기는 한 술집 여자의 따뜻한 인간애였다.

그러기에 제법 권위가 있는 듯싶은 법조항이나 형벌은 사람의 행위를 근본으로부터 바로잡는 데는 별로 실효가 없는 것으로 나타난다. 그보다는 비록 연약하고 하잘것없는 것처럼 보이는 인간의 사랑만이 궁극의 구원을 가능케 한다는 점을 상기시켜준다.

홍만식을 새 길로 이끌어주는 여인을 하필이면 술집의 애꾸눈으로 해놓은 점도 무척 상징적이라고 보겠다. 이것은 하나님으로부터 얻을 것을 창녀에게서 얻는다는 역설을 음미해보고 싶은 충동을 주기도 한다.

아무튼 외적 행동의 규제만으로 질서와 선을 실현할 수 있다는 사고는 이렇게 하여 궁지에 몰려간다. 실정법 만능주의자들에게 던져줄 반성의 거울이 여기에 걸려 있는 것이다.

허수아비와 참새

앞의 「방황」에서 홍만식이 생물을 자처하면서 위험스런 반항아로 그려진 것과는 달리 '그래도 인간의 양심'을 고수하는 인간형이 있다.

이범선의 「오발탄誤發彈」(1959)에 나오는 송철호를 그와 대조시켜볼 만하다.

북에서 남하한 그는 생활이 비참하다. 돌아가지 못하는 북향北鄕을 그리며 "가자! 가자!"를 외치는 정신이상의 노모, 원수를 갚기 위해

군에 갔다 돌아온 실직 청년인 동생 영호, 양공주 생활을 하는 여동생 명희, 시들어가는 만삭의 아내……

이 불운한 권속들이 해방촌 판잣집이라는 삶의 단애_{斷崖}에서 겨우 숨만 쉬고 살아간다.

계리사 사무소의 서기 노릇을 하는 송철호는 전찻값도 안 되는 월급을 받고 어린애의 빨간 신발도 제힘으로 사줄 형편이 못 되는 생활을 하면서도 끝내 '양심'만을 고집한다.

남들처럼 양심이고 윤리고 관습이고 법률이고 다 벗어던지고 달려보자는 동생 영호의 현실지상론에 "그렇게나 살자면 이 형도 벌써 잘살 수 있었다"고 가볍게 응수한다.

영호는 집요하게 철호를 세뇌시키려 한다.

양심이란 손끝의 가십니다. 빼어버리면 아무렇지도 않은데 공연히 그냥 두고 건드릴 때마다 깜짝깜짝 놀라는 거야요. 윤리요? 윤리 그건 나일론 팬티 같은 것이죠. 입으나마나 불알이 털렁털렁 비쳐보이기는 매한가지죠. (…) 법률? 그건 마치 허수아비 같은 것입니다. 허수아비. 덜 굳은 바가지에다 되는대로 눈과 코를 그리고 수염만 크게 그린 허수아비. 누더기를 걸치고 팔을 쩍 벌리고 서 있는 허수아비. 참새들을 향해서는 그것이 공갈이 되지요. 그러나 까마귀쯤만 돼도 벌써 무서워하기는커녕 그놈의 상투 끝에 턱 올라앉아서 썩은 흙을 쑤시던 더러운 주둥이를 쓱쓱 문질러도 별일 없거든요.

저도 형님의 그 생활태도를 잘 알아요. 가난하더라도 깨끗이 살자는, 그렇지요. 깨끗이 사는 게 좋겠지요. 그런데 형님 하나 깨끗하기 위하여 치를 식구들의 희생이 너무 어처구니없이 크고 많단 말입니다.

그러나 송철호의 신념은 미동도 않는다.

　그렇지만 인생이란 그런 게 아니야. 너는 아직 사람이란 어떻게 살아야만 하는 것인지조차도 모르고 있어.

철호를 설복시키지 못한 영호는 기어코 권총 강도질을 하다가 경찰에 체포된다. 하지만 그는 엉뚱한 의미로만 뉘우친다.

　형님 미안합니다. 인정 선에서 걸렸어요. 법률 선까지는 무난히 뛰어넘었는데. 쏘아버렸어야 하는 건데.

그렇다고 작자는 그를 진짜 악인으로만 그리지는 않았다.

　형님! 어린것 화신 구경이나 한번 시키세요. 제가 약속했었는데.

유치장 안으로 들어가면서 그가 철호에게 한 말이다.

과연 송철호는 양심이라는 손끝의 가시를 버리지 못한 채 공연한 괴로움을 겪다가 마침내는 택시 안에서 많은 출혈을 하고 죽어간다.

인생이란 그런 것이 아니라는 그의 말 속에는 침몰해가는 군함 위에 우뚝 서 있는 마지막 수병과도 같은 자태가 어려 있다.

이처럼 우직스런 당위의 신봉자가 현실에서는 무력한 패배자로

쫓기는 데에 한국사회의 심각한 부조리가 드러나고 있다. 의당 지킬 것을 지키는 자가 축복을 받기는커녕 열외에 낙오되어야 하는 한국의 이상풍토는 법의식의 왜곡을 부채질하는 요인이면서 동시에 그 결과이기도 하다.

사람의 행위를 지배하는 동인動因이 선악보다는 필요에 치우치는 시대라면 영호의 사고 가운데서 우리는 규범의식의 무서운 변질과 부딪치게 된다.

참새떼를 향해서나 제법 공갈이 되는 법률, 까마귀쯤만 돼도 무서워하지 않는 법률―겉만 있고 속이 없는 한국의 법치주의, 그로 해서 무너져버린 법 앞의 만인평등을 영호 혼자서만 분개하는 것이 아니다.

그렇다고 '법률 선'을 뛰어넘는 범법이 불가피성의 구실 아래 긍정될 수도 없는 곳에 우리 인간의 이율배반적 고민이 엉킨다.

분명히 이것은 법의식의 갈등이요, 자기모순의 당착이 되고 있다.

압제에의 저항

법은 그 위반을 예정하여 설정한 범죄와 형벌에 관련시켜 평가되는 것이 일반적인 발상이다.

용의자, 쇠고랑, 수사, 재판 그리고 감방…… 이런 가시적인 현실에 대해 작가는 규제자의 안목과는 대척되는 입장에서 인간의 부르짖음을 더욱 진하게 강조한다. 제도의 사슬에 몰리고 묶이는 인간의 내면을 중시한 나머지 권력의 독단이나 압제에 저항을 시도하며 더러는 냉소하기도 한다.

장용학의 「현대의 야野」(1960)에서 우리는 그런 음성을 들을 수가 있다. 주인공인 현우는 6·25의 전화에 쫓기면서 시체 매몰작업, 보안서 취사반, 방위군에 낀 남하, 부두노동 등등 기구한 유전流轉을 겪다가 용케도 은행원이 된다. 이름을 박만동으로 바꾸고 착실히 살아가는데 은행 돈의 분실 사건을 계기로 그는 간첩으로까지 몰려 재판에 회부된다.

사고능력이 헝클어져버린 그는 실어증에 빠지고 부인도 변명도 제대로 하지 못한 채 10년 징역을 선고받는다.

그는 처음 영문 모르고 경찰에 붙들려갔을 때 다짜고짜로 물세례를 당하고 녹초가 되어 일주일 동안 유치장에 있다가 취조실에 불려나왔다.

"바른대로 대라" 하면서 넙적한 손이 철썩 얼굴에 와 달라붙는다.
"정말 뭐든지 대겠으니 이 때리는 것만은 정말……"
조서 읽어보고 도장을 찍으라는데도, "아니 먼저 찍구요, 이래야만 맞지 않지요."

그런 투로 죄상을 모두 시인했다. 걸핏하면 때렸다. 고문당할지도 모른다. 고문당하면 나는 죽는다. 죽는 것만은 싫다. 그들이 이러이러한 일을 이러저러하게 했지 하면, 무슨 횡설수설을 늘어놓다가도 결국에 가서는 당신들은 참 귀신같습니다, 하고 마는 것이었다. 도리가 없었다. 답은 틀리지만 그 복잡한 식에는 틀린 데가 없는 것이다.

검찰청으로 넘어가 검사의 조사를 받게 되었다. 처음엔 경찰의 조작이라고 완강하게 부인을 했다. 그러자 검사는 "그럼 안 했다는 증거를 대오!" 이렇게 큰소리친다.

"그건 살고 있다는 증거를 대라는 것과 마찬가집니다. 당신이 현재 살아 있다는 증거를 제시해보십시오."

무엇 때문인지 그는 법정에서, 수사기관에서의 자백이 고문에 의한 것은 아니라고 답변한다. 그러면서도 범죄사실은 부인하고 꿈에 했는지는 모르지만 자기의 기억에 없다고 말하여 관선변호인과 검사를 모두 당황케 한다.

그러던 그가 최후진술에서는 표독해진다.

이런 투로 한번 재판장도 피고석에 세워놓으면 서너 가지의 여남은 건은 있을 것입니다. 당신의 손에 들고 있는 그『육법전서』에는 세계가 다 들어 있지요. 그러나 그『육법전서』밖에 나가 있는 세계가 더 너르지요.

재판장은 징역 10년을 선고한다. 검사조차도 무죄가 될 것을 짐작하고 있었는데 재판장이 노망을 했나 하고 놀란다.

재판장은 아침에 일어날 때까지도 무죄를 생각하고 있었는데 마누라와 부부싸움을 하다가 멱살을 잡혔는데다가 막상 법정에 들어서니 피고가 재판장을 안중에 두지 않고 대드는 바람에 기분이 잡쳐서 '10년'을 때린 것이다.

재판장도 신이 아닌 만큼 오판을 할 수도 있는 것이니 그리 알고 2

심에 가서나 잘해보라는 뜻으로 그렇게 한 것이다. 그런데 피고란 놈은 뜻밖에도 상소를 포기하겠다는 것이다.

낭패한 쪽은 재판장이었다.

어쨌든 맞는 것이 질색이어서 10년 징역으로까지 떨어진 현우. 그날 밤 그는 감방에서 시체로 발견되었다.

이 작품에서는, 무고한 인간이 어떻게 하여 엄청난 형벌의 나락으로 떨어지는가를 고발하고 있다.

특히 고문에 의한 허위자백이 끝내 밝혀지지 않은 채 판결의 이름으로까지 그 죄악이 도장화塗裝化되는 국면을 실감 있게 뒤집어 보이고 있다.

현대 속의 야만을 이처럼 통렬히 공격하는 대목에서 인간 존엄의 올바른 사상이 구체적 체험으로 부각될 수 있는 것이다.

범죄를 캐기 위해 고문이라는 또하나의 범죄가 자행된다면, 그리고 그것으로 인해 허황한 범죄조작마저 가능한 것이 현실이라면, 자유인의 설 곳은 어디이며 기본적 인권의 면목面目은 어디에 가서 보상받을 수 있을까.

폭력 앞에 인간은 얼마나 약한 것이며, 그러기에 무슨 허위자백이라도 좋으니 당장의 봉변만은 면해야겠다는 생각은 현우 한 사람의 경우뿐이 아니리라.

법은 명문으로 고문을 금하고 범죄시할 뿐 아니라, 그따위 고문에 의한 자백은 진술의 임의성이 배척되어 증거능력마저 부정하고 있는 터이기는 하되, 그러한 법조 문항의 규정이 제대로 작동하지 못하는 현실에서야 누구라도 하루아침에 범죄자로 의제擬制될 위험이 있다. 인권의 침해를 응징해야 할 권력기관이 오히려 새로운 인권침해를 방편 삼고 있다는 점에서 그것은 중첩적인 죄악이 아닐 수 없다.

근대 이후의 인권사상에서 비롯한 '법의 지배'는 법의 권능을 위장한 '폭력의 지배'와 근친화됨으로써 인간의 운명을 더욱 큰 공포 속으로 몰아넣는 역사의 반전을 강요하고 있는 것이다.

현우가 법정에서 비정상적인 답변을 서슴지 않았음은 권위 앞에 습복懾伏할 수밖에 없는 자포자기일 수도 있고 열등의식의 소치라 볼 수도 있다.

그러던 현우가 최후진술 때에 마치『적과 흑』의 법정 장면에서 반항아 쥘리앵이 배심원들에게 설파한 웅변과도 같이 들이대는 행위는 좀 모순되는 듯 보인다.

아마도 바로 그러한 현상이 피고로서의 진단키 어려운 심리현출心裡顯出인지도 모른다.

어쨌든 현우의 최후진술은 사람이 사람을 심판하는 데 대한 회의와 심판자의 청정무구의 허상을 제고시켜주고 있음이 사실이다.

재판장이 사사로운 자기 기분의 탓으로 당초 마음먹었던 판결 주문을 바꾼다는 이야기도 문외한의 억측이라고만 보기는 어렵다. 상소심의 재판에 정오正誤 판단을 맡길 셈 치고 어중간한 판결을 해버리는 편법 또한 아주 없지는 않은 듯하다.

그런 의미에서 이 작품은 재판심리학적인 경지까지도 뛰어들어서 재판의 배면을 예리하게 투시하고 있다. 모든 판결에 재판관의 경망스런 정신 배설이 영향을 미친다고 속단하는 것은 잘못이겠으나 만에 하나라도 그런 폐단이 작용하지 않기를 깨우쳐주는 의미가 크다

하겠다.

이 소설에서 작자는 자상하고 정확한 법률용어를 쓰고 있는데 마치 카프카의 『심판』을 연상케 하는 바가 있다. 이는 법률에 대한 지식이나 체험이 깊은 그만큼으로 올바른 법의식의 바탕이 사실적인 분위기로 펼쳐진 장점을 가져온 원인이 된 듯하다.

뉘우침보다는 불신이

법의 세계와 관련하여 빚어지는 극한 상황은 감방으로 집약된다. 그 안에서는 무엇 하나 정상인 것이 없다. 형벌은 범인의 개과천선을 위한 교화에 그 목적이 있다고 하면서도 감방의 풍속은 그러한 이념과는 너무도 동떨어지게 굳어가고 있다. 바깥세상의 범죄 이상으로 사람을 비뚤어지게 만든다.

오영수의 「명암明暗」(1958)에서 우리는 그런 행형行刑의 동굴을 들여다볼 수 있다.

영창 6호실에 신참이 들어왔다가 석방되어 나가기까지의 이야기들이 펼쳐져 있다. 코를 싸쥐게 하는 감방 안의 묘한 냄새, 감방장과 선참先參들의 횡포, 기합, 은어, 괴상한 풍습, 먹는 생각, 여자 생각, 아귀다툼, 눈치보기……

이래서 교도소는 또다른 제3의 악이 교습될 수밖에 없는 곳으로 지탄되어 있다.

자기 허물을 뉘우치는 수양은 아예 기대조차 할 수 없는 공간으로 묘사되어 있는 것이다.

아침을 마치면 수양시간이다. 모두 정강이를 꿇고 소위 정좌를 한
다. 제각기 한 짓을 돌이켜보고 잘못을 뉘우치라는 것이다. (…) 감
방생활에 있어 이 수양시간이 제일 지리하고 기합보다 더 고통이다.
간수가 기웃거리니까 할 수 없이 정강이를 꿇고 눈을 감기는 한다.

점심 후와 밤 취침 전에 반성시간이 있지만 이것 또한 어물어물
넘겨버린다. 간수의 등쌀을 벗어나기 위해서 거래를 하는가 하면 내
기 '고누'를 두어서 져주기도 한다.

신참이 석방되어 나가자 이 역시 '백'의 작용으로 단정한다. 한방
의 '껀덕이'는 낡은 봉투지를 신참에게 쥐여주면서 부탁한다. 그의
어머니를 찾아가 삼젯골 논 한 마지기 팔아가지고 신참에게 주어서
석방운동을 해달라고 전하라는 부탁이다.

도대체 재판의 공정성 같은 것은 애초부터 믿으려는 기색조차 없다.

수인의 악성惡性 교정으로 사회복귀를 기한다는 행형이 오로지 고
통의 혼탁으로 충만한 수용收容의 기능을 넘어서지 못하고 있다는 인
상을 주고 있다. 사회악이 한결 짙은 농도로 압축되어 있는 그 안에
서 인간은 더욱 착잡한 범죄심리를 예습한다.

「명암」은 이 모든 상황을 희화적인 양념을 곁들여가면서 정확히
그려냈다.

비록 오염과 중독의 물결 속에서라 할지라도 인간의 순수하고 선
량한 본성마저 아주 함락당하지는 않은 것으로 작자는 유보시켰다.

감옥 속에서, 강도들 속에서, 정말 참된 인간, 깊이가 있고 억세고

아름다운 성격을 발견했습니다. 이것은 쓰레기 속에 파묻힌 순금 같은 것입니다.

도스토옙스키가 시베리아 유형 시절에 밖으로 보낸 편지 속의 이런 대목을 「명암」 안의 인간상에서도 희미하게나마 엿볼 수 있다. 바로 이러한 최소한의 성선性善이 막다른 파멸을 막아주는 어렴풋한 가능성의 실마리가 아닌가 싶다.

형벌은 실상 사회로부터의 격리 이상의 의미를 구축하지 못하고 있는 것 같다.

여기에 석방 하나에도 돈과 정실情實을 관련시키지 않고는 해답을 못 얻는 사법에의 사시증斜視症까지 상승되고 보면 그들의 증세 악화를 오직 불신의 병리 때문이라고만 힐책하기는 어려울 것 같다.

문외한의 주문

문학적 언어로 법을 말하기가 어렵듯이 법적인 언어로 문학을 이야기하는 것도 힘이 든다.

아마도 지금까지 인용한 작품의 작가들은 내가 코끼리를 기둥과 같다고 말한 것으로 여길 것이다. 그렇더라도 그 기둥이 코끼리의 다리임에 틀림이 없다면 그것으로 족하다.

법률가와 철학자가 만나서 법률가는 법률의 관점에서 철학자는 철학하는 입장에서 서로 대화가 시작되었는데, 한참 말이 계속되다 보니 어느새 법률가는 철학을, 철학자는 법률의 경지를 이야기하더라고 한다.

전문가와 비전문가 사이의 상관작용을 거쳐서 한 분야의 보편성이 더욱 강화되며 이로써 특정 분야를 초월한 공통의 분모에 접근할 수 있는 것이다. 여기서 공통분모란 말할 것도 없이 '인간'이다. 법은 아무리 강조되어도 그 분자일 뿐이다.

그러함에도 불구하고 때로 인간이 법의 노복奴僕이 되고 그 횡포의 상대가 되어야 함은 확실히 부조리하다.

바로 이러한 압제의 제도적 장치의 하나로서 법이 이해되는 이상 피지배자의 의식은 어두운 빛깔로 채색되기 마련이다.

지금까지 본 작품들에서도 그 담고 있는 이야기는 조금씩 다르지만 어둡고 못마땅함이라는 기본 도식이 깔려 있는 점은 거의 공통된다. 한마디로 법에 대한 부정의 에너지가 우세하다. 법과 인간의 숙명적인 갈등을 고려에 넣고서도 양자 사이의 불화는 너무 심각하다.

한국의 문학에 나타난 법의식도 따지고 보면 작가 특유의 것이라기보다는 우리 한국인의 평균적인 규범의식을 반영하고 있는 데 그친다.

이것은 작가가 추구해야 할 필요조건은 되지만 충분조건은 되지 못한다.

일반의 세인은 이미 마련된 궤도를 따라서 생각과 행동이 정해지기 쉽다. 하지만 작가는 자기 스스로 궤도를 부설해가면서 원하는 방향으로 뚫고 나가는 개척의 첨병이어야 한다.

이렇게 생각할 때, 한국문학에 나타난 작가의 법의식은 적어도 작품을 통한 형상화에 몇 가지 보완의 노력이 있어야겠다. 이를 위하여 문외한적인 견해를 다음 몇 가지로 제시해보고자 한다.

① 한국의 작가들은 법이라는 규범의 구체적·실증적인 면을 파악하는 데 소홀한 느낌이 있다. 현실적 행위규범으로서의 실상을 전문적으로 이해하기는 어렵다 하더라도 막연한 시정(市井) 상식 이상의 통찰이 꼭 수반되었으면 한다.

② 법의 현실에 관한 사고가 뼈 있게 의식화되어 있다기보다는 아직도 법감정(法感精)의 영역에 머물고 있다.

③ 운명적이라고나 할 서민을 내세우지만 말고 자각과 저항을 행동화할 만한 시민상에 좀더 관심을 기울일 필요가 있다. 자각된 시민이 못 되고 수동성 위주의 서민을 내세우다보면 작품 자체가 원망조의 배설에 그치기 쉽다.

④ 우리가 살아온 역사적 발전과정과 오늘의 사회구조를 아울러 탐구하여 작품화한다면 더욱 바람직스러운 일이 되겠다.

⑤ 신변적인 설화를 벗어난 대국적 관측이 가능하다면 지금보다는 훨씬 사상의 폭을 넓힐 수 있을 것이다.

⑥ 법과 인간의 위화감 속에서 그 어느 한쪽만을 맹목에 가까운 자기중심의 편애로 대하지 말 것이며, 모든 존재와 규범이 갖는 상대성을 존중하는 데서 공감이 큰 작품이 나온다고 믿는다.

⑦ '몸조심'적인 현실도피의 소재만 다루는 데 그칠 것이 아니라 오늘에 뛰어들고 부딪치는 임장성(臨場性)을 발휘해준다면 거기서 우러나는 법의식은 법사상으로까지 심화될 수도 있을 것이다.

문학은 결코 웅변도 논문도 아니라는 것을 잘 알면서 과욕한 주문을 하고 말았다.

이것은 오로지 문학이 갖는 넓이와 깊이 그리고 비목전적非目前的
효용이 법의식의 착색에 있어서도 직설적 구호보다 훨씬 크게 기여
하리라고 믿기 때문이다.

『문학사상』, 1974. 1.

2. 정치범과 정치현실

정치범의 개념과 유형

정치범죄는 정치적 확신에 입각해 현존의 실정법을 위반하는 것을 내용으로 한다. 따라서 통상의 정치범은 확신범이라고 하겠으나, 더러는 확신범이 아닌 정치범도 없는 것은 아니다.

내란, 외환外患, 국교, 소요騷擾 등의 범죄처럼 구성요건상의 보호법익이 정치적인 성격을 갖는 경우는 절대적(객관적) 정치범이라 하겠고, 죄목은 그와 다르다고 하더라도 정치적 목적을 실현하기 위한 범죄는 상대적(주관적) 정치범이라 할 수 있다. 그 밖에 정치적 압제의 대상으로 범죄자시視 당하거나 파렴치범으로 몰리는 조작 정치범도 생각할 수가 있다. 그러므로 정치범 가운데는 크게 나누어 확신범인 정치범 외에도 확신범이 아닌 정치범이 포함될 수 있는 것이다. 이 양자는 위반 법조나 범인犯因의 주관적 목적은 물론이고 그 양상과 처우에 있어서 때로는 별개의 논의를 자아내게 한다. 그렇다고는 하더라도 정치범의 원초적 개념은 확신범에서 도출되는 것이고 또 확신범은 정치범의 전형이 되고 있다.

그렇기 때문에 우리는 먼저 '확신범'에 대한 고찰을 선행할 필요를 느낀다.

원래 '확신범인'이란 독일어의 Überzeugungsverbrechen을 번역한 말로서 독일의 법철학자이며 형법학자인 라드브루흐가 정립한 개념이다. 그는 1922년 10월에 당시의 사법대신司法大臣으로서 내각에 제출한 형법개정 초안(이른바 '라드브루흐 초안')에서 '확신범인론確信犯人論'을 제기하고 특별규정의 필요를 역설했다.

자신의 정치적·종교적·도덕적 확신에 근거해 여하한 행위를 의무로 생각한 것이 결정적 동기가 되어 범한 죄는 일반범인과 상이한 처우를 해야 옳다는 것이었다. 이러한 견해는 말할 것도 없이 그 자신의 상대주의적 법철학에서 출발한 것이었다.

법적 안정성의 이념은 하나의 실정법 질서가 인간의 공동생활을 유효하게 규율할 것을 요구한다. 이미 하나의 실정법 질서가 유효하게 시행되고 있는 이상, 그 질서를 교란하는 행위는 이유 여하를 막론하고 강권強權으로써 제압하지 않으면 안 된다. 질서를 파괴하는 것은 범죄이며 범죄를 처벌함은 질서안정의 불가결의 조건이다. 그러나 질서에 반항하는 자를 처벌하였다고 해서 그 사람으로 하여금 그 질서의 정당성을 승인케 한 것은 아니다. 그 질서를 어디까지나 정당하지 않은 것이라 생각하고, 자신의 신념에 충실하기 위해서는 오히려 법을 파괴할 의무가 있다고 확신하는 이른바 '확신범인'은 범죄자이기는 하나 '존경할 만한 범죄자'이다. 실정법의 안정을 지키기 위해 이것을 처벌한다고 하는 법의 입장은 존중되어야 하겠지만, 정의의 확신을 가지고 법을 파괴한 자를 보통의 일반범죄자와 똑같이 다루는 것은 대립하는 세계관의 등가성을 예상하는 상대주의의 정신에 반한다.

이러한 요지로 간추릴 수 있는 라드브루흐의 상대주의 철학은 후일의 확신범 논의에 선도적인 역할을 남겼으며 실정법과 정의의 확신이 충돌할 경우의 법철학적 사유에 커다란 시사를 던져주고 있다.

정치범의 발생요인과 배경

정치범죄의 발생은 정의와 실정법의 불화에서 싹이 튼다. 비非확신범인 정치범까지를 포함해서 말한다면 정치적 반대운동의 진압이라는 권력의 목적에서 필연적으로 생긴다. 그리스어에서 법을 뜻하는 dike와 정의를 뜻하는 dikaiosyne가 서로 보여주듯이, 그리고 로마어에서 법jus이라는 용어가 정의justitia로부터 나왔듯이, 법은 정의와 불가분의 합일관계를 요구하고 있다. 영어나 불어에서 justice는 정의뿐만 아니라 사법이라든가 재판소란 뜻도 아울러 가지고 있으며 그 밖에도 recht, droit라는 외국어 또한 법과 정당한 것을 합쳐서 의미하고 있다.

이처럼 양자가 공통의 용어로 쓰이는 것만 보아도 피차의 불가분성은 짐작할 만하다.

다시 말하면 법은 모름지기 정의를 내용 삼은 표현이어야 하고, 또 그러한 법이라야 정의에 의해 뒷받침받을 수 있다는 교호관계를 의미한다. 그러기 때문에 법과 정의가 동의어임을 이유로, 법은 항상 정의의 표현이다 하는 식의 무분별한 착각과 무비판의 맹목에 빠지는 것은 경계해야만 한다. 고금을 통해 정의는 입법 형성에서 언제나 충분하게 반영된 것은 아니었고 오히려 정의에 대해 등을 돌리는 실정법이 많이 강행되었기 때문이다.

사람의 행위는 일응 실정법을 기준 삼아 정당성 여부를 평가하는 것이 보통이다. 법에 맞으면 정당한 행위요, 위법행위는 정당치 못한 행위라는 생각이 그것이다. 이처럼 실정법에만 충실한 정의를 법내재적法內在的 정의라고 할 수 있다.

그런데 정의가 법에 의해 실현되는 경우는 이 법내재적 정의만으로 족하다 하겠으나 불행히도 실정법의 내용과 기능이 정의실현의 사명을 다하지 못할 때에는 문제가 생긴다. 흔히 말하는 악법 내지 부정한 법률 밑에서는 실정법에 비추어 정正 부정不正이 거론되기보다는 실정법 그 자체가 정의의 견지에서 비판을 받는다. 다시 말해서 실정법의 차원을 초월해서 실정법의 당부當否를 비판하는 궁극적 기준으로서의 정의를 추구하게 된다. 이러한 정의를 법초월적法超越的 정의라고 부른다.

법의 이념인 법초월적 정의와 실재의 법내재적 정의를 나누어놓고 따지는 논쟁은 결국 가치관, 세계관의 문제로 돌아간다. 그리고 가치관이나 세계관이 어느 정도 안정되고 국민 대다수에 의해 참으로 지지받는 이데올로기가 법으로 살아 있는 동안은 양자가 긴밀하게 오버랩된다. 반대로 가치관과 세계관이 심히 분열된 상태에서 법이 그중 어느 한쪽에 의해 지배되고 각색되는 경우에는 왕왕 법내재적 정의가 법초월적 정의에서 이반되어간다.

양자 사이가 넓어지면 넓어질수록 정의를 실현해야 할 법이 도리어 정의를 배반하게 되며, 법내재적 정의란 정의의 일종이 아니라 '반정의反正義'라는 생각을 갖는 사람이 생겨난다. 그들은 법초월적 정의를 실현하기 위해 법내재적 정의를 부정하려고 하는 높은 '이성'과 만나게 된다. 실정법을 타파 내지 위반하는 자신의 행위가 보다 위대한 정의와 선善을 실현하는 것이라는 확신에 의해 행동한다. 자기 행위가 국법을 위반하는 것이며 처벌을 면치 못할 것이라는, 이른바 위법성의 자각이나 가벌성可罰性의 인식은 그 행위 동기를 억제하는 기능을 다하지 못한다. 바꾸어 말해서 확신범인은 자신의 행위가 현존의 의무가 있다는 확신에 바탕을 두고 행동하는 것이다.

이런 움직임에 대해 집권정부는 당대의 정치적 질서를 고수하기 위해 실정법 지상을 내걸고 진압을 기도한다. 이렇게 해서 정치범인의 수난이 시작되는 것이다.

정치범죄가 생겨나는 또하나의 원인은 정치권력을 쥐고 있는 정부가 '자기가 증오하는 사상'에 대해 완전한 자유를 인정하지 않는 데 있다. 반대의사의 포용을 꺼리고 반대세력을 제거·약화시키기 위해, 앞서 말한 확신범적 정치범과 관계없는 또다른 유형의 정치범을 만들어내는 수도 있다.

원래 헌법상 사상의 자유라 함은 자기가 좋아하는 자유만을 인정하는 것이 아니라 자기를 비판하고 나아가 자기가 증오하는 사상의 자유까지도 인정함으로써 비로소 그 참뜻이 산다. 하지만 그러한 이상은 지금까지 어느 나라에서나 제대로 달성된 예가 드물다. 자유권의 보장이 무너지는 곳에 반대자에 대한 압제가 횡행하고 이에 대한 권력측의 반작용으로 정치범죄가 늘어난다.

한 나라의 정치조직과 정치현실이 자유의 원칙에 입각하는 도度가 강하면, 정치범은 그만큼 상대적으로 줄어들거나 박해를 덜 받는다. 정치적 반대자가 입는 형벌 내지 그에 준하는 불이익도 적어진다. 반면에 자유민주주의 원리에서 이탈된 정치조직 내지 정치현실 아래서는 정치적 반대자를 범죄인화시키는 법령이 점차 증가되는가 하면 기존의 법률을 정치적 입장에서 차별 적용하기도 한다.

이렇게 해서 생기는 정치범의 문제에서는 '범인'에 대한 도덕적 비난 가능성보다 '범인을 만드는 쪽', 즉 권력의 체질에 대한 비난 가능성이 훨씬 크게 클로즈업되는 것이다.

정치범의 변칙적 처우

정치범은 본래적 '범인'이라기보다 정치싸움에서 붙들린 '포로'라고 보는 사람도 있다. 포로는 오직 적대관계에 있다는 이유만으로 체포 수용된다. 그리고 학대받는다. 그 개인의 선악과는 관계가 없다. 정치범 또한 학대받는 것이 상례다. 다른 일반범죄자에 비해 '특별한' 다스림을 받는 것이다.

우선 수사권의 발동에서부터 '정치적'이다. 여기서 '정치적'이라 함은 비순수 또는 초법규라는 해석을 붙이는 편이 정당할 것 같다. 강제연행, 영장 없는 체포, 장기구금, 불법한 압수·수색, 가택연금

등의 부적법한 수법이 통용되며, 한마디로 형사 피의자로서의 방어권이 짓밟히는 예가 많다.

무엇보다 심각한 것은 고문에 있다. 자기 확신을 굽히지 않는 자, 범의犯意를 부인하는 자, 억지 혐의에 항변하는 자, 이런 사람들을 굴복시키는 수단으로서 고문은 유용한 모양이다. 자백을 얻기 위한 목적에서부터 사전 징벌 효과를 노리는 의도에 이르기까지 고문의 필요는 크게 신봉된다. 그들은 사실과 어긋나는 진술 혹은 무근한 진술을 해야 하고, 조서는 또 그런 진술을 토대로 기재 윤색되어 결국 유죄판결에 공헌한다. 모두가 그렇다는 것은 아니지만 지금까지 여러 나라에서 행해진 '특별 처우'에는 그 밖에도 대개 다음과 같은 것들이 있다.

외부와의 통신·접견이 금지 혹은 제한되며 심지어는 변호인과의 접견도 법적 근거 없이 상당 기간 금지 또는 제한받는 수가 있다. 변호인의 조력을 받을 권리는 활자상의 형해形骸로 화하며, '범인'은 무방비 상태에서 고독한 투쟁을 견뎌야 한다.

정치범이 불기소 처분을 받는 일은 극히 드물고 대개는 비정치범보다 쉽사리 기소되는 경향을 보인다. 재판과정은 표면상 형사소송의 절차법을 밟아서 진행되지만 간혹 변칙이 엿보이는 수도 있다. 공판기일의 지정에서부터 판결선고에 이르기까지의 여러 단계에서 납득하기 어려운 작위성이 노정되기도 한다. 이른바 반대신문의 봉쇄, 증거 채부採否의 편파성, 증인신문 또는 변론의 제한 등등이 그런 예로 드러난다.

어떤 나라의 경우에는 재판을 하나의 형식요건으로 거치는 듯한 인상을 주기도 하며, 심지어 기소장을 판결문으로 승격시켜주는 의식인가 싶은 경우도 없지 않다.

증거재판주의나 법관의 자유심증주의가 동요되는 듯한 사례, 법률의 해석 적용에 확대나 무리가 두드러진 사례, 양형量刑에 있어서 가혹할 정도로 중형을 과하는 사례, 이런 유의 구체적 현상은 혹시 재판 외적 요인에 의해 재판이 영향을 받지 않았나 하는 의문을 자아내는 소재가 될 수도 있다. 일부의 독재국가에서 활용되는 군사재판의 경우에는 구태여 긴말이 필요치 않다.

처벌법규의 구성요건을 비약적으로 확대 해석하거나 의도적으로 법리法理를 왜곡 해석하는 것도 문제거니와 그렇게 해서도 목적달성이 어렵게 되면 아예 처벌에 편리하도록 법을 개정하거나 새로운 입법을 단행한다. 정치범일수록 선고형宣告刑이 무거운가 하면 상소심에서의 무죄판결을 기대하기가 어렵다.

이렇게 되면 입법자의 정의와 재판관의 정의는 아울러 퇴색할 수밖에 없고 '범인'은 압제자측의 의도에 따라, 때로는 반국가적인 국사범國事犯이 되거나 더러는 도덕적인 파렴치범으로 확정되어버린다.

원래 정치적 확신범은 교정해야 할 악성惡性이나 반도덕적 성격을 갖고 있지 않으므로 범인의 교화·개선을 형벌이념으로 하는 교육형주의의 입장에서 볼 때 행형은 무의미하다. 그렇기 때문에 비록 수감의 필요가 있다 할지라도 일반범죄자와는 달리 파렴치형을 배제해야 옳다는 제안이 전술한 '라드브루흐 초안'에서 나타난 바 있다.

확신범인에 대해서는 형벌에 의한 위하威嚇가 매우 곤란하며 반도의성도 적다는 점에서 '라드브루흐 초안'이 제시한 특별규정은 일단 입법화되었으며 확신범에 대해 불명예형을 과하지 않는 제도가 1923년부터 나치 집권의 확립 때까지 10년간 실제로 시행된 바도 있다. 그러나 그러한 선례는 일반화되지 못한 채 소멸되었다.

대체로, 전체주의 국가나 공산주의 국가에서 보듯이 일정한 관제사상官製思想의 지배를 절대적으로 강요하는 나라에서는 정치적 확신범을 극히 위험시하여 극한적인 엄벌 위주로 처우하는 경향이 짙은데 그것은 지배권력의 체질상 어쩌면 당연한 현상일 수도 있다.

세계 각국의 정치범 생태

오늘날 이 지구상에서 볼 수 있는 정치범의 실태는 어떠한가. 구체적 현상을 예증하기에 앞서 눈에 띄는 바는, 한 나라의 정치범의 수는 그 나라의 민주주의 척도와 반비례한다는 점이다. 제도 면에서 법률이 민주적으로 제정·시행되고 정권의 도덕성이 강한 나라에서는 정치범이 적은 데 비해, 독재와 탄압 등 비민주적 요소가 소용돌이치는 나라에서는 반대의 현상이 일어난다. 그리고 분단국가의 특수성으로 말미암아 사상적 대결과 정치적 격동이 과열되는 상태하에서도 정치범은 대량화된다.

근래에 정치범 문제로 세계 여론의 세례를 받고 있는 나라, 예컨대 그리스, 인도네시아, 베트남, 방글라데시, 칠레 등 몇 나라의 실정을 보더라도 위에 말한 사정은 잘 이해될 수 있다.

그렇다고 각국의 정치범을 숫자상으로 파악하여 분석하기에는 자료수집 면에서부터 지극히 어려운 작업에 속한다.

베트남의 경우만 하더라도, 사이공 정부가 억류하고 있는 민간인 정치범을 베트콩측에서는 20만 명에 달한다고 주장하는 반면 베트남 정부측에서는 3만 5천여 명에 불과하다고 맞서고 있는가 하면, 1973년 1월에 베트남 평화협정이 조인된 지 1년이 지나서도 10만 명 이상의 민간인 구금자가 있는데 그중 대부분이 정치범이라는 관측도 있다. 원래 어느 정부이건 정치범의 숫자를 제대로 밝히는 건 꺼리기 때문에 숫자상의 혼선은 불가피할지도 모른다. 뿐만 아니라 정치범의 존재를 아예 부인하는 입장을 강변하기도 한다. 베트남에 수감되어 있는 사람들 가운데는 비단 베트콩 구성원뿐만 아니라 사이공 정부에 반대하는 비판적 지식인, 학생, 불교도 등 비공산주의자가 다수 포함되어 있음은 주지의 사실인데도 티우 정부는 "베트남에는 한 사람의 비공산주의 정치범도 억류되어 있지 않다"고 주장한다.

소련 정부도 지금까지 소련에는 일반범뿐이지 정치범은 없다고 시치미를 떼고 있다. 그러한 말들은 자기 정부가 정치적 탄압을 한 일이 없다는 뜻으로 강조하는지는 몰라도 정직한 변명은 되지 못한다.

처단 죄목이 파렴치범이라고 해서 정치범이 아니라는 말도 성립되지 않는다.

정치범을 파렴치범으로 바꾸어 고문이나 변칙재판에 의해 처단한다면 거기서 죄명만을 가지고 정치범 여부를 따지는 것은 무의미한 것이기 때문이다. 1973년 3월 베트남 정전감시위원회가 접수한 어느 가톨릭 신부의 보고 내용은 그런 뜻에서 참고삼을 만하다.

베트남 정부는 재판소의 서류를 꾸며 맞추기 위해 가능한 모든 수단으로 정치범을 일반범죄자로 바꾸어가고 있다. 많은 수인囚人들은 정부에의 충성을 다짐하는 서류에 서명하도록 강요당하고 있다. (…) 그 법정에는 억류중인 용의자나 변호사도 나타나지 않는다. 어떠한 소송절차도 무시하고, 꾸며진 이유에 좇아서 판결문을 쓸 뿐이어서 2~3시간 동안에 몇 백 명의 억류자에게 판결이 나갈 수 있다.

그리스의 공군 중령 아나스티시오스 미니스의 수기는 정치범에 대한 고문의 일각을 보여준다. 그는 2차대전 때 많은 훈장을 받은 하늘의 영웅이기도 한데 폭발사고를 일으켰다는 혐의로 1972년 4월에 체포되었다.

이후 자신과 공범에 대한 진술서를 쓰라는 강요, 감옥 안에서의 무자비한 고문 등이 계속되는 동안에 호흡 곤란, 정신 혼미, 시청각 장애, 졸도 등 죽음보다 더한 고통을 당했다. 헌병대장 이오아니데스 대령이 찾아와 그에게 퍼부은 협박은 퍽 상징적이다.

너희들은 우리가 쿠데타를 일으키자 군정이 6개월 이상 지탱하지 못할 것이라고 말했지만 6년이 지난 지금도 우리는 건재하고 있다. (…) 우리가 알고 싶은 모든 것을 네 스스로가 불도록 만들 수 있는 방법과 시간이 우리에게 있다는 것을 명심하는 것이 좋을 것이다. 네 나이쯤 되면(당시 미니스 중령은 54세) 수족이 별로 필요가 없겠지만 그래도 우리는 너를 불구자로 만들 수 있어!

인도네시아에서는 지난 8년 동안에 억류된 약 1만 명의 정치범에 대해 심한 학대가 계속되어 언제 재판을 받게 되는지 언제 풀려나갈지 도무지 알 수 없는 절망 속에서 아사자까지 늘어나고 있다. 수용시설, 급식, 의료시설, 가족 면회 등 어느 한 가지도 인도적인 처우라고는 찾아볼 수 없다. 코란과 성경을 제외한 모든 인쇄물의 차입이 금지되는가 하면 어떤 형무소에서는 그것마저도 아예 허용되지 않는다.

방글라데시에서는 파키스탄 군대에 협력했다는 혐의로 2년 가까이 투옥되었던 사람 3만 7천 명이 작년 말에야 사면으로 석방되었는데 이 점만 보아도 대량검거의 실상이 짐작된다.

칠레에서는 작년 4월의 군사쿠데타 이래 1만여 명이 살해되었으며, 군사법정은 구정권 지지자로 보이는 사람에 대하여 고문과 미공개 재판으로 징역이나 사형 판결을 남발하고 있다는 뉴스가 들린다.

공산권 나라에서의 실정은 굳이 예시할 필요조차 없겠지만 소련에서는 반체제파를 정신병원에 유폐시키는 제도가 있어 온 세계의 비난을 사고 있다. 31세 난 젊은 작가 블라디미르 부코프스키는 '반소비에트 선동 및 선전'의 죄로 12년형을 선고받았는데, 그는 소련의 정신과의사가 작성한 반체제파 인사에 대한 진단서의 사본을 극비리에 빼돌려 큰 파문을 일으켰으며 지금은 중병 상태에 놓여 있다고 한다.

이상은 세상에 알려진 '일각一角'의 단편에 불과하고 보면, 우리가 미처 알 수 없는 '빙산'은 또 얼마나 되며 어떤 양상인지 전율을 느끼지 않을 수 없다.

정치범 구제운동의 국제화

한 나라에서의 정치범 문제는 언뜻 보아 국가 단위의 국내법적인 형사사건에 그치는 것으로 생각되기 쉽다. 그러나 인간의 자유와 존엄에 도전하는 압제의 산물이란 점에서 그것은 종족이나 국경을 넘어선 범인류적인 관심사가 아닐 수 없다.

국제적인 정치범 구제운동을 말함에 있어서 주목할 것은 런던에 본부를 두고 있는 앰네스티 인터내셔널(국제사면위원회)의 활동이다.

1961년에 창립된 이 국제 민간기구는 '모든 인간이 그 신념을 지키고 표현하는 권리를 가지며 또한 같은 자유를 타인에 대해서도 보장하는 의무를 갖는다'는 정신을 구현하기에 노력하고 있다.

금년도 노벨평화상을 받은 맥브라이드 씨를 의장으로 하여 지금까지 세계 52개국에 지부를 두고 정치체제나 종족의 문제를 초월하여 세계 각국의 정치범 구제운동에 나서고 있다. 앰네스티의 구제 대상은 폭력을 수반하지 않은 '양심의 수인'이다. 이 용어는 앞서 말한 확신범이나 정치범과 그 내용이 별로 다를 바가 없다. 이 단체에서는 각국에서의 정치범 박해 및 고문 실태의 조사, 정보 분석, 석방 요청을 벌이는 한편 사형제도의 폐지 및 수감자 처우개선을 위해 국제적인 운동을 벌이고 있다. 현재 이 단체가 맡아서 돕고 있는 정치범 총수만도 3,450명인데 지난 10월에는 '국제정치범 주간'을 설정해 그들에 대한 구금의 부당성을 세계 여론에 호소하면서 구출운동을 추진하였다.

또한 세계 여러 나라는 각 국내 단위의 민권지도자를 중심으로 정치범 구제활동을 전개하고 있는가 하면, 심지어 소련에서조차 수용소의 정치범들이 지난 10월 30일을 '정치범의 날'로 정해 집단 단식 투쟁을 시작했다고 외신은 전했다.

우리 또한 이와 같은 일련의 사태를 한갓 남의 나라 이야기로 넘겨버릴 수 있는 상황 속에 살고 있는 것은 아니다.

정치범 내지 확신범의 현상은 확실히 역사의 발전과정에서 법과 정의가 당면하는 비극적 모순이다. 궁극적으로 민주주의에 뿌리박고 있는 올바른 법질서 밑에서는 정치범은 없어지거나 줄어들 것이며, 설령 아무리 확신을 가지고 행동에 나섰다 할망정 법질서의 파괴까지 용서되기는 어렵다 하겠다.

그러나 전제주의나 국권절대주의 아래에서는 정치범의 비극은 거의 불가피한 것인지도 모른다. 또한 그것이 한 시기의 정부 내지 정책 유지를 위해 인위적으로 씌워진 범죄라면, 그런 정치범을 처벌하려고 하는 정부나 정책이, 범인 자신이 갈망하고 있는 정부나 정책보다 고도의 것이 아닌 한 본질적 개선의 소망은 이루어지기 어렵다. 그렇다고 인간의 이성은 그것을 방관하고만 있지 않는다. 한 나라 안의 정치범이 그 나라 정부로서는 위험한 적대자이며 '범죄자'일지 몰라도 세계의 양심의 눈에는 무실無實한 수난자로 인정되어 국제 여론의 표적이 되는 이유를 깊이 음미해야 한다.

"오직 정치범을 사면하는 것만이 조국의 얼굴에 묻어 있는 잔인·무법의 오점을 씻어낼 수 있는 길이 될 것이다."

소련의 핵물리학자이며 반체제 지식인인 안드레이 사하로프는 지난 10월 말경 브레즈네프 서기장에게 보낸 청원서에서 이렇게 말하고 있다.

반대자에게도 자유를 허용할 만큼 자신과 관용을 못 갖춘 정치권력이 지구상에 남아 있는 한, 민주주의와 현실개조를 부르짖는 인간의 저항과 그에 대한 박해는 부단한 악순환을 되풀이해갈 것이다.

그러나 우리 인간의 역사는 해가 저문 뒤에야 날개를 펴는 미네르바의 부엉이처럼, 좀 늦게 아니면 먼 훗날에 오늘의 비극을 정의의 안목으로 평가·기록해줄 것이다.

『신동아』, 1974. 12.

3. 언론통제의 어제와 오늘

첫머리에

　한국의 언론자유는 역대 어느 정권하에서나 온전한 적이 없었다. 헌법상의 기본권 조항과 헌법 시행의 현실은 번번이 서로 어긋나기만 했다. 온갖 명분을 내세운 반민주적 억압은 요컨대 언론자유에 대한 억압이었다. 언론을 풀어놓고서는 정권을 감당할 수 없었고, 자기네 이익을 지키기가 어려웠기 때문이었다.

　해방 직후의 미군정 시기는 그야말로 외국군에 의한 '군정'이었으니까 논외로 치더라도 입헌민주국가를 표방한 정부수립 직후의 이승만 정권에서부터 박정희, 전두환, 노태우의 군사정권을 거치는 동안 이 나라에서는 수많은 언론탄압, 언론인 박해가 자행되었다.

　역대 군부 집권하에서는 그렇다 치더라도 모처럼 '문민정부'를 내세우는 현정권하에서는 어떠한가. 현정권 밑에서는 지난날과는 달리 이 땅의 언론이 아무런 부당한 간섭과 영향도 받음이 없이 건강한가. 만일 그렇지 못하다면, 그 원인과 처방은 무엇이고 겉으로 드러난 언론의 현실과 그 깊은 내면에는 어떠한 문제(병리)가 도사리고 있는가를 밝혀보고자 한다.

언론과 정부의 관계

언론통제는 집권정부나 지배세력 또는 사회세력들로부터 받는 언론제약 현상이지만 그중에서도 정부와의 관계가 가장 중요하고 주목을 받는다. 정부와 언론의 관계는, 언론을 정부에 대한 ① 동등한 경쟁자 ② 자발적인 봉사자 ③ 강제된 노예 ④ 적대자로 구분하기도 한다.

첫번째 경우, 언론Press Unit과 정부는 상호 독립적이며 언론사가 상황에 따라 정부와 어떤 관련을 맺을 것인지 스스로 결정한다.

두번째 경우, 언론은 기본적으로 정부정책에 협력하거나 봉사하며 '자발적'임을 내세워 정부의 도구가 된다.

세번째 경우, 언론이 정부의 강요에 의해 도구화된다. 언론은 정부의 통제 · 감독 · 지시 · 검열의 대상이 되며, 전제주의나 권위주의적인 상황 속에서 이런 현상이 나타난다.

네번째 경우, 언론 자신은 물론 국민과 정부가 언론을 정부의 상대자, 감시자로 생각하며 그러한 감시기능이 곧 언론의 책무임을 의심치 않는다(전통적으로는 언론체제를 권위주의authoritarian형과 자유주의libertarian형으로 구분하기도 하는데 이러한 단순화된 이분법의 A-L모델은 아직도 상당한 응용가치를 가지고 있다).

우리나라의 과거를 돌이켜보건대, 위의 ①이나 ④와 같은 상호관계는 찾아보기가 힘들고 ②나 ③의 경우가 대부분이었다고 하겠다. 즉, 정부에 의해서 통제당하지 않은 언론은 거의 없었던 것이다.

정부의 언론통제 수단을 형식 면에서 보면 ① 입법적 통제 ② 행정적 통제 ③ 사법적 통제 ④ 법률 외적인 통제로 나누어볼 수 있다.

한편 그러한 언론통제의 명분으로는 헌법상 기본권의 제한 사유(헌법 제21조 제4항, 제37조 제2항)인 ① 국가의 안전보장 ② 질서유지 ③ 공공복리 등을 내세웠지만, 통제의 속셈은 대부분 정권 차원의 이해관계에서 비롯된 것이었으며, 법의 이름을 빌린 것이라 하더라도 규범적이라기보다는 맹목적이거나 가식적인 사례가 많았으며, 아예 불법성을 띤 경우도 적지 않았다.

한국적 언론통제의 역사

8·15해방 직후의 미군정하에서는 우익 반공지, 중립지, 좌경지 등으로 분류될 수 있는 많은 신문이 간행되었다. 신문의 난립에 불만을 가진 미군정은 군정법령 제19호로 '신문 기타 출판등록령'을 내렸다. 언론 장악을 위한 준비조치였다. 미소공동위원회가 열리고 난 후부터는 좌익언론 탄압을 노린 발행허가제(군정법령 제88호) 실시, 신문 발행정지 처분, 신문 인쇄시설 폐쇄, 신문 폐간, 언론인 구속 등이 잇달았다.

이승만 정권은 정부수립 직후에 이른바 '언론정책 7개항'이라는 것을 발표하여 반대파 탄압의 수단으로 활용했다.

6·25 직후에는 비상사태하 범죄처벌에 관한 특별조치령과 국가보안법 등에 의해 철저한 언론통제가 행해졌고, 반정부 내지 비판적 언론에 대하여 가차없는 탄압이 가해졌다.

4·19 이후에는 잠시나마 언론제약이 해소된 듯했으나, 1961년의 5·16군사쿠데타로 만사는 역전되고 말았다. 5·16 그날로 선포된 비상계엄령에 의해서 언론의 자유는 무참하게 짓밟혔고 사전 검열이 감행된다. 그해 5월 23일에는 '사이비 언론인 및 언론기관 정화'를 내건 최고회의 포고 제11호가 발표되어 신문의 발행·존립 그 자체를 목 죄었다.

한편으로 군사정권은 언론기업의 육성을 표방하여 언론사와 재정적으로 밀착되어가는 한편 신문의 조·석간제를 단간제單刊制로 바꾸어놓았다.

1965년 한일회담 반대투쟁이 절정에 이르렀을 때, 박정권은 비상계엄을 선포하고(6·3사태) 수많은 학생과 언론인, 지식인 등을 투옥시켰다. 그도 모자라 군장교들이 신문사 편집국에 난입해서 숙직기자들을 구타한 사건까지 발생했다.

언론규제를 노린 언론윤리위원회법이 국회에서 통과되었으나 각계 국민과 여러 언론단체들의 맹렬한 반대로 그 시행이 저지되었다. 그러나 이 언론파동 이후 박정권은 언론인에 대해 '당근'을 활용하여 그들의 입을 막았다. 물론 채찍도 등장해서, 언론인에 대한 테러가 곳곳에서 발생했는가 하면, 반공법 위반으로 기자들이 구속되기도 했다. 기관원이 언론사에 상주하거나 무상출입하면서 기사와 논조에 대해 간섭했다.

1968년의 '신동아 필화 사건'을 전후하여 언론기업은 권력 앞에 무릎을 꿇고 시녀화하였으며, 오직 『사상계』와 『씨올의 소리』만이 박정권에 대한 비판과 저항의 구실을 힘겹게 수행하고 있었다.

1960년대 후반에 들어서면서 이른바 권언유착權言癒着 현상이 심화되어 족벌언론과 언론재벌이 비대화되기 시작한다. 1971년의 대통령 선거를 앞두고 발표된 전국 신문기자들의 각 언론사별 '언론수호선 언'은 그해 12월의 이른바 '국가비상사태' 선포에 밀려버렸다. 뿐인가, 이른바 프레스카드제의 실시로 정부는 기자 신분의 생사여탈권을 쥐게 되었다.

1980년의 10·26사태 후 12·12반란을 일으켜 집권한 전두환 정권은 사상 유례없는 언론사 강제통폐합, 비상계엄 통지, 언론기본법의 시행, 『씨올의 소리』『창작과비평』 등 172개에 이르는 정기간행물의 등록취소, 보도지침에 의한 언론조작 등 가공할 언론말살 조치를 연발했다.

1987년의 6월항쟁을 역류하여 등장한 노태우 정권 역시 군사정권답게 언론에 대한 압제를 가했다. 그들은 한겨레신문의 리영희 논설 고문 방북취재기획 사건을 비롯하여 언론인의 연행, 구속, 국가보안법 악용, 세무조사 등으로 언론 장악에 광분했다.

언론통제의 유형과 실상

정부의 언론통제는 앞서 본 대로 ① 입법적 통제 ② 행정적 통제

③ 사법적 통제 ④ 물리적 통제로 나누어볼 수 있다.

먼저 입법적 통제는 실정법에 입각한 제도 자체가 언론통제를 가능케 하는 장치로 되어 있음을 말한다. 이 경우는 '합법적인 언론간섭'이 법치주의를 타락시킨다. 5공 때의 언론기본법, 그 후신인 정기간행물 등록에 관한 법률, 국가보안법 중 일부 조항 등을 그 예로 들 수 있다.

특히 국가보안법은 국가안보를 빙자한 정권안보용으로 남용되어 언론(인) 탄압의 보도(寶刀)가 되었는데, 통일지향의 언론과 반정부적 비판언론이 국가보안법 위반으로 단죄된 것은 두루 알려진 바와 같다.

정기간행물등록법은 그 안에 시설기준 조항을 두어, 일정한 시설을 갖춘 자만이 일간신문을 발행할 수 있게 함으로써, 방대한 신문제작시설을 갖출 만한 경제적 힘이 없는 자의 발행의 자유를 원천봉쇄했다는 비판을 받았다.

비상계엄하의 사전 검열, 그 밖의 초법규적 통제를 가능케 하는 계엄법도 남용의 여지를 안고 있다. 형법상의 출판물에 의한 명예훼손죄 조항(형법 제309조)을 악용하여 비판적 기사를 응징한 사례도 있었으나, 이는 차라리 뒤에서 언급할 사법적 통제의 한 형태로 보는 편이 적절하겠다.

행정적 언론통제는 정부가 행정처분을 하거나 집행기관으로서의 힘을 빌려 언론을 통제하는 방식이다. 여기에는 정기간행물 발행의 정지 또는 등록취소 조치를 비롯하여 각종 등록제의 악용, 계엄하의 사전 검열 따위를 문제점으로 들 수 있다.

정부 공무원(주로 공안부서의 기관원)에 의한 연행, 조사, 도청, 언론사 출입·탐지 행위 등 직권 남용에 해당되는 수법도 많았으며, 5공 당시의 '보도지침' 시달은 정부기관이 일상적 업무의 하나로 자행한 언론통제의 대표적 사례라 할 것이다.

사법적 통제는 법원의 판결, 그 밖의 사법적 절차를 빌려 언론통제의 효과를 거두는 방식이다. 우리의 경험과 견문에 의하더라도 언론기관에 대한 부당한 간섭·탄압이 법관의 영장에 의한 인신구속, 압수·수색, 나아가서 판결의 이름을 빌린 형사처분에 의해 포장된 사례는 너무도 많았다.

경제적 불이익을 줌으로써 언론통제의 효과를 거두는 수법은 경제적 통제라고 부를 만하다. 은행 융자의 견제 등 금융상의 압박조치가 그 대표적인 수단이며, 신문용지의 공급제한, 언론사에 대한 각종 인·허가권 행사, 광고 탄압, 세무조사 등 여러 형태가 있다.

김영삼 정권하의 언론 상황

현 김영삼 정권은 적어도 군부쿠데타 집권이 아니라는 점에서 '문민정부'를 표방할 수 있었고, 그 점을 밑천 삼아 정통성을 내세웠다. 또한 지난날의 군사독재에 의한 압제도 겪어본 사람들이어서 민주정치 구현에 대한 기대도 컸던 것이 사실이다.

그러나 YS 집권 후반기에 접어든 지금 그들이 내세우는 문민성을 긍정하는 국민은 아주 적다. 대언론정책에서도 앞서의 두 군사정권과 차별성을 찾아보기가 힘들다.

현정부에 대한 어느 교수의 다음과 같은 비판은 공감할 점이 있다.

김영삼 정부의 개혁에 대해 평가가 엇갈리고 있는 가운데서도 거의 일치하고 있는 비판 중의 하나는, 개혁을 해나가는 데 있어 뚜렷한 비전과 우선순위 없이 (…) 그때그때 시류에 따라 대통령 개인의 결단에 의존하는 방식을 쓰고 있다는 것이다. 이런 비판의 가장 주목하는 부분이 바로 법제 개혁의 미흡이다.

과연 언론탄압 내지 언론자유의 봉쇄를 가능케 하는 실정법들이 그대로 남아 있는 것이 현실이다. 그리하여 국가보안법상의 독소조항이나 정기간행물등록법상의 문제 조항이 여전히 살아 있다. 방송위원회의 편파적 구성을 뒷받침하는 방송법이 개정되지 않고 있는가 하면, 재벌과 거대 언론사의 위성방송 참여를 가능케 하는 통합방송법의 제정을 서두르고 있다. 결국 김영삼 정부 출범 이후의 언론상황은 군사정권 때보다 호전된 듯이 보이면서도 본질적으로는 달라진 것이 없다.

먼저, 분단된 조국의 통일과 남북문제에 관한 논의를 위협하는 국가보안법에 대해서 살펴본다. 아무리 일반적인 정치·사회 문제에 관한 논의가 자유롭다 할지라도 민족의 운명과 직결된 분단극복을 위한 언론이 자칫 용공이적으로 몰려 박해를 당할 수 있는 제도적 장치가 남아 있다는 것은 불행한 일이다. 지난날의 7·4남북공동성명이나 6·23선언, 7·7선언 등은 접어두고라도, 남북한 유엔 동시가입을 통해 국제사회에서 북한을 평화애호국가(유엔 헌장 제4조)로 인정토록 해놓고, 남북기본합의서와 부속합의서의 성립·발효(1992)에 의해서 남북한이 서로 상대방의 체제·제도를 존중하고 내정간섭을 하지 않기로 해놓고서, 심지어 휴전선을 남·북한 관할의 경계선으로 인정해놓고서, 여전히 북한을 반국가단체라고 전제하면서 국민을 처벌함은 결코 논리적인 처사가 아니다.

다음으로 현정권은 언론인들에 의한 민주언론쟁취운동을 백안시하고 경찰력에 의한 물리적 공격과 추방·투옥이라는 극한 대응을 하는 점에서 구정권들과 궤를 같이하고 있다. 현정권 출현 직후에 있었던 KBS와 MBC 내의 집단적 방송민주화투쟁에 대해 정부가 취한 일련의 모질고도 잔인한 탄압을 그 예로 들 수 있다.

구시대적인 언론조작도 그대로 답습되고 있다(예컨대 대구 가스폭발 사고 때의 축소보도). 필요에 따라서는 대통령까지 나서서 언론사 사장단이나 간부들을 불러 질책성 주문을 하는 것으로 알려졌다. 용공색깔론을 바탕에 깐 지배이데올로기의 증폭에도 언론은 여전히 일정한 역할을 다하고 있으며, 때로는 사회개혁운동을 중화·퇴색시키는 일에도 정권과 입장을 같이한다.

언론인들이 경제적 처우의 향상에 따라 사주나 권력과 마찬가지로 기득권층화하여 사회의 진보와 개혁을 외면하거나 위험시하는 오류도 지적되고 있다.

생각건대, 한국의 언론은 개혁을 거론하면서도 대다수 언론인의 의식은 보수에도 못 미치는 수구의 울타리 안에 갇혀 있다. 정작 언론계 스스로는 과거청산이나 인적 숙청 또는 의식의 개혁이 이루어진 바 없는 실정이기 때문에 언론인에게 참된 민주언론의 역군이 되기를 기대하기에는 한계가 있다. 물론 이런 일반론과는 달리 언론자유의 수호와 공정보도의 구현을 위해서 내부에서 꾸준히 힘써온 언론인, 그런 활동으로 말미암아 온갖 고난을 겪었거나 겪고 있는 언론인이 적지 않다는 사실도 우리는 기억해야 한다. 다만 그런 사람이 전체 언론인 수에 비하면 소수에 머물고 있다는 점이 안타깝다.

평상시에는 정치·사회 문제에 관해서 제법 언론자유를 누리는 듯이 보이다가도 남북관계, 통일운동, 노사 문제, 전교조 문제, 학생운동권 문제, 특정 정치인에 대한 색깔론 시비 등을 거론하게 되면 언론은 갑자기 수구세력과 한편이 되어버린다. 다시 말해서 한국 언론의 체질에 한계가 있음을 드러낸다. 넓게 보면 아직도 한국 언론은 기득권 체제 내의 자유 수준에 머물러 있다고 말할 수 있다.

이 점에 대해 언론기업의 경영인(사주 등)과 사원(기자 등)은 서로 입장이 다를 수도 있다. 언론사 사주가 권언유착과 공생의 단꿈에 집착하게 되면 그 언론매체의 비판적 기능은 변질될 위험에 놓인다. 이에 추종하지 않는 사원(기자)들의 바른 언론 실천의지가 행동화되면 매체 내부에서 노사대립을 초래한다. 더구나 언론사 노조활동이 단순한 처우 문제를 넘어서 공정보도 실천운동으로 번지는 상황에서 양자의 관계는 반목으로 증폭된다. 여기서 공권력에 의한 언론통제와는 별개로 언론사 사용자측(사주·경영진)에 의한 언론(인)통제가 머리를 든다. 취재의 억제, 기사의 축소·삭제 압력은 물론이고 부당한 인사조치를 통한 보복·제거를 주저하지 않는다.

따라서 공권력에 의한 간섭이 겉으로 없다고 하더라도 위와 같은 언론사 내부에서의 언론통제가 횡행하는 현실은 결코 가벼이 볼 일이 아니다. 만일 사내 언론종사자마저 사용자측의 의도와 이익에 동조해버린다면 이것은 타율에 따른 마찰보다도 훨씬 불행한 '항복자의 평온'으로 상통한다.

채찍과 당근의 비유를 가지고 말해서, 권력자–언론사주–언론인의 관계가 채찍 아닌 당근의 시혜를 통해 공생관계를 형성하게 되면, 언론통제가 없는 것이 (있는 것보다도) 오히려 불행하다는 역설이 현실화된다. 그런 구도 속에서 언론 상황에 긴장 아닌 평온이 머물고 있다고 해도 그것이 반드시 건강한 언론의 증상은 아닐 것이다.

제도언론을 순치시키는 재래적 방법 외에 감정적으로 정보원情報員 접근을 저지하는 사례도 있었다. 대통령 부인에 관한 오보를 냈다는 이유로 대통령의 외국행 수행기자단에 그 신문사의 기자만 제외시킨 실례가 그것이다. 이는 오보에 대한 법적 대응과는 별개의 사감통치私感統治라는 비난을 받았으며 언론계에서는 청와대의 '언론 길들이기'에 강한 불만이 표출되었다.

정부는 언론사에 대해 이례적인 세무사찰을 하고서도 그 결과를 공개하지 않은 채 신문 길들이기에 이를 호재로 삼고 있다는 의혹도 받고 있다.

또한 15대 총선을 앞두고 여당은 지명도가 높은 방송사 앵커 등을 대거 후보자로 영입했는데, 이는 그들의 친여적인 기여도를 높이 사주는 것으로 보일 뿐 아니라 앞으로도 보도종사자들에게 '인센티브'가 될 여지가 있기 때문에 공정한 언론을 저해하는 부정적 요인이 된다고 볼 것이다.

무엇을 어떻게 할 것인가

위에서 본 언론통제는 대부분 정권의 유지·연장 그리고 기득권 보전의 목적으로 감행되었다. 입법부가 정부에 종속되어 헌법기관으로서의 체통을 저버리고, 심지어 날치기 처리를 감행하는 데서 대부분의 악법이 양산되었다. 따라서 민주주의에 대한 투철한 신념과 자질을 갖춘 국회의원의 선출, 날치기 처리 등 변칙행위에 대한 무효 선언 등이 악법 방지의 요체가 될 것이다. 정당정치의 미명 아래 의원 개인의 소신이 무의미해진다든지, 국회의원의 국민대표성에 문제가 있는 한 입법부의 시녀화에서 오는 악폐는 고쳐지기 어렵다. 요컨대 그것은 의회주의, 선거제도, 국민의 선택권 행사 자체에 큰 변화가 있어야만 바로잡힐 문제라 할 것이다.

언론(사)에 대한 행정적 통제는 그것을 감수하고 침묵하면 할수록 더욱 확산되기 마련이다. 부당한 조치에 대한 저항과 법적 시정요구가 병행되어야만 언론의 자주성을 지킬 수 있다. 권리를 남용하는 직무상 범죄가 반드시 처벌되는 선례를 만드는 것도 중요하다.

사법이 제 기능을 올바르게 수행해야 함은 두말할 나위도 없다. 헌법재판소와 법원이 위헌법령의 무효선언 및 적용 거부를 함으로써 위법한 행정조치에 의한 피해를 구제해주며, 언론압제로 희생된 피고인의 원죄冤罪를 풀어준다면 권력에 의한 언론통제는 어느 정도 중단 또는 방지될 수 있다. 여기서 이 나라 사법의 실상에 대한 검증과 주문이 요청된다.

구태여 권력에 의한 통제가 필요 없을 만큼 권·언 간에 '이심전심'으로 죽이 잘 맞는다면 이것은 하나의 위기상황이기 때문에 이번에는 국민에 의한 언론통제의 필요성이 제기된다. '통제'라는 용어에 거부감이 있다면 국민의 언론감시활동이라고 불러도 좋겠다.

공중에 의한 언론통제는 대중을 조직화하여 압력단체의 구실을 하게 함으로써 시민운동 차원에서 언론의 과오를 시정토록 요구하는 언론수용자운동을 의미한다. 미디어에 대한 접근방법으로 서신(투고), 좌담, 의견 광고, 정정보도 청구 등을 활용하는 길이 바람직스럽다.

자력으로 확보한 미디어를 통한 통제도 효과적이다. 즉, 독자나 시청자 등 수용자가 피동적인 입장에 머물지 않고 스스로의 매체를 갖고 기존 언론의 과오를 바로잡는 일에 나서는 방법으로서, 여러 시민운동단체에서 내는 간행물 중에 그런 성격을 띤 것이 적지 않다. 각 언론사 내의 노조가 펴내는 간행물, 한국기자협회의 『기자협회보』, 전국언론노동조합연맹의 『미디어오늘』, 민주언론운동협의회의 『말』 등도 그 간행 주체가 수용자는 아니지만 내용상으로는 수용자의 시각을 많이 반영하고 있다.

그러나 기본적으로 올바른 언론의 정립은 언론인들 자신의 용기와 힘으로 이루어져야 한다. 언론자유를 침해하는 온갖 요소의 배제도 일차적으로 그들의 몫이다. 그런 의미에서, 1974년의 10·24자유언론실천선언, 1986년의 '보도지침' 폭로 사건, 1987년 이후의 언론사 노조운동, 방송민주화운동, 최근 충청일보사 사원들의 안기부 간부 출신 사장 취임거부 관철 등은 매우 소중한 성과였음이 분명하다.

지금까지 민주언론 확립을 위한 언론인과 국민의 소임을 대충 짚어봤는데, 오늘의 주제인 언론통제와 관련해서는 아무래도 그 통제의 '전과자'이며 '우범자'인 정부 내지 정치권력 쪽에서 해법을 구해야 마땅하다고 본다.

무릇 국정의 책임을 지고 있는 집권정부는 언론에 이해와 협조를 구할 수 있고 또 그래야 할 필요성도 인정해야 한다. 다만 그것이 언론자유에 대한 저해요소로 변질되어서는 안 된다는 것뿐이다. 그런데도 역대 정권은 언론의 바른 역할을 존중하기보다는 이를 견제, 이용 또는 유착 공생의 대상으로 본 나머지 민주사회의 본질을 흔드는 용감무쌍하고 어리석은 대응을 되풀이해왔다. 그것은 정권을 위해서도 매우 해로운 결과를 빚어냈다는 사실을 깨닫고, 언론자유를 억압하고 권력의 통제를 유발시키는 실정법 등 일체의 제도와 관행을 과감하게 개폐해야 한다.

그러자면 집권자부터 참된 민주지도자로서 올바른 언론관을 가지고 비판적 언론을 존중할 줄 알아야 한다. 해럴드 래스키는 일찍이, 현명한 지도자는 추종자들의 아부에서보다 반대자들의 비판에서 훨씬 더 많은 것을 얻게 된다고 했다. 비판언론이 결국은 집권자에게도 이롭다는 점을 깨우쳐주는 명언이다.

그런데도 집권자가 끝내 언론관을 바꾸지 않고 부당한 언론통제의 과오를 되풀이한다면 국민과 언론계는 그에 대해 앞서 본 바와 같은 대응방법을 실천해야겠지만, 궁극적으로는 선거를 통한 심판에서 근본적인 해결책을 찾는 수밖에 없을 것이다.

지금 이 땅의 언론 상황은 백야와 같다. 밤도 낮도 아닌 묘한 분위기에다 자칫 착각을 불러일으킬 수 있는 의사환경擬似環境에 둘러싸여 있다. 이런 때일수록 국민들의 분별력과 언론인들의 소명의식이 한층 절실한 단계라고 본다. 역설적이지만 한국적 현실에서는 언론통제가 있다고 해서 반드시 불행한 것도 아니고, 없다고 해서 반드시 다행한 것도 아니다. 그 원인이 무엇인가에 따라 평가도 달라질 수밖에 없다.

참언론 실천 한마당 강좌, 1995. 10. 30.

권력과 필화

1판 1쇄   2013년 11월 8일
1판 2쇄   2013년 12월 23일

지은이 한승헌 | 펴낸이 강병선
책임편집 박영신 | 편집 황은주 고선향 이명애 | 모니터링 이희연
디자인 고은이 최미영 | 마케팅 우영희 이미진 나해진 김은지
온라인마케팅 김희숙 김상만 이원주 한수진
제작 강신은 김동욱 임현식 | 제작처 한영(인쇄) 경일제책(제본)

펴낸곳 (주)문학동네
출판등록 1993년 10월 22일 제406-2003-000045호
주소 413-120 경기도 파주시 회동길 210
전자우편 editor@munhak.com | 대표전화 031)955-8888 | 팩스 031)955-8855
문의전화 031)955-2660(마케팅) 031)955-2697(편집)
문학동네카페 http://cafe.naver.com/mhdn | 트위터 @munhakdongne

ISBN 978-89-546-2284-4 03900

* 이 도서의 국립중앙도서관 출판시도서목록(CIP)은 서지정보유통지원시스템 홈페이지
  (http://seoji.nl.go.kr)와 국가자료공동목록시스템(http://www.nl.go.kr/kolisnet)에서
  이용하실 수 있습니다.(CIP제어번호: CIP2013021979)

www.munhak.com